프리미엄 뜨개실 쿠키

좋은 실을 만들어 많은 니터들과 함께 쓰고 싶다는 마음으로 시작하게 된
브랜드얀의 프리미엄 뜨개실 브랜드 'COOKiE(쿠키)'

쿠키 코튼얀
(High-quality Cotton Yarn)

코마면 100% / 색상 – 36색 (추가예정) / 60g ±5g
권장바늘 – 모사용코바늘 3 ~ 5호

/

쿠키 코튼 미니콘
(Cotton Mini Cone)

면 100% / 색상 – 54색 / 260g ±10g
권장바늘 – 모사용코바늘 3 ~ 5호

Great Britain 영국

니트웨어—샤넬부터 비비안 웨스트우드까지

도브콧 전시장의 외관.

런던의 패션 & 텍스타일 박물관 주최로 '20세기 니트웨어 전(展)'이 열렸습니다. 마크 & 클레오 버터필드(Mark and Cleo Butterfield)의 개인 컬렉션 중 150점이 넘는 작품이 전시되었습니다. 에든버러 도브콧(Dovecot) 전시장에서 20세기 초반의 가브리엘 샤넬부터 20세기 후반의 영국 패션 디자이너인 비비안 웨스트우드까지의 작품을 3월 11일까지 만나볼 수 있습니다.

영국 빅토리아 시대(1837~1901)와 에드워드 시대(1901~1910)에 이르는 19세기 이후의 니트웨어는 숄을 비롯해 모자, 장갑 등 보온성과 활동성이 중요했습니다. 그러나 20세기에 들어서 제1차 세계대전이 끝날 무렵에는 사회에 나가서 일하는 여성들이 늘면서 라이프 스타일이 바뀌고, 그에 따라 여성의 옷차림도 드레스에서 움직이기 편한 니트웨어로 바뀌어갔습니다. 이 시대에 활약한 사람이 바로 '샤넬'의 설립자인 가브리엘 샤넬입니다. 코르셋을 벗어던진 여성들에게 울 저지 원단으로 만든 카디건과 스웨터, 스커트는 그 당시 최첨단 패션이었습니다.

1920년대 레이온으로 뜬 크로셰 드레스. 양옆은 울 코트.

1920년대에는 에드워드 왕자가 셰틀랜드 제도로부터 받은 페어아일 스웨터를 골프 웨어로 입어서 유명해졌습니다. 니트웨어의 역사를 말할 때 빼놓을 수 없는 패션 중 하나입니다. 그 시기에는 레이온 실도 종종 사용했는데, 실크 같은 광택과 몸에 착 달라붙는 감촉이 새롭게 느껴졌을지도 모릅니다. 털실로 뜬 수영복은 놀라웠습니다. 1950년대에 신축성 있는 원단을 사용하기 전까지는 니트 수영복이 주류였던 듯합니다. 니트로 된 저지 원단은 몸에 딱 맞아 움직이기

편했는데 1900년대 초반부터 만들어졌지만 1930년대에는 아르데코 양식의 무늬를 사용하여 시대를 반영하기도 했습니다.

1940년대 미국에서는 할리우드 스타들이 영화에서 입고 나오면서 니트웨어 붐이 일었습니다. 그중에서도 남성용 평상복 니트가 인기였다고 합니다. 이후 니트웨어는 1950년대에 들어서자 평상복 위주에서 한층 더 멋스럽게 입을 수 있는 스타일로 바뀌었습니다. 비즈를 단 디자이너나 파티복, 외출복 등의 디자인도 출시되었습니다.

1960~1970년대에는 코바늘뜨기 열풍이 불면서 패션 디자이너들도 그 영향을 받아 크로셰 테크닉을 디자인에 접목했습니다. 그리고 1980년대부터 패션계를 이끌어온 비비안 웨스트우드와 꼼데가르송은 시대를 바꿀 만한 독특한 시도를 해왔는데, 사회적으로도 영향력 있는 디자인을 만들었습니다. 니트웨어가 시대를 반영한다는 점에서 굉장히 흥미를 끄는 전시였습니다.

취재/요코야마 마사미(유로재팬트레이딩www.eurojapantrading.com)

왼쪽/칵테일 스웨터라 불리는 1950년대 스웨터. 목둘레를 꽃 자수나 보석으로 장식했으며, 허리 라인이 잡혀 있는 것이 특징이다. 오른쪽/1920~1930년대 페어아일 스웨터와 베스트.

에든버러의 랜드마크인 에든버러성.

Estonia 에스토니아

세인트 마틴 마켓, 마침내 정상 개최

위／에스토니아의 모빌인 힘멜리는 갈대로 만들어서 튼튼하다.
아래／패브릭 매트와 식탁 매트.

2022년 11월 초, 에스토니아 수도 탈린에서 '세인트 마틴 마켓(St. Martin's Market)'을 무사히 개최했습니다. 코로나19로 인해 2019년 이후에는 온라인으로 개최했던 터라 무려 3년 만에 열린 오프라인 마켓이었습니다. 예전처럼 탈린 교외의 로카 알 마레 쇼핑몰 옆에 있는 사쿠 슈르할 아레나(Saku Suurhall Arena)(현 유니벳 아레나Unibet Arena)에서 개최했는데, 입장료가 2배 올라서 깜짝 놀랐습니다. 전과 마찬가지로 전시장의 중심은 무대로 꾸몄고, 무대 주변으로 에스토니아 작가들의 다양한 수공예품 부스를 설치해놓았습니다. 벽 쪽으로는 에스토니아의 전통 수예 전시와 워크숍, 수공예품 판매 등을 하고 있었습니다.

무대 위에서는 발트해 주변국에서 주로 들을 수 있는 칸텔레 연주와 민족의상을 입은 사람들의 흥겨운 전통춤 공연을 선보이기도 했습니다.

에스토니아에서 열리는 수공예 전시회에서는 개의 털을 혼방한 털실을 자주 볼 수 있는데, 이때 쓰이는 개의 털은 오버코트(겉

관람객으로 붐비는 마켓.

털)가 아니라 그 아래에 따뜻함을 유지하는 언더코트(속털)입니다. 시험 삼아 그 실로 뜬 장갑을 껴보았더니 생각보다 훨씬 부드럽고 따뜻했습니다. 참고로 니트 상품 중에서 가장 많이 팔리고 있던 품목은 장갑과 양말이었습니다.

이번 전시회에는 우크라이나를 지원하는 코너도 있었습니다. 그물에 보호색이 될 만한 천을 동여매고 있었는데, 사용처를 물어보니 우크라이나군의 탱크에 씌울 위장 그물이라고 했습니다. 그 옆에는 우크라이나 여성들이 뜬 니트를 판매하는 코너도 있었습니다.

코로나19 이후에 찾아온 우크라이나의 위기. 수공예를 사랑하는 사람들의 손이 멈추지 않기 위해서라도 하루빨리 평화를 되찾았으면 하는 바람입니다.

취재／란카라 미호코

Finland 핀란드

유럽 최대의 행사, 탐페레 수예 박람회

위／첫날 오전에 찍은 박람회장 일부.
아래／관람객들이 함께 만들어가는 펀치니들. 첫날이라 미완성이다.

2022년 탐페레 수공예 박람회는 언제 코로나 팬데믹이 있었냐는 듯 성황리에 열렸습니다.

3일간의 방문객은 총 4만 2,000명이 넘었고, 출품자 또한 650명에 달했습니다. 핀란드 영부인인 옌니 하우키오 여사도 올해 가장 활약한 수공예 장인을 표창하려고 온라인으로 박람회에 참가했습니다.

저는 첫날 참가했습니다. 그날 헬싱키에서 탐페레로 향하는 열차의 승객 대부분은 여성들이었고 같은 칸에 탄 승객들은 거의 탐페레역에서 내렸습니다. 조금 걸어가니 박람회장으로 가는 버스가 있었는데, 임시로 버스를 증편했는데도 만원이었습니다. 그뿐 아니라 박람회장 내 대형 부스에도 대부분 줄이 늘어서 있었는데, 예전보다 훨씬 붐비는 듯했습니다.

이번 박람회에서는 핀란드의 니트 디자이너들이 관람객에 섞여 있거나 판매 부스에서 아무렇지 않게 시연 중인 모습을 볼 수 있었습니다.

저는 하루만 방문했지만 3일 내내 방문했다면 더 많은 디자이너를 알아봤을지 모릅

니다. 이 잡지에도 소개한 니트 디자이너 몰라 밀스가 털실 상자를 판매하는 부스에서 판매원 같은 얼굴로 뜨개를 하고 있었습니다. 휴식 공간에서 간단히 점심을 먹

박람회장이 위치한 탐페레의 랜드마크를 떠 넣은 양말.

는 젊은 니트 디자이너 무리도 눈에 띄었습니다.

이번 박람회에서는 털실과 니트 상품뿐 아니라 펀치니들도 인기가 좋았습니다. 수공예 길드의 부스 구역에서는 펀치니들을 직접 체험해볼 수 있도록 그림을 그려둔 캔버스가 있었습니다.

올해는 11월 17일부터 19일까지 개최한다고 합니다. 하늘길도 다시 열렸으니 4개의 전시홀이 수공예품으로 가득 채워지는 유럽 최대의 탐페레 수예 박람회로 발을 넓혀보는 건 어떨까요?

취재／란카라 미호코

브랜드얀 프리미엄 뜨개실

COOKiE

좋은 재료로 직접 만든 쿠키
갓 구운 쿠키를 주변 사람들과 나눠 먹으며 받는 즐거움과 성취감
우리가 뜨개를 하는 것도 베이킹을 하는 이유와 같다고 생각했어요.

브랜드얀 프리미엄 뜨개실 쿠키
좋은 실을 만들어 더 많은 니터들과 함께 쓰고 싶다는 마음으로 만들었습니다.

털실타래
keitodama 2023 vol.3 [봄호]
Contents

World News … 4

봄 내음 가득한
크로셰 웨어

… 8

봄 내음 가득한
크로셰 웨어

이번 봄에는 코바늘로 뜬 옷을 입고 싶은 기분.
뜨기 쉽고 멋스러울 뿐 아니라 살짝 그리움도 느껴지는 크로셰 웨어는
든든한 패션 아이템이 되어줍니다. 무거운 코트를 벗고 가벼운 발걸음으로 외출해보세요.

photograph Shigeki Nakashima styling Kuniko Okabe Yuumi Sano hair&make-up Daisuke Yamada model MILANA

9

심플한 체크무늬가 산뜻한 인상을 주는 풀오버. 한길 긴뜨기,
두길 긴뜨기와 사슬뜨기로 만드는 격자무늬가 이렇게 쿨하고
세련되다니! 뜨는 법도 간단해서 목둘레를 제외하고 일직선
으로 쭉 뜨면 된답니다.

Design／오쿠즈미 레이코
How to make／P.102
Yarn／퍼피 코튼 코나

유행하고 있는 사이드 오픈 베스트도 코바늘 뜨기로 만들어보세요. 탄력 있는 리넨 실로 뜨는 작은 단위의 무늬뜨기는 어떤 패션에도 매치하기 쉬워서 팬츠와 스커트 모두에 잘 어울립니다. 트렌드 컬러인 노랑색이 코디의 포인트가 됩니다.

Design／가제코보
How to make／P.99
Yarn／퍼피 퍼피 리넨 100

Glasses／글로브 스펙스 에이전트

심플한 무늬와 섬세한 무늬를 조합하고, 소매엔 모티프를 더한 풀오버. 소맷부리를 좁게 해서 풍성하게 만든 소매와 자연스러운 피코 장식으로 귀여움을 살짝 곁들였어요.

Design／오카 마리코
Knitter／오니시 후타바
How to make／P.104
Yarn／올림포스 에미 그란데

모던한 레이스 무늬를 더한 레트로하고 귀여운 튜닉 원피스. 요크 아래로 퍼지는 풍성한 개더와 슬릿 덕분에 착용하기 편합니다.

Design／가와이 마유미
Knitter／마쓰모토 요시코
How to make／P.108
Yarn／올림포스 에미 그란데

실크 리넨 스커트는 무늬가 바뀌면서 아름다운 라인을 완성
합니다. 밑단의 자연스러운 배색이 전체적인 분위기를 잡아
줍니다. 차분한 톤의 시크한 색감도 매력적입니다.

Design／가사마 아야
How to make／P.112
Yarn／스키 얀 스키 리넨 실크

우아한 카디건은 무심하게 멋을 내고 싶을 때 안성맞춤이에요. 모티프 잇기를 심플한 바탕무늬와 조합해서 돋보이게했습니다.

Design／오카모토 마키코
How to make／P.115
Yarn／스키 얀 스키 리넨 실크

요크와 그 아래에 모눈뜨기의 바탕무늬와 부채꼴의 연속무늬
를 배치해 변화를 줬습니다. 매끈한 감촉의 믹스 실은 얼굴을
화사하게 해주므로 나이와 상관없이 즐길 수 있습니다.

Design／가와이 마유미　　Knitter／오키타 기미코
How to make／P.121
Yarn／다이아몬드케이토 다이아 코스타 소르베

브뤼겔 레이스의 브레이드(braid)가 떠오르는 지그재그 무늬
는 가로뜨기해 대담하게 배치했어요. 밑단과 어깨선에는 모
티프를 곁들인 근사한 디자인이지요. 그러데이션 실의 변화
도 즐기면서 뜰 수 있는 카디건입니다.

Design／기시 무쓰코　　Knitter／시무라 마사코
How to make／P.124
Yarn／다이아몬드케이토 다이아 탱고

Glasses／글로브 스펙스 에이전트

17

울 코튼 베스트는 무엇을 매치하냐에 따라서 오래오래 즐길
수 있습니다. 오픈 사이드의 벨트에 공을 들여 캐주얼하게 완
성했습니다. 벨트는 조절이 가능해 조이거나 느슨히 풀 수 있
습니다.

Design／yohnKa   How to make／P.122
Yarn／다루마 랑부예 울 코튼

깔끔한 스타일에 매치하고 싶은 원피스 타입의 롱 베스트. 단
품으로도 좋은, 세트로 만든 암 커버를 함께 착용하면 더욱
우아해 보입니다. 사이드 슬릿을 크게 트고 플레어를 더해서
움직일 때마다 나풀거립니다.

Design／오타 신코　　Knitter／스토 데루요
How to make／P.130
Yarn／퍼피 아라비스

somsom
knittg yarn

검색창에 **솜솜뜨개** 를 검색해주세요 !

노구치 히카루의 다닝을 이용한 리페어 메이크

'리페어 메이크'라는 말에는 수선하지만, 그 작업을 통해 그 물건이 발전하고 진보한다는 생각을 담았습니다.

노구치 히카루(野口光)

'hikaru noguchi'라는 브랜드를 운영하는 니트 디자이너. 유럽의 전통적인 의류 수선법 '다닝(Darning)'에 푹 빠져 다닝을 지도하고 오리지널 다닝 기법을 연구하는 등 다양하게 활동하고 있다. 심혈을 기울여 오리지널 다닝 머시룸(다닝용 도구)까지 만들었다. 저서로는 《노구치 히카루의 다닝으로 리페어 메이크》, 제2탄 《수선하는 책》 등이 있다.
http://darning.net

【이번 타이틀】

섬세하고 얇은 셔츠의 곳곳이 찢어지기 시작했다

before

마찰이 잦은 부분이
점점 찢어져요…

photograph Shigeki Nakashima styling Kuniko Okabe, Yuumi Sano
hair&make-up Hitoshi Sakaguchi model Jennifer Mai

이번에는 '다닝 구라게'를 사용했습니다.

2015년쯤 인도를 여행했을 때 구매한, 손으로 짠 실로 만든 코튼 론 소재의 핸드메이드 셔츠. 세탁해도 금방 말라서 출장지 최애템으로 5년 가까이 즐겨 입었는데, 결국 마찰이 잦은 어깨와 옆선부터 옷감이 상하기 시작했습니다. 최근 3년 정도는 꿰매 입으면 또다시 찢어지는 상황이 무한 반복되었습니다. 비슷한 론 원단을 찾아내 셔츠 안쪽에 덧대어 수선도 하고, 구멍이 크게 났을 때는 수용성 부직포를 홈질로 덧대서 부드럽게 보강도 했습니다. 비록 낡아서 해지긴 했지만, 목화를 기른 사람, 목화를 채집한 사람, 실을 뽑은 사람, 원단으로 만든 사람, 셔츠로 만든 사람, 셔츠를 디자인한 사람의 호흡이 전해지는 과정에서 셔츠로서의 자부심이 느껴졌습니다. 그래서 지금까지 수선해서 입어왔다고 해도 과언이 아닙니다. 마침내 이 셔츠와 헤어져야 할 시간이 찾아온다면 집 마당에 있는 퇴비 구덩이에 묻으려 합니다. 그러면 몇 주 안에 흙으로 돌아가겠지요. 생태계의 순환을, 옷을 입고 수선해가며 몸소 느끼고 있습니다.

michiyo의 4사이즈 니팅

이번에 소개할 옷은 봄나들이 때 시원하게 입을 수 있는 스커트입니다.
봄바람에 스커트 자락을 살랑살랑 휘날리며 멋지게 걸어보는 건 어떨까요?

photograph Shigeki Nakashima styling Kuniko Okabe,Yuumi Sano hair&make-up Hitoshi Sakaguchi model Jennifer Mai

헤링본과 격자무늬가 어우러진
플레어스커트

이번에 소개할 옷은 허리부터 밑단까지 전체적으로
무늬가 들어간 니트 스커트입니다. 허리는 고무밴드
를 끼우는 대신 끈으로 조이는 타입입니다.

허리 밴딩 부분부터 밑단까지 무늬를 떠 넣었습니
다. 사이즈 조절이 쉽도록 무늬를 고안하는 작업이
즐거운 작품이었습니다.

볼륨 있는 플레어라서 정성이 많이 들어가지만 뜨
는 과정에서 조금씩 만들어지는 무늬를 즐기면서
천천히 떠보시기 바랍니다.

허리 밴딩 부분이 길어서 허리가 날씬해 보이는 데
다가, 신경 쓰이기 쉬운 배 부분은 볼륨 있는 플레어
가 커버해줍니다. 여름실로 떠서 바람이 잘 통하기
때문에 이 정도의 볼륨만으로도 시원하게 느껴지는
스커트입니다.

허리의 고무뜨기부터 뜨기 시작해 산 모양처럼 이어지는 헤링본 무늬를 뜹니다. 겉뜨기와 안뜨기로 테이프를 엇갈리게 끼워 넣은 것처럼 뜨는 격자무늬도 사이사이에 틈을 넣어가며 즐겁게 뜰 수 있습니다.
마사를 사용해서 산뜻하면서도 캐주얼한 느낌으로 완성했습니다. 타이즈나 레깅스를 레이어드하면 봄부터 가을까지 스타일링할 수 있습니다.

Knitter／이지마 유코
How to make／P.134
Yarn／하마나카 플랙스 Ly

허리 밴딩
4사이즈 모두 뜨개 시작 부분에서 5cm 정도 떨어진 위치에 끈 끼울 구멍을 만듭니다.

너비
허리 밴딩 부분의 구멍 위치를 포함해 밑단까지의 무늬를 1무늬로 일관되게 맞췄습니다. 1무늬의 반복 횟수에 따라 너비를 간단하게 조절할 수 있습니다.

S size
M size (사진)
L size
XL size

기장
옷이 뭉치는 현상과 무게감을 줄이기 위해 밑단 쪽이 아닌 허리 밴딩 부분의 길이로 조절합니다. 그래도 부족하다면 S & M, L & XL로 나눠 무늬뜨기 A의 증감이 없는 위치에서 조절합니다. 길이감이 있는 디자인이므로 기장을 줄이고 싶다면 무늬뜨기 A를 1무늬 6단의 단위로 조절합니다.

michiyo
어패럴 메이커에서 니트 기획 업무를 하다가 현재는 니트 작가로 활동하고 있다. 아기 옷부터 성인 옷까지, 여러 권의 저서가 있다. 현재는 온라인 숍(Andemee)을 중심으로 디자인을 발표하고 있다.
Instagram : michiyo_amimono

※ 무늬를 기준으로 한 사이즈이므로 치수 차이는 균등하지 않습니다.

뜨개에 몰두하는 남자
후지타 유키

photograph Bunsaku Nakagawa text Hiroko Tagaya

마음에 드는 국내외 패턴을 참고해 레이스도 뜬다.

본인이 직접 입을 니트 후드. 주로 옷을 뜬다.

아들을 위한 뜨개옷 세트. 사이즈는 작지만 소소하게 포인트도 있다.

후지타 유키(藤田佑輝)
가나가와현 거주. 애플 iOS 애플리케이션 엔지니어. 뜨개 경력 8년. 뜨개를 하면서 애플 iOS 앱 개발을 독학한 후 뜨개에 특화된 '뜨개 카운터' 앱을 개발했다. 요즘은 아들이 몇 살 때까지 자신이 뜬 스웨터를 입어줄 것인가가 고민이라고. 앱과 IT를 활용해 뜨개의 생태계를 만드는 것이 꿈.
트위터 wai(@swwaisw)
뜨개 카운터 https://apps.apple.com/jp/app/id1557624196

이번 게스트는 아이폰 앱 '뜨개 카운터'의 개발자, 후지타 유키입니다. 뜨개와 만나게 된 계기는 조금 의외였다고 합니다. "독서를 좋아해 출퇴근할 때 읽을 책에 씌울 북 커버를 모으고 있었어요. 그러다 2015년 우연히 인터넷에서 뜨개 북 커버를 보게 되었죠. 어머니께 여쭤보니 짧은뜨기로 뜬 것 같다더군요. 직접 만들면 어떨까 싶어 입문서를 산 게 뜨개와의 첫 만남이었죠."

그 후로 도움 없이 뜨개 도안과 과정 설명만 보면서 독학해왔다는 점이 대단하게 느껴졌습니다. "뜨개 도안을 보는 건 어렵지 않지만, 순서를 상상하면서 떠야 했거든요. 그러다가 레이블리(Ravelry)에서 처음 접한 영문 패턴엔 구체적으로 쓰여 있더군요. 그게 더 논리적이고 이해하기 쉬워 보였죠."

그런 생각이 '뜨개 카운터'의 개발로 이어졌다고 합니다. "그전까진 도안을 복사해두고 체크하면서 떴거든요. 그러려면 복사본이 여러 장 필요했는데, 그 작업을 스마트폰으로 하면 편할 것 같더라고요. 처음엔 제가 쓰려고 만든 앱이라 공개할 생각이 없었어요. 뜬 부분을 체크하는 기능과 몇 단에 한 번, 무엇을 하라는 지시가 나오는 기능을 만든 건데, 아란무늬를 예로 들어볼게요. 겉뜨기로 뜨다가 중간부터 8단에 1번 교차하는 무늬라면, 15번째 단이 됐을 때 '다음은 교차 2번째'라는 지시가 나오는 식이랍니다."

마치 내비게이션 같은 기능입니다. 다음에 할 일이 간단하게 나오니 이해하기 쉽습니다. 새로 구상 중인 뜨개 앱이 있는지도 물어보았습니다. "스웨터의 무늬를 사진으로 찍으면 곧바로 해당 도안이 뜨는 앱도 만들고 싶었어요. 하지만 기억시켜야 할 데이터가 굉장히 방대하다 보니 구상 단계에서 포기했죠. 기계학습과 AI는 어떤 구조로 기억하고 답을 도출해내는지 그 구조를 조사해봤더니 미적분이 필요하거든요."

책장에 꽂혀 있던 미적분 서적들의 존재가 이해되는 순간이었습니다. 고등학생 때 더 공부해둘 걸 그랬다며 웃으며 말하는 그였지만, 미적분까지 독학했다고 해서 깜짝 놀랐습니다. 좋아하는 것에는 완벽을 추구하는 타입인가 봅니다. "초등학생 때 어머니께서 비디오 대여점에서 사다 준 〈스타워즈〉 시리즈에 빠져 살았어요. 《스타워즈》는 소설도 방대한 분량이었는데, 대학 졸업할 때까진 거의 다 읽었던 거 같아요(웃음)."

좋아하는 것에 몰두하는 열정적인 자세가 그의 삶을 지탱해주는 원동력이었을까요? "원래도 IT 계열 엔지니어였는데, 뜨개를 시작한 후 우연히 아이폰 앱을 개인도 만들 수 있다는 얘기를 동료한테 들은 거죠. 그걸 계기로 '뜨개 카운터'를 만든 것이 지금의 iOS 엔지니어 업무로도 이어지고 있답니다. 저도 예상하지 못했던 일이라 재밌더군요."

좋아하는 것을 순수하게 좇았을 뿐인데 뜻밖에 본업까지 잘 풀렸다고 합니다. 그는 주로 아들이 입을 스웨터며 현관 매트 같은 가족과 관련된 아이템을 뜨고 있습니다. 좋아하는 일의 너머에 따뜻한 일상이 펼쳐져 있었습니다.

1／자택의 작업실에서 인터뷰를 하고 작품도 감상했다. 2／앱 개발과 관련된 서적과 뜨개라는 의외의 조합. 3／그가 개발한 '뜨개 카운터'는 굉장히 편리하다. 4／앱의 URL 주소가 담긴 QR코드도 떠보았단다. 5／독학으로 뜨개 기술을 익혔지만, 그가 뜬 뜨개 레이스는 굉장히 섬세했다. 6／옷도 여러 작품을 뜨고 있다. 아란무늬를 가장 좋아한다고. 7／거침없이 대바늘을 움직이는 손길. 8／동행한 편집 스태프에게 수학과 뜨개의 관계를 열심히 설명하고 있다. 9／그가 어렸을 때 친척이 떠주었다는 스웨터. 지금도 소중히 간직하고 있다.

2		1
5	4	3
		6
9	8	7

봄꽃이 만발한
니트 & 크로셰

겨우내 기다렸던 따스한 봄이 찾아왔어요. 모두 새로운 계절을 맞이할 준비는 되셨나요?
형형색색으로 피어나는 봄꽃들을 모티프로 탄생시켜서
기분까지 화사해지는 옷과 소품을 떠보세요.

photograph Hironori Handa styling Masayo Akutsu hair&make-up Yuri Arai model Polina

봄꽃의 대표주자인 튤립을 떠 넣은 5부 소매의
풀오버. 진한 실의 연한 실의 조합이 매혹적인 꽃
잎들과, 쭉 뻗은 잎과 줄기의 형태가 아름다운 스
타일입니다. 뒤판까지 뻗어 있는 잎사귀와 아침
이슬처럼 빛나는 스팽글이 포인트랍니다.

Design／도카이 에리카
How to make／P.136
Yarn／퍼피 코튼 코나, 퍼피 리넨 100

옷 전체에 꽃을 뿌려놓은 듯한 산뜻하고 여성스러운 카디건. 아이리시 크로셰 모티프를 배열한 목둘레와 조여진 소맷부리의 디자인으로 여성미를 더욱 살렸습니다. 대바늘뜨기와 코바늘뜨기가 절묘하게 섞인 하이브리드 디자인입니다.

Design／가와지 유미코
How to make／P.138
Yarn／퍼피 코튼 코나, 코튼 코나 파인

스퀘어 형태의 꽃 모티프를 연결해서 만든 롱 베
스트. 흰 블라우스에 매치하기만 해도 봄기운을
더해주는 유용한 아이템입니다. 믹스 컬러 실로
뜬 중앙의 꽃 부분과 단색 실로 뜬 잎 부분의 색
변화를 즐겨보세요.

Design／기시 무쓰코
How to make／P.144
Yarn／스키 얀 스키 셀레네, 스키 워셔블 UV

Blouse／하라주쿠 시카고(하라주쿠/진구마에점)
Pants／하라주쿠 시카고 하라주쿠점

28

햇볕이 따뜻해지더라도 방심은 금물. 삼한사온의 변덕스러운 계절은 봄 기분을 만끽할 수 있는 배색무늬뜨기로 극복해볼까요? 스모키한 포인트 컬러로 꽃무늬 초보자에게도 추천합니다.

Design／YOSHIKO HYODO
Knitter／구라타 시즈카
How to make／P.148
Yarn／스키 얀 스키 워셔블 UV

Blouse／하라주쿠 시카고(하라주쿠/진구마에점)
Skirt／SLOW 오모테산도점

29

모티프 잇기로 뜬 본체와 짧은뜨기로 뜬 바탕의
매치가 신선하게 느껴지는 가방이에요. 하나의
입체 모티프에 그러데이션 실을 더해 예측할 수
없는 배색의 묘미를 즐길 수 있는 디자인이지요.
소지품을 충분히 넣을 수 있을 만큼 넉넉한 사이
즈라서 실용성도 겸비했답니다.

Design／오카 마리코
How to make／P.150
Yarn／올림포스 샤포트

Coat／하라주쿠 시카고 하라주쿠점
One-piece／하라주쿠 시카고(하라주쿠/진구마에점)

좋아하는 꽃들로 한껏 장식한 컬러풀한 소품과
함께 집을 나서면 왠지 모험을 떠나는 기분이 들
어요. 새로운 계절에 새로운 아이템으로 꾸미는
기쁨을 꿈꾸고 있나요? 한 송이 한 송이 꽃을 모
아 화사한 플라워 모자와 가방이 탄생하도록 꽃
모티프를 떠보세요.

Design／오카모토 게이코
Knitter／미야자키 미쓰코
How to make／P.141
Yarn／올림포스 샤포트

Jacket · One-piece／하라주쿠 시카고(하라주쿠/진구
마에점)

화사한 블랭킷을 떠서 꽃샘추위에 대비해볼까요? 부드럽고 은은한 파스텔컬러는 봄에 가장 잘 어울리는 것 같아요. 두 종류의 꽃 모티프를 줄무늬처럼 보이도록 늘어놓고 색을 바꿔 변화를 즐기는 매력적인 디자인입니다.

Design／호비라 호비레
How to make／P.152
Yarn／호비라 호비레 울 셰이프

Jacket／산타모니카 하라주쿠점
Blouse／하라주쿠 시카고 하라주쿠점
Skirt／하라주쿠 시카고(하라주쿠/진구마에점)

넉넉한 샤이즈의 다용도 러너는 코바늘뜨기의 묘미. 완성할 때까지는 약간의 인내심이 필요하지만, 모티프 잇기로 1장씩 떠서 연결하는 과정에서 재미를 느낄 수 있답니다. 손놀림에 따라 약간의 차이가 생기더라도 너무 신경 쓰지 말고 배색을 즐기면서 끝까지 떠보세요.

Design／호비라 호비레
How to make／P.154
Yarn／호비라 호비레 코튼 필 파인

우즈베키스탄은 중앙아시아에 위치한 나라로 유라시아대륙 한복판에 있다. 키르기스스탄, 카자흐스탄, 우즈베키스탄, 타지키스탄, 투르크메니스탄 등이 있으며, 위치는 중국의 서쪽, 인도의 북쪽, 러시아의 남쪽이다. 서쪽으로 카스피해가 있고, 서남쪽으로 육로로 가면 페르시아로 빠진다. 북부는 유라시아를 횡단하는 대초원이 펼쳐진다.

○○스탄은 '○○인의 땅'을 의미한다. 사막 지대가 대부분을 차지하는 중앙아시아에 여기저기 흩어져 있는 오아시스 도시는 고대부터 중국과 그리스·로마 세계를 잇는 실크로드의 요충지로 번영했다. 앞의 국가명은 현재의 '나라'라는 구분이며, 경계에 펜스나 철조망이 몇천 킬로미터 이어져 있지만, 최근까지 물리적인 국경선은 없었다. 산과 하천, 골짜기 등 사람들의 왕래를 가로막는 지형은 있지만, 대지에 경계는 없다. 사람들은 말을 타고 도시에서 도시로, 협곡을 건너, 황야를 넘어, 초원을 거치며 왕래해왔다. 상단은 말이나 낙타와 함께 식물·향신료·화약·지역 특산품을 지니고 여정을 떠났다. 이윽고 실크로드로 불리는 장대한 교역로에 사람들이 모이고, 집을 짓고 살며, 천천히 민족과 문화가 섞이기 시작했다.

중앙아시아에서는 초기에 조로아스터교·불교가 성행하고, 훗날 이슬람교가 전해졌다. 이 지역에서 여러 유목 민족 국가가 발흥하고, 싸

아틀라스 투피스 드레스를 입은 소녀. 같은 천으로 지은 튜닉과 팬츠는 정석 스타일.

우고, 훗날 소비에트연방에 가입해 사회주의국가가 됐다. 유라시아대륙에서 일어난 거대한 역사의 소용돌이 속에 중앙아시아는 항상 존재했다. 다른 세계와 미의식을 가진 민족과 문명이 이 땅에 차례로 출현하고 또 사라졌다. 대륙의 다이너미즘은 도시의 수공예와 물질문화를 뒤섞었고, 그 땅에는 그 흔적이 겹겹이 포개져 지층을 이루고 있다.

세계 수예 기행 우즈베키스탄공화국

우즈베키스탄의 이카트

아브르반디

취재·글·사진/간노 요   촬영/모리야 노리아   편집협력/가스가 가즈에

왕의 비단으로 불리는 천

윤택한 토양에 이카트 '아브르반디(Abrbandi)'가 꽃피었다. 이카트란 가스리(絣, 스침 무늬)로, 원래 말레이어로 '묶다', '매다' 등을 뜻하는 말이 영어권에서 쓰이며 정착한 단어다. 미리 다른 색으로 염색한 실을 날실과 씨실 또는 둘 다에 써서 직물에 무늬를 새긴다. 날실을 염색하는 다테가스리, 씨실을 염색하는 요코가스리, 혼합형인 다테요코가스리 등이 있다.

아브르반디는 현재의 위구르 지역, 그중에서도 호탄에서 탄생한 것으로 알려져 있다. 실크는 '아틀라스(Atlas)'라고 불리며, 선명한 실크 새틴 이카트는 '한 아틀라스(Khan-atlas)', 즉 '왕의 비단'으로 불린다. 그렇게 불리게 된 전설이 있다. 직공과 딸, 그리고 왕의 이야기다.

어느 날, 늙은 왕이 직공의 딸을 사랑하게 됐다. 왕은 그 아가씨를 아내로 맞아 하렘에 들이고 싶었다. 그 부녀는 왕에게 다시 생각해달라고 애원했지만, 왕은 포기하지 않았다. 대신 제안을 했다. "내일까지 딸의 아름다움을 대신할 것을 만들라"라고.

직공은 슬픔에 잠겨 운하 옆에 오래 주저앉아 있었다. 비가 그의 눈물에 섞여들었다. 갑자기 비가 그쳤다. 그는 하늘의 푸른빛이 수면에 반사되는 모습을 보았다. 구름과 들꽃이 함께 살랑살랑 흔들리는 것도 보았다. 구름은 무지개색으로 물들어 있었다. 나무들의 여린 초록 잎을 보고, 그는 신께 감사하며 공방으로 돌아갔다. 밤새 작업한 그는 다음 날 아침, 왕 앞에서 천을 펼쳐 보였다. 그것은 무지개처럼 오묘한 색으로 빛나고, 깃털처럼 가벼웠다. 왕은 감탄했다. "어떻게 짠 것이냐?"

직공은 대답했다. "비에 씻긴 초록 잎사귀, 튤립의 꽃잎, 새벽녘의 꼭두서니 빛과 밤하늘의 푸른빛, 수면에 반짝이는 햇빛과 사랑하는 딸아이 눈의 반짝임을 이 천에 짜 넣었습니다." 왕은 그 천의 아름다움에 매료되어 약속을 지켰다. 원치 않는 결혼은 물론 취소됐다. 훗날 그 천은 '왕의 비단(Khan-atlas)'으로 불리게 되었다.

'한 아틀라스'는 우즈베키스탄의 이카트 중에서도 대표적인 민족 천으로, 현재까지 꾸준히 사랑받고 있다. 결혼식

마르길란 바자르의 여성들. 자투리 천과 수예용품을 팔고 있다.

A／바자르 안의 천 매장. 한쪽 벽면에 천을 장식한 가게가 수십 개 늘어서, 천을 잘라 판매하고 있다. B／이카트를 짜려고 실을 묶는 공정. 묶는 부분을 디자인에 맞춰 정리하면서 작업한다. C／묶여 있는 날실. 비닐로 강하게 압력을 가해 묶고, 방염한다. D／염색 공정. 묶이지 않은 부분을 염색한다. 샘플로 소량 생산하므로 대야에서 작업한다. E／3색으로 염색한 날실. 같은 색끼리의 경계는 번져서 섞여 있다. F／염색한 날실을 씻어 무늬를 보면서 정리하고 있다. 사진 뒤쪽의 실은 염색 가공 전의 원사. G／베틀에 걸기 전의 정리 작업. 실을 건 받침대를 회전시켜 무늬를 보면서 날실을 정리한다.

이나 파티 같은 행사에서 '한 아틀라스'로 만든 원피스를 입은 여성들을 쉽게 찾아볼 수 있다. 7색으로 배색한 천을 최상급으로 여기며 선호하지만, 흑백의 모노톤 천이나 금사와 은사를 짜 넣은 천도 있다. 전통적으로 씨실에는 붉은색 또는 노란색을 선호한다.

'아드라스(Adras)'는 날실이 명주, 씨실이 무명인 천이다. 폭은 40cm 전후로 '한 아틀라스'에 비해 크고 무늬가 대담하다. '차판(Chapan)', '하라트(Harat)'라 불리는 도테라(방한복) 같은 긴 외투의 소재로 쓰였지만, 요즘은 아드라스로 유러피언 슈트를 짓거나 클러치나 펌프스, 소파 등에 씌우는 천으로 쓰이기도 한다. 그 밖에 날실이 명주, 씨실이 무명인 새틴직 천 '바노라스(Banoras)', 날실과 씨실 모두 명주인 가벼운 천 '소이(Shohi)'가 있다.

이카트 공정

이카트 기법의 발상지는 인도로 알려져 있으며, 중앙아시아에는 4~6세기에 불교와 장식미술이 함께 전파됐다. 현재는 우즈베키스탄 동부, 페르가나 분지 마을에서 주로 생산하고 있다. 우즈베키스탄의 이카트는 다테가스리로, 날실을 교대로 염색해 무늬를 짠다. 약 1.8m를 한 단위로 무늬 디자인을 정한다.

천 무늬는 대부분 추상적이다. 유래는 태양이나 달 등 천체와 관련된 것, 조로아스터교 또는 불교에서 유래한 옛 모티프, 빗, 가축 뿔, 꽃이나 식물 같은 것들이다. 이런 일상적인 것들이 상징적이고 추상적으로 변한 것이다. 모티프 대부분은 고대부터 존재했으며, 후대로 내려오면서 시대에 따라 사람들이 그 의미도 찾아내 왔던 것으로 보인다.

천 생산은 하나의 산업으로 자리 잡아 원사 준비부터 방직·판매까지 관련 장인이 분업한다. 이카트의 핵심인 염색 공정은 염색 부

방직 공정. 장인이 쥔 끈과 셔틀을 날리는 해머가 연동하며 리드미컬하게 짜낸다. 베틀에 걸린 날실에 희미하게 무늬가 보인다.

분을 남기고 테이프로 날실을 묶어서 방염하고, 배색할 수만큼 공정을 반복해 색을 입힌다. 그 후 날실을 디자인대로 베틀에 걸고 씨실을 짜 넣으면 완성이다. 평직이나 새틴직이 기본이지만 벨벳직 '바흐말(Baxmal)'이 있다. 스크린프린트로 염색한 벨벳보다 선명한 무늬가 특징이며 부드럽다. 비단을 넉넉히 넣어 고도의 기법으로 짜서 고가이지만 쿠션 커버 등은 일본에서도 많이 판매하고 있다.

우즈베키스탄으로 여행

우즈베키스탄을 2010년에 처음 방문했는데 공예를 찾아 떠난 세계 일주 여행 도중이었다. 고베에서 상하이까지 뱃길로 건넜다. 그 후에는 서쪽을 향한 실크로드 여행이었다. '서역으로의 여행'은 과거 많은 사람이 동경했다. 극동의 섬나라인 일본인에게 서역으로 떠나는 여행은 근원을 더듬어가는 여행 그 자체다. 상하이에서 물붓으로 포석에 시가를 쓰는 노인을 만났다. 시안에서 연날리기와 팽이치기를 하는 아이와 친해져 집오리 머리 요리를 먹고, 이백의 책과 우롱차를 받았다.

그 후 열차를 갈아타고 서쪽으로 향하는데, 길가의 간판에 적힌 한자가 조금씩 글자인지 무늬인지 판별할 수 없는 모양으로 변해갔다. 끝없는 사막이 이어진다. 이윽고 도착한 중국 서쪽 끝 카슈가르는 이국이었다. 예배를 알리는 외침이 거리에 울려 퍼진다. 붉은 모래 먼지가 흩날리는 미로 같은 가도. 갈고리발톱에 생고기를 매단 정육점. 둥근 모자를 쓴 턱수염 난 노인들이 길가에서 체스 같은 것을 두고 있다.

이 거리가 서쪽 끝인 것 같았지만, 더욱 서쪽의 거대한 산맥 너머에도 세계는 계속되고 있다. 중국과 중앙아시아를 가르는 산맥은 7,000m급 산봉우리가 굽이굽이 이어진다. 톈산산맥이다. 일주일을 걸려 수배한 4WD는 가뿐히 고개를 넘었지만, 삼림 한계를 넘은 국경 부근은 황폐한 세계처럼 느껴졌다. 사방은 온통 잿빛이고 자갈은 울퉁불퉁하지만, 멀리 짙푸른 하늘과 눈 덮인 산들이 있었다. 표고가 낮아지면서 초원과 호수가 보이기 시작했다. 동쪽에서 보는 중앙아시아의 입구, 키르기스스탄은 고원의 나라다. 푸른 언덕이 경쾌한 리듬으로 이어지고, 그 너머에 양 떼가 보인다. 땅을 기는 듯한 개울가에서 말이 풀을 뜯고 있다. 양치기 소년은 따분한 듯 막대기를 흔들고, 맹금류가 하늘을 미끄러지듯 날개를 펼치고 있었다. 이 고원 지대를 빠져나가면 우즈베키스탄이다.

변천하는 세계의 색

중앙아시아에서 이카트 기술을 나타내는 단어 '아브르반디(Abrbandi)'의 'abr'는 구름을, 'bandi'는 다발을 의미한다. 우즈베키스탄의 하늘은 산뜻한 파란색이었다. 가도와 민가 외벽은 흙벽돌과 회반죽이 줄지어 이어지고, 가로수는 있지만, 색채는 부족하다. 해 질 녘엔 타는 듯한 붉은 세계로 변한다. 난 우즈베키스탄에 머물며 1년간 계절의 변화를 봤다.

내게 구름은 흰 것이지만 그들에겐 다른 색채를 의미하리라. 문명의 교차로라 부르기

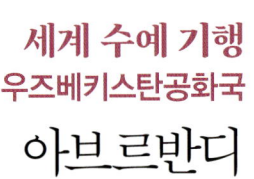

에 걸맞은 땅과 그곳의 후예인 그들은 형제끼리 생김새나 눈동자 색이 다를 수 있다. 사람들은 제2, 제3의 언어를 적절히 구사하며 생활하고 있다. 예전에 이카트 장인과 아브르반디의 묘미를 얘기한 적이 있다. 장인이 가장 보여주고픈 솜씨는 같은 색들의 경계라고 한다. 저마다의 색들이 서로 섞이고 번져서 생각지도 못한 색으로 변한다. 이 그러데이션에 이카트의 참맛이 있다고 그는 말했다.

이 천으로 옷을 지을 때는 일련의 에피소드를 떠올리려 한다. 여행지에서 나눈 대화. 그들의 복장과 거리의 소음과 냄새. 먹었던 음식. 처음 그 땅을 방문했을 때는 육로였다. 오직 서쪽을 향했던 석 달의 여정은 어땠는가. 어디서 머물고 무엇을 바라봤나. 지나간 거리는 어떤 모양이었나. 내 구름은 어떤 색인가.

간노텍스타일은 중앙아시아뿐 아니라 전 세계에서 사들인 천으로 옷을 만들어 팔고 있다. 소재는 편의상 '이국의 천'으로 취급하지만, 그곳은 우리들의 세계와 육지로 이어져 있다. 세계가 다른 세계로 변해갈 때의 색의 변화를 우리는 늘 보고 있다.

장인의 집을 방문했을 때의 모습. 겨울철 비수기에 방문했더니 보유한 천을 꺼내 보여줬다.

H／'한 아틀라스'로 제작한 보타이 블라우스. 섬세한 새틴 직이어서 손바느질한 부분이 많다. I／중앙아시아풍 배색의 아드라스로 지은 코트. 모양은 만주의 민족의상을 모델로 했다. J／아드라스로 만든 하오리. '차판'이라는 중앙아시아의 하오리를 모델로 한 디자인. K／날실이 실크, 씨실이 코튼인 새틴직 천 '바노라스'. 광택감이 강해서 무늬의 인상도 강해 보인다. L／새틴 실크 천 '한 아틀라스'의 오래된 희귀 천. 긴 방석 커버로 가정에서 쓰던 것이다. M／벨벳 '바흐말'. 실크 100%로 촉감이 좋고 발색이 아름답다. N／아드라스로 지은 긴 하오리와 같은 천으로 만든 숄. 옅은 배색은 유럽과 미국을 의식해서 짠 것. O／날실이 실크, 씨실이 코튼인 천 '아드라스'. 방직 공방에서는 중앙아시아 안팎의 박물관에 보관하고 있는 오래된 민족의상, 오래된 희귀 천의 디자인을 수집·연구해 복각하고 있다. 새로운 디자인도 많이 제작하고 있다. P／2012년 우즈베키스탄을 횡단하며 각지에서 천을 조사하고 수집했다. 사진의 장소는 카라칼팍스탄에서 숙박한 천막의 내부.

간노 요(菅野陽)

간노텍스타일(KANNOTEXTILE) 주재. 사이타마현에서 태어났다. 일본 국내 의류 기업에 근무한 후 수공예를 찾아 여행을 떠났다. 도중에 들른 우즈베키스탄과 알타이공화국에 살게 된 것을 계기로 구소련권을 중심으로 응용미술에 관한 조사 연구와 제작을 시작했다. 현재 도쿄의 스튜디오를 거점으로 제작을 이어가며, 갤러리나 백화점에서 정기적으로 전시회를 열고 있다.
www.kannotextile.com

Crochet Crush

코로셰 크러시

인스타그램에서 자꾸 눈에 띄던 바로 그 가방을 직접 만들어보세요.
패턴의 여왕 몰라 밀스의 최신 도안집

간단한 기법으로 일정한 무늬를 반복하기만 해도 강렬하고 인상적인 작품이 됩니다.
일상에 스타일을 더해줄 나만의 소품을 만들어 사용해보세요.

열매달 이틀

· knitting studio ·

언제나 나를 위한, 열매달 이틀 첫번째 공간
서울시 마포구 대흥로 175, 신촌그랑자이상가 4동 106호

인스타그램

카카오채널

홈페이지

Enjoy Keito

Keito 추천 털실을 사용한 봄의 아이템을 소개합니다.
멋진 곳으로 데려가 줄 것 같은 양말은 어떠세요?

photograph Shigeki Nakashima styling Kuniko Okabe,Yuumi Sano hair&make-up Daisuke Yamada model MILANA

GUSTO WOOL
Nokta

가스토 울/녹타

메리노 울 80% · 나일론 20%, 색상 수／5, 1타래／100g,
실 길이／약 400m, 실 종류／중세, 권장 바늘／2.25～
3.5mm(대바늘 0～5호 정도)
손수 염색한 실 특유의 농담 차이가 즐거움을 주는 삭스 안.
세탁기도 사용 가능해요. 세대를 불문하고 일상에서 쓰기에
이상적인 실이 되어주길 바라는 마음을 담아 만들었습니다.

실을 즐기는 단순한 양말

발가락 부분부터 뜨는 기본 양말. 실의 감촉과 색감
을 즐기면서 발뒤꿈치, 발을 넣는 입구 순으로 뜹니
다. 양말 뜨기가 처음인 분들에게도 추천합니다.

Design／Keito
Knitter／스토 데루요
How to make／P.156
Yarn／가스토 울 녹타

AMANO CHASKI

아마노／차스키

슈퍼 워시 메리노 60%·피마 코튼 30%·리넨 10%, 색상 수／6, 1타래／100g, 실 길이／약 350m, 실 종류／중세, 권장 바늘／3~3.5mm(대바늘 3~5호 정도)

페루의 털실 브랜드 AMANO에서. 울이 주체이면서 코튼과 리넨의 산뜻한 촉감이 특징인 실입니다. 블렌딩에서 안데스의 봄을 느낄 수 있어요.

케이블 & 멍석뜨기의 양말

발을 넣는 입구부터 교차무늬(케이블)와 멍석뜨기로 뜨는 타입입니다. 질 좋은 실로 뜬 무늬의 입체감은 발끝에 따뜻한 포인트를 연출해줍니다.

Design／Keito
Knitte／스토 데루요
How to make／P.158
Yarn／아마노 차스키

히나마쓰리

계절의 경계에 복을 빌고 액운을 쫓는 행사를 하는 다섯 명절.
그중 1월 7일 '인일(人日)의 명절' 다음에 오는 게 3월 3일 '상사(上巳)의 명절' 히나마쓰리.
계묘년인 올해는 토끼를 주인공으로 앉히고, 여자아이의 건강한 성장을 기원합니다.

photograph Toshikatsu Watanabe styling Terumi Inoue

토끼 히나 인형

올해의 주인공은 호리호리한 체형이 모델 같아
요. 우아한 복장도 스타일리시해 보입니다.

Design／마쓰모토 가오루
How to make／P.160
Yarn／다루마 레이스사 #40 무라사키노, 이로이
로

별사탕과 건과자

입에 넣으면 행복해지는 색깔도 모양도 사랑스러운
과자들. 이벤트에 색채를 더해줄 소품으로서 더할
나위 없어요.

Design／마쓰모토 가오루
How to make／P.160
Yarn／다루마 레이스사 #40 무라사키노, 이로이로

두 귀 사이에 톡 하고 얹힌 관이 아주 깜찍한 토끼 히나 인형.
황후의 관에는 비즈를 달았어요. 소매에 붙인 무늬는 매화꽃
무늬예요. 손에는 각각 홀과 부채를 들었습니다. 단순한 액세
서리인 줄 알았지만, 사실은 식순 등 공식 행사에서 실수하지
않기 위한 메모를 적은 커닝 페이퍼 역할을 했다나요. 어쩐지
귀여운 에피소드입니다. 별사탕은 안에 둥근 비즈를 넣고, 알
갱이 부분은 팝콘뜨기로 떴습니다. 건과자(히가시)의 모티프
는 매화와 나비로 골랐어요. 춘하추동을 나타내는 연분홍·초
록·노랑·하양 4색으로 떴습니다.

Color Palette
유스풀 모티프

같은 모양의 꽃 피는 모티프를 연결해서 만드는 봄 소품들.
나열하는 법과 컬러로 즐기는, 활용 만점 사각 모티프의 변주!

photograph Shigeki Nakashima styling Kuniko Okabe, Yuumi Sano
hair&make-up Hitoshi Sakaguchi model Jennifer Mai

White
짧은 기장의 베스트는 올해의 스타일. 기본
모티프인 2단까지는 컬러풀하게, 바탕을 한
가지 색으로 통일하면 다양한 색을 써도 산
뜻한 인상으로 마무리돼요. 바탕색을 블랙
이나 네이비로 어레인지해도 근사합니다.

Design／오쿠즈미 레이코
Knitter／오카다 지요코(베스트), 마노 아키요
(단색 머플러), 아사이 에리코(배색 머플러+복조
리 파우치)
How to make／P.162
Yarn／올림포스 에미 그랑데, 에미 그랑데 '컬
러즈'

Lavender & Mustard
기본 모티프를 다이아몬드 모양으로 나열하고, 원형이 되도록 연결한 복조리 파우치. 윗부분에는 삼각 모티프를 추가해 모양을 정리했어요. 대칭으로 배색한 모티프에 바탕 컬러를 더해서 균형감 있게!

Grey
한 가지 색으로 떠서 지그재그로 연결한 숄. 같은 모티프라도 한 가지 색으로 뜨면 차분한 분위기로 완성돼요. 기본 모티프보다 1단 적게 떠서 연결한 다음 마지막에 가장자리를 떴어요.

Blue & Red
Lavender & Mustard 배색과 달리 모티프가 부각되는 또렷한 컬러 매치. 이웃하는 색을 대칭으로 배색하고, 한쪽을 바탕색으로 보충하면 전체적으로 깔끔하게 마무리됩니다.

White × Blue
Grey와 같은 모양이지만, 깔끔한 블루를 포인트 컬러로 짰어요. 이런저런 배색을 고민하는 시간은 최고의 행복! 반짝이나 잔무늬 등 같은 시리즈 실과의 조합도 즐거울 것 같아요!

45

Yarn Catalogue

봄·여름 실 연구

가볍고 뜨기 좋은 새로운 계절의 실이 속속 발매되고 있어요.
꼭 한번 활용해보세요!

photograph Toshikatsu Watanabe styling Terumi Inoue

 **스키 셀레네**
스키 모사

변칙적인 롱 피치 5색 그러데이션 실과 단색인 릴리 얀을 합사하고, 5색 그러데이션 실로 더블 커버한 컬러풀한 스트레이트 얀. 화학섬유 소재의 적당한 탄력과 촉촉함의 밸런스도 좋고, 너무 가늘지 않아 대바늘이든 코바늘이든 두루 활용할 수 있어요.

Data
폴리에스테르 46%·아크릴 40%·레이온 14%, 색상 수／7, 1볼／30g·약 98m, 실 종류／합태, 권장 바늘／4～5호(대바늘)·4/0～6/0호(코바늘)

Designer's Voice
술술 떠지는 질감으로 코바늘과 대바늘 모두에 알맞아요. 컬러풀한 색을 살려 단색과 조합하는 것도 추천합니다. 촉촉함도 느낄 수 있는 소재입니다. (기시 무쓰코)

스키 워셔블 UV
스키 모사

면 아크릴을 혼방한 워셔블 얀을 UV 가공한 스트레이트 얀이에요. 유연하고 굵기가 적당해 뜨기 쉬우며, 풍부한 컬러 바리에이션은 단색으로도 배색으로도 즐겁게 선택할 수 있어요. 햇빛 차단 아이템이나 아이용으로 특히 추천해요.

Data
면 50%·아크릴 50%, 색상 수／18, 1볼／30g·약 81m, 실 종류／합태, 권장 바늘／4～6호(대바늘)·5/0～6/0(코바늘)

Designer's Voice
색감이 예쁘고 광택이 느껴져요. 갈라짐도 없고 술술 떠지는 실이었어요. (YOSHIKO HYODO)

다이아 탱고
다이아몬드 모사

의마(擬麻) 가공한 코튼의 맛을 더해, 적당한 탄력과 산뜻한 터치감으로 기분 좋게 마무리됩니다. 단색이나 그러데이션된 가는 실을 조합함으로써 롱 피치의 색 변화가 일어나고, 그 안에서 멀티 컬러 반짝이의 섬세한 빛이 개성 있는 표정을 만듭니다.

Data
면 45%·아크릴 50%·큐프라 3%·폴리에스테르 2%, 색상 수／8, 1볼／30g·약 123m, 실 종류／합태, 권장 바늘／5~6호(대바늘)·4/0~5/0호(코바늘)

Designer's Voice
적당하게 탄력이 있어 코바늘 뜨개 무늬도 예쁘게 나와요. 사각거리는 촉감이 시원한 느낌으로 마무리됩니다. (기시 무쓰코)

다이아 코스타 소르베
다이아몬드 모사

광택감을 살리면서 숏 피치의 다색 실을 혼합해 솔리드 컬러와는 또 다른 표정이 나타납니다. 투명감과 함께 경쾌한 느낌의 작품을 즐길 수 있는 실이에요. 술술 떠지는 질감과 손쉬운 다림질은 코스타 시리즈의 공통된 특색입니다.

Data
레이온 67%·아크릴 33%, 색상 수／8, 1볼／30g·약 144m, 실 종류／중세, 권장 바늘／3~4호(대바늘)·3/0호~4/0호(코바늘)

Designer's Voice
술술 떠지는 질감과 함께 피부 톤을 살려주는 실이에요. 모든 세대의 분들에게 추천합니다. (가와이 마유미)

랑부예 울 코튼
DARUMA

랑부예 메리노 울의 스펀지 같은 섬세한 질감에 자연스러운 광택이 아름다운 수피마 코튼을 블렌딩한 초봄부터 초가을까지 즐길 수 있는 실이에요. 코튼의 산뜻한 촉감과 더불어 울의 매끄럽고 가벼운 터치감이 절묘한 밸런스로 마무리되었어요.

Data
울(랑부예 메리노 울) 60%·코튼(수피마) 40%, 색상 수／9, 1볼／약 50g·약 166m, 실 종류／합태, 권장 바늘／3~5호(대바늘)·4/0~5/0(코바늘)

Designer's Voice
메리노 울과 수피마 코튼의 혼방사로 탄력과 광택이 있어요. 꼬임 정도도 좋아 코바늘로도 잘 떠졌어요. (yohnKa)

에어 튤
Joint

튤 소재를 튜브 모양으로 만든 실로, 굵고 볼륨이 있어 술술 떠짐에도 불구하고 단단한 마무리감과 깃털 같은 무게감이 특징입니다. 가방·액세서리 등 다양한 아이템을 만들 수 있어요.

Data
나일론 100%, 색상 수／24, 1볼／150g·약 100m, 실 종류／초극태, 권장 바늘／8~11mm(코바늘)

Designer's Voice
보는 것 이상으로 술술 떠져서 놀랐어요. 탄력이 있고 단단하게 떠지지만, 사각거리는 질감으로 손이 아프지 않고 깔끔하게 완성됩니다. 링뜨기로 만드는 루프도 투명감이 있어 무겁게 보이지 않아요. (Little Lion 지바 아야카)

봄을 담은 컬러웨이

세상에 단 하나뿐인 작품을 만들 수 있어 더욱 특별한 손염색실.
직접 물들이는 손염색실은 같은 컬러웨이(color way, 실의 색상을 지칭하는 용어로 다양하게 배색된 손염색실에 주로 쓰인다)라도
조금씩 다른 느낌을 낼 수 있다. 화사한 봄에 딱 어울리는 손염색실 브랜드 4곳의 컬러웨이를 만나보자!

취재 : 정인경 / 사진 : 김태훈

뜨개에 즐거움을 더해주는 선물 같은 실을
염색합니다
다몽 스튜디오

① 튤립 Lace
타래 그 자체로 꽃을 연상시킬 수 있도록 만든 색상. 편물로 떴을 때는 발
랄한 분홍색과 연두색이 잘 조화되어 유니크한 작품을 완성할 수 있다.
100% 슈퍼워시 메리노 / 100g / 1,200m

② 들꽃 Lace
따스한 햇살을 맞으며 여유롭게 산책하다 만난 들꽃에 영감을 받아 탄
생시킨 색상. 노란 바탕색과 알록달록 뿌려진 점들에서 길가에 소박하게
피어난 들꽃의 분위기를 느낄 수 있다.
100% 슈퍼워시 메리노 / 100g / 1,200m

③ 코랄빛 바다 Lace
코랄빛으로 물든 하늘과 바다의 아름다움을 화사하게 담아 본 색상. 따
스한 느낌과 시원한 느낌을 동시에 받을 수 있어, 봄여름에 꾸준히 사랑
받는 베스트 컬러다.
100% 슈퍼워시 메리노 / 100g / 1,200m

사랑스럽고 특별한 손염색실과 뜨개 부자재
오밀조밀 잡화점

① 노브 Lace, Mohair
오밀조밀잡화점 주인장과 함께 살고 있는 고양이 4마리의 컬러에서 영감을 받은 노자제몬 시리즈 중 하나. 고양이 '노브'가 연상되는 색들을 원사에 담았다. 회색 털, 핑크색 귀, 노란빛 눈, 코랄빛 코를 조화시켰다.
70% 베이비 알파카, 20% 실크, 10% 캐시미어 / 100g / 1,200m
72% 키드 모헤어, 28% 실크 / 50g / 420m

② 찰떡궁합 Lace, Mohair
아킴(아이스크림) 컬렉션 중 하나로 인절미와 흑임자가 섞인 아이스크림을 색상으로 표현했다. 편물에서는 무난하지 않으면서도 드라마틱하게 표현되어 매력적이다.
80% 엑스트라 파인 메리노, 20% 실크 / 100g / 1,200m
72% 키드 모헤어, 28% 실크 / 50g / 420m

③ 러브미 Lace, Mohair
아킴 컬렉션으로 하얀색에 노랑색과 빨강색의 스펙클(speckle, 염료 가루를 뿌려 실에 포인트 컬러를 배치하는 염색 방식으로 작은 반점이 박힌 것처럼 표현된다), 보라색과 분홍색이 조화롭게 섞여 있다. 베이스로 들어간 보라색, 분홍색, 하얀색의 그러데이션이 조화롭다.
80% 엑스트라 파인 메리노, 20% 실크 / 100g / 1,200m
72% 키드 모헤어, 28% 실크 / 50g / 420m

사랑스러운 것들에서 영감을 받아
물들인 타래
포포하비 스튜디오

① 프레시 민트 Single DK
기분까지 상쾌해지는 시원함을 고스란히 담은 색상. 초록색과 파란색이 다양하게 섞여 있어 푸르름을 더 배가한다.
100% 슈퍼워시 메리노 / 100g / 225m

② 웨딩 마치 Twist Fingering
부드러운 연분홍에 톡톡 튀는 핫핑크 프래클이 박혀 있어 결혼 날의 기쁨, 설렘, 행복한 공기를 연상시킨다. 곳곳에 박힌 연두색과 노란색이 부케 같은 화사함을 더한다.
85% 슈퍼워시 메리노, 15% 나일론 / 100g / 366m

③ 판타스틱 플로럴 Silk Mohair
그야말로 봄에 피어난 꽃처럼 톡톡 튀는 색상. 채도가 높은 색상을 자연스럽게 그러데이션 시킨 모헤어는 어느 실과 합사해도 존재감을 드러낸다.
72% 키드 모헤어, 28% 실크 / 50g / 420m

Snuggy & Woolly 스너기앤울리

포근하고 아늑한 따뜻한 감성의 손염색실

① 라이언하트 Lace

톡톡 튀는 색상이 마음마저 들뜨게 하는 타래. 사자의 심장도 녹일 것처럼 사랑스러운 꽃잎 색상이 적절히 어우러져 무엇을 떠도 잘 어울린다.
100% 슈퍼워시 메리노 / 100g / 1,200m

② 파스텔레인보우 Lace

솜솜뜨개와 스너기앤울리의 콜라보 상품으로 연보라색, 살구색, 노랑색이 적절히 조화되어 있다. 솜솜뜨개의 뉴보름과 세트로만 판매 중이며, 두 제품을 합사하면 가장 예쁜 편물을 얻을 수 있다.
100% 슈퍼워시 메리노 / 100g / 1,200m

③ 마카롱 알파카실크 DK

달콤한 마카롱의 마블링을 표현한 색상. 알파카의 기모감과 가벼움을 가지고 있으며 실크의 은은한 광택이 포함되어 있다.
40% 슈퍼파인 알파카, 40% 메리노, 20% 실크 / 100g / 230m

Snuggy & Woolly 스너기앤울리

뜨개의 즐거움을 오랫동안 간직하고 싶어요

덴마크 니트웨어 디자이너 쁘띠니트(PetiteKnit) 인터뷰

인터뷰 : 정인경 / 번역 : 진정성 / 사진 제공 : 쁘띠니트

한국의 니터라면 반드시 작품 하나는 떠봤을 정도로 한국 내에서 인지도가 높은 덴마크의 니트 도안 디자이너 쁘띠니트. 누군가는 그녀를 친근하게 '쁘띠 언니'라고 부르기도 하고, 또 누군가는 니터로서 마음의 스승으로 여기기도 한다. 심플하고 우아한 디자인, 몸에 잘 맞는 핏, 기성복에 버금가는 완성도와 퀄리티 등 많은 이유로 한국에서 큰 사랑을 받는 디자이너 쁘띠니트와 《털실타래》 편집부가 뜨개에 대해 이야기를 나누어보았다.

Q. 작가님 안녕하세요. 이렇게 대화를 나눌 수 있게 되어 정말 반가워요! 한국에서는 작가님의 인기가 정말 대단하답니다. 물론 전 세계적으로 많은 팬을 갖고 계시지만요. 특히 에이프릴 카디건(April Cardigan), 노 프릴 스웨터(No Frills Sweater), 모드 티(Maude Tee) 같은 작품은 한국 니터라면 누구나 알 정도로 큰 인기예요.

안녕하세요. 니트웨어 디자이너 쁘띠니트입니다. 한국의 니터분들과 이렇게 인사할 수 있어서 정말 반가워요. 전 세계, 특히 한국처럼 덴마크에서 멀리 떨어진 나라에서 많은 분이 제 도안을 뜨고 있다는 건 정말 놀랍고도 믿기 어려운 일이죠. 뿌듯하기도 하고요. 한편으로는 분에 넘치는 건 아닐까 하는 생각이 들기도 해요.

Q. 작가님의 새 도안만 기다리는 니터들도 있는걸요! 한국의 니터 중에는 작가님을 제일 좋아하는 작가로 뽑는 사람도 많을 거예요. 그런데 이런 인기에 비해 작가님에 대한 이야기는 전혀 알려지지 않아서 늘 궁금했어요. 처음 뜨개를 시작한 건 언제인가요? 뜨개를 직업으로 삼게 된 계기가 있으신가요?

저는 어려서부터 뜨개와 함께 자랐어요. 6살 때 할머니가 처음으로 뜨개를 가르쳐 주셨고요. 뜨개는 저에게 굉장히 친숙한 것이었죠. 시간이 흘러 제대로 다시 뜨개를 시작한 건 첫 아이를 출산하고 출산 휴가를 받았을 때였어요. 뜨개도 하고 이야기도 나누는 모임에 나가면서 뜨개의 테크닉과 즐거움을 많이 배웠답니다.

제 뜨개 선생님은 저희 할머니와 뜨개 모임에서 만난 사람들이었지만 제가 뜨개를 직업으로 삼게 된 계기는 아마 아버지 덕분일 거예요. 저희 아버지는 평생 사업을 하셨고, 그런 아버지를 보면서 제힘으로 일한다는 게 멋지게 느껴졌거든요. '내 것'을 만들어간다는 게 항상 자연스럽게 생각됐어요. 그러다 보니 저도 뜨개로 저만의 세계를 만들겠다는 결심을 하게 된 거죠.

Q. 작가님의 옷은 핸드메이드의 따뜻함과 기성복의 완성도를 동시에 갖고 있는 것 같아요. 직접 만든 제품의 감성은 고스란히 느껴지면서도 입었을 때 불편함 없는 핏이라는 점이 인기의 비결이 아닐까요? 머릿속에 떠오르는 디자인을 구현하는 작업이 쉽지만은 않을 텐데 작가님만의 작업 루틴이 있는지 궁금합니다.

제가 뜨개질을 하게 된 이유 중 하나는 기성복으로 구매할 수 있는 것보다 더 높은 품질의 니트를 뜨고 싶었기 때문이었어요. 털실의 질이나 나에게 맞는 니트의 핏 등 모든 면에서 말이죠. 그래서 다른 분들도 제 도안을 뜨면서 비슷한 생각을 한다는 게 무척 반가워요.

새로운 디자인은 대개 아이디어에서부터 시작돼요. 컬러나 형태처럼 어렴풋한 영감을 먼저 떠올리기도 하고, 어떤 구조나 기법을 활용하는 게 좋을지 구체적으로 생각해보기도 하죠. 그러고는 직접 입어볼 니트를 뜨면서 간간이 메모해요. 뜨는 동안 아이디어를 비로소 매듭짓는 경우가 종종 있어서 떴다가 푸는 일이 잦답니다. 제 실력과 테크닉의 한계에 도전해보는 것도 좋아합니다. 래글런 스웨터를 뜨는 방법은 놀랄 만큼 다양해요. 기본적인 구조는 같아도 어떤 테크닉을 조합하고 또 다양하게 활용하느냐에 따라 모든 게 달라지죠. 개인적으로 뜨개 기법보다는 옷의 구조에 흥미를 느끼는 편인데, 요즘에는 기법에도 관심이 많아졌어요.

뜨개를 완성한 다음에는 사이즈를 계산하고 메모를 정리해서 도안 형식으로 마무리하는 작업이 이어져요. 간단하게 끝나는 경우도 있고, 사이즈 별로 각 부분의 디테일을 조율하느라 오래 고심하기도 해요. 도안을 만들고 쉽게 따라 할 수 있게끔 설명하는 건 어렵지만 무척 보람찬 과정이죠.

Q. 그러한 디자인의 영감은 주로 어디서 얻으시나요?

이건 정말 어려운 질문이에요. 제가 정말 자주 받는 질문이기도 하지만요. 왜냐하면 영감은 어디서나 찾아오기 때문이에요. 색깔, 모양, 거리에서 지나치는 여성들… 모든 것이 영감이 될 수 있어요. 그래서 언제나 스스로 마음을 열어두는 편이에요. 어디서든 다양한 인상과 영감을 얻을 수 있도록 말이에요.

"그래서 언제나 스스로 마음을 열어두는 편이에요.
어디서든 다양한 인상과 영감을
얻을 수 있도록 말이에요."

1／한국에서도 인기가 많았던 에이프릴 카디건. 클래식한 디자인에 편하게 입을 수 있는 착용감이 장점이다.
2／외출할 때도 WIP(Work in progress)는 챙겨 나간다. 역시 뜨개할 때가 가장 즐겁다.

3 4

Q. 작가님 디자인의 장점은 핏이 예쁘고 입기 편하다는 점도 있지만, 도안이 어렵지 않고 누구나 따라 하기 좋다는 점이 많은 사랑을 받는 이유인 것 같아요. 평소 작품을 디자인할 때 가장 중요하게 생각하는 것은 무엇인가요?

무엇보다 저나 가족들이 직접 입고 사용했으면 싶은 것들을 디자인하려고 해요. 아무래도 웨어러블한 디자인을 만들려면 제가 직접 입고 싶은 것들이어야 하는 것 같아요. 그리고 전에 해보지 않은 디자인을 시도해보는 것도 좋아하는데, 동시에 뜨개의 흐름을 염두에 두죠. 설명하기가 조금 어렵지만 제게 있어 뜨개의 흐름이란 각 단계가 자연스럽게 이어지는 걸 의미해요. 실을 바꾼다든지 두 개의 편물을 꿰매 잇는 등 불필요한 변화를 주지 않는 거죠. 래글런 스웨터를 물 흐르듯 떠 나갈 때의 만족감은 정말 최고예요. 제 경우 흐름이 제대로 흘러가면 복잡한 테크닉을 많이 사용한 도안이라도 수월하게 느껴지는 편인데, 다른 니터분들도 그렇게 느끼셨으면 좋겠네요.

Q. 손쉽게 옷을 사 입을 수 있는 시대에 직접 옷을 떠 입는다는 것은 어떤 의미를 가질까요? 최근 손으로 옷을 짓는 니터들이 점점 많아지고 있는데요, 뜨개의 매력은 무엇이라고 생각하세요?

뜨개로 옷을 만드는 일의 장점은 퀄리티를 가장 우선시하면서, 실, 컬러, 길이감이나 디테일 등을 원하는 대로 조율해 매장에서는 팔지 않는 옷을 입을 수 있다는 점이에요. 완성된 옷에도 의미가 있고요.

뜨개는 여러 면에서 흥미로워요. 뜨개와 명상은 닮은 부분이 많고, 손과 머리를 바쁘게 움직이는 것도 바람직한 일이죠. 게다가 퍼즐 맞추기 등 다른 명상적 활동과는 달리 근사한 결과물이 나온다는 게 뜨개만의 장점이에요. 스트레스를 푸는 동시에 목표 의식이 생기니까요. 그래서 많은 분이 뜨개를 하는 게 아닐까요? 기분도 좋아지고 목표도 이루는 건 언제나 즐거운 일이잖아요.

Q. 그러면 작가님이 뜨개를 할 때 제일 중요하게 생각하시는 건 뭘까요?

뜨개를 할 때 가장 중요하게 생각하는 건 일단 시도해보는 거예요. 뜨개는 목표를 세우고 나아가는 과정이기 때문에 작품을 완성한 다음에는 실제로 즐겨 입거나 사용할 수 있었으면 해요. 거의 완성한 스웨터라도 이전 과정에서 실수했거나 핏이 생각대로 나오지 않으면 다시 푸는 편을 택하는 것도 같은 이유 때문이에요. 뜨개를 해나가는 과정은 완성된 옷 못지않은 기쁨을 주기 때문에 작업하는 데 시간이 걸려도 그리 신경 쓰지는 않아요. 급하게 떠서 완성한 작품이 마음에 들지 않는 것보다 낫다고 생각해요.

그밖에는 퀄리티를 무척 중요하게 여겨요. 질 좋은 실과 도구를 사용하면 몇 시간씩 뜨개를 할 때도 기분 좋게 손을 움직일 수 있으니까요.

Q. 쁘띠니트라는 브랜드를 통해 작가님이 보여주고자 하는 가치는 무엇인가요?

저는 접근성(Accessibility)을 가장 중요하게 생각하고 있어요. 그래서 누구나 쉽게 따라 할 수 있도록 전 세계의 니터를 위해 다양한 사이즈와 여러 언어로 된 도안, 테크닉을 설명하는 영상, 품질 좋은 필수 뜨개 용품을 제공하고 있죠. 뜨개는 누구에게나 열려 있어야 한다고 생각해요. 뜨개 기술의 수준이나 뜨개 경력에 상관없이 누구나 소외되지 않는다는 느낌을 받도록 노력해요. 갓 뜨개를 시작한 초보 니터를 위해서는 약어를 사용하지 않은 노비스 시리즈(Novice-series)를 마련했어요. 시작하기가 어렵지 않으면서도 완성품의 디자인과 핏은 양보하지 않았죠. 경험 많은 니터를 위해서는 집중력을 요하는 모드 티(Maude Tee)와 같은 도안을 준비했고요.

제가 본격적으로 뜨개를 시작했던 예전에 비해 니터들의 실력이 많이 늘었다고 느껴요. 저도 많이 성장했고요. 하지만 복잡하지 않고 심플한 니트를 뜰 때 느낄 수 있는 즐거움이 따로 있다고 생각해요.

7

Q. 앞으로 어떤 활동을 펼치실 계획이신가요? 2023년에도 작가님의 새 도안을 계속 만나볼 수 있겠지요?

너무 멀리 내다보고 계획하는 걸 좋아하지 않는 편이에요. 제가 원하는 뜨개를, 뜨고 싶을 때 뜰 수 있었으면 하거든요. 그래서 뜨개의 즐거움을 오랫동안 간직하고 싶다는 게 가장 큰 목표랍니다.

Q. 마지막으로 한국의 팬들에게 인사 한마디 부탁드릴게요.

한국의 니터 여러분 정말 감사드려요. 언젠가 기회가 된다면 한국의 뜨개 커뮤니티를 직접 경험해보고 싶은 마음이에요. 다양한 문화와 전통을 접하면 또 새로운 세상이 열릴 테니까요. 오래 함께 뜨개를 할 수 있으면 좋겠습니다.

3／쁘띠니트의 디자인은 기성복 이상의 퀄리티를 낸다. 핏감이 좋은 심플한 디자인은 어떤 자리에도 잘 어울려 편하게 입을 수 있다. 4／스와치로 장식된 작업실의 한쪽 벽. 5／한국에서는 '모두의 모드 티'라고 불릴 정도로 인기가 많았던 모드 티. 넥칼라를 만들고 단추를 다는 디자인이 퀄리티를 더 높여준다. 6／다양한 곳에서 소개해 올겨울 큰 인기를 누렸던 소피 스카프(Sophie Scarf). 간단하게 빨리 만들 수 있고 활용도도 높아 선물로도 제격이다. 7／티 한 잔, 초콜릿 한 조각을 옆에 두고 새로운 디자인을 하는 시간이 행복하다. 요즘은 다양한 무늬를 만드는 데 집중하고 있다.

실과 뜨개

뜨고 싶은 실, 소재감을 즐기는 니트

나스 사나에 저 | 제리 역 | 오롯한날 | 88쪽 | 13,000원

일본의 뜨개 작가 나스 사나에가 제안하는 여성용 의류, 소품 뜨개 작품집. 울, 모헤어, 캐시미어 등 다양한 실의 특색을 살려 심플하면서도 완성도 높은 디자인의 작품 20가지를 담았다. 작품별 뜨는 법과 그림 도안, 기초 기법을 수록해 매일 함께 할 수 있는 카디건, 숄, 장갑 등의 작품을 만들 수 있다.

배색의 즐거움

북유럽 스타일 손뜨개 니트

안나 요한나 저 | 이순선 역 | 지금이책 | 176쪽 | 26,000원

핀란드의 손뜨개 작가 안나 요한나의 대바늘 손뜨개 니트 20종을 소개한다. 수록된 작품들은 풀오버, 스웨터, 카디건이 주며 원피스와 아동용 스웨터, 비니도 하나씩 있다. 모두 2~3가지 색상으로 만드는 배색무늬가 특징으로 기본적인 뜨개 기법에 대한 이해가 있는 독자라면 손쉽게 완성할 수 있다. 취향에 따라 색상을 달리해 과감하게 개성을 표현하는 것도 재미있을 것이다.

뜨개 옷장

옷장에서 기분 좋게 꺼내 입을 한 벌의 니트

나스 사나에 저 | 제리 역 | 오롯한날 | 96쪽 | 14,000원

일상에서, 혹은 특별한 날에 오래오래 자주 입을만한 손뜨개 옷과 소품을 소개한다. 겉뜨기와 안뜨기, 교차무늬, 배색무늬 등 다양한 뜨개 기법으로 만드는 스웨터, 카디건, 숄 등 20여점의 작품을 만날 수 있다. 상세한 그림 도안과 주요 기법은 물론, 잇기/꿰매기나 마무리하는 방법도 담아 누구나 착용감 좋은 니트를 만들 수 있다.

시은맘의
명작 동화 손뜨개 인형

코바늘로 펼치는 동화 속 세상

황부연 저 | 동양북스 | 216쪽 | 22,000원

온라인 취미 플랫폼 '클래스101'에서 가장 인기 있는 코바늘 수업으로 사랑받고 있는 시은맘의 두 번째 책! 빨강 머리 앤, 빨간 모자, 이상한 나라의 앨리스 등 꾸준히 사랑받는 여섯 편의 명작 동화 속 주인공 14명을 손뜨개 인형으로 만들어 보자. 코바늘뜨기의 기초와 인형 만들기의 기본을 하나부터 열까지 제대로 담아 책을 따라만 가면 예쁜 인형을 내 손으로 완성할 수 있다.

마즈쿠리의
베이비 보넷

누구나 쉽게 만드는 손뜨개 키즈 아이템 21

강유경 저 | 래디시 | 184쪽 | 20,000원

사랑스럽고 감각적인 '마즈쿠리' 공방의 인기 소품들 21가지! 베이비 보넷, 베스트, 턱받이, 넥 칼라, 레그 워머, 미튼, 부클 마스크 등 1분 품절 기록의 인기 제품들을 1~6세 연령별 키즈 사이즈 맞춤 도안과 함께 담았다. 난이도에 따라 단계별로 제시하는 작품들과 '작품에 필요한 기법 다지기' 내용을 따라가다 보면 뜨개가 어려운 초보자도 아이를 위한 멋스러운 아이템을 만들 수 있다.

손뜨개꽃길의
사계절 코바늘 플라워

생화같이 아름다운 손뜨개 꽃과 식물 30

박경조 저 | 한스미디어 | 244쪽 | 22,000원

꽃뜨개 분야의 No.1, 손뜨개꽃길이 과정별 사진으로 친절하게 알려주는 생화같은 꽃 만들기! 튤립, 카네이션, 장미 등 오랜 시간 꾸준히 사랑받은 꽃과 거베라, 리시안셔스, 칼라 등 우아한 형태로 인기가 많은 꽃까지 알차게 담았다. 함께 뜨면 더 예쁜 그린 소재들은 물론, 책 뒷부분에는 '꽃다발 스타일링 추천'을 실어 조합하면 좋은 작품들의 활용 예시 사진까지 담아 다양하게 응용할 수 있다.

예쁜 실을 만드는 제 행복이
여러분께도 전해지면 좋겠습니다

하루의뜨개
Knitting Studio

스마트스토어 연결

NAVER 하루의뜨개

봄의 향기가 가득한
코바늘 플라워와 리스

꽃향기가 물씬 나는 봄이 왔어요.
생화를 닮은 아름다운 플라워 작품으로 공간에 봄 내음을 불어 넣어보세요.
손끝에서 피어난 뜨개 꽃은 시들지 않아 봄을 더 오래 만끽할 수 있습니다.

작품 디자인 & 제작 : 박경조(손뜨개꽃길) / 사진 : 한정수

생화같이 예쁜 뜨개 꽃을 뜨는 크로셰 플로리스트 '손뜨개꽃길'. 유튜브와 인스타그램에서 많은 니터들에게 섬세하고 아름다운 꽃 뜨는 법을 알리고 있습니다. 코바늘로 꽃을 만드는 즐거움을 더 많은 사람과 나누고 싶다는 그녀는 따뜻한 봄을 맞이해 〈털실타래〉 독자 분들을 위해 플라워 리스를 준비했습니다. 화사한 꽃 리스로 집 안에서도 봄을 느껴보세요.

봄봄 플라워 리스

2가지 크기의 꽃과 잎을 엮어 만드는 리스입니다. 주황색, 노랑색 외에도 좋아하는 색들을 조합해 만들어보세요. 리본까지 달면 더욱 사랑스러워집니다.

How to make／P.196

 손뜨개꽃길 인스타그램

손뜨개 꽃길의

사계절 코바늘 플라워

사계절 내내 즐기는 아름다운 뜨개 꽃과 식물

CROCHET FLOWER

재료와 도구, 실, 코바늘 기초 레슨까지 담아 누구나 생화같은 꽃을 만들 수 있습니다.
손뜨개꽃길의 친절한 설명과 과정별 사진을 따라 아름다운 꽃을 떠보세요!

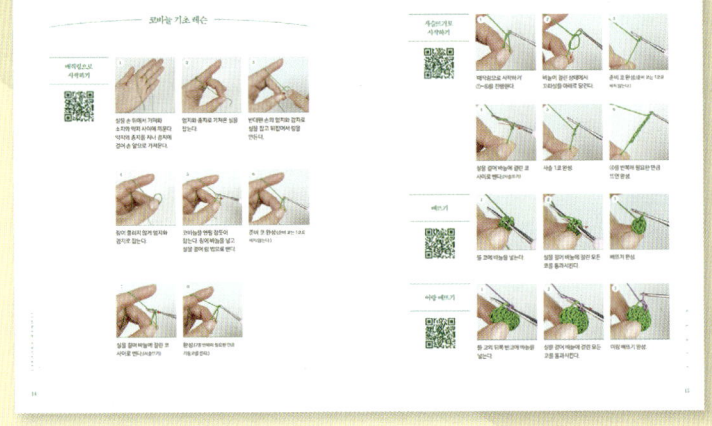

박경조 지음 | 244쪽 | 22,000원

생화같이 아름다운 손뜨개 꽃과 식물 30
오랜 시간 꾸준히 사랑받은 꽃과 우아한 형태로 인기가 많은 꽃,
혼자 두어도, 꽃과 조합해도 예쁜 그런 소재까지!

클래식한 아름다움으로 꾸준히 인기 있는 꽃 ──

우아한 형태와 트렌디한 색감이 매력적인 꽃 ──

바이브리와 토끼 인형

작품 디자인 & 제작 : 바이브리 / 취재 : 정인경 / 사진 : 김태훈

한 코 한 코 뜨다 보면 어느새 코바늘 뜨개 인형 완성! 매일 인형을 뜨면서 조금씩 다른 무드를 완성하는 바이브리의 작업실에서는 오늘도 새로운 인형이 이름을 얻는다. 뜨개 중에서도 코바늘 인형, 그 중에서도 토끼를 뜰 때 가장 행복하다는 바이브리. 그녀의 작업실에는 동화 같은 이야기가 넘쳐난다. 직접 디자인한 도안을 멋진 작품으로 구현하기 위해 실까지 만들었으니 인형에 얼마나 진심인지 알 수 있다. 2023년 토끼의 해를 맞아 코바늘로 뜬 토끼 인형의 매력에 빠져보자.

바이브리는 코바늘 인형으로 다양한 작업 세계를 보여주는 인형 작가다. 디자이너로 일하다가 핸드메이드를 업으로 삼은 지 10년이 다 되어가는데 아직도 늘 설레고 즐겁다. 코바늘로 실을 엮어 인형을 완성하는 과정에 매력을 느껴 직접 인형을 디자인하고 만들고 있다.

바이브리가 만든 인형들은 섬세한 늘림과 줄임으로 굴곡이 살아있다. 대부분의 인형은 팔다리가 돌아가는 방식으로 만들어져, 다양한 포즈로 연출이 가능하다. 실의 색과 재질에 따라서 다른 느낌을 주기 때문에 같은 도안도 다양하게 떠본다. 같은 하

얀색도 실마다 느낌이 조금씩 다르고, 재질에 따라 분위기가 천차만별로 달라지니 지루할 틈이 없다. 오래 인형을 떠 왔지만, 아직도 내가 만든 인형이 제일 귀엽고 사랑스럽다고 말하는 바이브리는 천상 인형 작가다.

바이브리 작업실에는 색과 실, 재질과 크기가 각기 다른 토끼 인형들이 한가득이다. 동화에서 막 튀어나온 것 같은 토끼 인형들은 자세히 보면 디테일에 얼마나 신경을 썼는지 알 수 있다. 같은 토끼도 이렇게 다양하게 표현될 수 있다는 것에 감탄이 절로 나온다.

다양한 질감, 알록달록한 색상, 모두 다른 표정의 코바늘 인형들. 한쪽 벽면을 가득 채운 코바늘 인형들은 각자 저마다의 이야기를 간직하고 있다. 하나하나 둘러보다 보면 그 자리에서 아름다운 동화 한 편이 뚝딱 완성될 것 같다. 인형을 만드는 아이디어는 불쑥불쑥 찾아오곤 한다. 일상의 모든 것이 영감이 되는데, 바이브리가 구현하는 영감은 거의 동물 인형의 형태로 완성된다. 인형을 만들며 각 캐릭터에 얽힌 배경 이야기도 생각해보고 인형들끼리의 관계성도 고민해본다.

바이브리가 제작한 100% 코튼 실과 모헤어 실 구매

털실타래 에디션

+ 바이브리와 함께 뜨는 토끼 인형

검정 토끼의 해를 맞아 바이브리가 〈털실타래〉 독자들에게만 선물하는 귀여운 토끼 인형 도안! 올해가 검정 토끼의 해인만큼 검정 토끼 도안을 준비했다. 오뚜기처럼 동글동글한 몸통에 앙증맞은 팔과 귀가 귀여움을 자아낸다. 실 색을 바꾸거나 귀나 입의 모양을 바꿔 달면 다른 동물로 응용도 가능하다. 초보도 쉽게 뜰 수 있으니 다양한 실로 따라 떠보자.

How to make／P.192

실과 바늘을 바꾸는 것만으로 이렇게나 다양한 크기의 인형을 만들 수 있다! 피터패트 친구들은 바이브리가 애정하는 오리지널 캐릭터로, 피터패트 자이언트, 피터패트, 피터패트 미니, 피터패트 타이니까지 4가지 사이즈로 만들었다. 크기에 따라 아이들의 인상이 조금 달라지기도 하고 전체적인 느낌이 새롭게 다가오기도 한다. 만드는 실의 재질이나 굵기에 따라 다양한 느낌의 인형을 만들 수 있지만, 원작실인 바이브리 자체 제작 면사 브리코튼으로 만들면 바이브리의 디자인을 가장 잘 구현할 수 있어 안성맞춤이다.

같은 얼굴에 스킨만 다르게 떠 다양하게 표현할 수 있는 오구리 시리즈. 삐죽 나온 부리는 오리 같고 통통한 몸매는 너구리 같아서 이름이 '오구리'가 되었다. 얼굴과 몸통은 동일하지만 스킨 색상과 귀, 소품 등에 따라 개구리가 되기도, 공룡이 되기도 하는 매력 만점의 인형이다. 기다란 귀를 달아주면 오구리 얼굴의 토끼 한 마리 완성! 단호하게 뜬 동그란 눈과 야무지게 다문 입술에서 장난스러운 성격이 엿보인다. 우리 일상 곳곳에 서식하고 있다는 콘셉트를 가진 인형답게 어디에 두어도 잘 어울린다.

앙고라로 보송하게 완성한 곰과 토끼. 헤어가 긴 실을 사용하면 완성 작품의 코가 적당히 가려져 마치 기성품처럼 보이기도 한다. 완성도를 한층 높이는 데 실도 한몫한다는 것을 확인할 수 있는 작품. 부드럽고 포근한 앙고라 인형은 선물용으로도 제격이다.

사랑스러운 토끼 소녀들. 꽃 모양 비즈 장식과 리본, 헤어밴드 등으로 유니크한 분위기를 자아내는 토끼 삼총사. 아직은 이름이 없지만 특색과 개성만큼은 독보적이다. 토끼의 귀를 아래로 달아 갈래머리처럼 늘어뜨리기도 하고, 위로 쫑긋하게 달아 생기 있는 느낌을 내기도 했다. 얼굴 피스 입 부분에 적당한 굴곡을 주어 디테일한 묘사를 넣은 것이 삼총사의 포인트. 유독 복슬복슬하고 부드러워 보이는 것은 브리 모헤어를 사용했기 때문! 헤어가 있는 실을 사용해 독특하고 따스한 느낌을 자아냈다.

Yarn World

신여성의 수예 세계로 타임슬립!

펼침 뜨개

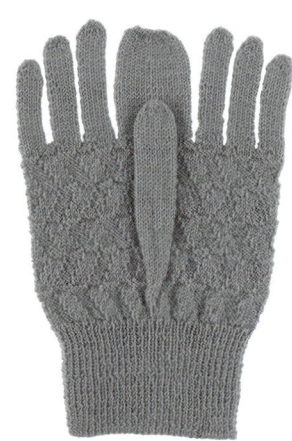

《편물과 수예 스타일 북(編物と手芸のすたいるぶっく)》에 실린 펼침 상태의 장갑과 뜨개 삽화.

재현／다나카 에미

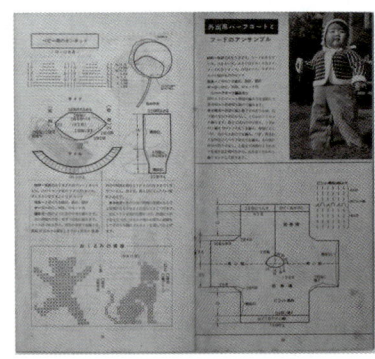

《유아의 의생활 1년(赤ちゃんの衣生活一年間)》에서는 유아의 외출용 반코트를 펼침 뜨개법으로 소개했다.

기타가와 게이(北川ケイ)

일본 근대 서양 기예사 연구가. 일본 근대 수예가의 기술력과 열정에 매료되어 연구에 매진하고 있다. 공익재단법인 일본수예보급협회 레이스 사범. 일반사단법인 이로도리레이스자료실 대표. 유자와야 예술학원 가마타교·우라와교 레이스뜨기 강사. 이로도리레이스자료실을 가나가와현 유가와라에서 운영하고 있다.
http://blog.livedoor.jp/keikeidaredemo

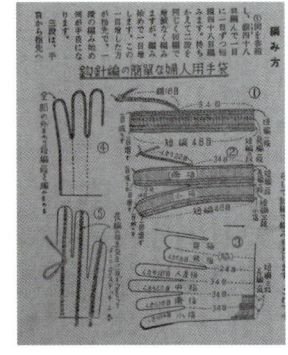

재현／가시마 미카코

《털실 뜨개 대전집(毛糸あみもの大全集)》에서는 코바늘을 사용해 부인용 장갑의 뜨는 법을 소개했다.

뒤판부터 앞판으로 떠서 완성한다.
재현／노구치 미쓰요

"펼침~"이라고 놀라운 탄성이 터진 그 순간, 모두의 시선이 일제히 집중됐습니다. 보그학원 도쿄 지점의 '신여성의 수예 세계로 타임슬립!' 강좌에서 있었던 일입니다. 마침 2차 세계대전 직후 발행한 부인 잡지의 부록을 다시 보고 있었습니다.

눈길을 끈 부록은 1948~1949년 주부와생활사 특별부록인 다카기 도미코의 〈우리에게 맞는 아메리카의 유행·편물과 수예 스타일 북〉과 부인구락부 〈구미의 유행을 도입한 1950년판 털실 뜨개 대전집〉에 실린 장갑과 양말을 펼친 것처럼 뜬 뜨개의 삽화였습니다. 이것들을 강좌에서 재현하기로 하고 며칠 후에 갖고 모인 작품이 완성품이 아니라 펼친 상태 그대로의 편물뿐이었습니다. 수강생들에게는 펼친 상태의 뜨개가 더 흥미로웠던 거죠.

2차 세계대전 이후의 부흥 시기, 유럽과 미국에서는 평면으로 뜬 다음 나중에 입체적으로 마무리하는 '펼침(히라키)' 디자인이 자주 보였습니다. 틈틈이 뜨기 쉽고 단숨에 완성할 수 있는 편리한 디자인이었던 거죠. 수편기도 보급됐던 터라 뜨기 쉬웠을 겁니다.

19세기 말에서 20세기 초에는 어땠을까요? 이 무렵의 《털실 뜨개 독습서》에는 유럽과 미국에서 들여온 상의나 베스트를 가로로 길게 펼친 상태로 뜬 그림이 실려 있었습니다. 하지만 당시의 일본은 전통복을 입었기 때문에 뜨개라고 해야 뜨개 꽃이나 아기 턱받이, 숄 등의 생활 소품뿐 겉옷을 뜨는 사람은 거의 없었으며 인기도 별로였습니다.

1912년에 들어서면서 옷의 서양화가 진행되고, 펼침 뜨개가 정착하기 시작합니다. 그것은 일본 취향의 펼침 뜨개법으로, 뒤판부터 앞판으로 세로로 길게, 마치 전통복처럼 뜨는 방식입니다. 뒤에서 앞으로 뜨기 때문에 무늬의 앞뒤가 반대되지만, 비단 옷감의 무늬 맞춤을 참고하면 신여성에겐 전혀 이상하지 않았습니다.

1955~1964년에는 서양 뜨개처럼 앞판과 뒤판을 각각 뜨면서 펼침 뜨개는 자취를 감추게 됩니다. 유아용 뜨개에만 이 기법이 남아 있습니다. 뜨는 법을 이해하기 쉽고 아이의 둥근 어깨에 자연스럽게 맞춰지며, 이음매가 적다는 점에서 바쁜 육아 틈틈이 떠서 완성하는 신여성의 애정 표현과 힐링의 증거일지 모릅니다.

이거 진짜 대단해요! 뜨개 기호
사슬 3코 빼뜨기의 피코뜨기 한정【코바늘뜨기】

오늘도 뜨고 있습니까? 뜨개 기호를 아주 좋아하는 뜨개남(아미모노)입니다. 봄은 코바늘…이라는 계절어가 있듯(?) 코바늘뜨기의 계절이 돌아왔습니다. 대바늘뜨기도 최고지만, 코바늘뜨기도 못지않게 최고이니 마구마구 떠주세요.

이번에는 피코뜨기. 그것도 '사슬 3코 빼뜨기의 피코뜨기 한정'입니다. 코바늘 세계에는 다양한 피코뜨기가 존재하지만, 그중에서도 가장 자주 쓰이는 기호에 초점을 맞췄습니다.

먼저 피코란 '직물의 가장자리를 작은 고리 모양의 돌기로 장식한 것. 피코'입니다(프랑스어로 '피코'라고 발음한다. 귀엽다). 코바늘뜨기의 사슬뜨기를 이용해 고리를 만들고 가장자리를 장식하는 기법입니다.

피코는 그 자체만으로도 훌륭한 디자인입니다. 코바늘뜨기뿐 아니라 대바늘뜨기의 소맷부리나 네크라인에 쓸 수 있으므로 떠본 적이 없다면 손해를 보고 있는 건지도 모릅니다. 피코, 정말 귀여워요! 그 피코 세계의 메이저리그라고도 할 수 있는 사슬 3코 빼뜨기의 피코뜨기는 크게 '짧은뜨기에 뜨기', '한길 긴뜨기에 뜨기', '사슬뜨기에 뜨기' 3가지로 분류할 수 있습니다. 일단 이 3가지만 알면 천하무적이니 잘 기억해둡시다.

뜰 때의 포인트는 빼뜨기할 바늘을 넣는 장소. 확실히 정해져 있습니다. 구체적으로는 뜨개코의 '뜨개코 머리에서 앞쪽 반 코와 다리의 실 1가닥'을 줍습니다. 여기를 주워야 피코를 예쁘게 완성할 수 있습니다. 사슬뜨기에 뜰 때는 '4코 앞의 사슬 반 코와 뒷산'에 바늘을 넣습니다. 제대로 줍지 않으면 사슬코(네트)가 불안정해집니다. 엉터리로라도 피코는 만들 수 있지만, 이런 디테일이 쌓이고 쌓여 완성도에 큰 차이를 줍니다.

빼뜨기의 피코뜨기 3종의 공통점은 자연스러운 모양이 되게끔 뜨는 것. 바탕의 뜨개코를 방해하지 않고 돋보이게 하는 것입니다. 종종 "어디에 바늘을 넣어야 할지 모르겠어"라는 말을 듣지만, 이참에 확실히 확인해주세요.

피코는 코바늘뜨기에서 가장 처음 배우는 사슬뜨기, 빼뜨기만으로 구성되어 있습니다. 간단하지만 눈길이 가는 디자인의 핵심 포인트! 긴장을 늦추지 말고 정성껏 떠주세요.

대단해요! 뜨개 기호 **1번째** 빼뜨기의 피코뜨기【짧은뜨기에서】

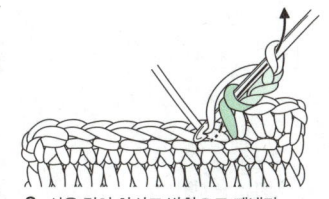

1 짧은뜨기에 이어서 사슬 3코를 뜨고 짧은뜨기의 머리에서 앞쪽 반 코와 다리의 실 1가닥에 바늘을 넣은 다음,

2 실을 걸어 화살표 방향으로 빼낸다.

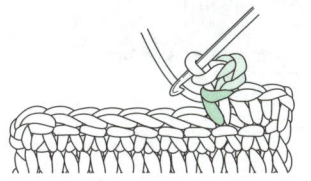

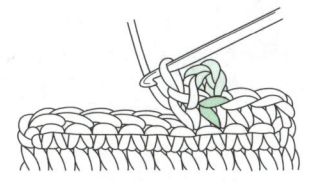

3 짧은뜨기를 뜨고,

4 사슬 3코의 피코뜨기 완성.

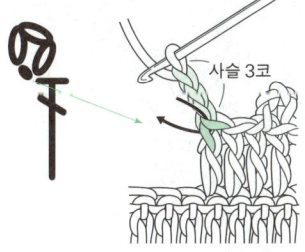

빼뜨기의 피코뜨기 【한길 긴뜨기에서】

한길 긴뜨기의 머리 직전 반 코와 다리의 실 1가닥에 바늘을 넣어 빼낸다.

대단해요! 뜨개 기호 **2번째** 빼뜨기의 피코뜨기【사슬뜨기에서】

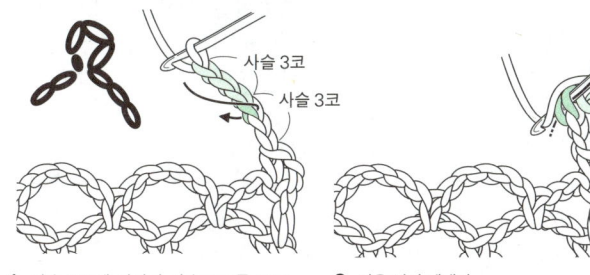

1 사슬 3코에 이어서 사슬 3코를 뜨고, 4코 앞의 사슬 반 코와 뒷산에 바늘을 넣고,

2 실을 걸어 빼낸다.

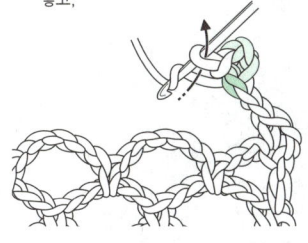

빼뜨기의 바늘을 넣는 곳이 포인트군!

3 사슬뜨기 도중에 사슬 3코 빼뜨기의 피코뜨기를 했다. 이어서 기호도대로 뜬다.

뜨개남의 한마디

피코뜨기는 뜨개 도안에도 자주 등장하지만, 제대로 그리지 않으면 귀신같이 빨간 줄을 긋는 편집자도 있습니다. 피코뜨기는 도안에 잔뜩 있어서 그것을 고치는 데만도 상당한 품이 듭니다. 피코뜨기는 중요합니다. 정말로.

(뜨개남의 SNS도 매일 업로드 중!)
http://twitter.com/nv_amimono
www.facebook.com/nihonvogue.knit
www.instagram.com/amimonojapan

이제 와 물어보기 애매한!?
고민되는 세로로 실을 걸치는 배색무늬뜨기

자유로운 무늬를 표현할 수 있는 세로로 실을 걸치는 배색무늬뜨기.
막상 뜨려고 하면 살짝 귀찮을 것 같은 인상도…
세로로 실을 걸치는 배색무늬를 쾌적하게 뜰 수 있는 도구와 약간의 포인트를 소개합니다.

촬영/모리야 노리아키

이 매달린 실 끝이 세로로 걸치는 배색뜨기 같네~

이제 와 씨

1

세로로 실을 걸치는 배색무늬 뜨는 법

먼저 세로로 실을 걸치는 배색무늬뜨기의 기초를 복습해봅시다.
색을 바꿀 때, 잊지 않고 실을 교차시키는 것이 중요합니다.

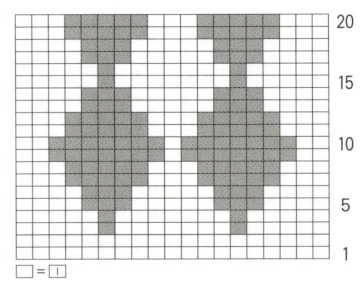

1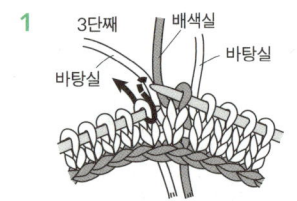

3단째 / 배색실 / 바탕실 / 바탕실

각 다이아몬드무늬의 꼭대기에서 각각 실을 달아 뜨기 시작한다.

2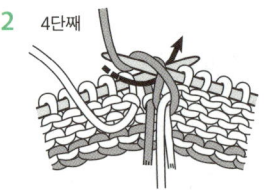

4단째

배색실로 바꿀 때, 바탕실의 아래쪽으로 걸치며 교차시킨다.

3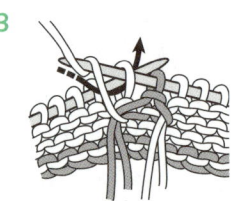

바탕실로 바꿀 때도 동일하게 아래쪽으로 걸치며 교차시킨다.

4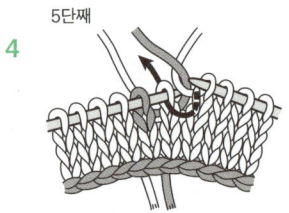

5단째

뜨개 도안을 보고 뜨는 단도, 뜨는 실을 아래쪽으로 걸치며 교차시킨다.

5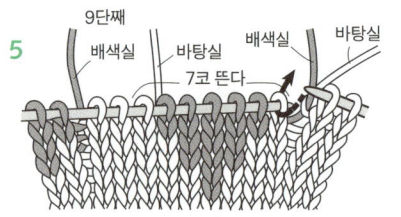

9단째 / 배색실 / 바탕실 / 배색실 / 바탕실 / 7코 뜬다

이 무늬는 2단마다 다이아몬드무늬이므로, 겉뜨기 쪽에서 무늬가 바뀐다.

6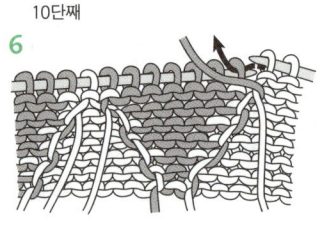

10단째

안뜨기 쪽은 앞단과 같은 색으로 뜬다. 색을 바꿀 때는 2색을 교차시킨다.

7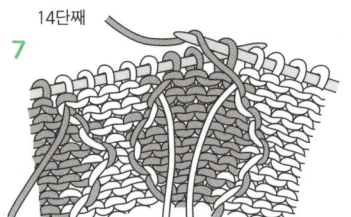

14단째

14단째를 뜨고 있는 모습. 안면은 이런 상태가 된다.

2

실이 엉키는 걸 해결하고 싶다!

세로로 실을 걸칠 때 누구나 겪을 법한 실 엉킴 문제.
뜨개바탕의 방향 바꾸는 법을 일정하게 하면 해결할 수 있다!

세로로 실 걸치기는 일단 실이 엉키는 게 스트레스야~!

세로로 실을 걸치는 배색무늬뜨기는 실을 얽으면서 떠야 하지만, 무턱대고 얽으면… 실이 서로 엉켜서 고생하게 됩니다.

먼저 실타래 자체가 움직이지 않도록 상자에 넣는 등 위치를 고정합니다. 실을 바꿀 때 실타래는 움직이지 않고 실을 얽은 다음 그대로 1단을 뜹니다. 다음 단을 뜰 때 뜨개바탕 방향을 바꾸는데, 이때도 실타래 위치는 그대로 두고, 다음 단을 실을 바꾸면서 뜹니다. 그다음 단도 원래 방향으로 돌아오게끔 뜨개바탕 방향을 바꾸면 엉킨 실이 돌아와 사진과 같은 상태가 됩니다. 실을 소분하지 않는 경우 이런 식으로 하면 실이 엉키는 것을 방지할 수 있습니다.

68

3

실 감기 이모저모

같은 색을 몇 군데에서 동시에 뜬다면 실을 몇 볼씩 사는 게 아니라 1볼을 소분해 뜹니다.
소분하면 그대로 늘어뜨리고 뜰 수 있어서 엉킬 걱정도 줄어드니 추천합니다.
손으로 작은 나비 모양으로 감거나 도구를 이용하는 등 방법이 다양하니
상황이나 취향에 맞게 시도해보세요.

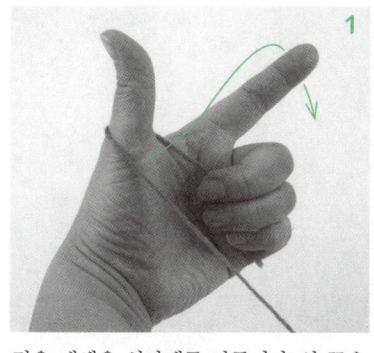

적은 배색용 실타래를 만듭니다. 실 끝을
손가락으로 누르고, 엄지에 실을 건 다음
검지에 화살표처럼 실을 겁니다.

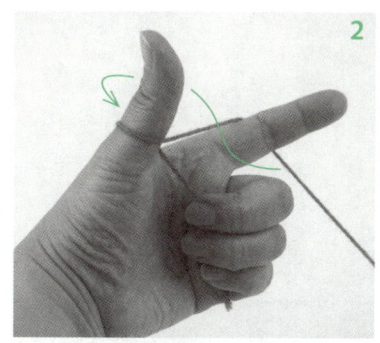

이어서 화살표처럼 엄지에 실을 겁니다.

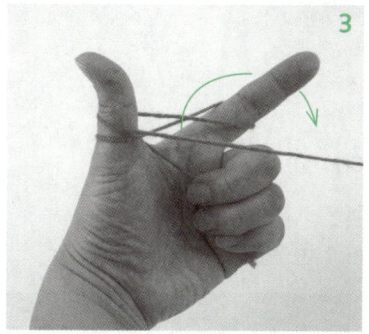

8자를 그리듯이 검지와 엄지에 실을 번갈
아 겁니다.

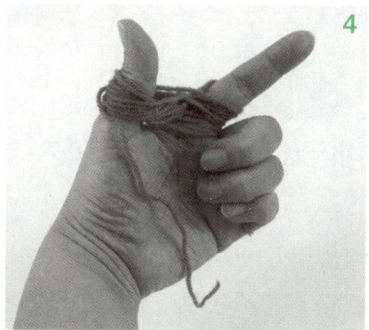

어느 정도 실이 감겼으면 실을 자릅니다.

8자가 흐트러지지 않도록 실타래를 손가
락에서 뺍니다.

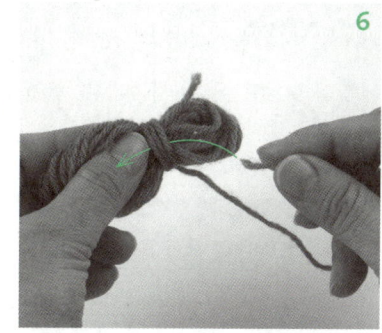

자른 실 끝을 실타래 중앙에 감고, 실 끝
을 감은 곳에 넣어 고정합니다.

맨 처음 실 끝 →

적은 배색용 실타래를 완성했습니다. 맨
처음 실 끝에서 실을 뽑으면 타래를 무너
뜨리지 않고 사용할 수 있습니다.

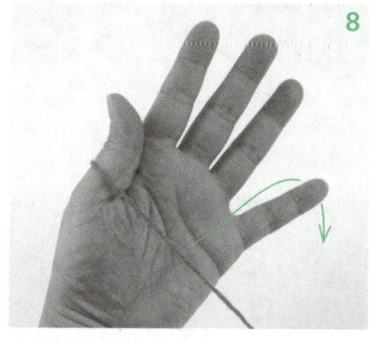

많은 배색용 실타래를 만듭니다. 실 끝을
엄지로 누르고, 새끼손가락(소지)에 화살
표처럼 실을 겁니다.

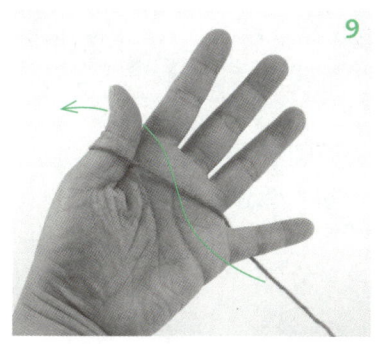

이어서 화살표처럼 엄지에 실을 겁니다.

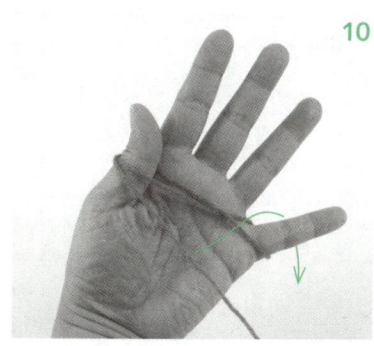

8자를 그리듯이 새끼손가락과 엄지에 실
을 번갈아 겁니다.

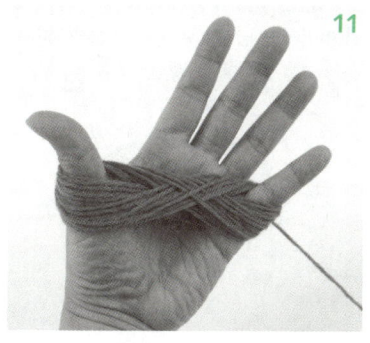

어느 정도 감겼으면 실을 자르고, 6·7과
같은 요령으로 실타래를 정리합니다.

배색에 사용할 분량에 맞춰서 이렇게 작
은 실타래를 소분해서 사용해보세요.

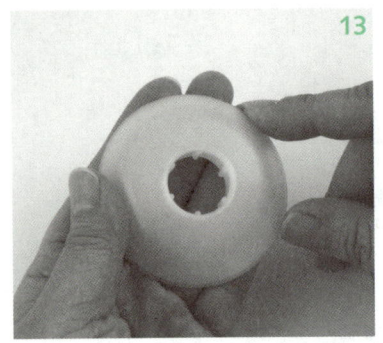

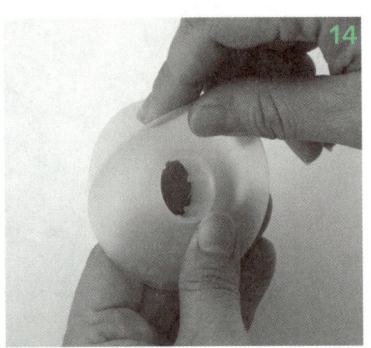

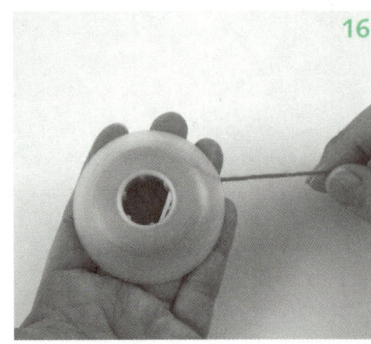

배색실 감기에 편리한 실패 보빈입니다. 털실은 물론이고 미끄러지기 쉬운 여름 실에 알맞은 도구입니다. (실패 보빈/클로버)

보빈을 엽니다.

실을 감습니다.

보빈을 닫으면 완성. 부드러운 보빈이 실을 가볍게 고정해주기 때문에 실이 한거번에 많이 나오지 않고 적당량을 뽑아 쓸 수 있습니다.

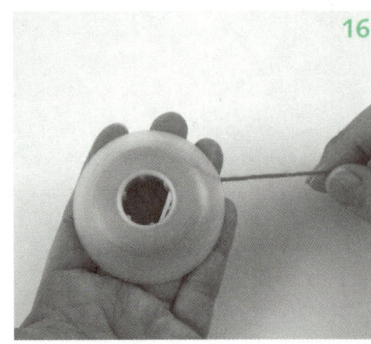

4

맨 처음 코가 불안정해서 신경 쓰인다

세로로 실을 걸치기 시작했는데, 실 끝이 불안정해서 빠질 것 같다…
여름 실이라면 더더욱 신경 쓰입니다! 실 처리 포인트도 알아둡시다.

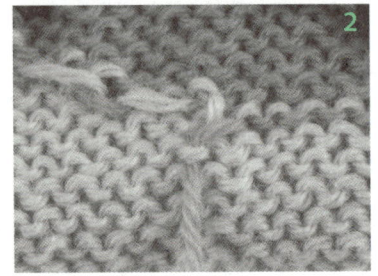

실을 연결하는 부분은 구멍이 생겨서 신경 쓰일 수 있지만, 나중에 실 처리를 하므로 괜찮습니다.

신경 쓰인다면 실을 연결하는 1코 앞에서 새 실을 끼운 다음 뜨기 시작하면 코가 벌어지는 현상이 거의 신경 쓰이지 않을 겁니다.

여름 실 등 빠질 것 같아서 걱정된다면 실 끝이 빠지지 않도록 살짝 묶거나 클립으로 고정해두면 안심입니다.

뜨개 시작 부분은 실 처리를 할 때도 조심합니다. 실의 흐름과 반대로 처리해버리면…

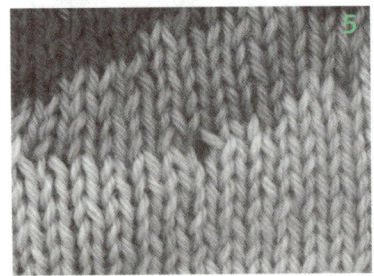

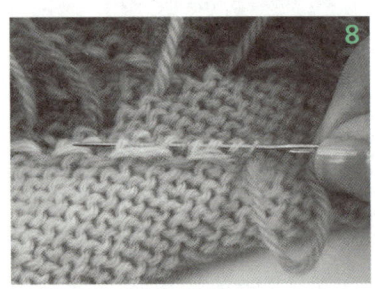

이렇게 구멍이 생깁니다.

실 처리는 반드시 코의 흐름에 따라서 코가 이어지는 방향으로 바늘을 넣습니다.

이렇게 하면 뜨개바탕이 자연스러운 상태가 됩니다.

실 처리는 실의 경계에 합니다. 실은 쪼개면서 뜨개바탕에 통과시켜 처리합시다.

미끄러지기 쉬운 실은 살짝 되돌아가듯이 실을 처리하면 잘 빠지지 않습니다.

사소한 거지만 이렇게 하면 되는 거였군…

70

5

뒤얽힌 무늬도 실타래를 나눠야 할까?

세로로 실을 걸치는 배색무늬뜨기라도 자잘하게 배색이 뒤얽히는 무늬가 있습니다.
이런 경우 꿋꿋하게 세로로 실을 걸치는 배색뜨기를 해야 할지, 가로로 실 걸치기를 조합해야 할지 고민되지요.

POINT

겉에서 보면 차이가 별로 없지만, 뜨개바탕 두께에 약간의 차이가 생깁니다. 도안에 따라 어느 쪽이 좋을지는 색상 수나 주변 배색의 균형으로 각각의 단점이 강하게 나타나지 않는 쪽을 선택하는 게 가장 좋습니다. 실 처리를 많이 해야 할 것 같다면 가로로 실 걸치기, 뜨개바탕이 우는 것을 신경 쓰지 않고 뜨고 싶다면 모두 세로로 실 걸치기를 선택하면 됩니다.

추천!

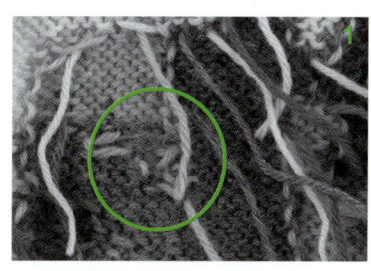
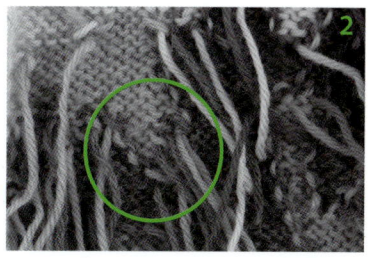

같은 색에 끼인 부분을, 양 끝 실을 바꾸지 않고 가로로 실 걸치기를 했습니다. 이렇게 하면 뜨개바탕 일부에 가로 실이 걸쳐집니다. 실 끝이 적어져 실 처리가 적어지는 반면 이곳만 가로 실이 걸쳐지므로 뜨개바탕이 울 수 있으니 주의하세요.

아무리 콧수가 적어도 세로로 실을 걸치는 배색뜨기로 뜨면 이렇게 됩니다. 걸치는 실이 없는 만큼 뜨개바탕이 울 걱정은 없지만, 실 끝이 많이 생겨서 실 처리를 많이 해야 합니다. 실 끝이 너무 많으면 실 처리 부분이 두꺼워집니다.

1코뿐인 배색도 배색뜨기를?

아이가 그린 그림이나 글자, 가는 선, 원 포인트 도안 등의 배색무늬뜨기라면 세로로 실을 걸치는 작업이 어렵습니다.
그럴 때 세로로 실을 걸치는 배색뜨기와 궁합이 좋은 게 '메리야스 자수'입니다.

1코의 중심에 뒤쪽에서 바늘을 뺍니다.

1단 위에서 그림처럼 코 2가닥을 주워 실을 당깁니다.

1에서 바늘을 뺀 곳에 바늘을 넣습니다

겉뜨기와 똑같이 수를 놓았습니다. 코와 같은 크기가 되도록 실을 당기는 것이 포인트입니다.

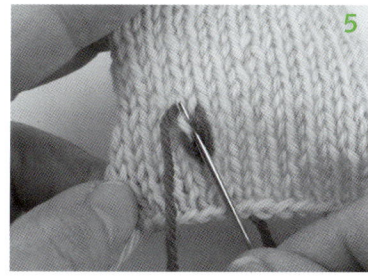

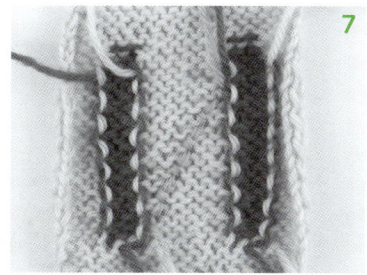

이어서 수놓을 때는 다음에 수를 놓고 싶은 코의 1단 아래쪽으로 바늘을 뺍니다.

세로 라인은 세로로 실을 걸치는 배색뜨기, 대각선은 메리야스 자수를 놓습니다. 뜨개바탕이 깔끔하게 완성됐습니다.

안면은 이런 모습입니다. 실 끝이 있어 실 처리를 많이 해야 합니다.

POINT

메리야스 자수는 실의 당김 정도가 포인트입니다. 실을 너무 당기거나 느슨하게 하면 바탕실의 뜨개바탕이 보여서 배색무늬의 느낌이 잘 살지 않습니다. 실과의 궁합도 있으니 다양하게 시험해 보세요.

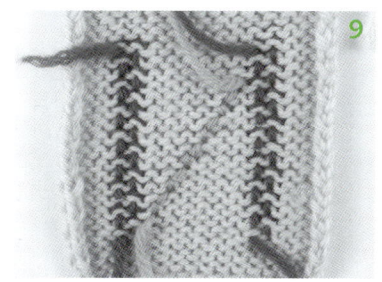

배색 부분은 모두 메리야스 자수를 해봤습니다. 자수 부분은 뜨개바탕이 겹쳐진 상태이므로 살짝 두께가 생긴 것을 알 수 있습니다.

바탕실은 단순한 메리야스뜨기이므로 안면은 깔끔합니다.

포인트!

Let's Knit in English!
니시무라 도모코의 영어로 뜨자

햇살에 봄기운이 감돌면
photograph Toshikatsu Watanabe styling Terumi Inoue

〈Pattern A〉

Work with a multiple of 6 sts + 5
Row 1 (WS): K3, *k2tog, yo, k1, yo, k2tog, k1; rep from * until 2 sts rem, k2.
Row 2 (RS): K2, k2tog, yo, k3, *yo, sk2po, yo, k3; rep from * until 4 sts rem, yo, k2tog, k2.
Row 3: K3, *yo, k2tog, k1, k2tog, yo, k1; rep from * until 2 sts rem, k2.
Row 4: K1, k2tog, yo, *k1, yo, sk2po, yo, k2; rep from * until 8 sts rem, k1, yo, sk2po, yo, k1, yo, k2tog, k1.
Rep Rows 1 to 4.

〈무늬 A〉

기초코는 6코의 배수+5코.
1단(안면) : 겉뜨기 3, *왼코 겹쳐 2코 모아뜨기, 걸기코, 겉뜨기 1, 걸기코, 왼코 겹쳐 2코 모아뜨기, 겉뜨기 1*, 마지막에 2코가 남을 때까지 *-*를 반복하고 겉뜨기 2.
2단(겉면) : 겉뜨기 2, 왼코 겹쳐 2코 모아뜨기, 걸기코, 겉뜨기 3, *걸기코, 오른코 겹쳐 3코 모아뜨기, 걸기코, 겉뜨기 3*, 마지막에 4코가 남을 때까지 *-*를 반복하고 걸기코, 왼코 겹쳐 2코 모아뜨기, 겉뜨기 2.
3단 : 겉뜨기 3, *걸기코, 왼코 겹쳐 2코 모아뜨기, 겉뜨기 1, 왼코 겹쳐 2코 모아뜨기, 걸기코, 겉뜨기 1*, 마지막에 2코가 남을 때까지 *-*를 반복하고 겉뜨기 2.
4단 : 겉뜨기 1, 왼코 겹쳐 2코 모아뜨기, 걸기코, *겉뜨기 1, 걸기코, 오른코 겹쳐 3코 모아뜨기, 걸기코, 겉뜨기 2*, 마지막에 8코가 남을 때까지 *-*를 반복하고 겉뜨기 1, 걸기코, 오른코 겹쳐 3코 모아뜨기, 걸기코, 겉뜨기 1, 걸기코, 왼코 겹쳐 2코 모아뜨기, 겉뜨기 1.
1~4단을 반복한다.

〈Pattern B〉

Work with a multiple of 6 sts + 2
Row 1 (RS): K1, *sl1 kwise, k2, psso the k2, k3; rep from * until 1 st rem, k1.
Row 2 (WS): K1, *p4, yo, p1; rep from * until 1 st rem, k1.
Row 3: K1, *k3, sl1 kwise, k2, psso the k2; rep from * until 1 st rem, k1.
Row 4: K1, *p1, yo, p4; rep from * until 1 st rem, k1.
Rep Rows 1 to 4.

〈무늬 B〉

기초코는 6코의 배수+2코.
1단(겉면) : 겉뜨기 1, *1코에 겉뜨기하듯이 바늘을 넣고 오른바늘에 옮긴다, 겉뜨기 2, 오른바늘에 옮긴 코를 뜬 2코에 덮어씌운다, 겉뜨기 3*, 마지막에 1코가 남을 때까지 *-*를 반복하고 겉뜨기 1.
2단(안면) : 겉뜨기 1, *안뜨기 4, 걸기코, 안뜨기 1*, 마지막에 1코가 남을 때까지 *-*를 반복하고 겉뜨기 1.
3단 : 겉뜨기 1, *겉뜨기 3, 1코에 겉뜨기하듯이 바늘을 넣고 오른바늘에 옮긴다, 겉뜨기 2, 오른바늘에 옮긴 코를 뜬 2코에 덮어씌운다*, 마지막에 1코가 남을 때까지 *-*를 반복하고 겉뜨기 1.
4단 : 겉뜨기 1, *안뜨기 1, 걸기코, 안뜨기 4*, 마지막에 1코가 남을 때까지 *-*를 반복하고 겉뜨기 1.
1~4단을 반복한다.

가벼운 니트가 갖고 싶어지는 계절입니다. 뜨개바탕을 얇게 하고 비침무늬를 넣어서 계절감을 표현할 수 있습니다. 오늘은 봄을 연출할 때 활약할 무늬를 소개합니다.

A는 셰틀랜드 레이스 등에도 쓰이는 레이스 무늬입니다. 어려운 건 없지만, 무늬를 외우기까지 다소 시간이 걸릴 수 있습니다. 이 무늬는 가는 실로 뜨고 블로킹을 하면 무늬가 도드라져서 무척 예쁘게 완성할 수 있습니다.

B는 매듭뜨기를 어레인지한 비침무늬입니다. 이 매듭뜨기는 1단에서 끝나지 않는 타입이라서 콧수가 줄거나 원래대로 돌아오기를 반복하지만 외우기 쉬운 무늬이므로 콧수를 신경 쓰지 않고 리드미컬하게 뜰 수 있습니다.

C는 첫눈에 반해 어딘가에 사용하고 싶어지는 귀여운 무늬입니다. 무늬 부분은 안면에서 시작해 6단으로 끝납니다. 이 뜨개바탕처럼 메리야스뜨기를 사이에 떠서 줄무늬로 써도 좋고, 처음과 끝에 테두리뜨기하듯이 작품의 악센트로도 좋습니다. 아이디어에 따라 다양한 어레인지를 즐길 수 있을 거예요. 아무쪼록 봄나들이용 아이템에 활용해주세요.

뜨개 약어

약어	영어 원어	우리말 풀이
k	knit	겉뜨기
k2tog	knit 2 stitches together	2코를 한꺼번에 뜬다=왼코 겹쳐 2코 모아뜨기
kwise	knitwise	겉뜨기하듯이 (바늘을 넣는다)
p	purl	안뜨기
psso	pass slipped stitch over	(오른바늘에) 옮겨둔 코를 덮어씌운다
rem	remain	남긴다
rep	repeat	반복한다
RS	Right Side	겉면
sk2p(o)	Slip 1 st knitwise, knit 2 stitches together, pass slipped stitch over the knit stitch	첫 코를 겉뜨기하듯이 오른바늘에 옮기고 다음 2코를 한꺼번에 뜬 뒤, 오른바늘에 옮겨둔 코를 뜬 코에 덮어씌운다=오른코 겹쳐 3코 모아뜨기
sl	slip	(뜨개코를) 옮긴다
st(s)	stitch(es)	뜨개코
WS	Wrong Side	안면
yo(s)	yarn over(s)	걸기코, (드라이브뜨기의) 바늘에 감은 코
−	multiple	배수

A

C

B

〈Pattern C〉

Work with a multiple of 6 sts + 1
Row 1 (WS): Knit.
Row 2 (RS): K1, *[k1 wrapping yarn 3 times around needle] 5 times, k1;
rep from * to end.
Row 3: K1, *work Cluster st with the next 5 sts, k1; rep from * to end.
Rows 4,5,6: Knit.

Cluster st = With yarn in front, [sl next st dropping extra yos] 5 times,
[bring yarn to back between needles, sl 5 sts back to LH needle, bring
yarn to front, sl 5 sts to RH needle] twice.

〈무늬 C〉

기초코는 6코의 배수+1코.
1단(안면) : 겉뜨기.
2단(겉면) : 겉뜨기 1, *[바늘에 실을 3번 감으며 겉뜨기 1] 5회, 겉뜨기 1*, *−*를 끝
까지 반복한다.
3단 : 겉뜨기 1, *다음 5코에서 클러스터 스티치, 겉뜨기 1*, *−*를 끝까지 반복한
다.
4·5·6단 : 겉뜨기.
클러스터 스티치 : 실을 뜨개바탕 앞에 두고 [다음 코에 감은 실을 풀면서 오른바늘
에 옮기기] 5회. [실을 뜨개바탕 뒤로 옮기고 (오른바늘의) 5코를 왼바늘에 되돌린
다음 실을 뜨개바탕 앞으로 옮기고 (왼바늘에서) 5코를 오른바늘에 옮기기] 2회.

니시무라 도모코(西村知子)
니트 디자이너, 공익재단법인 일본수예보급협회 손뜨개 사
범, 보그학원 강좌 '영어로 뜨자'의 강사. 어린 시절 손뜨개
와 영어를 만나서 학창 시절에는 손뜨개에 몰두했고, 사회
인이 되어서는 영어와 관련된 일을 했다. 현재는 양쪽을 살
려서 영문 패턴을 사용한 워크숍·통번역·집필 등 폭넓게
활동하고 있다. 저서로는 국내에 출간된 《손뜨개 영문패턴
핸드북》 등이 있다. Instargram : tette.knits

에어 튈로 뜨는 가방

굵은 실이라 송당송당 떠지고 놀라울 정도로 가볍습니다.
튈(Tulle, 망사 얀)만이 지닌 선명한 색감도 매력적이지요.

photograph Shigeki Nakashima styling Kuniko Okabe,Yuumi Sano
hair&make-up Hitoshi Sakaguchi model Jennifer Mai

따사로운 기운에 이끌려서 잠시 어딘가 산책이라
도. 꼭 필요한 물건을 알맞게 수납할 수 있는 레몬
옐로 가방은 짧은 링뜨기를 빙글빙글 10단 떠서
반으로 딱 접고 안감을 덧대면… 순식간에 완성!
튼실하고 톡톡한 두께지만 전혀 부담되지 않도록
가볍습니다.

Design／Little Lion 지바 아야카
How to make／P.166
Yarn／Joint 에어 튈

무겁기 마련인 큼지막한 토트백도 에어 튤에 맡겨주
세요! 링뜨기 프린지를 여러 단 떠도 사슬뜨기 손잡
이를 여러 줄 떠도 거짓말처럼 가볍습니다. 촉감은 부
드럽고, 함께 외출하는 게 즐거워지는 최고의 아이템
입니다.

Design／Litte Lion 지바 아야카
How to make／P.167
Yarn／Joint 에어 튤

폭신폭신 모헤어와 보들보들 실크

겨울의 끝자락에서 봄이 오는 소리가 들릴 때까지
환절기에 대활약하는 모헤어와 실크 소재의 옷.

photograph Hironori Handa styling Masayo Akutsu
hair&make-up Yuri Arai model Polina

3가지 색이 자아내는 그러데이션이 정말 상큼
합니다. 가로뜨기 무늬에 더해 2가닥 뜨기와
1가닥 뜨기를 반복해서 마치 플리츠 같네요. 가
볍고 부드러운 분위기를 연출합니다. 아름답게
이어지는 무늬의 소매에도 주목해보세요.

Design／시바타 준
How to make／P.176
Yarn／로완 키드실크헤이드

Pants／하라주쿠 시카고 하라주쿠점

mohair yarn

mohair yarn

마음을 들뜨게 하는 선명한 색! 바탕색은 1가닥, 짙은 색은 2가닥으로 떠서 끌어올려뜨기가 만 드는 격자무늬가 훨씬 두드러져 보입니다. 평소 스타일대로라면 무난한 색을 고르기 마련이지 만 왠지 봄이 되면 밝은색에 마음이 끌리지요.

Design／가제코보
How to make／P.168
Yarn／로완 키드실크헤이드

Pants／산타모니카 하라주쿠점

mohair
& silk yarn

규칙적으로 배열한 비침무늬가 심플하면서
도 우아한 톱다운 풀오버입니다. 완만한 곡
선을 그리는 요크 부분은 물론이거니와 밑단
과 소맷부리에도 무늬를 절묘하게 배치했습니
다. 몸 전체를 모헤어 실과 실크 실을 합사
해서 떴습니다.

Design／YOSHIKO HYODO
Knitter／야마다 가나코
How to make／P.173
Yarn／데오리야 T실크, 실크모헤어 레이나

Skirt／SLOW 오모테산도점
Flower earring／산타모니카 하라주쿠점

베이지색과 옅은 하늘색의 가는 모헤어를 합
사했습니다. 다른 색을 합사해 뜨기 때문에
오묘한 색 변화와 새로운 텍스처를 즐길 수
있는 건 손뜨개만의 재미 아닐까요? 모헤어
의 포근하고 부드러운 질감이 두드러지는 바
텀업 풀오버입니다.

Design／이토 나오타카
How to make／P.169
Yarn／데오리야 실크모헤어 레이나

Pants／하라주쿠 시카고 하라주쿠점

mohair yarn

mohair & silk yarn

모아뜨기로 생기는 라인이 우아한 플레어 실루엣을 완성하고, 소매 주름이 매력 포인트인 톱다운입니다. 모헤어 실과 실크 실을 합사해 떴습니다. 채도가 높은 색으로 떠서 디자인에 부드러운 느낌을 더했습니다.

Design／우노 지히로
How to make／P.170
Yarn／데오리야 T실크, 실크모헤어 레이나

Pants／산타모니카 하라주쿠점
Ring／SLOW 오모테산도점

하얀 모헤어 베이스가 하늘색&회색 배색뜨기와 만나서 봄날의 안개 같은 분위기를 연출합니다. 레이스처럼 보이는 밑단 라인과 인기 만점인 벨소매는 살랑살랑 바람에 나부끼는 모습에 단아함까지 갖춘 풀오버입니다.

Design／가제코보
How to make／P.177
Yarn／데오리야 T실크, 실크모헤어 레이나
Pants／산타모니카 하라주쿠점

mohair
& silk yarn

따뜻한 봄에 어울리는
코바늘 플라워 소품

한 코 한 코, 손끝에서 탄생하는 코바늘 뜨개 작품에는 서정적인 멋이 담겨 있어요.
뜨개실과 코바늘로 따스한 빛을 품은 봄꽃을 피워볼까요?

작품 디자인 & 제작 : knitting ssem (신은영) / 사진 : 김태훈

튤립백

화사한 봄을 알리는 상큼한 꽃, 튤립. 설렘을 전달하
는 선물로 가장 좋은 꽃입니다. 튤립은 입체감을 살
리고 생동감 있게 표현하기 위해 패브릭얀을 사용했
고, 가방 본체 부분은 바람에 흩날릴듯 가볍고 시원
한 느낌의 자연 소재인 마실을 선택했어요. 서로 다
른 소재를 조화롭게 섞어 싱그러운 가방으로 완성
했습니다. 가방의 앞면과 뒷면에 튤립과 줄기를 다
른 형태로 장식해 위트를 더했답니다.

How to make / P.194

데이지 수세미(위)

봄바람이 전해주는 향긋한 꽃내음처럼 주방에 봄을 가져다 줄 데이지 수세미. 짧은뜨기, 한길 긴뜨기, 네길 긴뜨기 등의 다양한 코바늘 기법을 사용해서 즐겁게 코바늘 뜨개를 익힐 수 있습니다. 예쁜 꽃 모양을 마주하며 일상에서 소소한 힐링을 느끼길 바라는 마음을 담았어요.

나인 플라워백(왼쪽)

베이직하고 심플한 디자인에 플라워 모티브를 더해 소녀 감성을 한 스푼 넣었습니다. 탄탄한 면사로 만들어 힘이 있고, 사계절 내내 사용할 수 있어 활용도 만점인 가방입니다. 캐주얼한 의상과 스타일링해 가볍게 봄 피크닉을 떠나보세요. 나인 플라워 백과 함께 달콤한 봄을 즐겨보세요.

 데이지 수세미, 나인 플라워백 패키지 구매

니트 숄

photograph Shigeki Nakashima styling Kuniko Okabe,Yuumi Sano
hair&make-up Daisuke Yamada model MILANA

보드라운 리넨 실로 떠서 바람에 흔들리는 가
벼운 느낌의 기다란 숄입니다. 베이스의 꽈배
기무늬는 비치는 느낌을 즐길 수 있도록 1가닥
으로 뜨고, 나머지는 2가닥으로 완성한 무늬로
강약을 조절했습니다. 실을 걸치는 방법에도 요
령이 있어 쉽사리 질리지 않게 뜰 수 있습니다.

Design／오쿠즈미 레이코
Knitter／오우미 유시에
How to make／P.178
Yarn／해피 해피리넨 100

라임 그린과 더스티 핑크의 귀여운 배색에 양쪽 가장자리 부분을 끈처럼 묶을 수 있도록 무늬를 뜬 레트로 감성의 숄입니다. 몸체는 끌어올려뜨기를 2코 고무뜨기 줄무늬로 만들어서 겉면과 안면을 모두 즐길 수 있도록 했습니다.

Design／니시무라 도모코
How to make／P.174
Yarn／다루마 원모에 가까운 메리노 울

Couture Arrange

시다 히토미의 쿠튀르 어레인지
주름 소매 풀오버

photograph Hironori Handa styling Masayo Akutsu hair&make-up Yuri Arai model Polina

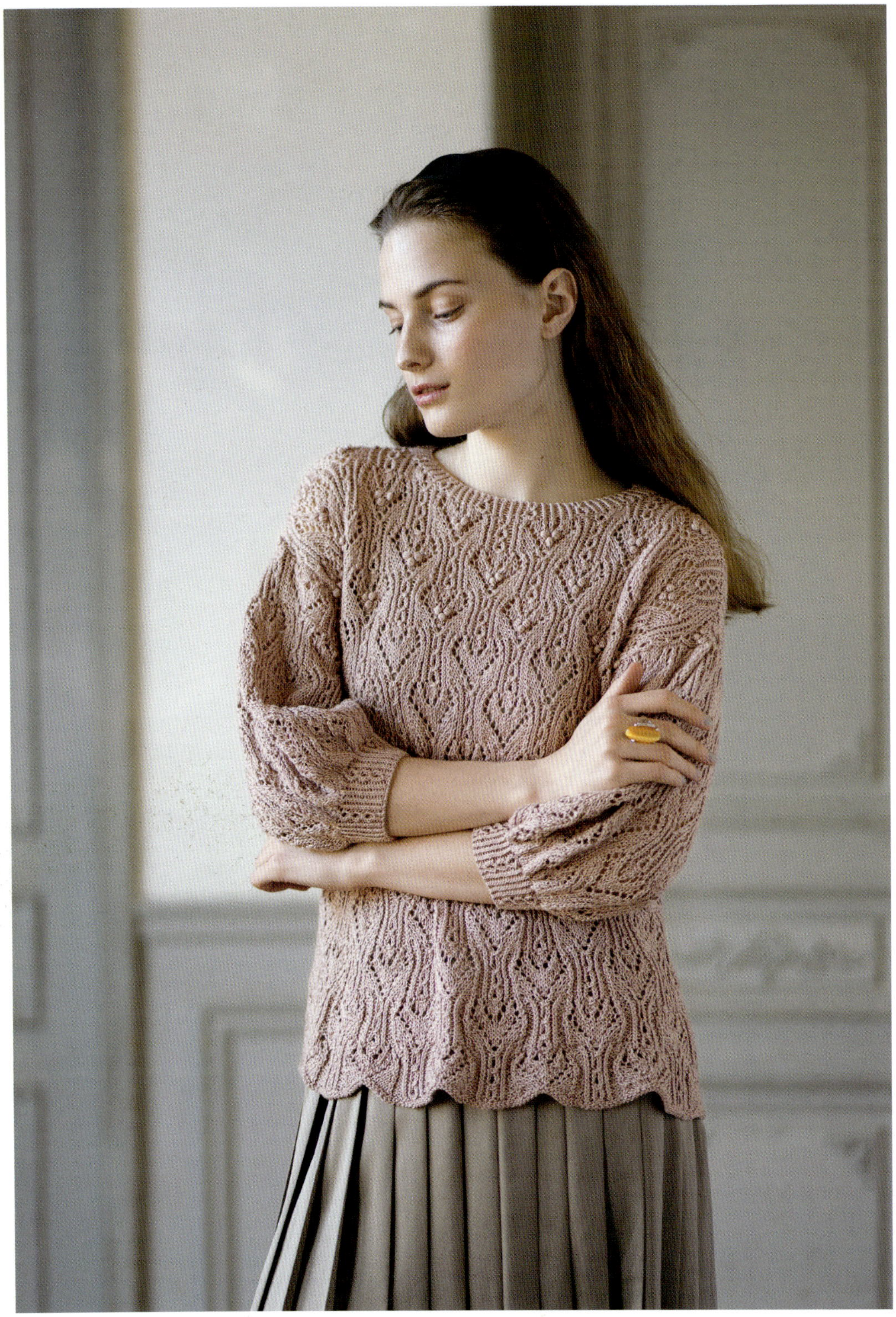

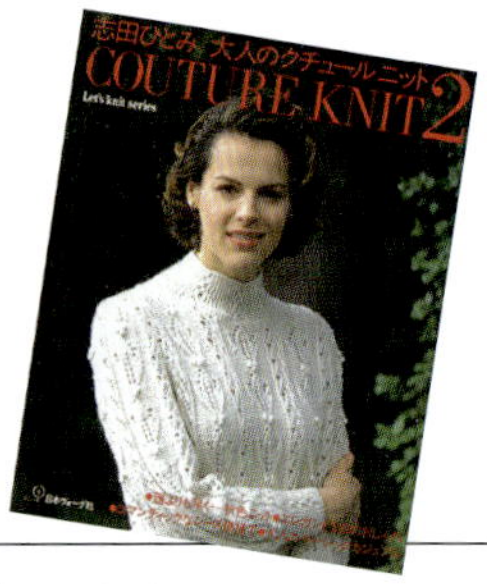

《쿠튀르 니트 2》 중에서
세트 작품 중에 안에 입는 반소매 스웨터였습니다.

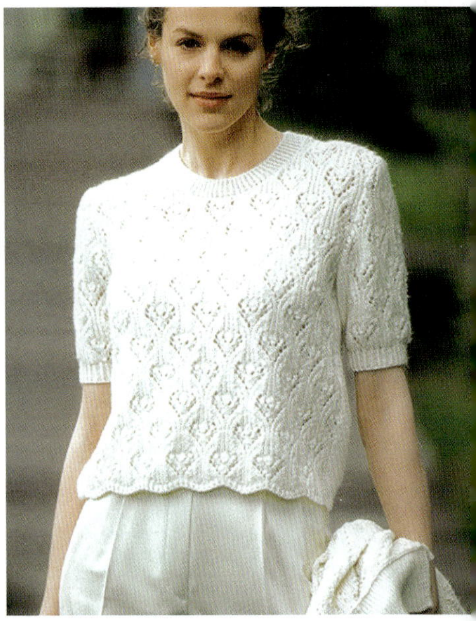

봄의 숨결을 느낄 즈음에 시작한 '쿠튀르 어레인지'에 다섯 번째 봄이 찾아왔습니다. 이번에는《쿠튀르 니트 2》(1997)에서 카디건과 세트로 제작한 반소매 풀오버를 어레인지해 소개합니다. 이 비침무늬를 매우 좋아해서 이전에도 몇몇 작품을 어레인지했는데 이번에 다시 한번 무늬, 디테일, 실루엣을 어레인지해봤습니다.

기장은 짤막한 풀오버에서 밑단이 퍼지면서 조금 긴 스타일로 변형했습니다. 소매는 기본적인 세트인 슬리브에서 폭을 넓게 해 직선으로 뜨는 드롭다운 숄더로 바꿨습니다. 소매 중앙에 주름을 한 번 잡고 팔꿈치를 덮는 6부 기장입니다. 실은 면에 가느다란 실크를 혼방해 은은한 광택이 나는 실로, 색깔은 차분한 느낌의 핑크 계열이지만 봄꽃을 떠올리며 골랐습니다.

26년이라는 긴 세월이 흐른 뒤 작품을 보고 있노라니 지나간 시절이 그대로 투영되어 어딘가 고풍스러운 느낌이 감돌지만, 무늬 자체는 나이를 들지 않는다는 사실을 새삼 깨달았습니다.

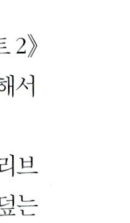

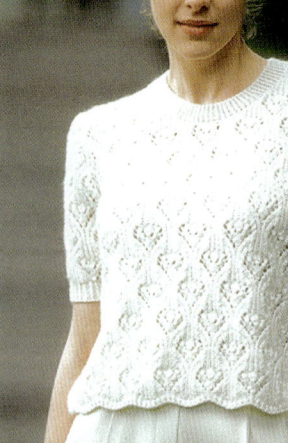

detail

비침무늬 뜨기의 레이스 무늬는 돌려 고무뜨기가 만드는 라인의 흐름을 무늬로 연출했습니다. 무늬 중앙에 돌려 고무뜨기에 매듭뜨기를 더해서 원래 무늬보다 큼지막하게 떴습니다. 밑단은 안뜨기 코를 늘려서 퍼지게 하고 분산 줄임코를 하며 뜨기를 진행합니다. 가슴 윗부분에는 꽃봉오리를 이미지화한 작은 구슬무늬를 더했습니다.

소매는 직선으로 뜨고, 중앙에서 주름을 한 번 잡는데 접히는 부분은 덮어씌우고 전체를 몸통에 맞춰서 코와 단 잇기를 합니다. 목둘레와 소맷부리의 테두리뜨기는 1코 돌려 고무뜨기를 하는 중간중간에 몸통과 동일하게 매듭뜨기를 합니다. 밑단은 가터뜨기를 하고 겉면을 보고 안뜨기를 하면서 덮어씌워 코막음합니다.

《쿠튀르 니트 2》에서
Knitter／마키노 게이코
How to make／P.179
Yarn／다이아몬드케이토 마스터시드 코튼 '실크'

Skirt, Ring／SLOW 오모테산도점

세련되게 입고 싶은 봄철 모노톤.
반짝이는 화이트를 모던한 블랙으로 깔끔하게 연출.

photograph Shigeki Nakashima styling Kuniko Okabe,Yuumi Sano
hair&make-up Hitoshi Sakaguchi model Jennifer Mai

겨울호에 이어 봄호에도 균형 잡힌 색 조합에 관해 이야기
하겠습니다. 봄호에서는 흰색과 검은색을 활용한 모노톤
으로 배색해봤습니다. 심플하면서도 세련되며 멋스러운
배색입니다. 패셔니스타들에게 많은 사랑을 받는 모노톤
은 얼핏 간단해 보이지만 무슨 색을 얼마만큼 배치하는지
에 따라서 분위기가 180도로 바뀌는 까다로운 배색이기
도 하지요.

검은색을 많이 배치하면 절제미가 넘치는 어른처럼 보이
고, 흰색이 많아지면 조금 부해 보이지만 포인트로 검은색
을 넣는 순간 세련돼 보입니다.

모티프 풀오버는 꽃과 줄기를 검은색으로 떴어요. 어떤 하
의에도 잘 어울립니다. 극과 극의 색 조합이라 재미있으면
서도 세련된 옷을 완성했어요. 칼라가 있는 재킷은 재킷에
가장 적합한 끌어올려뜨기 뜨개바탕에 베이스는 흰색을,
칼라와 소맷부리 테두리에는 검은색을 사용했습니다. 단추
는 검은색으로 달아서 더욱 깔끔하게 떨어집니다.

실은 실켓 가공을 한 고급 코튼과 리넨을 혼방한 신제품 '갈
레트'를 사용했습니다. 리넨의 튼튼함과 코튼의 부드러움을
겸비해서 옷과 소품 제작에 폭넓게 사용할 수 있습니다.

오카모토 게이코(岡本啓子)
아틀리에 케이즈케이(atelier K's K) 운영. 니트 디자이너이자 지도
자로 전국적으로 왕성하게 활동 중. 오사카 한큐백화점 우메다 본
점 10층에 위치한 케이즈케이의 오너. 공익재단법인 일본수예보급
협회 이사. 저서에《오카모토 게이코의 손뜨개 코바늘뜨기》가 있다.
http://atelier-ksk.net/
http://atelier-ksk.shop-pro.jp/

Yarn／갈레트

왼쪽／짧은뜨기를 원형으로 떠서 퍼져나가는 꽃 모티브가 조금 독특하고 인상적입니다. 연결법은 조금 품이 들지만 테크니컬하게.

Knitter／모리시타 아미
How to make／P.182
Yarn／K's K 갈레트

오른쪽／끌어올려뜨기 라인이 포인트인 재킷은 세트인 슬리브에 칼라를 달아서 완벽하게 마무리합니다. 뜨개 싸개단추가 귀여우면서도 단정한 느낌이 들게 하는 악센트가 됩니다.

Knitter／미야모토 히로코
How to make／P.186
Yarn／K's K 갈레트

LYKKE™

MAKE HAPPY

뜨개머리앤
Value Your Knitting Time

"

뜨개머리앤은 라이키의
한국 유일 공식 배분처입니다.

도매 문의는 뜨개머리앤
웹사이트 도매 상담 게시판을
찾아주세요.

www.annknitting.com

뜨개꾼 203gow의 오브제로
장식한 전시장.

털실이 가득한 마켓 새로운 이토마!

글/모사다마 편집부

올해도 방문객이 북적였다. 이벤트 장소의 모든 사람이 뜨개 팬인, 귀중한 뜨개 공간을 함께 만들었다.

1／니트 작가 베른트 케스틀러도 참가자로서 전시장 분위기를 띄웠다. 2／처음 참가하는 털실 가게도 드문드문 보였고, 관계자도 크게 주목했다. 3／앞으로는 온라인 숍을 메인으로 운영할 케이토(Keito)도 참가했다. 털실은 해양 생물 해우를 모티프로 한 것. 4／인기가 대단했던 일본손뜨개인형협회의 손뜨개 인형 뽑기. 5／큰 호평을 받은 《amuhibi KNIT BOOK》의 아무히비(amuhibi)도 후쿠오카에서 와주었다. 유독 인기였던 부스.

기념사진과 소셜 미디어용으로
준비한 포토 프롭스.

2022년 11월 4일과 5일 이틀간 뜨개와 털실 애호가를 위한 마켓 '이토마!'를 열었습니다. 개최 장소인 일본보그사의 부설 크래프팅 아트 갤러리를 활용해 약 1,500명을 맞이했습니다. 이토마는 올해로 4회째. 2021년에는 '속속 이토마'였으므로 이번에는 고민한 끝에 '새로운 이토마'라고 지었습니다. 입장은 온라인 예약제, 회차별 이용 시간은 2시간으로 제한했습니다. 지난번과 달리 예약자 수를 회차별로 50명씩 늘렸고 새로운 참가자를 만날 수 있었습니다.

참가 점포는 27곳. 모사다마 부스와 케이토를 비롯해 당시 신간을 발매한 아무히비가 후쿠오카에서 먼 발걸음을 해주었습니다. 규슈에서 온 핸드메이드 방적기 작가 게이토야oon, 홍콩의 채피 얀(Chappy Yarn), 케스틀러, 노구치 히카루, 어패럴 관련 공업실을 취급하는 60로쿠마루, 이토리코트(ITORICOT), 사와다이토(sawadaitto) 등도 자리를 빛내주었습니다. 나이토상사와 퍼피, DMC도 참가해 수입실부터 손염색실, 어패럴 실까지 털실에 대한 수많은 궁금증을 순식간에 채워준 알찬 라인 업이었습니다.

전시장은 뜨개 가랜드로 장식하고 메인 전시에는 〈털실타래〉에서도 친숙한 뜨개꾼 203gow의 작품을 배치해서 비밀의 뜨개 마켓 같은 느낌을 연출했습니다. 어디를 봐도 털실과 뜨개 작품만 보이고 방문객도 참가자도 주최자도 털실을 좋아하는 사람들뿐이라서 이벤트 장소는 고요한 연기에 둘러싸였습니다. 그곳에 있는 사람 대부분이 '동료'라고 생각하면 조금 흥분되지 않나요?

특히 첫날의 첫 회차엔 상품이 많았으므로 방문객의 열의가 강하게 전해질 정도였습니다. 손수 뜬 작품을 착용하고 온 사람도 적지 않아서 눈 호강과 더불어 방문객끼리 뜨개 토크로 이야기꽃을 피웠습니다. 이벤트에 오지 못한 분은 유튜브 채널 '아미모노 채널'에서 전시장을 실시간으로 볼 수 있도록 배려했습니다. 이 영상은 남겨놨으니 '이토마!'란 어떤 것인지 확인할 수 있습니다.

평소에는 편집 스태프로 일하는 멤버들도 이 이틀 동안은 이벤트 운영자로서 손발이 척척 맞았습니다. 여러분 덕분에 이번에도 무사히 마쳤습니다. 감사합니다! 이벤트를 마무리한 후 곧바로 스태프끼리 뒤풀이를 하고, 다음 이벤트를 준비하고 있습니다. 그러면 다음에는 무슨 '이토마!'로 할까요!?

SLOW MELODII

KNITTING STUDIO

slowmelodii.com
@slowmelodii

느리지만 괜찮은 이 취미,
함께 떠봐요 우리.

I move a little slow, but that's OK.

신·수편기 스이돈 강좌

이번 테마는 '실 바꾸기'입니다.
배색뜨기를 마스터해봐요!

photograph Hironori Handa styling Masayo Akutsu hair&make-up Yuri Arai model Polina

줄무늬 폭을 바꿔가면서 뜨는 풀오버는 배색실을 바늘에 걸면서 뜨기 때문에 매번 실을 자르지 않고 뜹니다. 메리야스뜨기라서 순식간에 쓱쓱 작품을 완성할 수 있을 거예요.

Design／실버편물연구회 오쿠무라 레이코
How to make／P.190
Yarn／하마나카 코트네 트위드, 세계의 코튼 오스트레일리아 슬라브

Pants／하라주쿠 시카고(하라주쿠점/진구마에점)

컬러풀한 그러데이션 실을 줄무늬 라인으로 가로뜨기해서 세로 스트라이프로 연출했습니다. 끌어올려뜨기를 사용해 줄무늬를 랜덤으로 넣었더니 멋진 비대칭 무늬가 됐습니다.

Design／실버편물연구회
How to make／P.191
Yarn／다이아몬드케이토 다이아 라콘테(raconter), 다이아 코스타 우노(costa uno)

Shirt／산타모니카 하라주쿠점

신·수편기 스이돈 강좌

이번에는 배색뜨기의 실 바꾸는 방법과 몸판과 트리밍하며 잇는 법을 소개합니다.
이제 넓은 폭의 줄무늬와 두 겹으로 마무리하는 테두리도 손쉽게 뜰 수 있겠지요!

촬영/모리야 노리아키

실 바꾸는 법

1
필요한 단수만큼 뜬 다음 실을 바꿉니다.
처음 뜬 실은 실 거는 곳에서 빼내고 다음
에 뜰 실을 겁니다. 두 실을 함께 가볍게 쥐
고 1단을 뜹니다.

2
4~6단마다 가장자리 바늘을 D 위치로 꺼
내고, 쉬는 실을 바늘 바깥쪽에서 안쪽으
로 걸어 1단을 뜹니다.

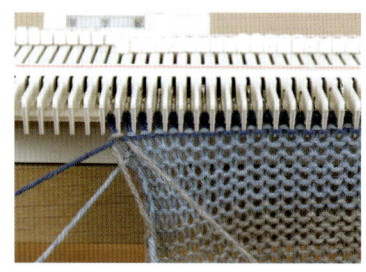

3
쉬는 실이 걸렸습니다. 실을 세게 잡아당
기면 뜨개바탕이 울 수 있으므로 조심하세
요.

4
쉬는 실이 2색 이상이면 실 거는 단을 색깔
별로 1~2단씩 엇갈리게 합니다.

배색 끌어올려뜨기를 하는 법

5
엇갈리게 건 모습. 실을 건 코는 돌출되므
로 반드시 실을 1가닥만 거세요. 증감코는
증감코를 한 다음에 실을 겁니다.

1
1/1 바늘 선침판(Needle pusher)을 사용
해서 하나 걸러 하나씩 바늘을 D 위치로
꺼냅니다.

2
러셀 레버를 끌어올리기(ヒキアゲ)에 놓습
니다.

3
실을 바꾼 후 1단을 뜬 모습입니다. 끌어올
린 코는 바늘 위쪽에 걸쳐 있어 들뜨기 쉽
습니다. 다음 단을 뜰 때 뜨개바탕을 아래
로 가볍게 당기면서 뜨는 것을 추천합니다.

4
끌어올리기를 2단 하면 러셀 레버를 평뜨
기(ヒラアミ)로 되돌립니다.

5
실을 바꾸고 메리야스뜨기를 지정된 단수
만큼 합니다. 배색실은 '실 바꾸는 법'을 참
고해 4~6단마다 가장자리 바늘에 실을 걸
면서 뜹니다.

몸판과 밑단의 기계 잇기

1
밑단은 콧수에 맞춰서 바늘을 꺼낸 다음 몸판의 겉면이 앞쪽으로 오게 하고, 밑단의 1코 안쪽을 바늘에 걸어 놓습니다. 이때 실 바꾸기로 걸친 실도 함께 바늘에 겁니다.

2
밑단의 양쪽 가장자리, 그 중간, 다시 그 중간을 1코씩 줍는데, 전체를 균등하게 줍습니다.

3
밑단의 트리밍 안면을 앞쪽으로 오게 하고, 겉면이 되는 쪽 코를 바늘에 겁니다.

4
바늘을 D 위치로 꺼내고 몸판은 래치(Latch) 바깥쪽에, 트리밍 코는 래치 안쪽에 둡니다.

5
바늘을 C 위치로 정돈하고 천천히 C 위치에서 B 위치로 넣어 래치 넘기기를 합니다.

6
래치 넘기기를 할 때 몸판의 뜨개바탕이 래치에 걸리지 않도록 조심하세요. 몸판과 트리밍을 가볍게 아래로 잡아당기면서 바늘을 움직이면 래치 넘기기를 부드럽게 할 수 있습니다.

7
트리밍 안쪽이 되는 쪽 코를 겁니다. 이때 몸판에 있는 걸친 실이 바늘 아래쪽에 오도록 합니다.

8
걸친 실이 바늘 아래쪽에 오도록 넣은 모습입니다. 실이 걸리지 않도록 조심하세요.

9
모든 코를 다 걸면 바늘을 D 위치로 꺼내서 1단을 뜹니다.

10
1단을 뜬 모습. 그 후에 버림실 뜨기를 하고 빼내서 휘감아 코막음으로 완성합니다.

11
트리밍 안면입니다. 걸친 실이 트리밍 안으로 숨겨져서 깔끔합니다.

12
트리밍 겉면입니다.

뜨개꾼의 심심풀이 뜨개

딸깍 눌러 한 글자 '뜨개 라벨 메이커'가 있는 풍경

알파벳과 숫자가 적힌 휠을 돌리고
딸깍 눌러 한 글자
다시 회전시키고
딸깍 눌러 한 글자

네임 라벨이 완성된다

색깔별, 제조사별, 소재별
털실을 종류별로 나눈 똑같은 상자가
층층이 쌓인다

딸깍딸깍
네임 라벨이 나설 차례다
딸깍딸깍
내용물을 좀 더 자세히

딸깍딸깍 딸깍딸깍

영단어투성이인 YARN BOX 완성

뜨개꾼 203gow(니마루산고)
색다른 뜨개 작품 '이상한 뜨개'를 제작하고 있다.
온 거리를 뜨개 작품으로 메우려는 게릴라 뜨개 집
단 '뜨개 기습단'을 창설했다. 백화점 쇼윈도, 패션
잡지의 배경, 미술관과 갤러리 전시, 워크숍 등 다양
하게 활동하고 있다.
https://203gow.weebly.com (이상한 뜨개 HP)

글·사진/203gow 참고 작품

재료
퍼피 퍼피 리넨 100 노랑(905) 200g 5볼

도구
코바늘 4/0호

완성 크기
기장 50cm, 화장 24.5cm

게이지
무늬뜨기 1무늬=3.3cm, 8.5단=10cm

POINT
● 몸판…뒤판은 어깨에서 사슬뜨기로 기초코를 만들어 뜨기 시작해 무늬뜨기로 뜹니다. 좌우 각 각 4단을 뜬 뒤 왼쪽 어깨의 4단에서 이어서 목둘레의 사슬뜨기를 뜹니다. 5단부터는 좌우를 이어서 뜹니다. 앞판은 뒤판의 기초코에서 코를 주워 같은 방법으로 무늬뜨기로 뜹니다. 밑단은 테두리뜨기 A로 뜹니다.
● 마무리…옆선은 테두리뜨기 B로 뜹니다. 목둘레는 테두리뜨기 B를 원형으로 왕복뜨기합니다. 리본을 뜨고 지정 위치의 안쪽에 감칩니다.

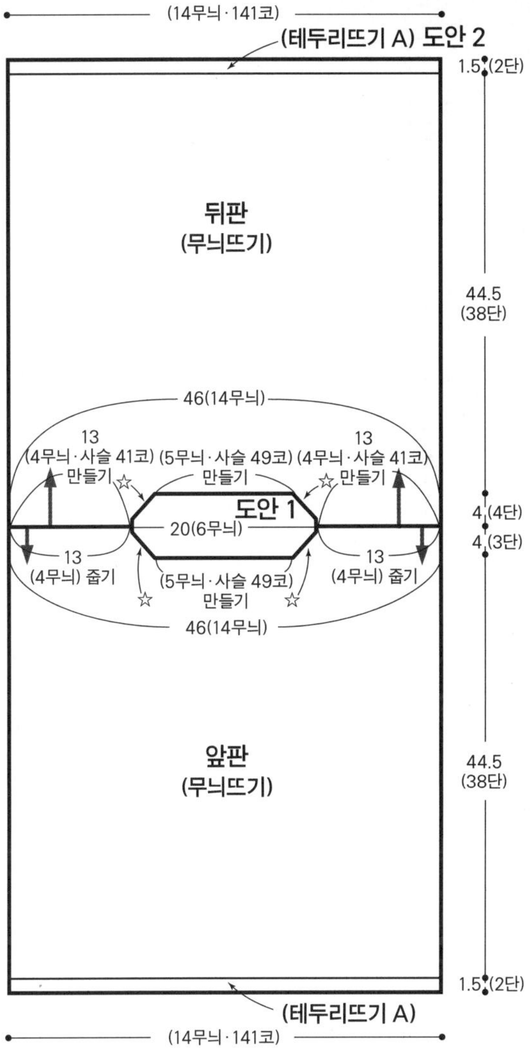

(14무늬·141코)
(테두리뜨기 A) 도안 2

1.5(2단)

뒤판
(무늬뜨기)

44.5
(38단)

46(14무늬)

13
(4무늬·사슬 41코) (5무늬·사슬 49코) (4무늬·사슬 41코)
만들기☆ 만들기 ☆만들기

도안 1

13
(4무늬) 줄기 (5무늬·사슬 49코) (4무늬) 줄기
만들기

20(6무늬)

4(4단)
4(3단)

46(14무늬)

앞판
(무늬뜨기)

44.5
(38단)

1.5(2단)

(테두리뜨기 A)

(14무늬·141코)

※모두 4/0호 코바늘로 뜬다.
※☆=(+0.5무늬)

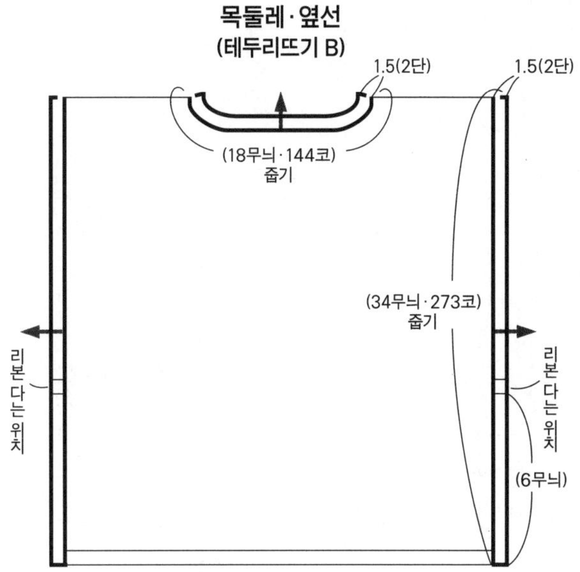

목둘레·옆선
(테두리뜨기 B)

1.5(2단)   1.5(2단)

(18무늬·144코) 줄기

리본 다는 위치

(34무늬·273코) 줄기

리본 다는 위치

(6무늬)

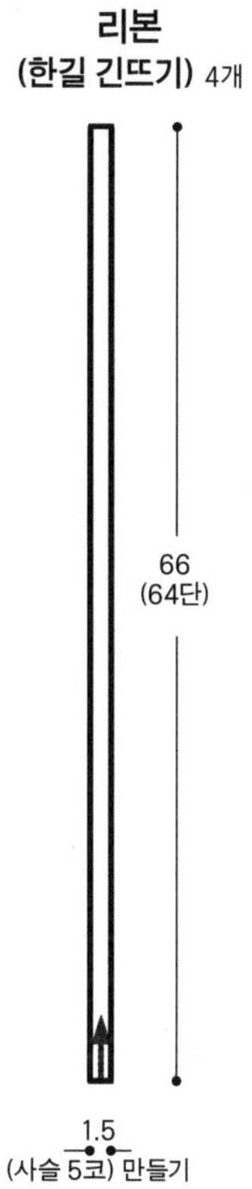

리본
(한길 긴뜨기) 4개

66
(64단)

1.5
(사슬 5코) 만들기

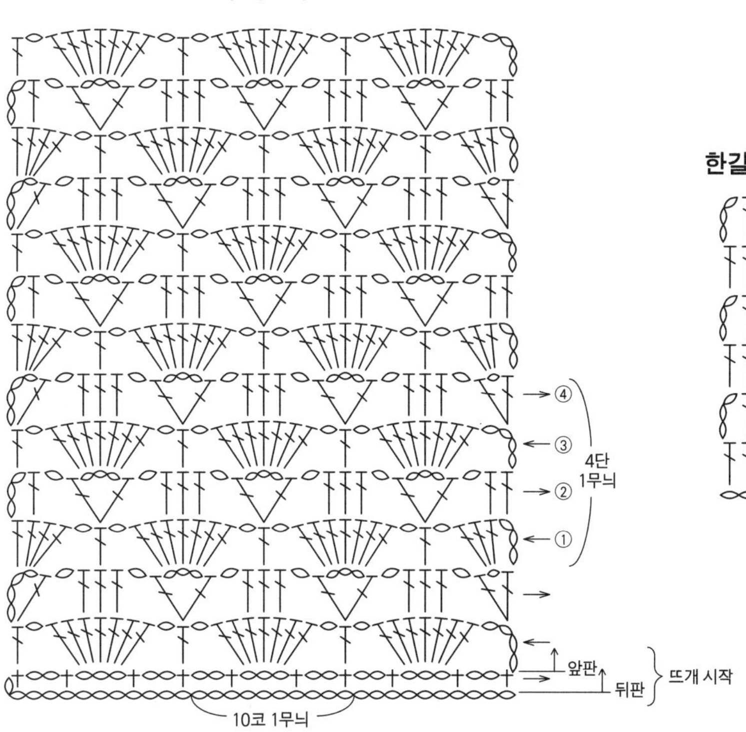

무늬뜨기

④
③
②   4단
①   1무늬

앞판
뒤판   뜨개 시작

10코 1무늬

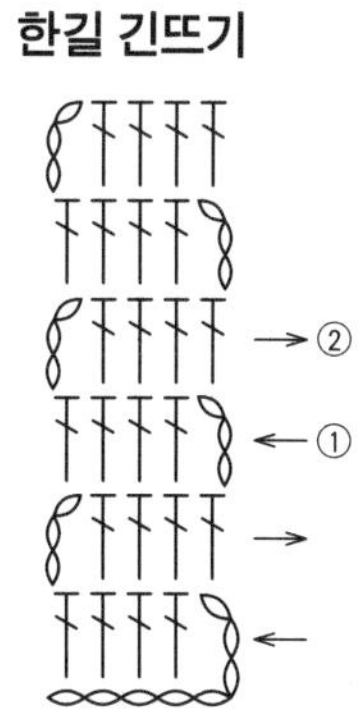

한길 긴뜨기

→②
→①

100페이지로 이어집니다. ▶

★ 개수는 작품을 선택하는 기준으로 참고해주세요. ★…초심자도 안심, ★★…자신이 조금 생겼다면, ★★★…끈기도 겸비한 중·상급자, ★★★★…솜씨에 자신 있음. 실은 실물 크기입니다.   **99**

▶ 99페이지에서 이어집니다.

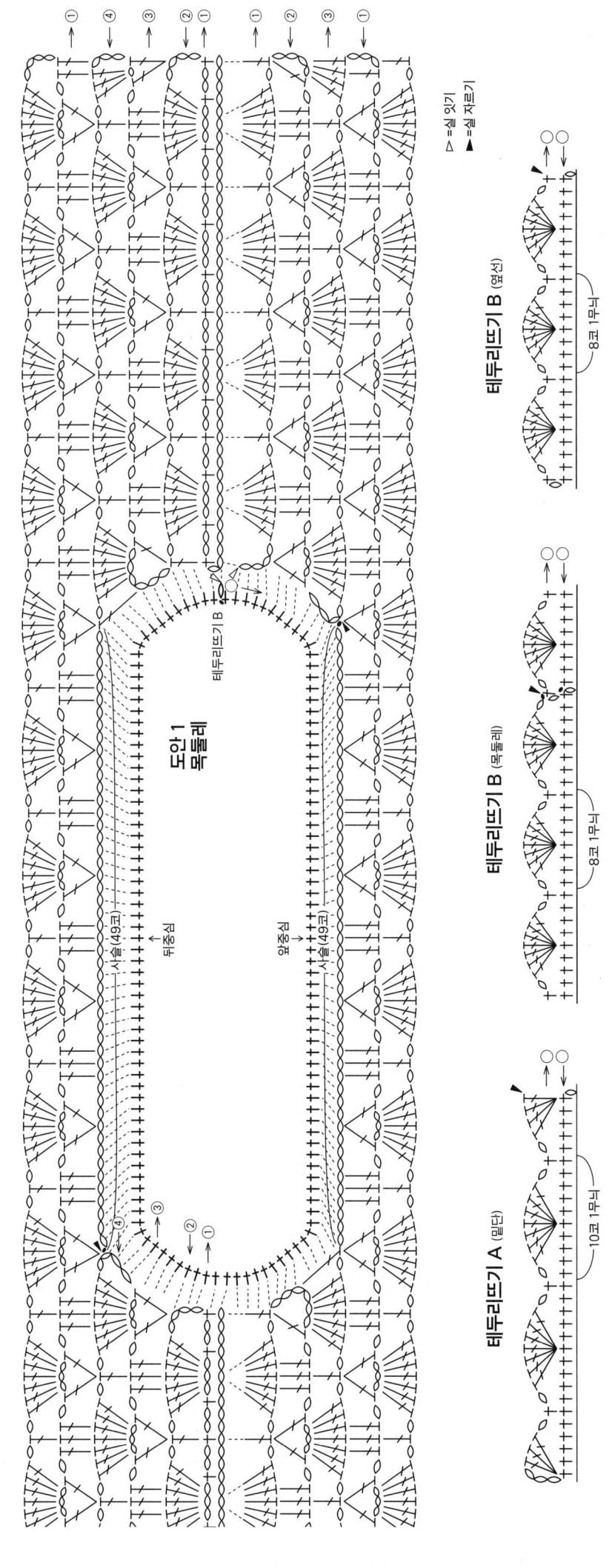

△ =실 잇기
▲ =실 자르기

테두리뜨기 B (옆선)
8코 1무늬

테두리뜨기 B (목둘레)
8코 1무늬

테두리뜨기 A (밑단)
10코 1무늬

도안 1
목둘레

테두리뜨기 B

뒤중심
사슬(49코)

앞중심
사슬(49코)

테두리뜨기 B ▷ =실 잇기
② ① ► =실 자르기

도안 2
밑단

테두리뜨기 A

리본 다는 위치

리본 다는 위치

① ②
테두리뜨기 B

101

재료
퍼피 코튼 코나 물색(63) 300g 8볼

도구
코바늘 5/0호

완성 크기
가슴둘레 124cm, 기장 50cm, 화장 40cm

게이지(10×10cm)
무늬뜨기 26코×8.5단

POINT
● 몸판·소매···뒤판은 사슬뜨기로 기초코를 만
들어 뜨기 시작해 목둘레 쪽에서 무늬뜨기로 뜹니
다. 앞판은 뜨기 시작하는 법을 참고해 뒤판의 어
깨에서 코를 주워 뜨기 시작하고 4단부터는 좌우
를 이어서 뜹니다. 소매는 도안을 참고해 앞뒤 몸
판에서 코를 주워 무늬뜨기로 뜹니다.
● 마무리···옆선·소매 밑선은 사슬뜨기와 빼뜨기
로 꿰매기를 합니다. 밑단·목둘레·소맷부리는 지
정 콧수를 주워 테두리뜨기로 원형으로 뜹니다.

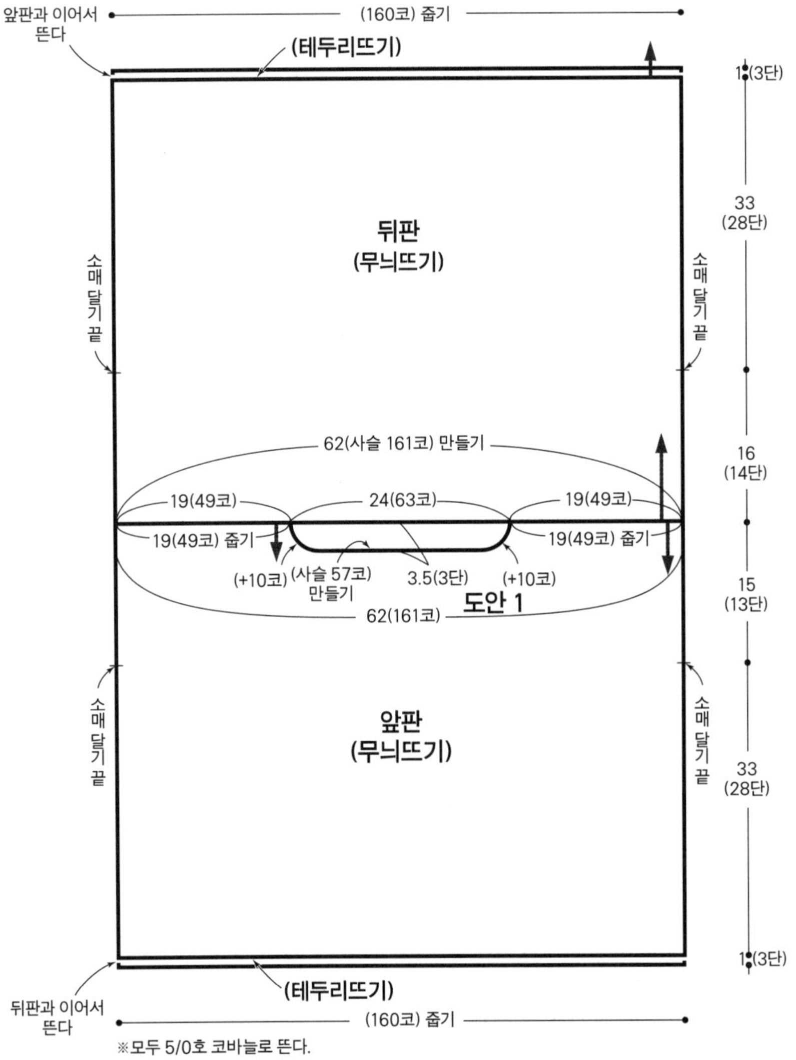

앞판과 이어서 뜬다

(160코) 줍기

(테두리뜨기)

뒤판
(무늬뜨기)

소매 달기 끝 / 소매 달기 끝

1(3단)
33
(28단)

62(사슬 161코) 만들기
19(49코)　24(63코)　19(49코)
19(49코) 줍기　(+10코)　(사슬 57코) 만들기　3.5(3단)　(+10코)　19(49코) 줍기
62(161코)
도안 1

16
(14단)

15
(13단)

앞판
(무늬뜨기)

소매 달기 끝 / 소매 달기 끝

33
(28단)

1(3단)

(테두리뜨기)

뒤판과 이어서 뜬다

(160코) 줍기

※모두 5/0호 코바늘로 뜬다.

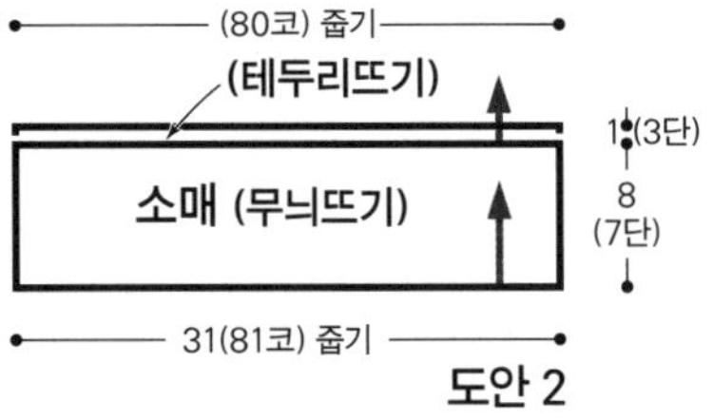

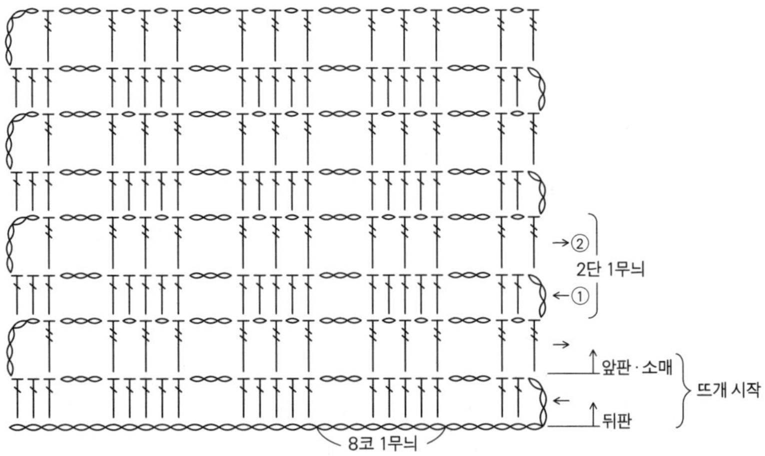

(80코) 줍기

(테두리뜨기)

소매 (무늬뜨기)

1(3단)
8
(7단)

31(81코) 줍기

도안 2

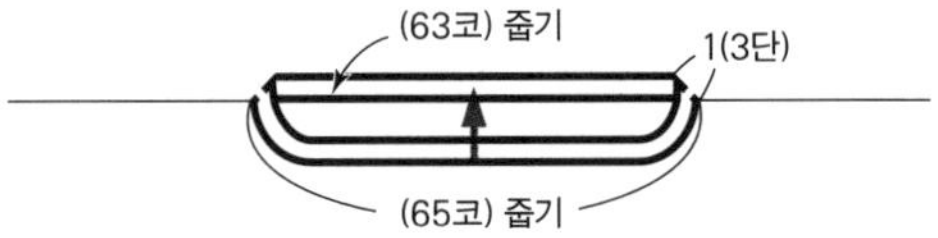

목둘레 (테두리뜨기)

(63코) 줍기　1(3단)

(65코) 줍기

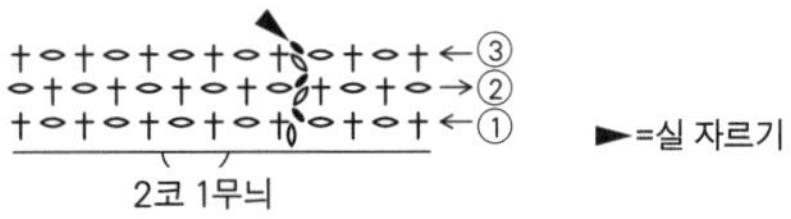

테두리뜨기

③
②
①

▶=실 자르기

2코 1무늬

무늬뜨기

→②
2단 1무늬
①

→ 앞판·소매
← 뜨개 시작
↑ 뒤판

8코 1무늬

도안 1 앞목둘레

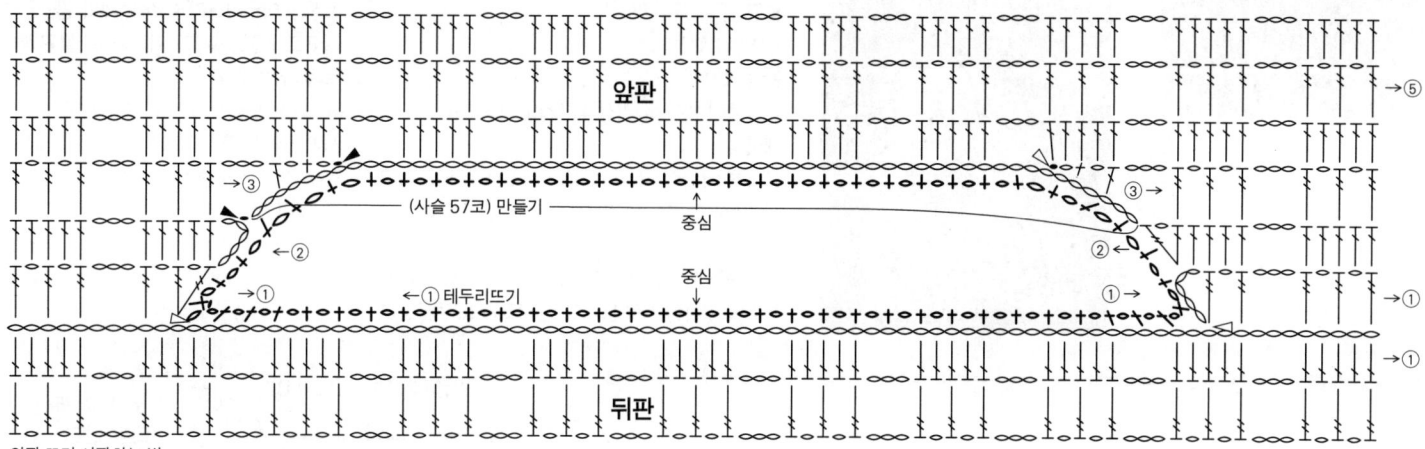

앞판

→⑤

③→

←②

(사슬 57코) 만들기

중심

①→

←① 테두리뜨기

중심

①→

→①

뒤판

앞판 뜨기 시작하는 법
1. 왼쪽 어깨를 2단 뜨고 실을 쉬게 한다.
2. 오른쪽 어깨를 2단 뜨고 앞목둘레의 기초코를 뜬 뒤 실을 자른다.
3. 쉬게 둔 실로 왼쪽 어깨의 3단을 뜨고 실을 자른다.
4. 실을 이어서 오른쪽 어깨의 3단을 뜬다.

▷ =실 잇기
► =실 자르기

도안 2 소매

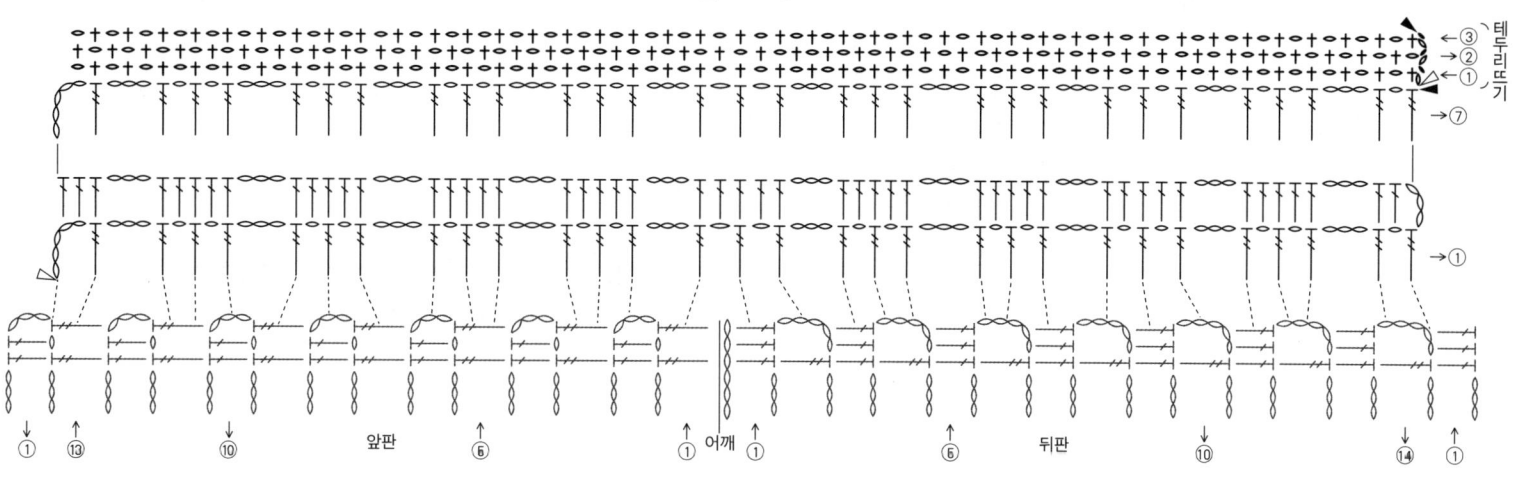

③②① 테두리뜨기

→⑦

→①

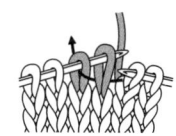

① ⑬   ⑩   앞판   ⑥   ① 어깨 ①   ⑥   뒤판   ⑩   ⑭ ①

오른코 위 걸러 교차뜨기

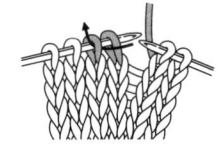
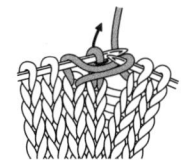
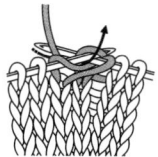

걸러뜨기

1 오른쪽 코의 뒤에서 왼쪽 코에 화살표와 같이 오른바늘을 넣고

2 걸뜨기를 뜬다.

3 뜬 코는 그대로 두고, 오른쪽 코에 화살표와 같이 오른바늘을 넣는다.

4 왼바늘을 빼면 오른코 위 걸러 교차뜨기가 완성된다.

왼코 위 걸러 교차뜨기

1 오른쪽 코의 앞에서 왼쪽 코에 화살표와 같이 오른바늘을 넣는다.

2 오른바늘을 넣은 코를 오른쪽으로 빼낸다. 오른쪽 코에 오른바늘을 넣고

3 걸뜨기를 뜬다.

4 왼바늘을 빼면 왼코 위 걸러 교차뜨기가 완성된다.

재료
올림포스 에미 그란데 베이지(732) 330g 7볼

도구
코바늘 2/0호

완성 크기
가슴둘레 102cm, 기장 48.5cm, 화장 52cm

게이지
10×10cm 무늬뜨기 A 35코×15단. 무늬뜨기 B
1무늬=4cm, 15단=10cm. 모티프 1변 9.5cm

POINT
● 몸판…사슬뜨기로 기초코를 만들어 뜨기 시작
해 무늬뜨기 A·B로 뜹니다. 증감코는 도안을 참고

하세요. 어깨는 사슬뜨기와 빼뜨기로 잇기, 옆선
은 사슬뜨기와 빼뜨기로 꿰매기를 합니다. 소매 경
계선은 테두리뜨기 A, 목둘레와 밑단은 테두리뜨
기 B로 원형으로 뜨는데 밑단은 불규칙하게 되므
로 주의합니다.
● 소매…모티프 잇기로 뜨는데 도안을 참고해 마
지막 단에서 옆 모티프 또는 소매 경계선에 연결하
면서 뜹니다. 소맷부리는 테두리뜨기 B′로 원형으
로 뜹니다.

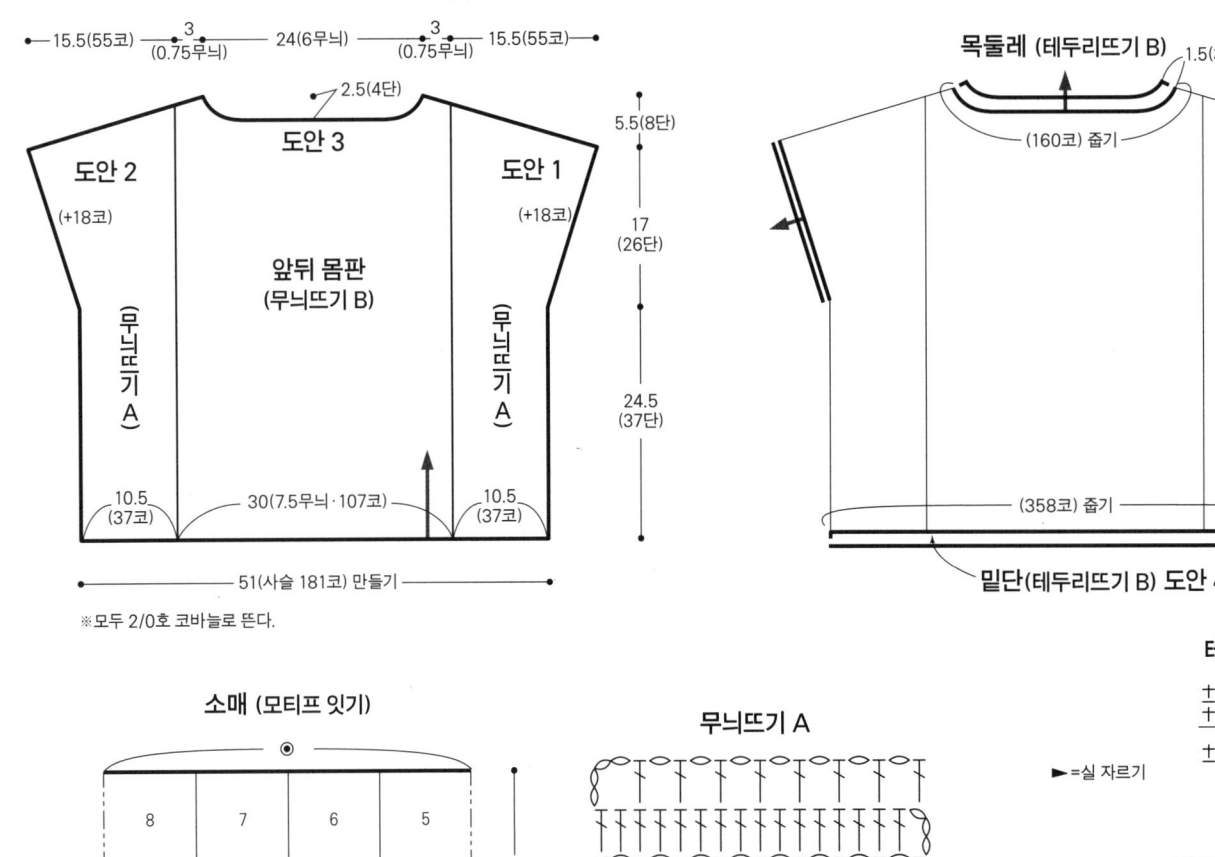

도안 3
도안 2 (+18코)
도안 1 (+18코)
앞뒤 몸판
(무늬뜨기 B)
(무늬뜨기 A)
2.5(4단)
15.5(55코) 3(0.75무늬) 24(6무늬) 3(0.75무늬) 15.5(55코)
5.5(8단)
17(26단)
24.5(37단)
10.5(37코)
30(7.5무늬·107코)
10.5(37코)
51(사슬 181코) 만들기
※모두 2/0호 코바늘로 뜬다.

목둘레 (테두리뜨기 B) 1.5(3단)
소매 경계선 (테두리뜨기 A) 0.5(2단)
(160코) 줍기
(128코) 줍기
(358코) 줍기 1.5(3단)
밑단(테두리뜨기 B) 도안 4

테두리뜨기 A
±=짧은 줄기뜨기
►=실 자르기

테두리뜨기 B (목둘레)
4코 1무늬
✕=한길 긴 1코 교차뜨기

소매 (모티프 잇기)
| 8 | 7 | 6 | 5 |
| 4 | 3 | 2 | 1 |
9.5 / 9.5
19(2장)
38(4장)
도안 5 소맷부리
(테두리뜨기 B′)
2(4단)
(4무늬) 줍기
※모티프 안의 숫자는 연결하는 순서.
※◎=소매 경계선과 연결하면서 뜬다.
※모티프의 모서리 잇는 법→P.107

무늬뜨기 A
2단 1무늬
2코 1무늬

무늬뜨기 B

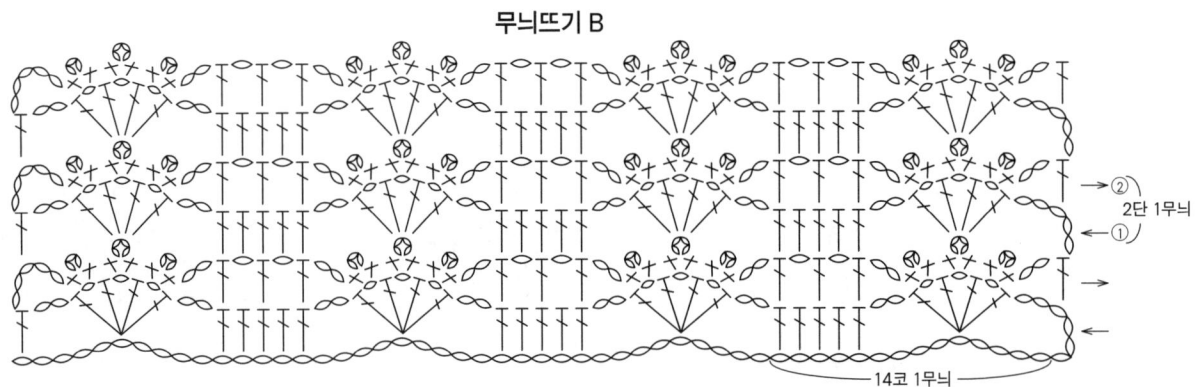

2단 1무늬
14코 1무늬

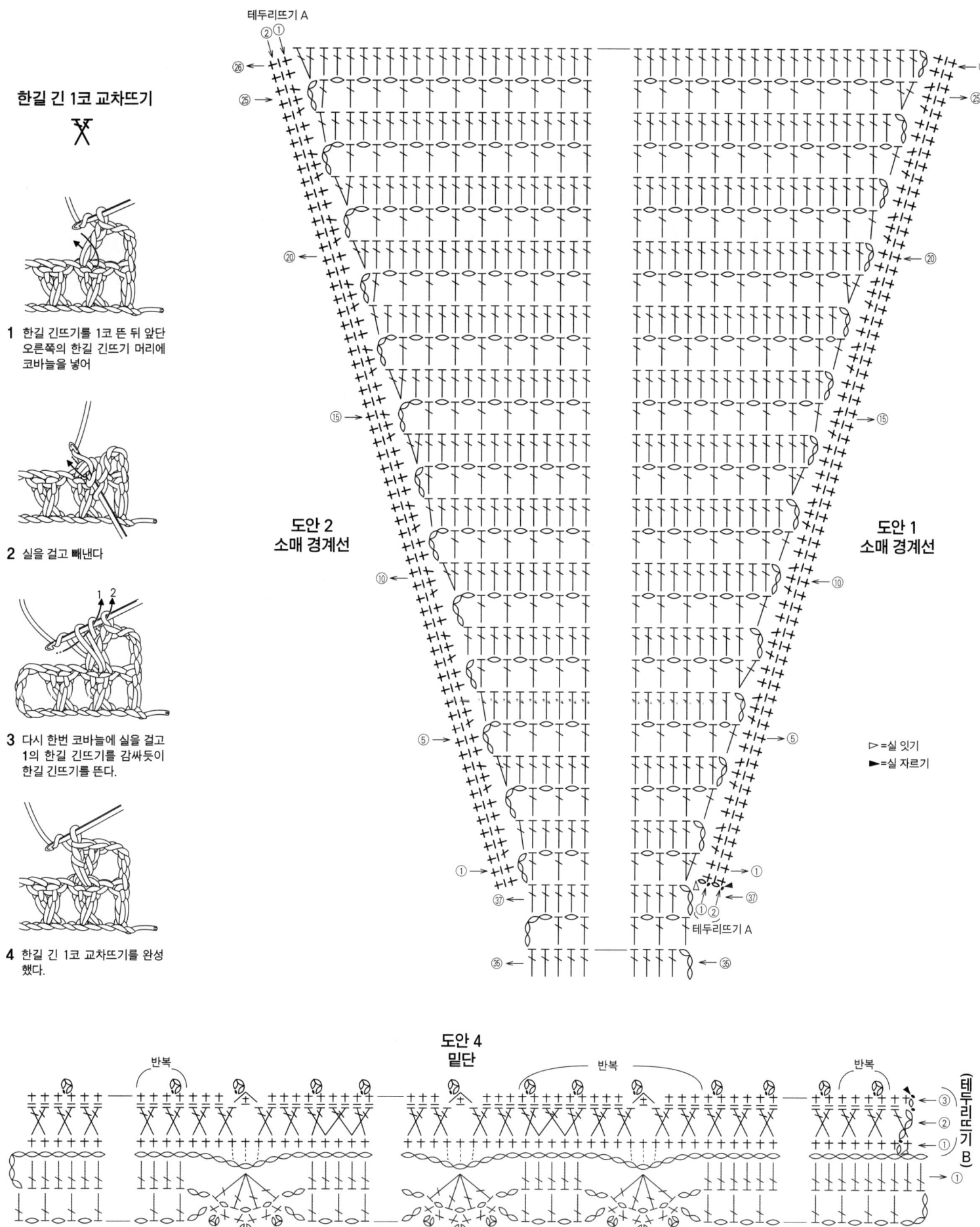

한길 긴 1코 교차뜨기

1 한길 긴뜨기를 1코 뜬 뒤 앞단 오른쪽의 한길 긴뜨기 머리에 코바늘을 넣어

2 실을 걸고 빼낸다

3 다시 한번 코바늘에 실을 걸고 1의 한길 긴뜨기를 감싸듯이 한길 긴뜨기를 뜬다.

4 한길 긴 1코 교차뜨기를 완성했다.

테두리뜨기 A

도안 2
소매 경계선

도안 1
소매 경계선

▷ =실 잇기
► =실 자르기

테두리뜨기 A

도안 4
밑단

반복

테두리뜨기 B

무늬뜨기 A

무늬뜨기 B

무늬뜨기 A

※무늬뜨기 B에서 줄는 부분은 불규칙하게 된다.

106페이지로 이어집니다. ▶

▶ 105페이지에서 이어집니다.

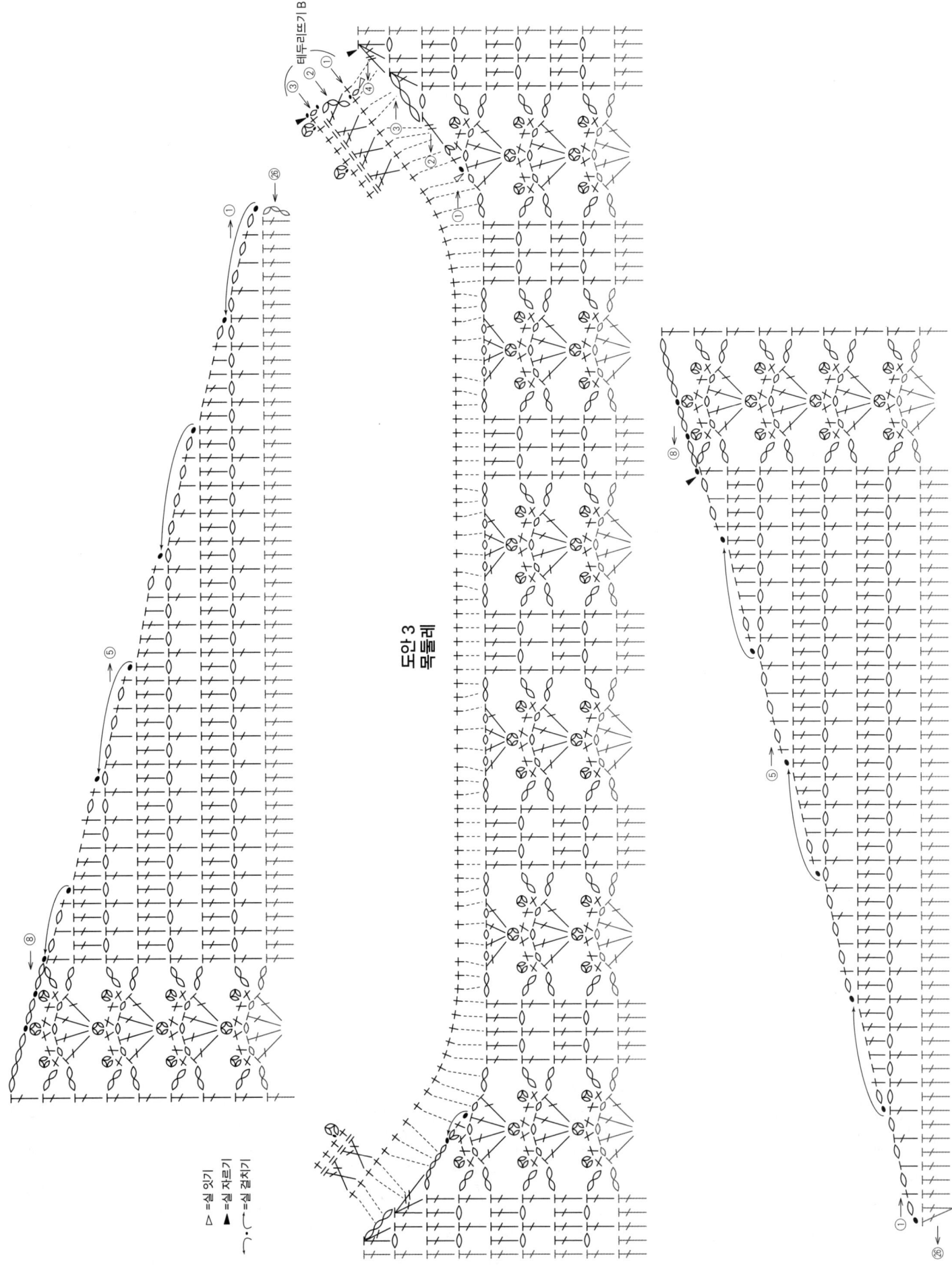

도안 3
목둘레

△ =실 잇기
▲ =실 자르기
⌒ =실 걸치기

테두리뜨기 B

모티프의 모서리 잇는 법

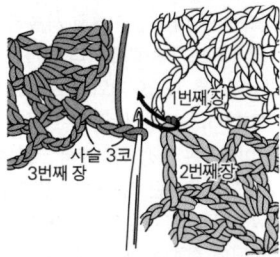

사슬 3번째 장
3코

1번째 장

2번째 장

1 3번째 모티프를 잇는 위치의 앞쪽 사슬 3코를 뜬 뒤, 2번째 장의 빼뜨기 다리의 실 2가닥에 위에서 코바늘을 넣고

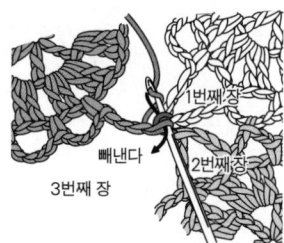

빼낸다

3번째 장

1번째 장

2번째 장

2 실을 걸어 빼낸다. 4번째 장도 같은 곳에서 실을 걸어 빼낸다.

▷ =실 잇기
► =실 자르기

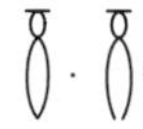

=긴 2코 변형 구슬뜨기

※긴 3코 변형 구슬뜨기→P.123

모티프 16장

9.5

9.5

모티프 잇는 법

테두리뜨기 B′
① ② ③ ④

1무늬

도안 5
소맷부리

재료
실…올림포스 에미 그란데 갈색(736) 440g 9볼
고무실…적당량

도구
코바늘 2/0호

완성 크기
가슴둘레 88cm, 기장 79cm(끈 제외)

게이지(10×10cm)
무늬뜨기 A 32코×13단, 무늬뜨기 B 35.5코×
13단, 무늬뜨기 C 35.5코×10.5단

POINT
● 몸판…뒤판 '위'와 앞판 '위'는 사슬뜨기로 기초
코를 만들어 뜨기 시작해 무늬뜨기 A로 뜹니다.
뒤판 '아래'와 앞판 '아래'는 기초코 사슬에서 지정
콧수를 주워 무늬뜨기 B·C로 뜹니다.
● 마무리…옆선은 사슬뜨기와 빼뜨기로 꿰매기
를 해서 연결합니다. 테두리는 짧은뜨기로 원형으
로 뜹니다. 어깨끈은 지정 위치에서 코를 주워 무
늬뜨기 D로 뜹니다. 뒤판 테두리의 2번째 단은 고
무실을 감싸며 뜹니다. 뒤판 테두리가 지정 길이가
되게 뜨개바탕에 주름을 잡고, 감싸 뜬 고무실 끝
과 어깨끈을 뒤판에 꿰매어 답니다.

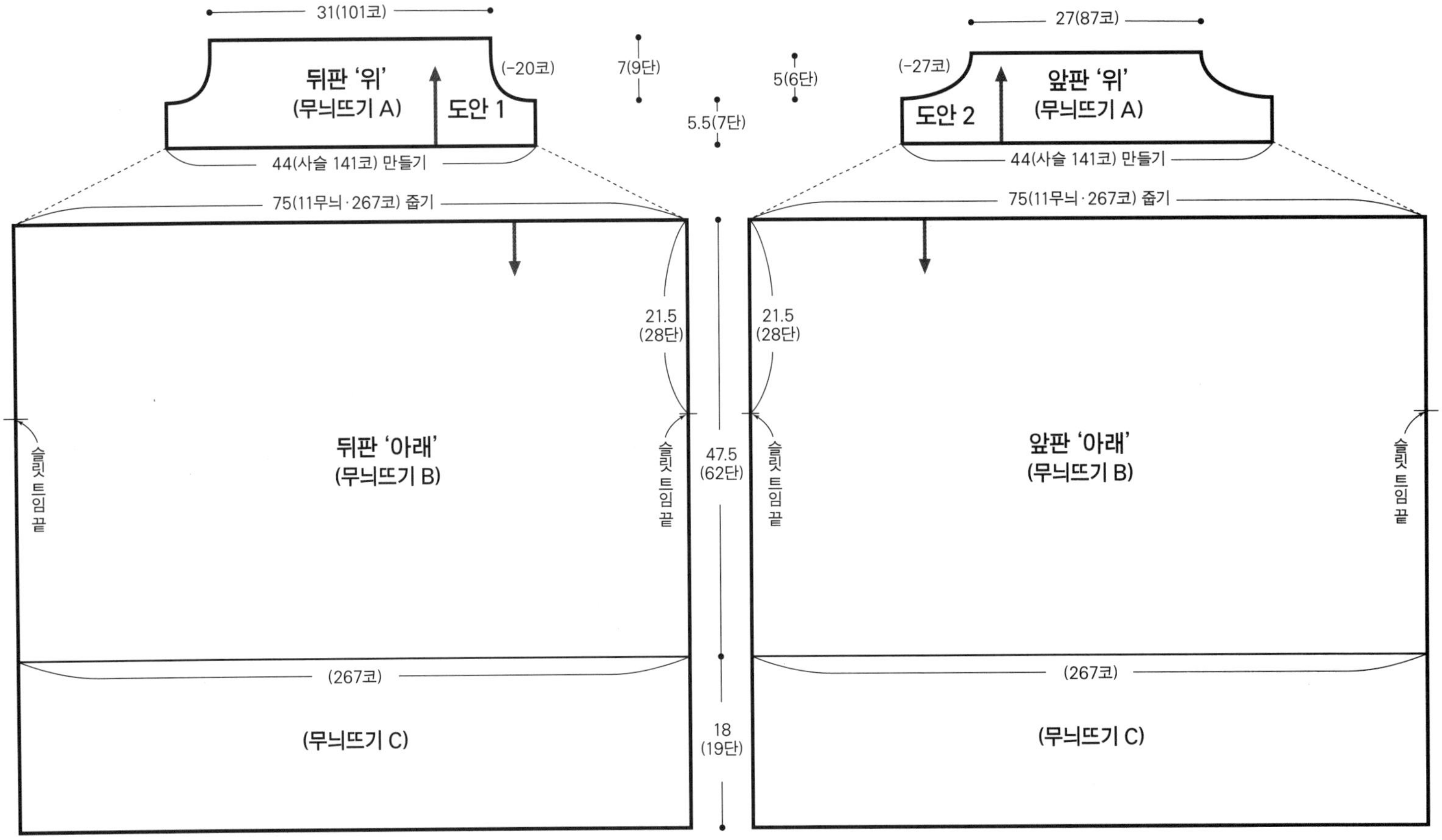

뒤판 '위'
31(101코)
(무늬뜨기 A) 도안 1
(−20코)
7(9단)
44(사슬 141코) 만들기

앞판 '위'
27(87코)
도안 2 (무늬뜨기 A)
(−27코)
5(6단)
5.5(7단)
44(사슬 141코) 만들기

75(11무늬·267코) 줍기

21.5(28단)

뒤판 '아래'
(무늬뜨기 B)

슬릿 트임 끝

앞판 '아래'
(무늬뜨기 B)

슬릿 트임 끝

47.5(62단)

(267코)

(무늬뜨기 C)

18(19단)

※모두 2/0호 코바늘로 뜬다.

► =실 자르기

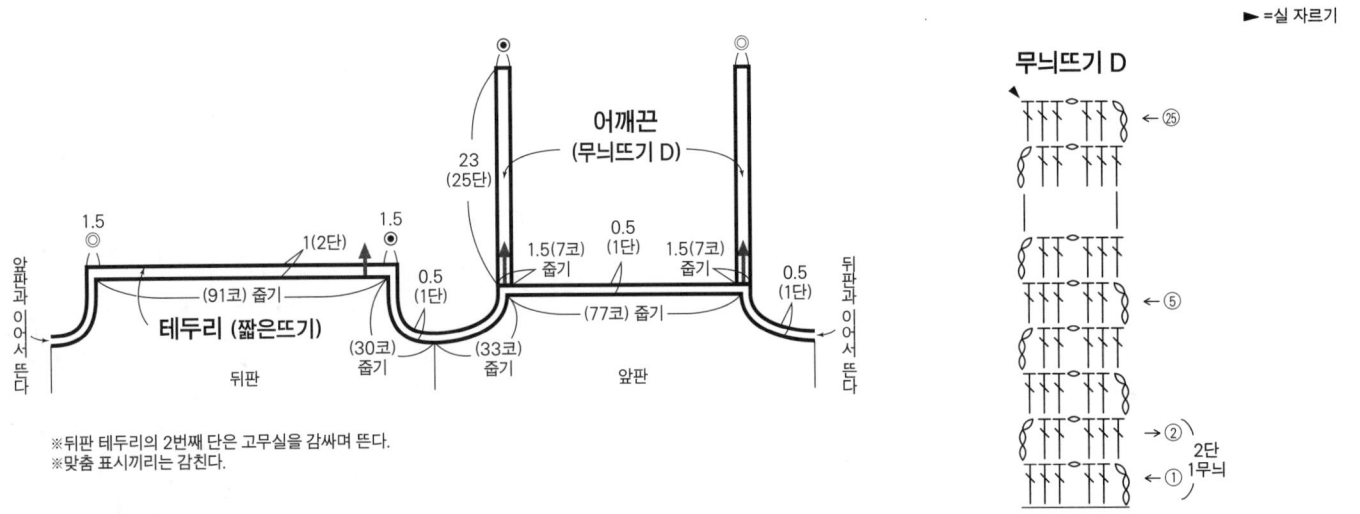

어깨끈
(무늬뜨기 D)

23(25단)

1.5
1(2단)
1.5
(91코) 줍기
테두리 (짧은뜨기)
뒤판
(30코) 줍기
(33코) 줍기
0.5(1단)
1.5(7코) 줍기
0.5(1단)
(77코) 줍기
앞판
1.5(7코) 줍기
0.5(1단)

앞판과 이어서 뜬다
뒤판과 이어서 뜬다

※뒤판 테두리의 2번째 단은 고무실을 감싸며 뜬다.
※맞춤 표시끼리는 감친다.

무늬뜨기 D

←㉕

←⑤

→②
2단
←① 1무늬

마무리하는 법

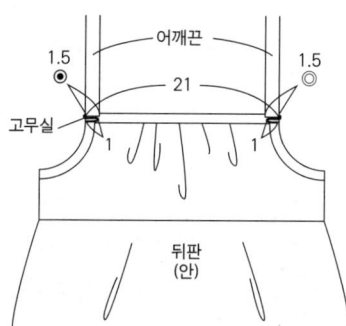

※뒤판 테두리의 2번째 단에서 감싸 뜬 고무실이 지정 길이가 되게 뜨개바탕에 주름을 잡고, 고무실 끝을 안으로 접어 어깨끈과 함께 감친다.

무늬뜨기 A

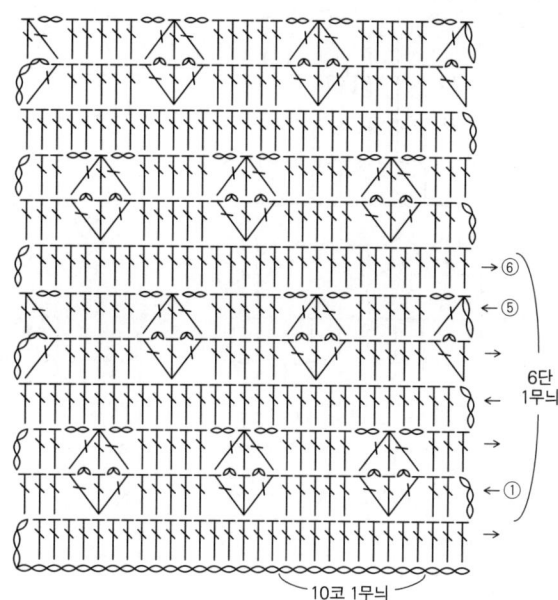

무늬뜨기 C

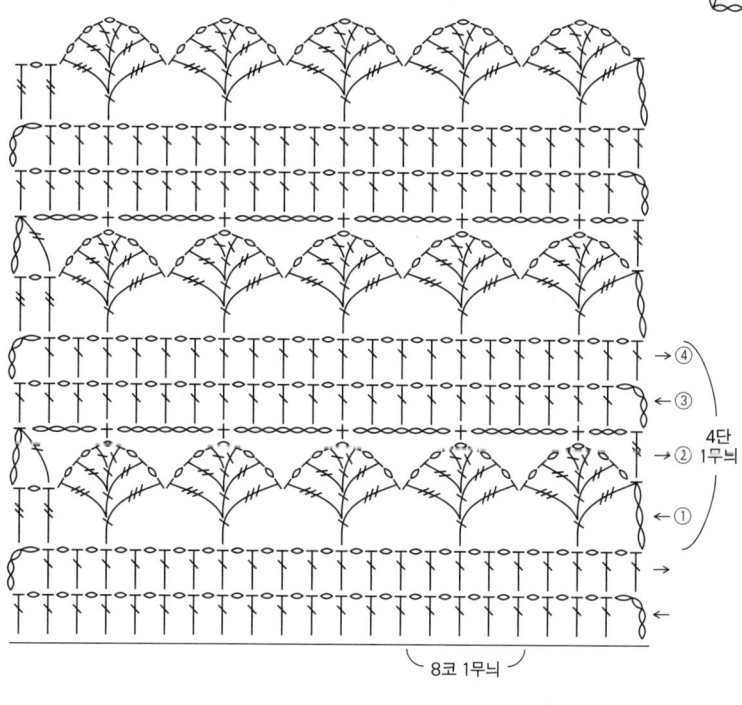

① 네길 긴뜨기를 뜬다.
② 사슬을 1코 뜬다. Y자뜨기 요령으로 네길 긴뜨기 다리의 실 2가닥을 주워 세길 긴뜨기를 뜬다.
③ 사슬을 1코 뜬다. 세길 긴뜨기 다리의 실 2가닥을 주워 두길 긴뜨기를 뜬다.
④ 사슬을 1코 뜬다. 두길 긴뜨기 다리의 실 2가닥을 주워 한길 긴뜨기를 뜬다.
⑤ ③·②와 같이 두길 긴뜨기를 뜨고 세길 긴뜨기를 뜬다.

Y자뜨기

 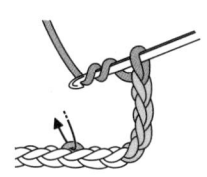 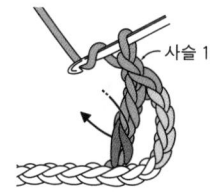 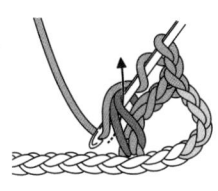  

1 코바늘에 실을 2회 감고 사슬의 코산에 코바늘을 넣어 두길 긴뜨기를 뜬다.

2 사슬을 1코 뜬 뒤 코바늘에 실을 걸어 화살표와 같이 두길 긴뜨기의 가장 아래쪽 다리의 실 2가닥에 코바늘을 넣고

3 코바늘에 실을 걸어 빼낸다.

4 코바늘에 실을 걸고 바늘 끝에 걸린 2개의 고리 안으로 실을 빼낸다.

5 코바늘에 실을 걸고 바늘에 걸린 2개의 고리 안으로 빼내 Y자뜨기를 완성했다.

110페이지로 이어집니다. ▶

▶ 109페이지에서 이어집니다.

무늬뜨기 B 24코 1무늬

① 네길 긴뜨기를 뜬다.
② 사슬을 1코 뜬다. Y자뜨기 요령으로 네길 긴뜨기 다리의 실 2가닥을 주워 세길 긴뜨기를 뜬다.
③ 사슬을 1코 뜬다. 세길 긴뜨기 다리의 실 2가닥을 주워 두길 긴뜨기를 뜬다.
④ 사슬을 1코 뜬다. 두길 긴뜨기 다리의 실 2가닥을 주워 한길 긴뜨기를 뜬다.
⑤ ③·②와 같이 두길 긴뜨기를 뜨고 세길 긴뜨기를 뜬다.

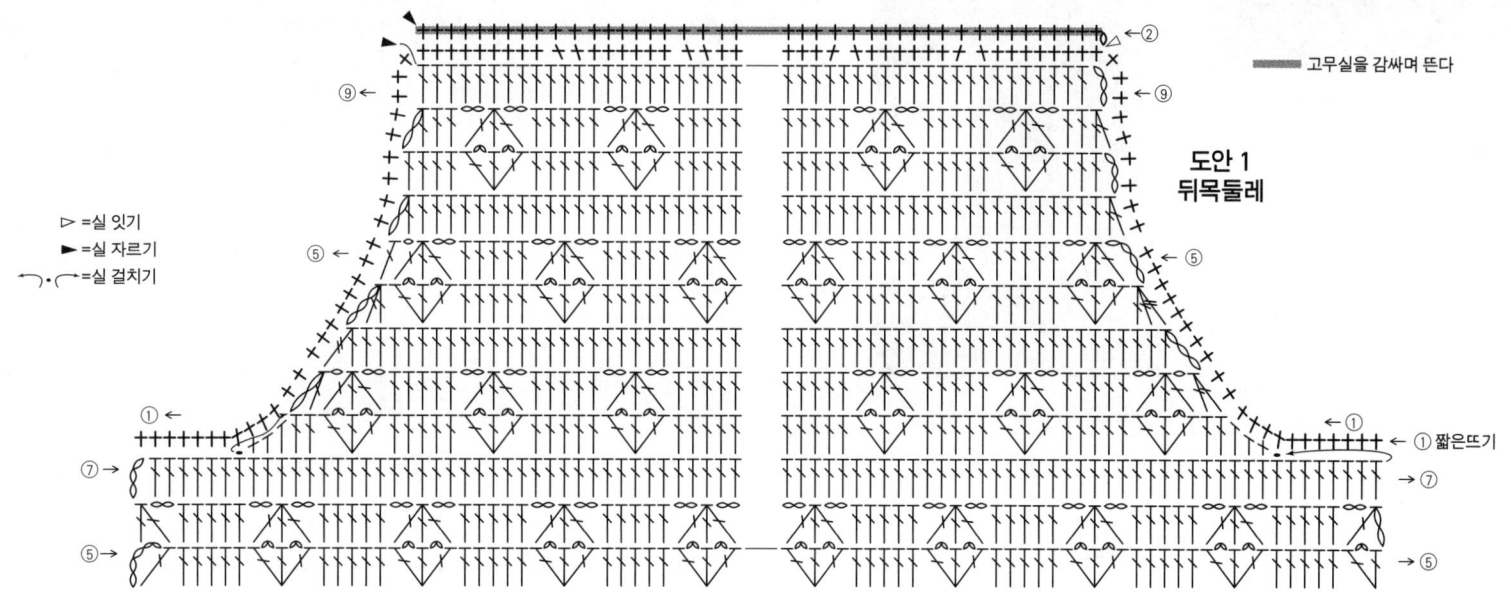

■■■■ =고무실을 감싸며 뜬다

▷ =실 잇기
► =실 자르기
↪• =실 걸치기

도안 1
뒤목둘레

①짧은뜨기

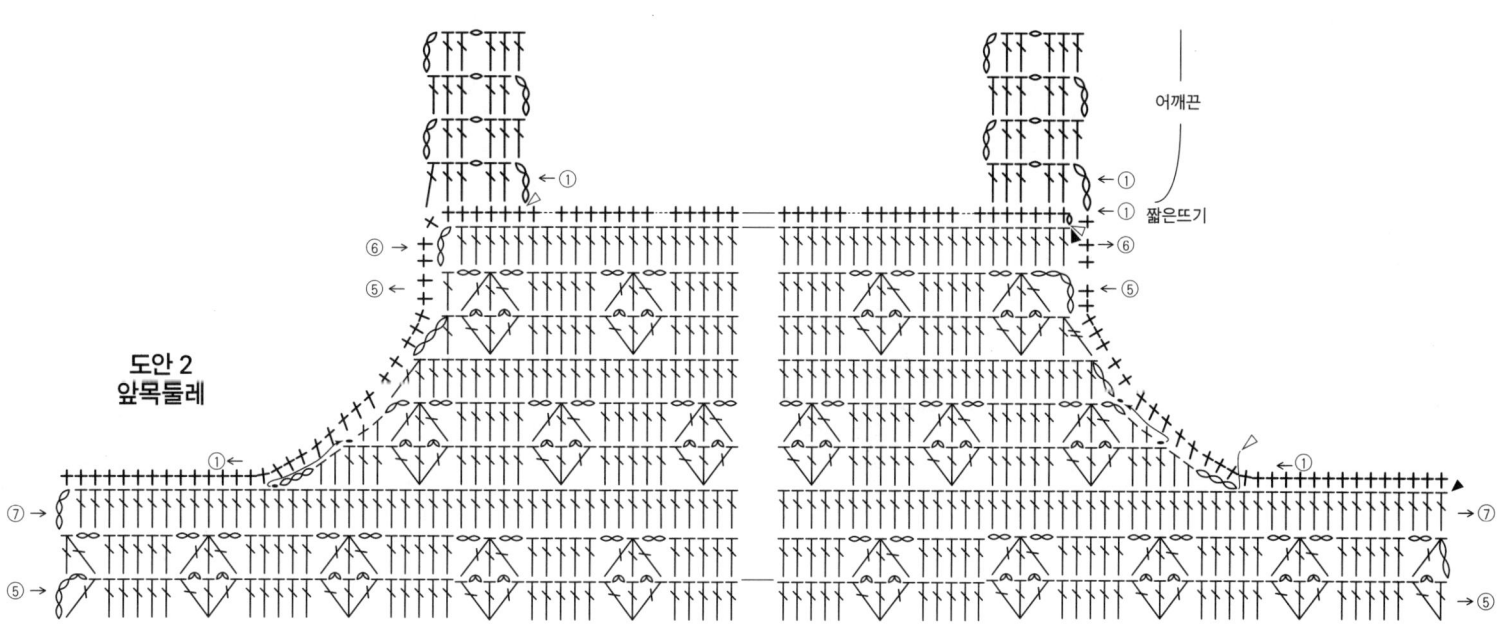

도안 2
앞목둘레

어깨끈

①짧은뜨기

실을 가로로 걸치는
배색무늬 뜨는 법

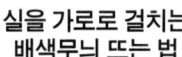

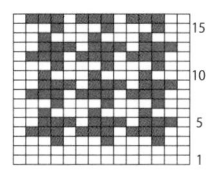

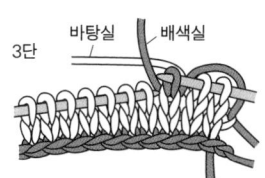

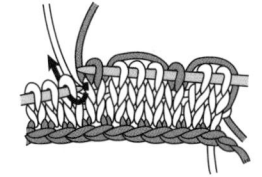

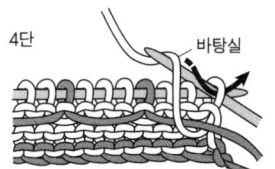

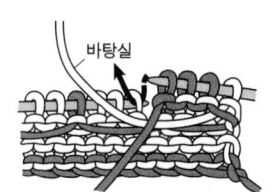

1 배색실을 끼워서 뜨기 시작해 바탕실로 2코, 배색실로 1코 뜬다.

2 배색실은 위, 바탕실은 아래로 걸쳐 바탕실 3코, 배색실 1코 뜨기를 반복한다.

3 4단을 뜨기 시작한다. 배색실을 끼워서 첫 코를 뜬다.

4 안뜨기 쪽을 뜰 때도 배색실은 위, 바탕실은 아래로 걸쳐서 뜬다.

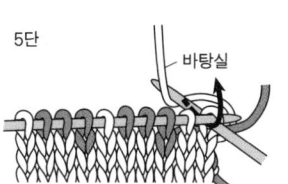

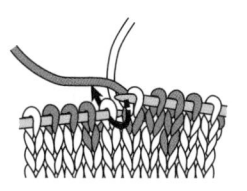

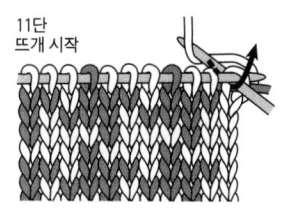

5 단을 뜨기 시작할 때는 뜨는 실에 쉬는 실을 끼워서 뜬다.

6 배색실로 3코, 바탕실로 1코를 기호도대로 반복한다.

7 배색실 1코, 바탕실 3코를 반복한다. 이 단에서 무늬를 1개 완성했다.

8 4단을 더 떠서 하운즈 투스 체크무늬를 2개 완성한 모습.

스키 리넨 실크

재료
실…스키 얀 스키 리넨 실크 잿빛 녹색(1427)
380g 16볼
실…스키 얀 스키 리넨 실크 검정(1415) 25g 1볼
고무 밴드…폭 30mm×길이 80cm
도구
코바늘 4/0호·3/0호·5/0호(기초코)
완성 크기
허리둘레 78cm, 스커트 길이 71.5cm
게이지(10×10cm)
무늬뜨기 A 25.5코×18단

POINT
● 사슬뜨기로 기초코를 만들어 뜨기 시작합니다.
1단은 반 코와 코산의 실 2가닥을 주워 무늬뜨기
A·B·C로 각각 분산 늘림코를 하면서 원형으로
뜹니다. 분산 늘림코는 도안을 참고하세요. 밑단은
짧은 줄기뜨기와 줄무늬 무늬뜨기 B로 뜹니다. 벨
트는 지정 콧수를 주워 무늬뜨기 D로 원형으로 뜨
는데, 도안을 참고해 고무 밴드 끼우는 구멍을 만
듭니다. 둥글게 만든 고무 밴드를 끼워서 벨트를
안으로 접고 느슨히 감칩니다.

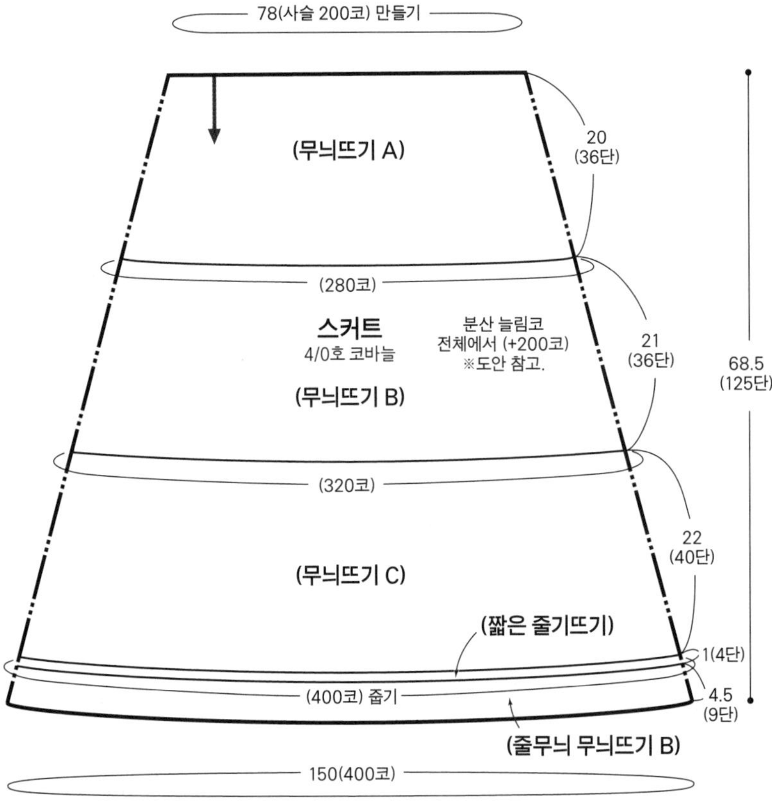

78(사슬 200코) 만들기

(무늬뜨기 A)
20 (36단)

(280코)

스커트
4/0호 코바늘

분산 늘림코
전체에서 (+200코)
※도안 참고.

(무늬뜨기 B)
21 (36단)

(320코)

68.5 (125단)

(무늬뜨기 C)
22 (40단)

(짧은 줄기뜨기)
1(4단)
(400코) 줄기
4.5 (9단)

(줄무늬 무늬뜨기 B)

150(400코)

※기초코는 5/0호 코바늘로 뜬다.
※지정하지 않은 것은 잿빛 녹색으로 뜬다.

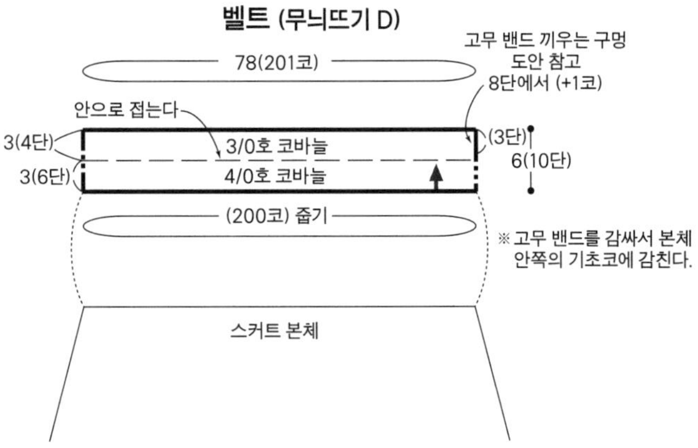

벨트 (무늬뜨기 D)

78(201코)

고무 밴드 끼우는 구멍
도안 참고
8단에서 (+1코)

안으로 접는다
3(4단) — 3/0호 코바늘 — (3단)
3(6단) — 4/0호 코바늘 — 6(10단)

(200코) 줄기

※고무 밴드를 감싸서 본체
안쪽의 기초코에 감친다.

스커트 본체

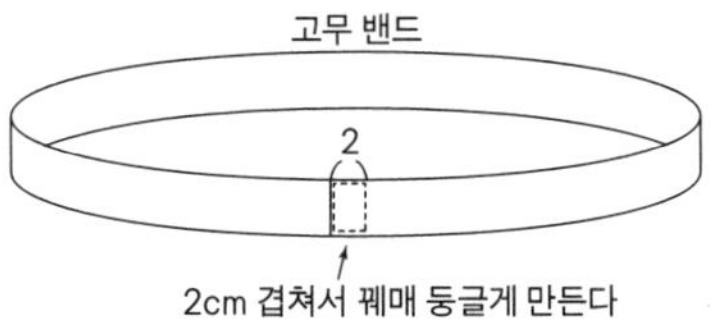

고무 밴드
2
2cm 겹쳐서 꿰매 둥글게 만든다

▷ =실 잇기
► =실 자르기
┃ =한길 긴 줄기뜨기

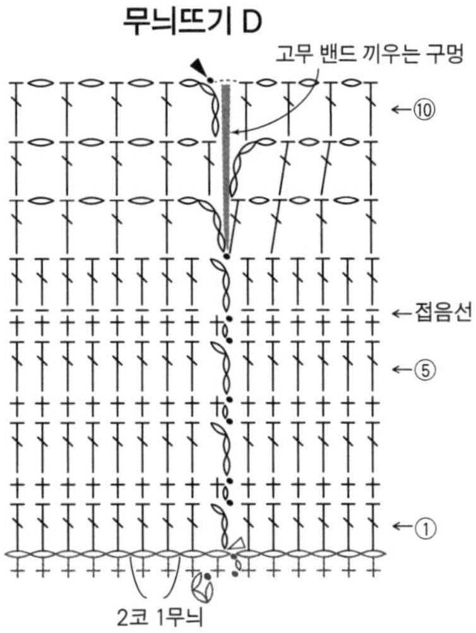

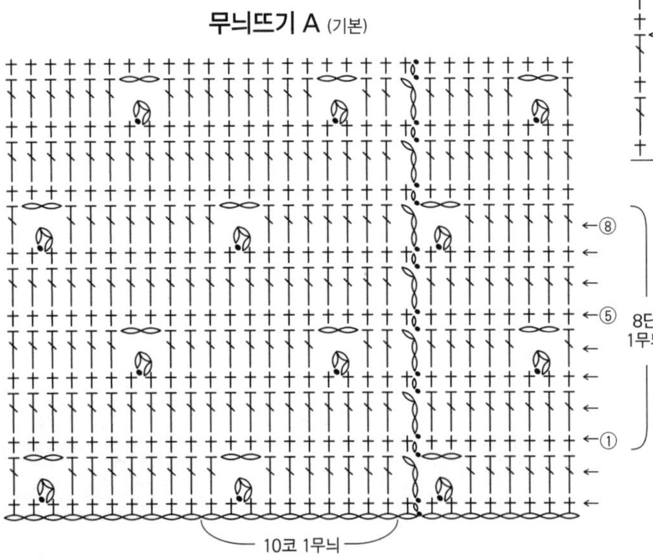

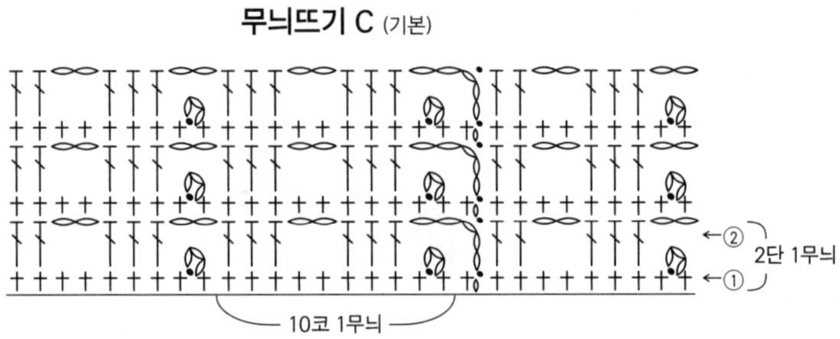

무늬뜨기 D

고무 밴드 끼우는 구멍
← ⑩
접음선
← ⑤
← ①
2코 1무늬

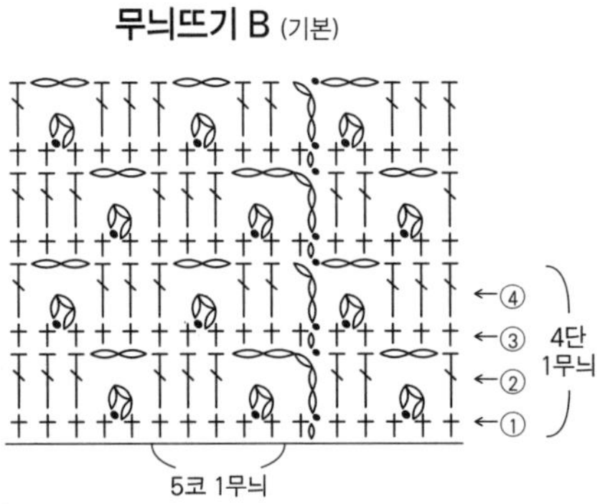

무늬뜨기 B (기본)
← ④
← ③ 4단 1무늬
← ②
← ①
5코 1무늬

무늬뜨기 A (기본)
← ⑧
← ⑤ 8단 1무늬
← ①
10코 1무늬

무늬뜨기 C (기본)
← ② 2단 1무늬
← ①
10코 1무늬

분산 늘림코하는 법

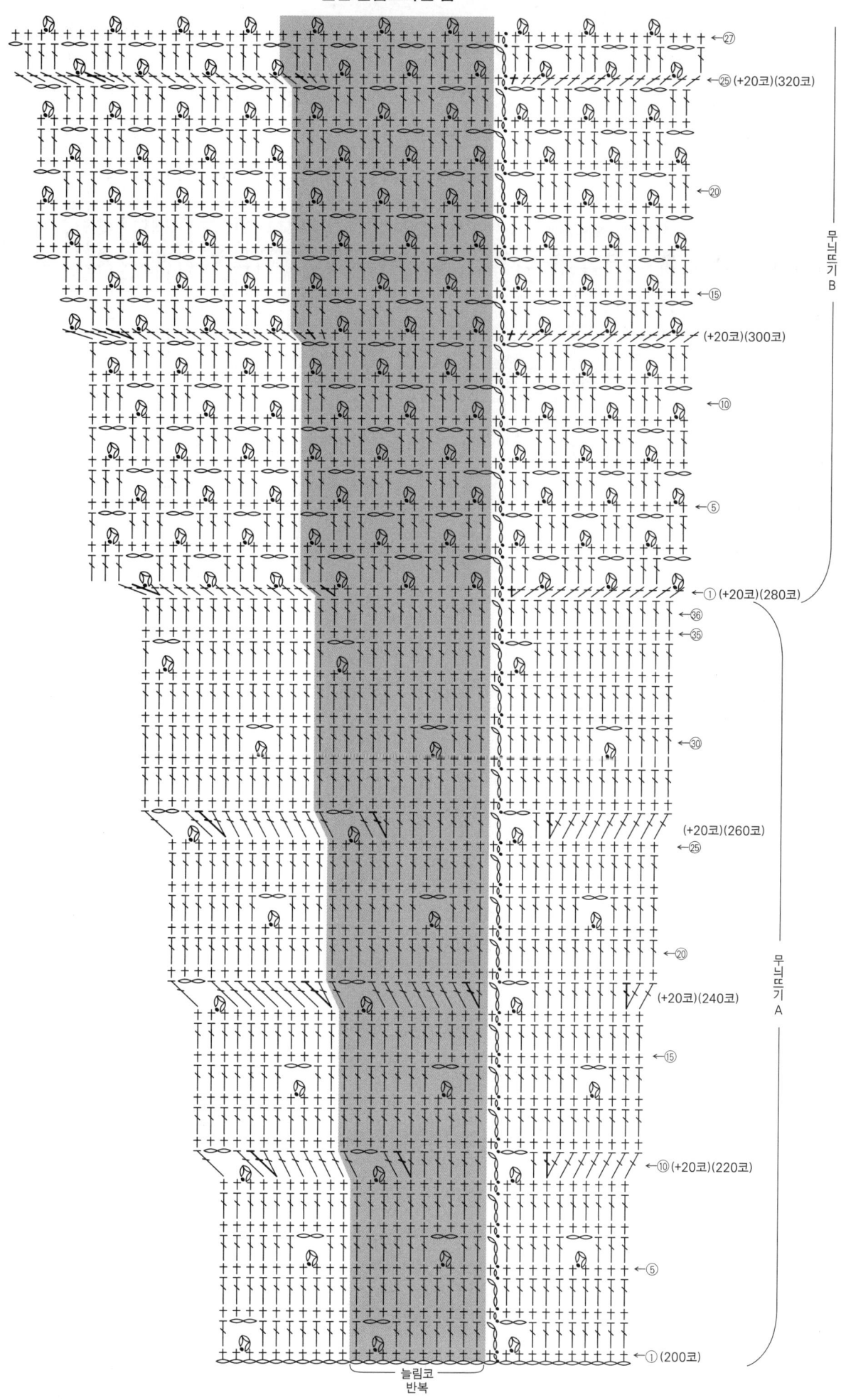

←㉗

←㉕ (+20코)(320코)

←⑳

무늬뜨기 B

←⑮

←(+20코)(300코)

←⑩

←⑤

←① (+20코)(280코)

←㊱
←㉟

←㉚

(+20코)(260코)
←㉕

무늬뜨기 A

←⑳

(+20코)(240코)

←⑮

←⑩ (+20코)(220코)

←⑤

←① (200코)

늘림코
반복

114페이지로 이어집니다. ▶

▶ 113페이지에서 이어집니다.

분산 늘림코하는 법

5코 1무늬

배색 { ── =잿빛 녹색
        ── =검정 }

▷ =실 잇기
► =실 자르기
⊥ =짧은 줄기뜨기

줄무늬 무늬뜨기 B

짧은 줄기뜨기

무늬뜨기 C

무늬뜨기 B

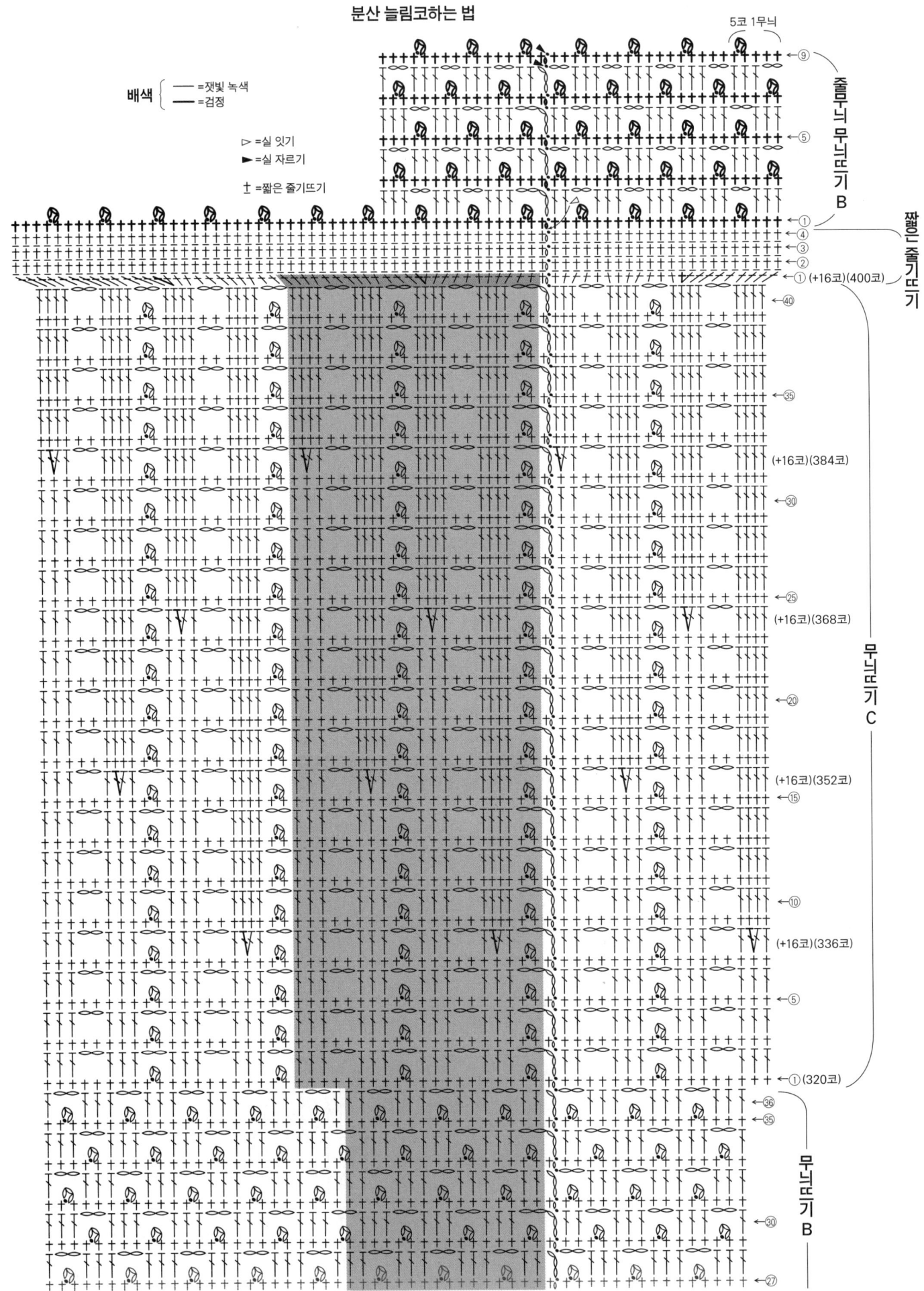

⑨
⑤
①
④
③
②
① (+16코)(400코)
←40
←35
(+16코)(384코)
←30
←25
(+16코)(368코)
←20
(+16코)(352코)
←15
←10
(+16코)(336코)
←5
① (320코)
←36
←35
←30
←27

★ 개수는 작품을 선택하는 기준으로 참고해주세요. ★…초심자도 안심, ★★…자신이 조금 생겼다면, ★★★…끈기도 겸비한 중·상급자, ★★★★…솜씨에 자신 있음. 실은 실물 크기입니다.

스키 리넨 실크

재료

실…스키 얀 스키 리넨 실크 연그레이(1403) 345g 14볼

단추…지름 15mm×7개

도구…코바늘 4/0호

완성 크기

가슴둘레 98.5cm, 어깨너비 36cm, 기장 54cm, 소매길이 37.5cm

게이지

모티프 1변 8cm. 10×10cm 무늬뜨기 B 30코×12.5단

POINT

● 몸판·소매…뒤판 '아래'·앞판 '아래'·소매 '아

래'는 모티프 잇기로 뜹니다. 모티프는 마지막 단에서 옆 모티프와 빼뜨기로 연결합니다. 뒤판 '위'·앞판 '위'·소매 '위'는 모티프에서 코를 주워 무늬뜨기 A·B로 뜹니다. 증감코는 도안을 참고하세요.

● 마무리…어깨는 휘감아 잇기, 옆선·소매 밑선은 사슬뜨기와 빼뜨기로 꿰매기를 합니다. 밑단·목둘레·앞단은 지정 콧수를 주워 테두리뜨기 A로 뜨는데 밑단은 2단에서 늘림코를 합니다. 오른쪽 앞판에는 단춧구멍을 냅니다. 앞단·목둘레·밑단둘레를 이어서 테두리뜨기 B로 뜹니다. 소맷부리는 테두리뜨기 A·B를 원형으로 왕복뜨기합니다. 소매는 빼뜨기로 꿰매기를 해서 몸판과 연결합니다. 단추를 달아 마무리합니다.

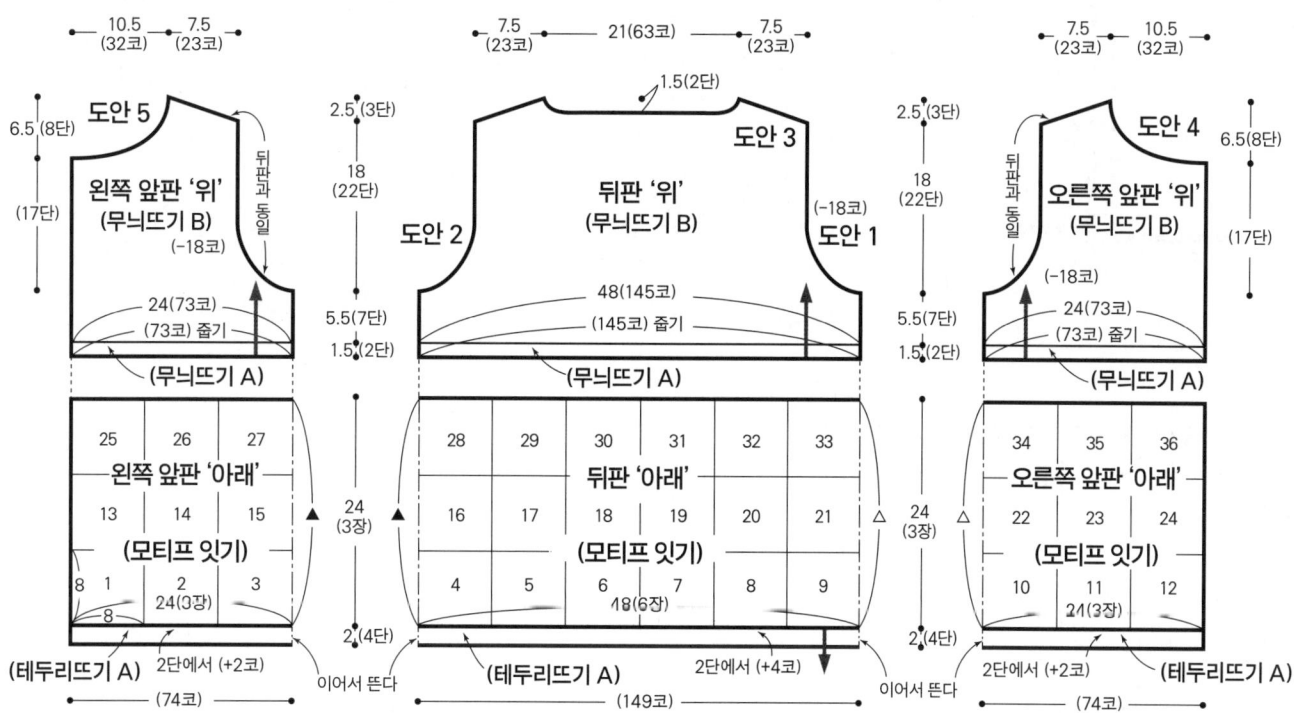

※ 모두 4/0호 코바늘로 뜬다.
※ 모티프 안의 숫자는 연결하는 순서.
※ 맞춤 표시끼리는 연결한다.
※ 밑단 테두리뜨기 A는 앞뒤 몸판을 합쳐서 (289코) 줍고 2단은 모티프 2·5·8·11에서 2코씩 늘린다(도안 참고).

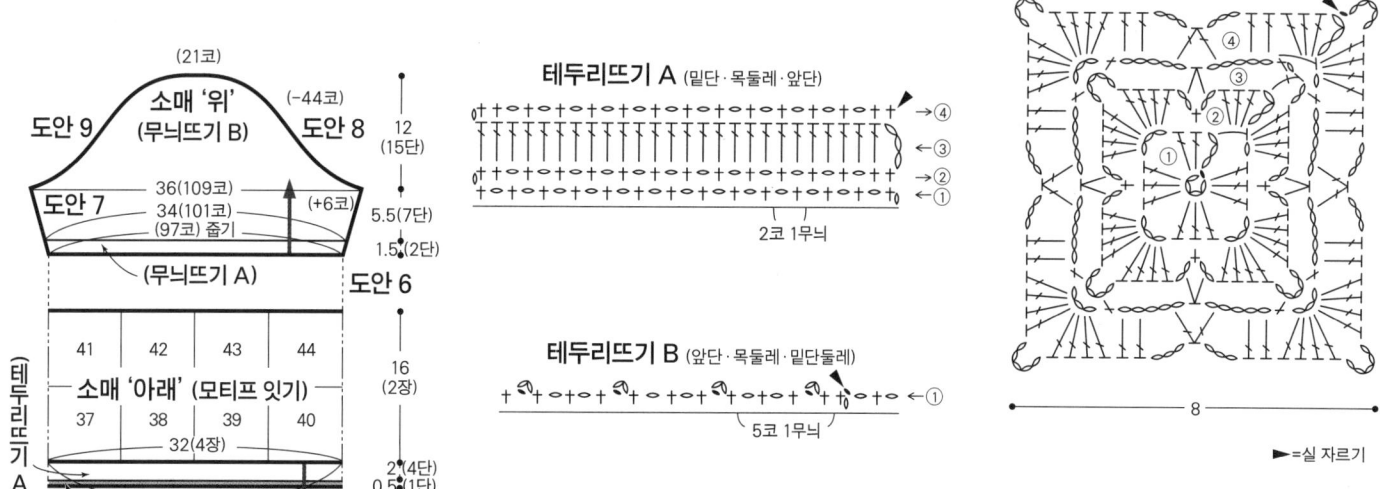

►=실 자르기

116페이지로 이어집니다. ▶

▶ 115페이지에서 이어집니다.

모티프 잇는 법

목둘레·앞단 (테두리뜨기 A)
앞단·목둘레·밑단둘레 (테두리뜨기 B)

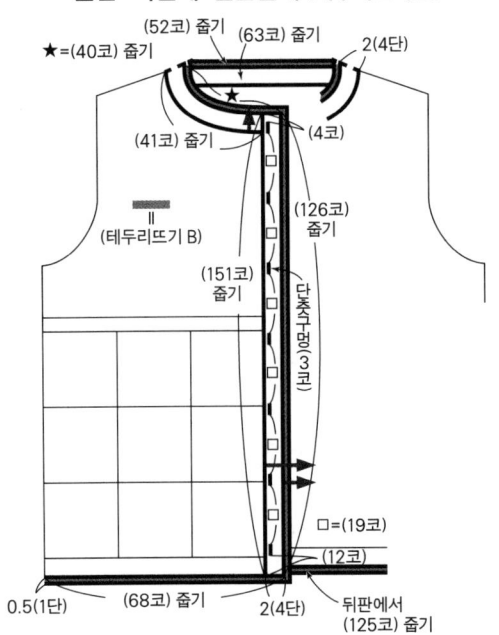

★=(40코) 줄기

(52코) 줄기　(63코) 줄기　2(4단)

(41코) 줄기　(4코)

(126코) 줄기

(151코) 줄기

단춧구멍(3코)

＝(테두리뜨기 B)

□=(19코)

(12코)

0.5(1단)　(68코) 줄기　2(4단)　뒤판에서 (125코) 줄기

무늬뜨기 B

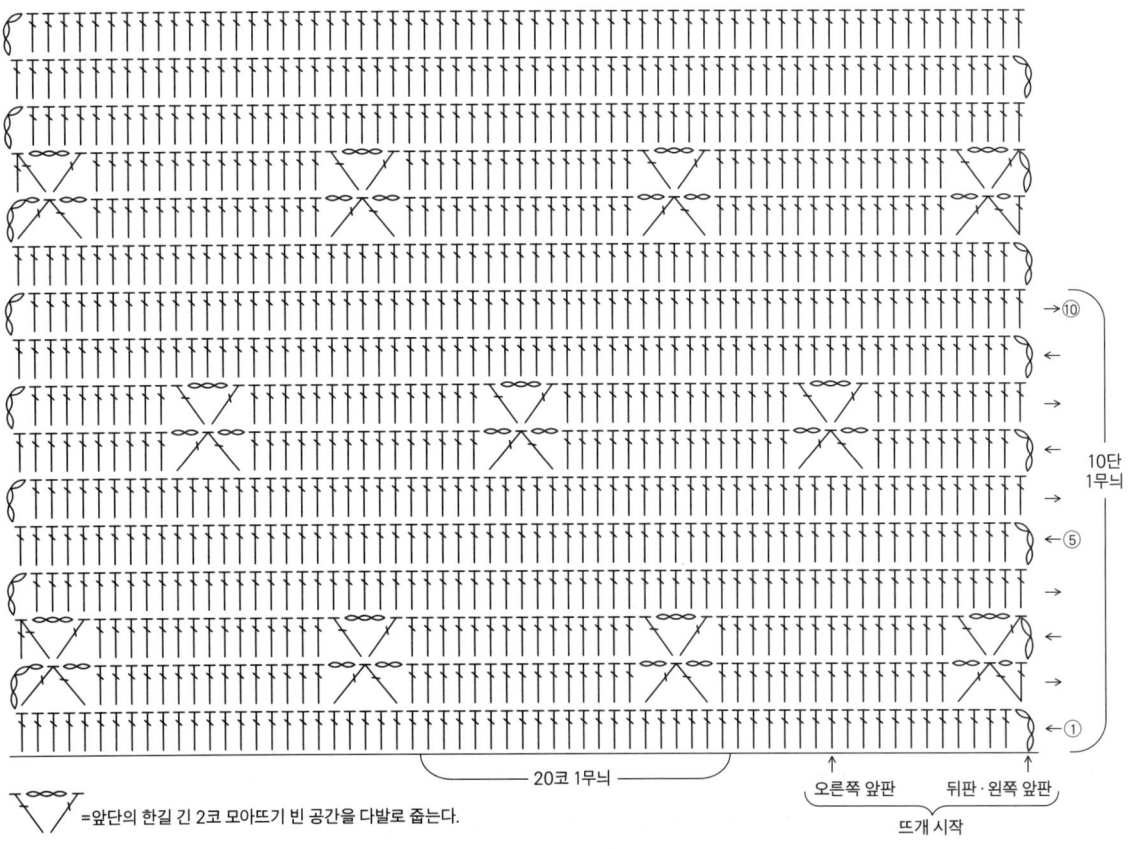

→⑩

←

→

←

10단
1무늬

←⑤

→

←

→

←①

20코 1무늬

오른쪽 앞판　뒤판·왼쪽 앞판

뜨개 시작

=앞단의 한길 긴 2코 모아뜨기 빈 공간을 다발로 줍는다.

무늬뜨기 A

24코 1무늬

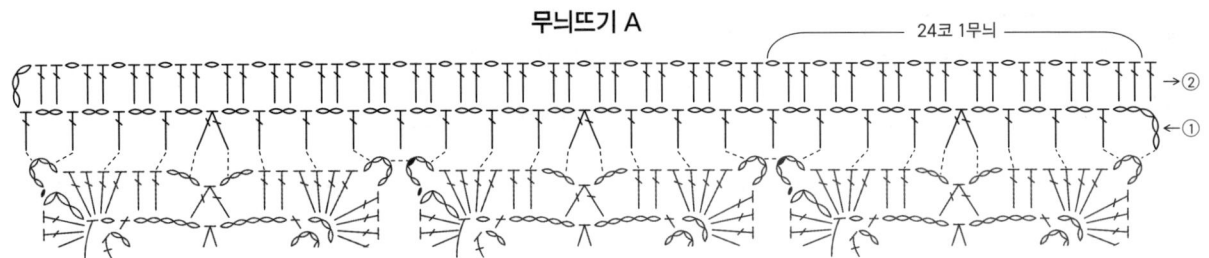

→②

←①

도안 3
뒤목둘레

중심 ↓
① 테두리뜨기 A

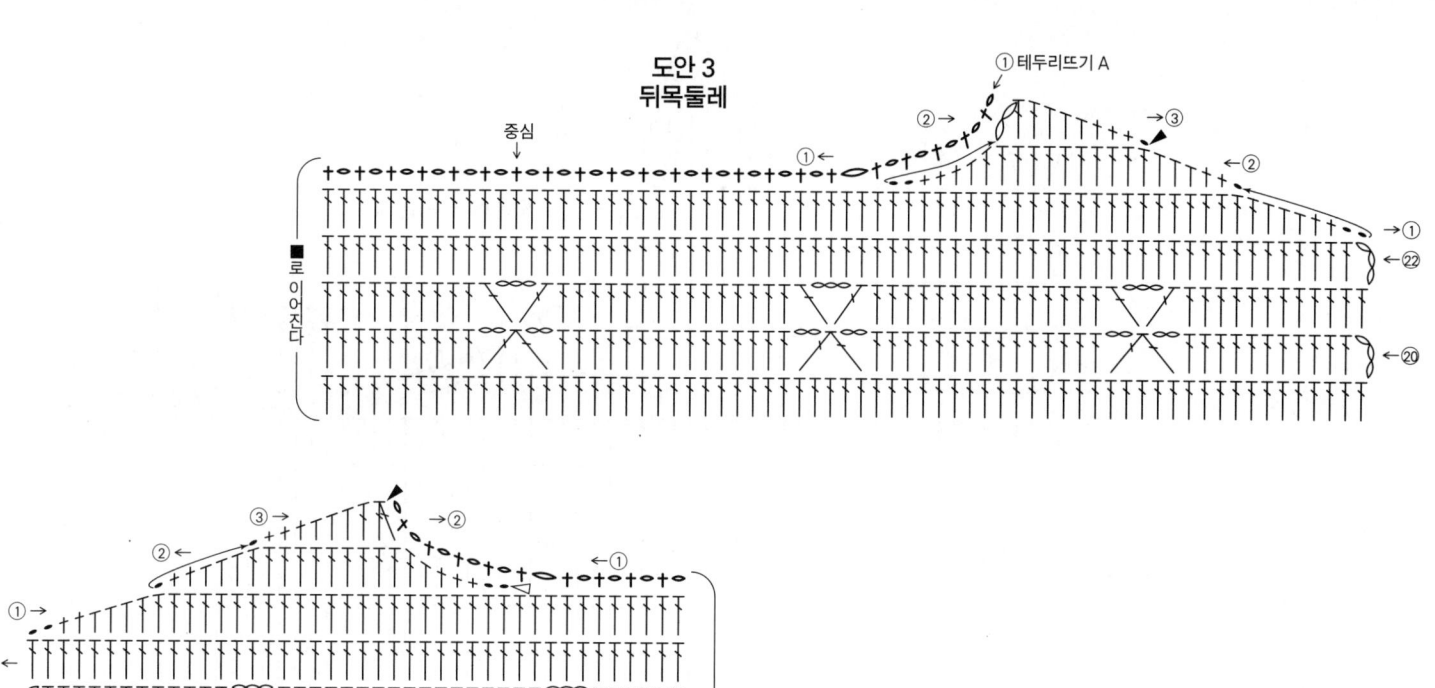

로
이
어
진
다

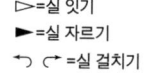
▷ = 실 잇기
► = 실 자르기
↶ ↷ = 실 걸치기

도안 2
진동둘레

도안 1
진동둘레

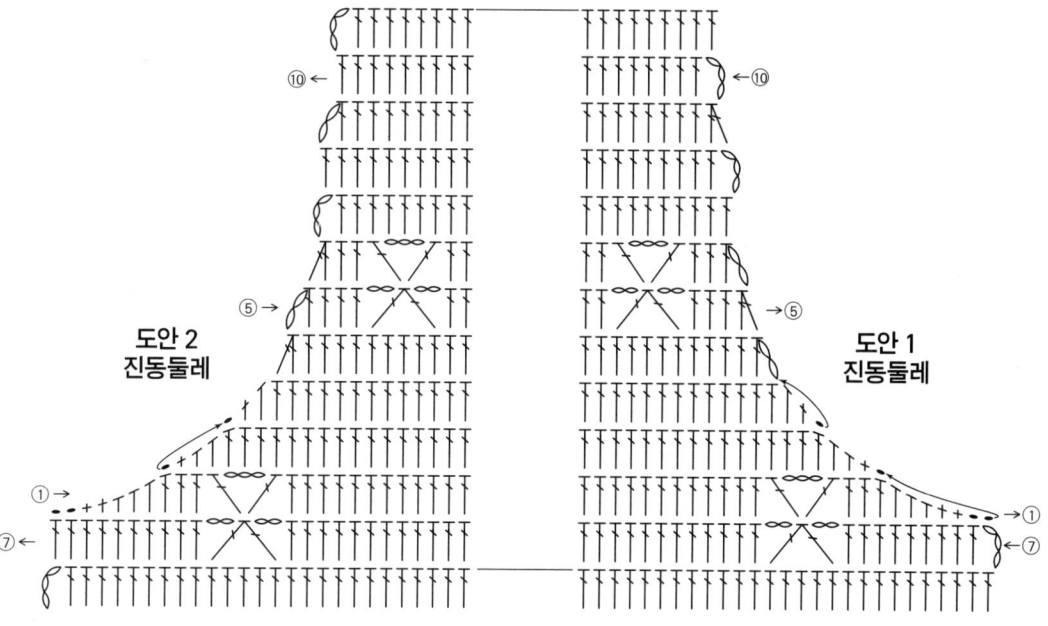

도안 10 소맷부리

1무늬

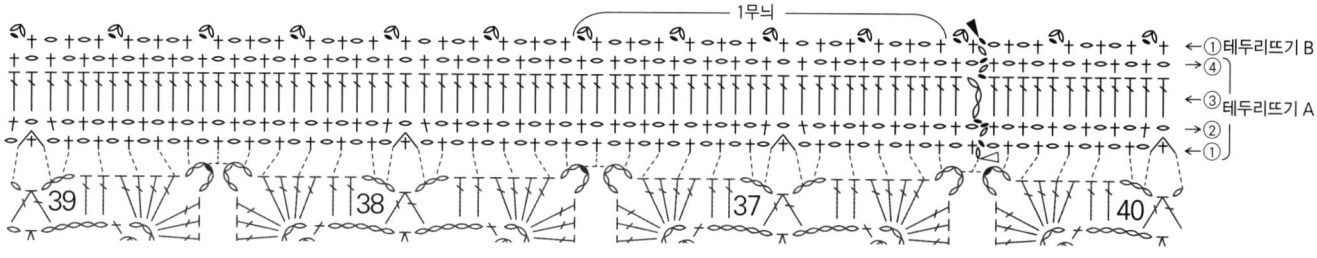

① 테두리뜨기 B
④
③ 테두리뜨기 A
②
①

118페이지로 이어집니다. ▶

▶ 117페이지에서 이어집니다.

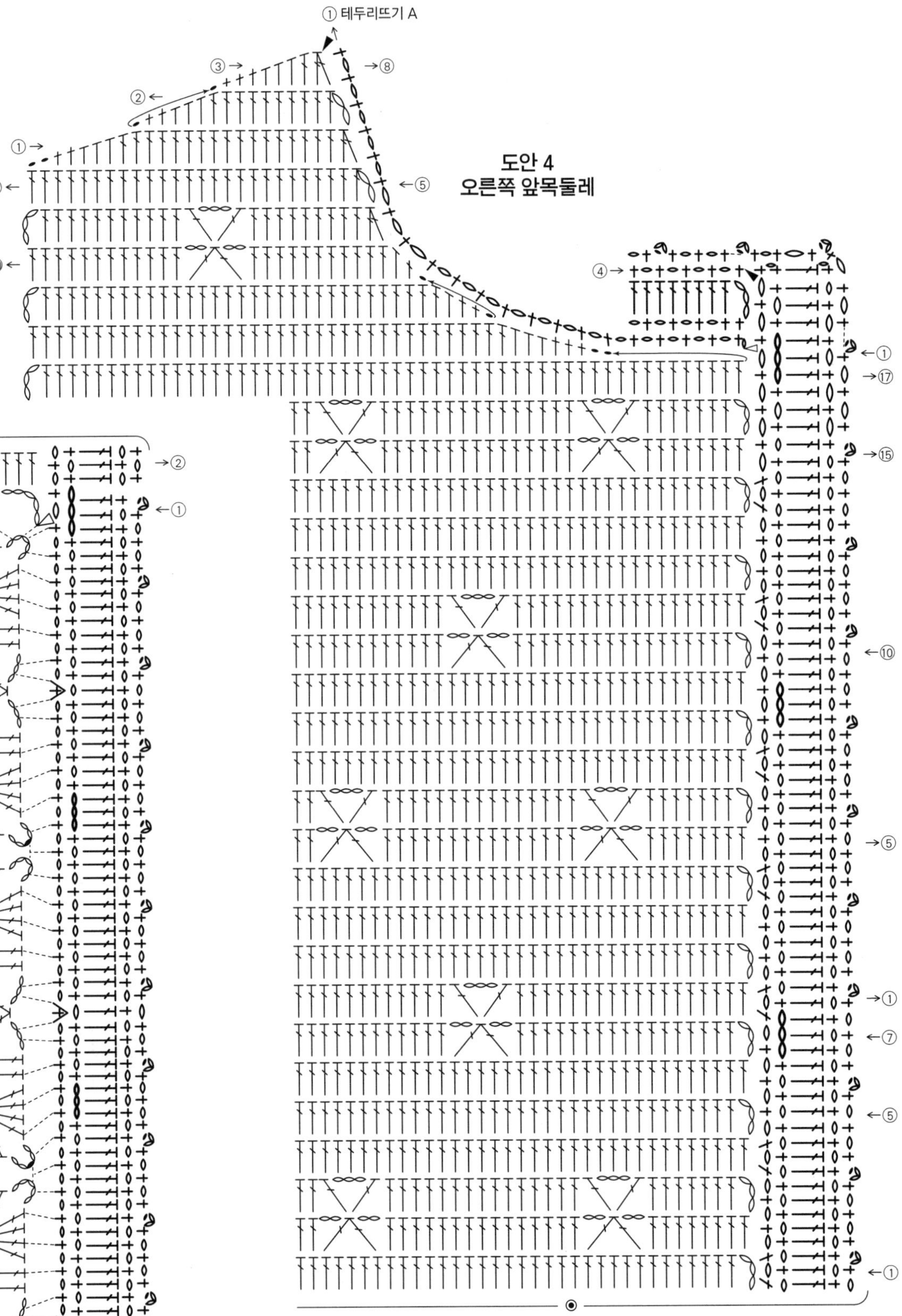

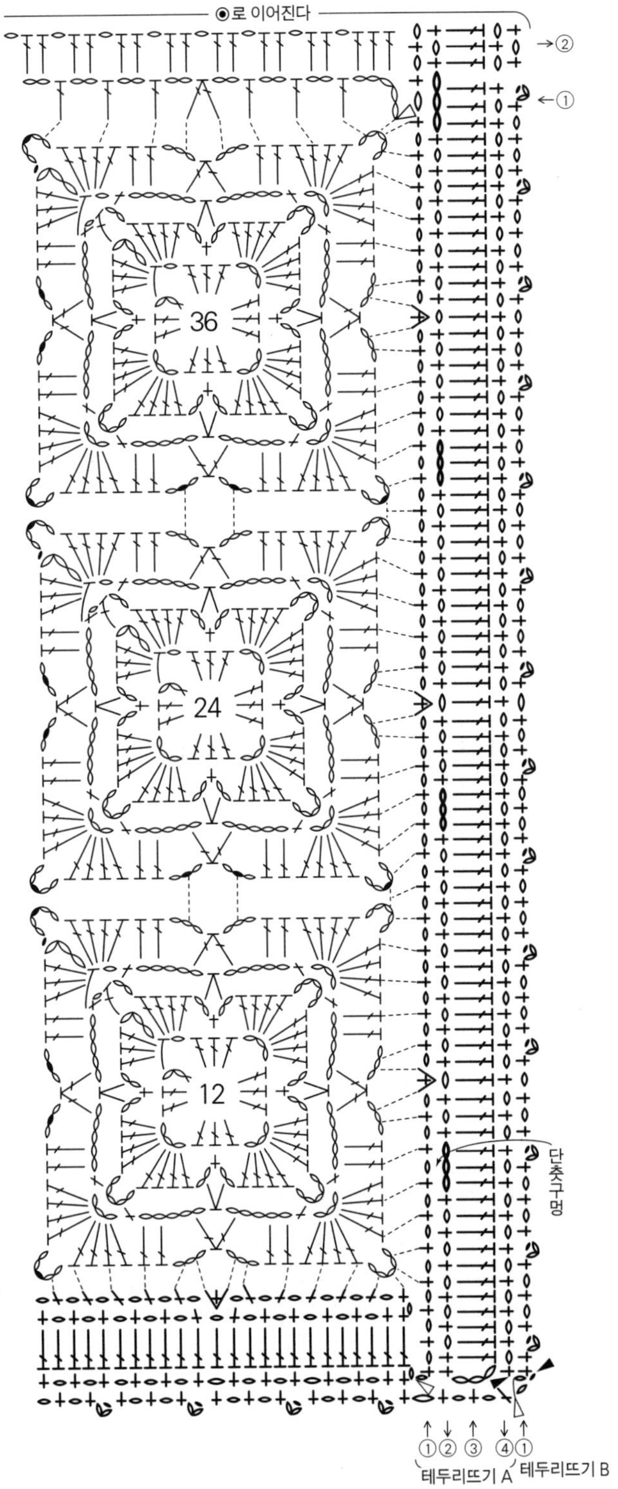

① 테두리뜨기 A

**도안 4
오른쪽 앞목둘레**

─ ⊙로 이어진다 ─

36

24

12

단춧구멍

▷=실 잇기
▶=실 자르기
↶·↷=실 걸치기

↑①↓②↑③↓④↑①
테두리뜨기 A 테두리뜨기 B

테두리뜨기 A
①
⑧→
③
도안 5
왼쪽 앞목둘레
⑤←
②
①
㉒
⑳
④
①
⑰→
⑮→
⑮
25
26
27
1
2
3
①
②
③테두리뜨기 A
④
①테두리뜨기 B

↓↓↓↓↓
①④③②①
테두리뜨기 B 테두리뜨기 A

▨=늘림코

※ 밑단 테두리뜨기 A의 늘림코는 모티프
2와 동일하게 모티프 5·8·11의 같은
위치에서 늘린다.

▷=실 잇기
▶=실 자르기
↰=실 걸치기

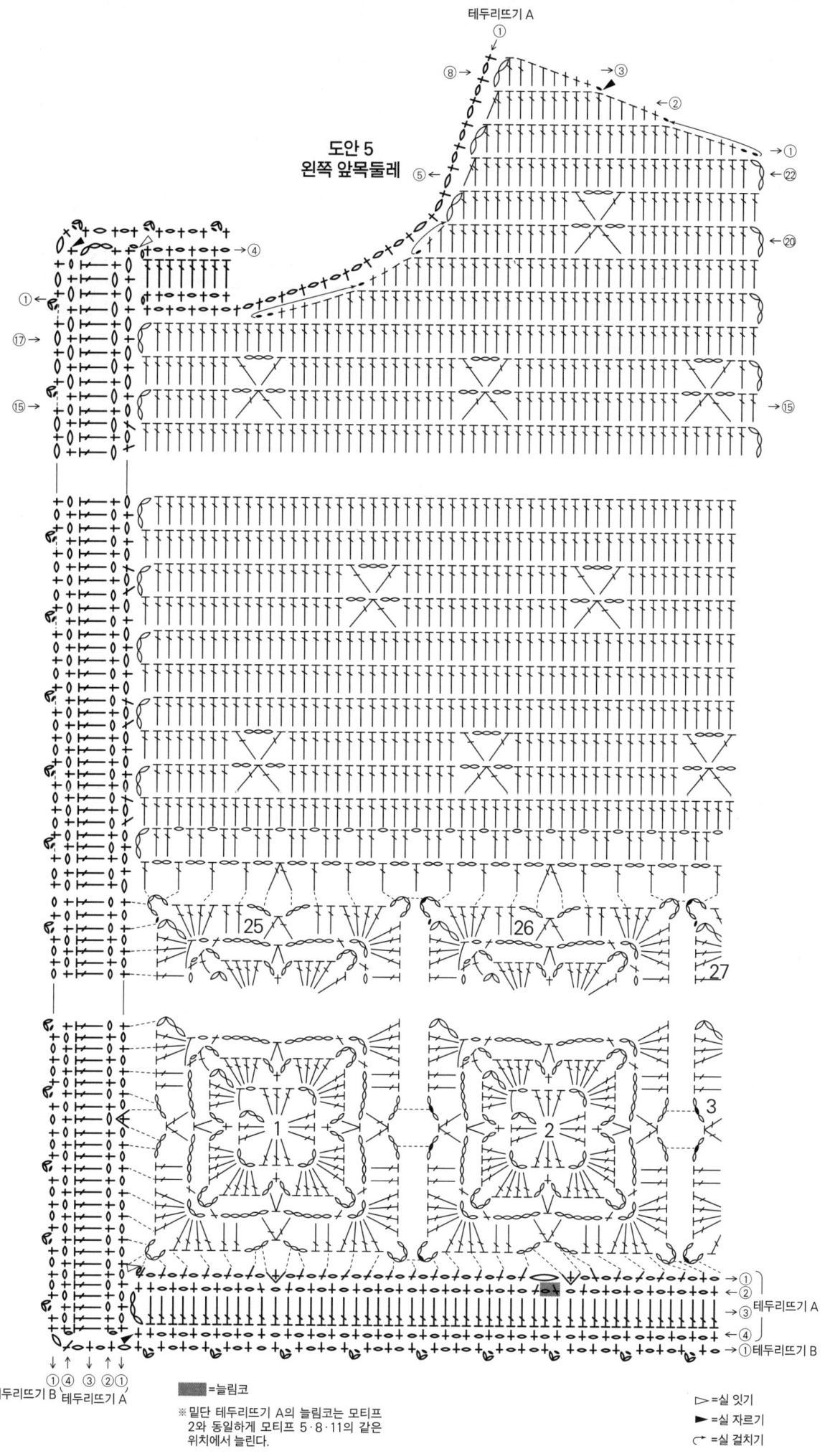

120페이지로 이어집니다. ▶

▶ 119페이지에서 이어집니다.

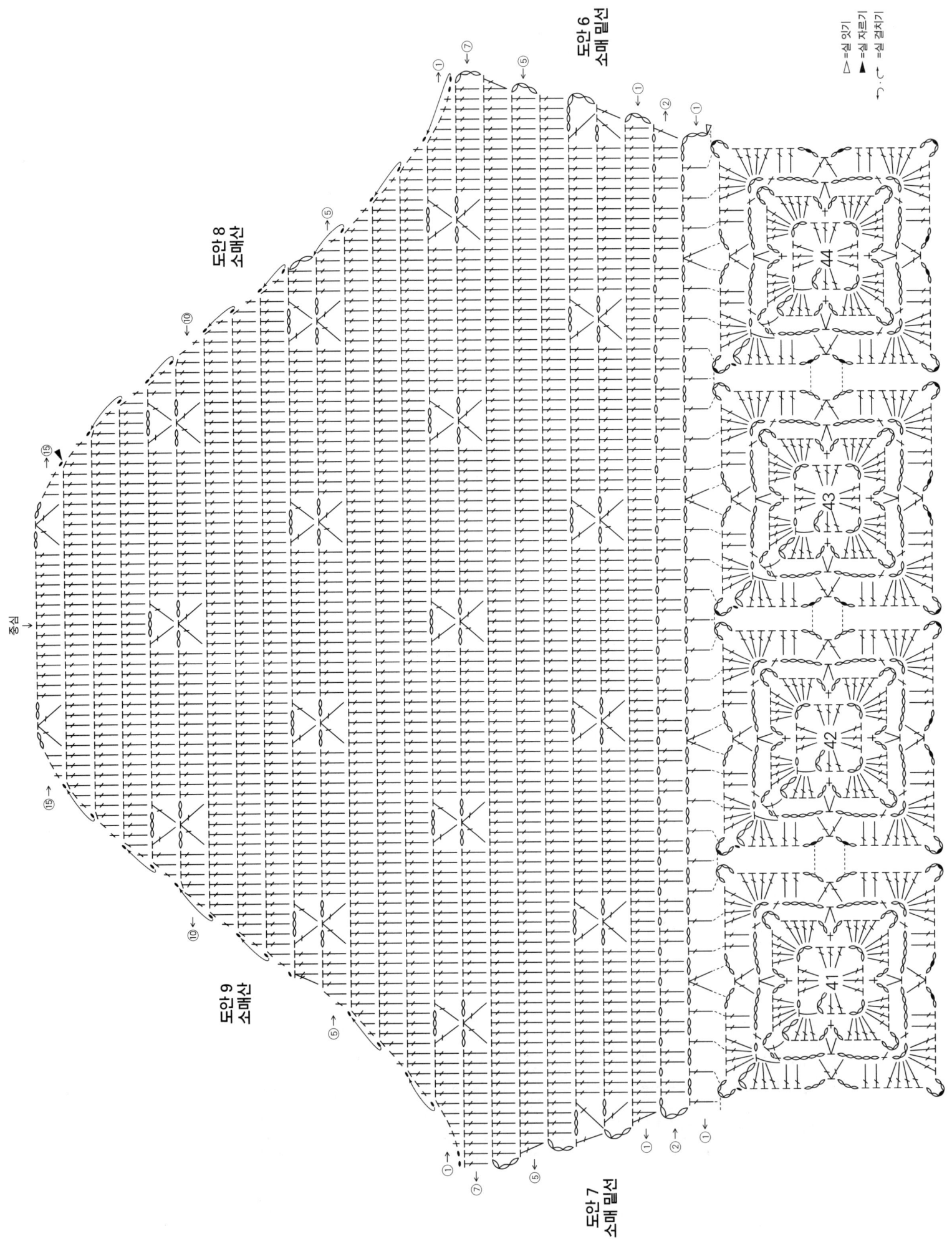

재료
다이아몬드케이토 다이아 코스타 소르베 노란색
계통 믹스(3105) 280g 10볼

도구
코바늘 4/0호

완성 크기
가슴둘레 98cm, 기장 54.5cm, 화장 52cm

게이지
무늬뜨기 A 1무늬 10코=3.3cm, 10단=10cm.
10×10cm 무늬뜨기 B 30코×11단

POINT
● 몸판·소매…사슬뜨기로 기초코를 만들어 뜨기
시작해 무늬뜨기 A·B로 뜹니다.
● 마무리…어깨는 사슬뜨기와 빼뜨기로 잇기, 옆
선·소매 밑선은 사슬뜨기와 빼뜨기로 꿰매기를
합니다. 소매는 사슬뜨기와 빼뜨기로 잇기를 해서
몸판과 연결합니다.

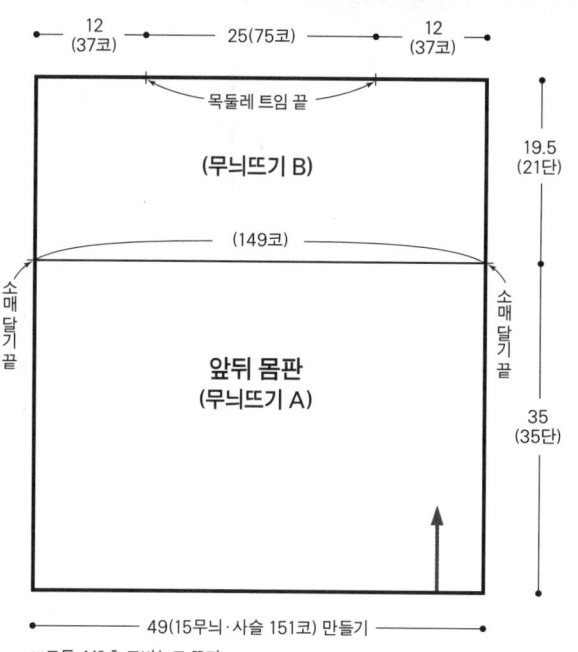

※모두 4/0호 코바늘로 뜬다.

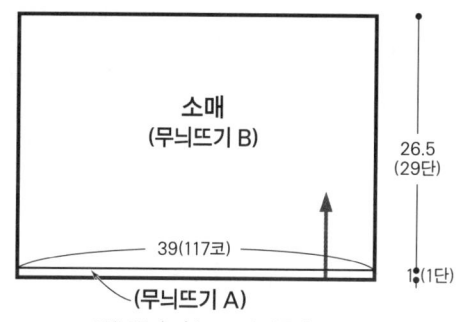

무늬뜨기 A

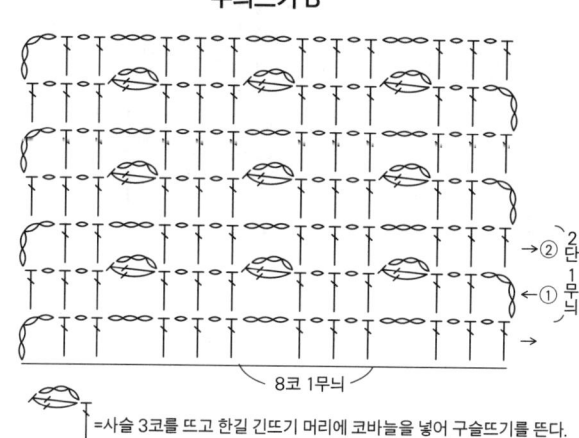

무늬뜨기 B

=사슬 3코를 뜨고 한길 긴뜨기 머리에 코바늘을 넣어 구슬뜨기를 뜬다.

무늬뜨기 B의 코 줍는 법 (앞뒤 몸판)

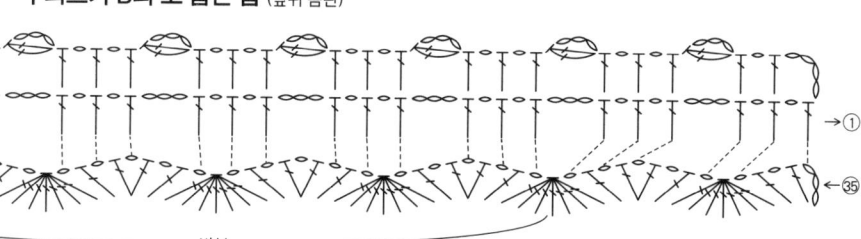

반복

무늬뜨기 B의 코 줍는 법 (소매)

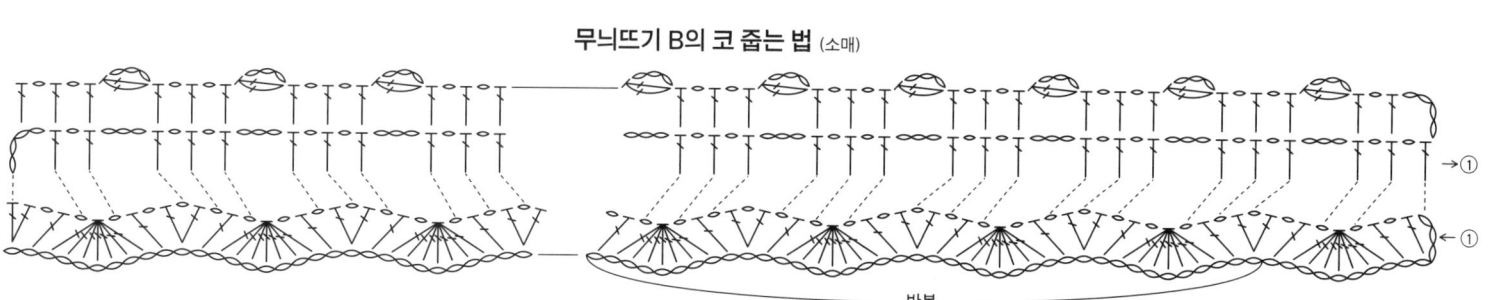

반복

재료
실…다루마 랑부예 울 코튼 라이트그레이(4)
300g 6볼, 옐로(3) 185g 4볼
단추…지름 20mm×2개
도구…코바늘 5/0호
완성 크기
기장 58.5cm, 화장 26.5cm
게이지(10×10cm)
줄무늬 무늬뜨기 A 28코×15단
POINT
● 몸판…뒤판은 왼쪽 어깨와 오른쪽 어깨를 각각

사슬뜨기로 기초코를 만들어 뜨기 시작해 무늬뜨기 A로 뜹니다. 12단씩 뜬 뒤 왼쪽 어깨·목둘레·오른쪽 어깨를 이어서 짧은뜨기, 줄무늬 무늬뜨기 A·B로 뜹니다. 앞판은 어깨의 기초코 사슬에서 코를 주워 뒤판과 같은 방법으로 뜹니다. 옆선은 무늬뜨기 B로 뜹니다. 뒤쪽에는 벨트 끼우는 구멍을 냅니다.
● 마무리…목둘레는 지정 콧수를 주워 도안을 참고해 무늬뜨기 B로 원형으로 뜹니다. 앞판의 지정 위치에 벨트를 뜹니다. 오른쪽 벨트에는 단춧구멍을 냅니다. 단추를 달아 마무리합니다.

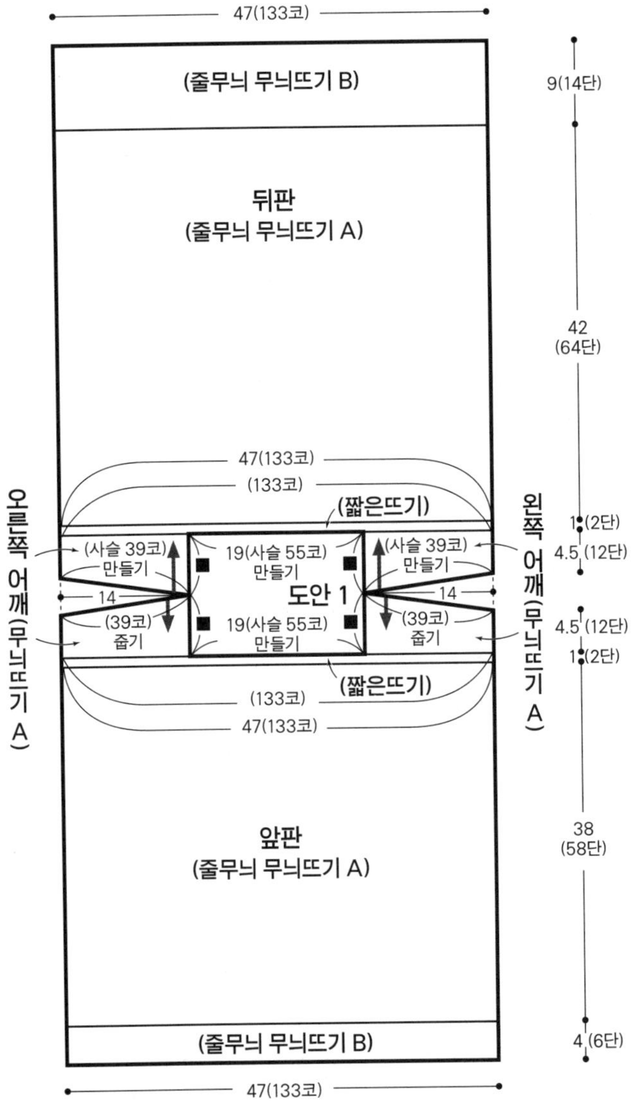

※ 모두 5/0호 코바늘로 뜬다.
※ 지정하지 않은 것은 라이트그레이로 뜬다.
■=6.5(12단)

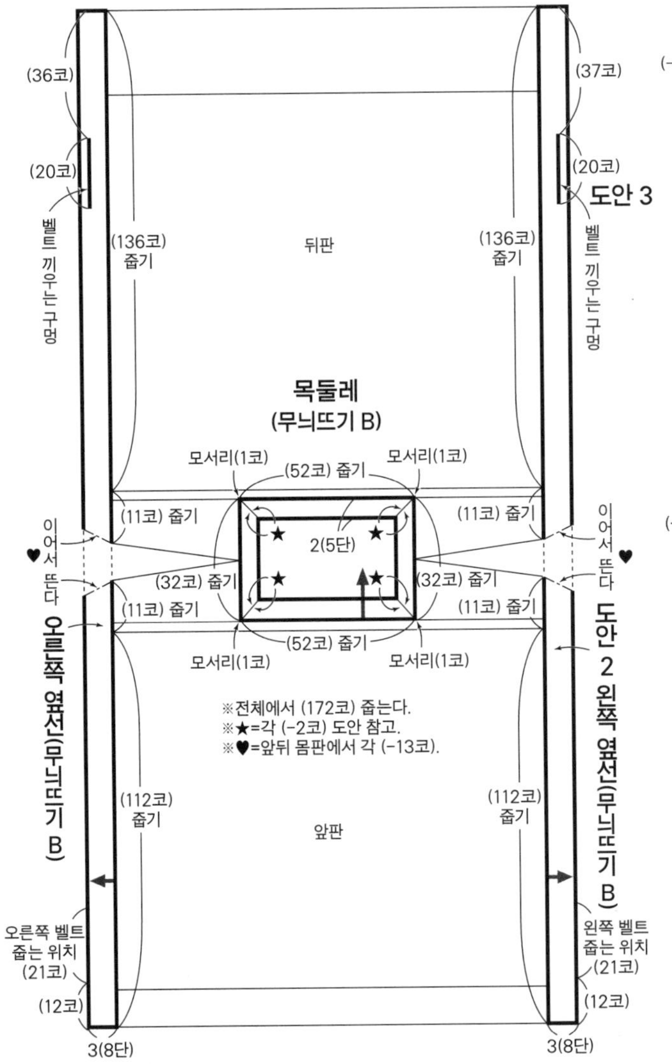

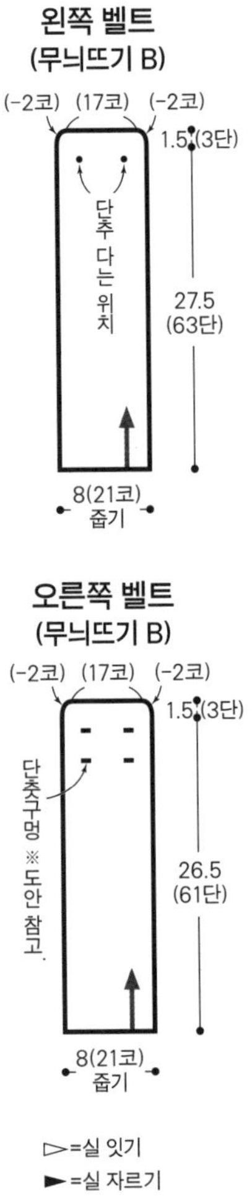

도안 2 어깨의 줄임코

단추 다는 위치 (왼쪽 벨트)

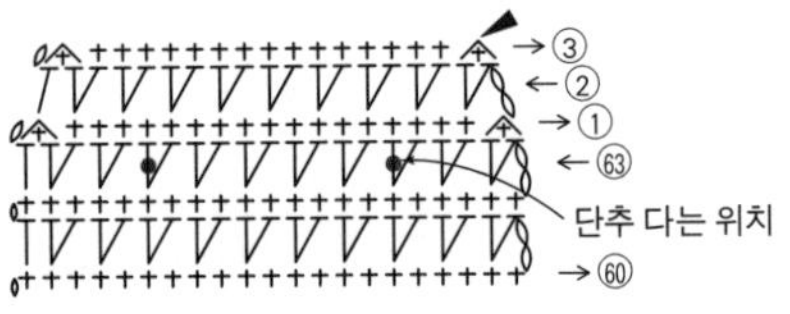

단춧구멍 (오른쪽 벨트)

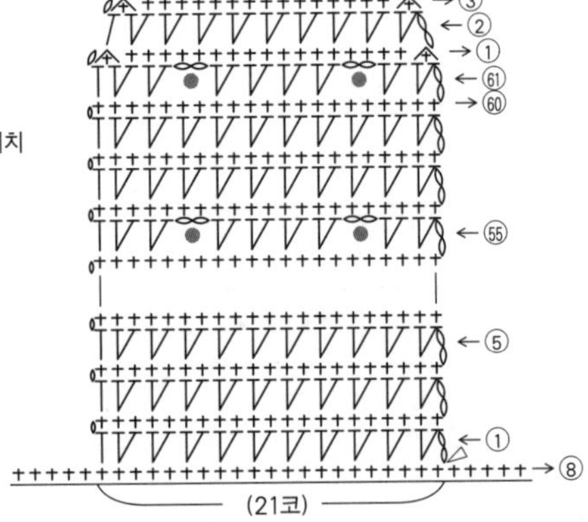

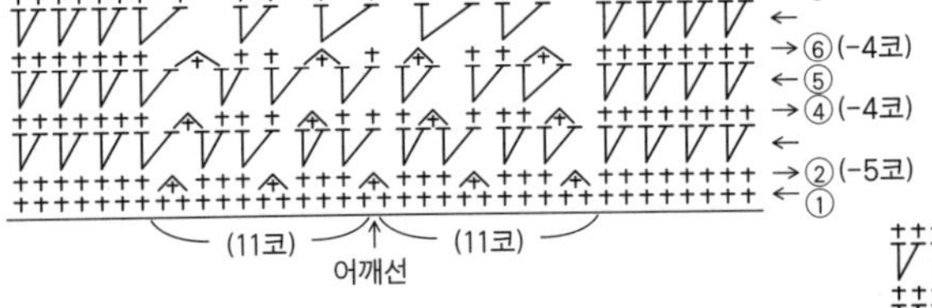

도안 3 벨트 끼우는 구멍

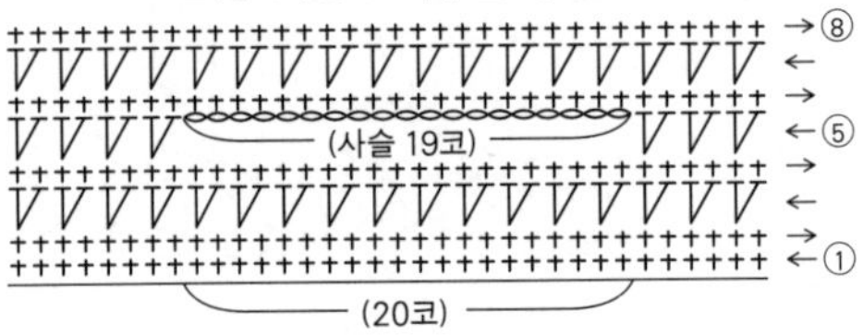

●=단춧구멍

줄무늬 무늬뜨기 A

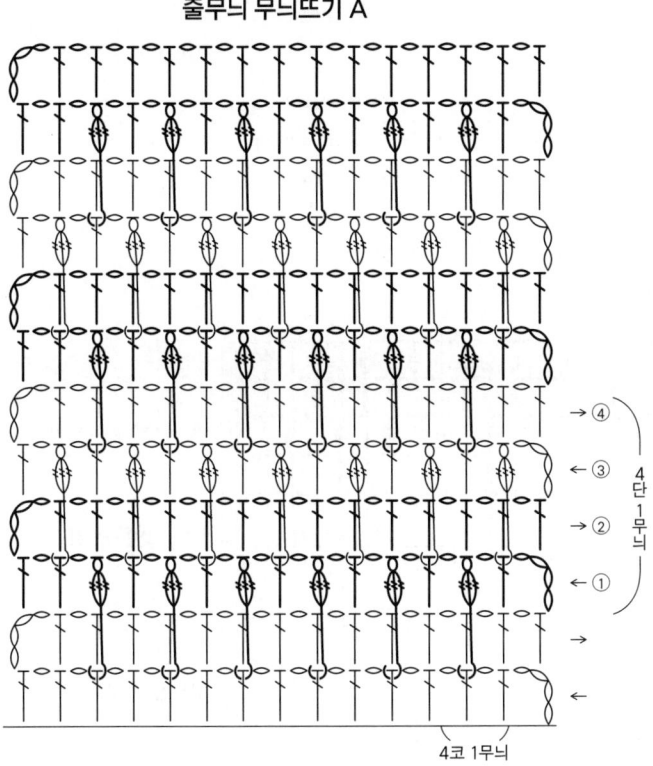

4단 1무늬
→ ④
← ③
→ ②
← ①
→
←

4코 1무늬

줄무늬 무늬뜨기 B (뒤판)　　4코 1무늬

→ ⑭
→ ⑩
← ⑤
①
← ⑥④
←
↓ ①
무늬뜨기 B
↑ ①
무늬뜨기 B
줄무늬 무늬뜨기 A —

무늬뜨기 B

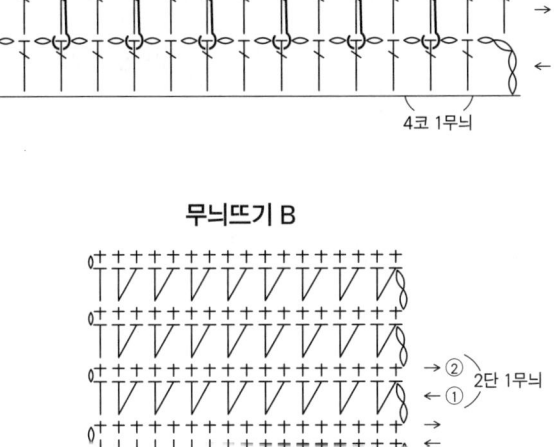

→ ②
← ①
→
←

2단 1무늬

2코 1무늬

▷ =실 잇기
► =실 자르기

배색 { ─ =라이트그레이
　　　 ━ =옐로

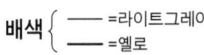=변형 두길 긴 앞걸어 3코 구슬뜨기

※한길 긴 앞걸어뜨기→P.189

줄무늬 무늬뜨기 B (앞판)　　4코 1무늬

→ ⑥
→ ⑤
← ①
← ⑤⑧
↓ ①
무늬뜨기 B
↑ ①
무늬뜨기 B
줄무늬 무늬뜨기 A —

긴 3코 변형 구슬뜨기
(1코에서 줍기)

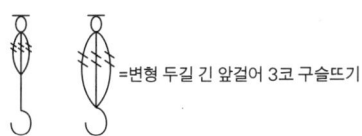

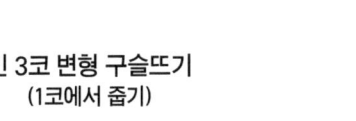

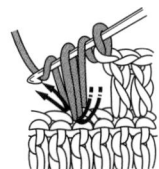
1 코바늘에 실을 걸어 1코에 미완성 긴뜨기를 3코 뜬다.

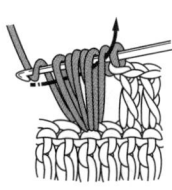
2 코바늘에 실을 걸고 바늘에 걸린 6개의 고리 안으로 한꺼번에 실을 빼낸다.

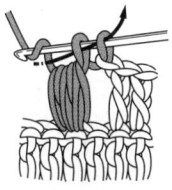
3 코바늘에 실을 걸고 나머지 2개의 고리 안으로 빼낸다.

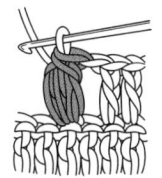
4 코의 머리가 단단히 조여져 완성된다.

124페이지로 이어집니다. ▶

▶ 123페이지에서 이어집니다.

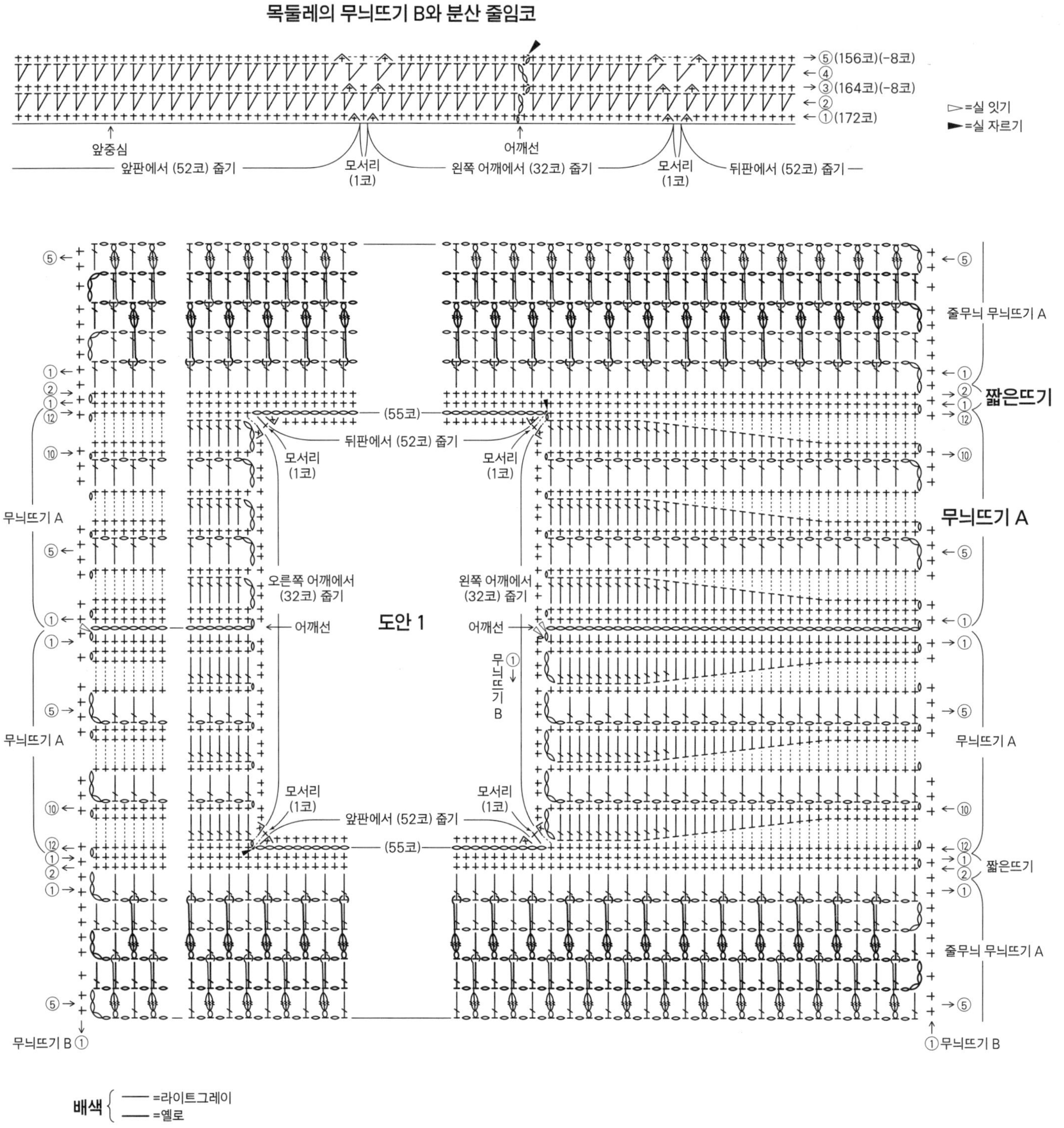

목둘레의 무늬뜨기 B와 분산 줄임코

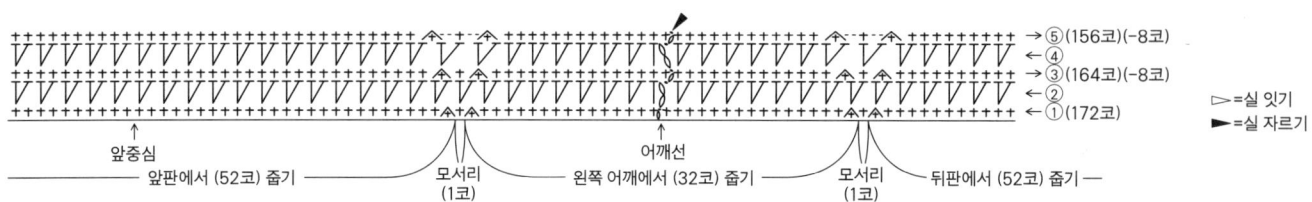

→⑤(156코)(-8코)
←④
→③(164코)(-8코)
←②
←①(172코)

▷=실 잇기
►=실 자르기

앞중심
모서리
(1코)
왼쪽 어깨에서 (32코) 줄기
모서리
(1코)
뒤판에서 (52코) 줄기
앞판에서 (52코) 줄기

⑤
줄무늬 무늬뜨기 A
①
①
짧은뜨기
①
⑫

무늬뜨기 A

(55코)
뒤판에서 (52코) 줄기
모서리
(1코)
모서리
(1코)

무늬뜨기 A

⑤

오른쪽 어깨에서
(32코) 줄기
왼쪽 어깨에서
(32코) 줄기

도안 1

어깨선
어깨선

①

무늬뜨기 A

①
⑩
무늬
뜨기
B

⑤

무늬뜨기 A

무늬뜨기 A

모서리
(1코)
앞판에서 (52코) 줄기
모서리
(1코)

(55코)

짧은뜨기

줄무늬 무늬뜨기 A

⑤

무늬뜨기 B ①
①무늬뜨기 B

배색 { ─=라이트그레이
─=옐로

※오른쪽 어깨는 대칭으로 뜬다.

크로셰 웨어
17 page ★★★

다이아 탱고

재료
실…다이아몬드케이토 다이아 탱고 녹색 계통 그러데이션(3205) 225g 8볼
단추…지름 13mm×2개

도구
코바늘 4/0호

완성 크기
가슴둘레 100cm, 기장 54cm, 화장 46cm

게이지
모티프 1변 8cm, 10×10cm 무늬뜨기 26.5코×10단

POINT
● 몸판·소매…왼쪽 뒤판·오른쪽 앞판·왼쪽 앞판은 사슬뜨기로 기초코를 만들고 오른쪽 뒤판은 왼쪽 뒤판에서 코를 주워 각각 무늬뜨기로 뜹니다. 증감코는 도안을 참고하세요. 소매 중앙은 모티프 잇기로 뜹니다. 마지막 단에서 앞뒤 몸판에 연결하고 2번째 장부터 옆 모티프와도 연결하며 뜹니다. 모티프의 가장자리는 도안을 참고해 정돈합니다.
● 마무리…옆선은 반 코 휘감아 잇기, 소매 밑선은 사슬뜨기와 빼뜨기로 꿰매기를 해서 연결합니다. 밑단은 소매 중앙과 같은 요령으로 모티프 잇기로 몸판과 연결하면서 앞뒤 몸판을 이어서 뜨고 도안을 참고해 가장자리를 정돈합니다. 밑단·목둘레·앞단·소맷부리는 테두리뜨기로 뜹니다. 단추를 달아 마무리합니다.

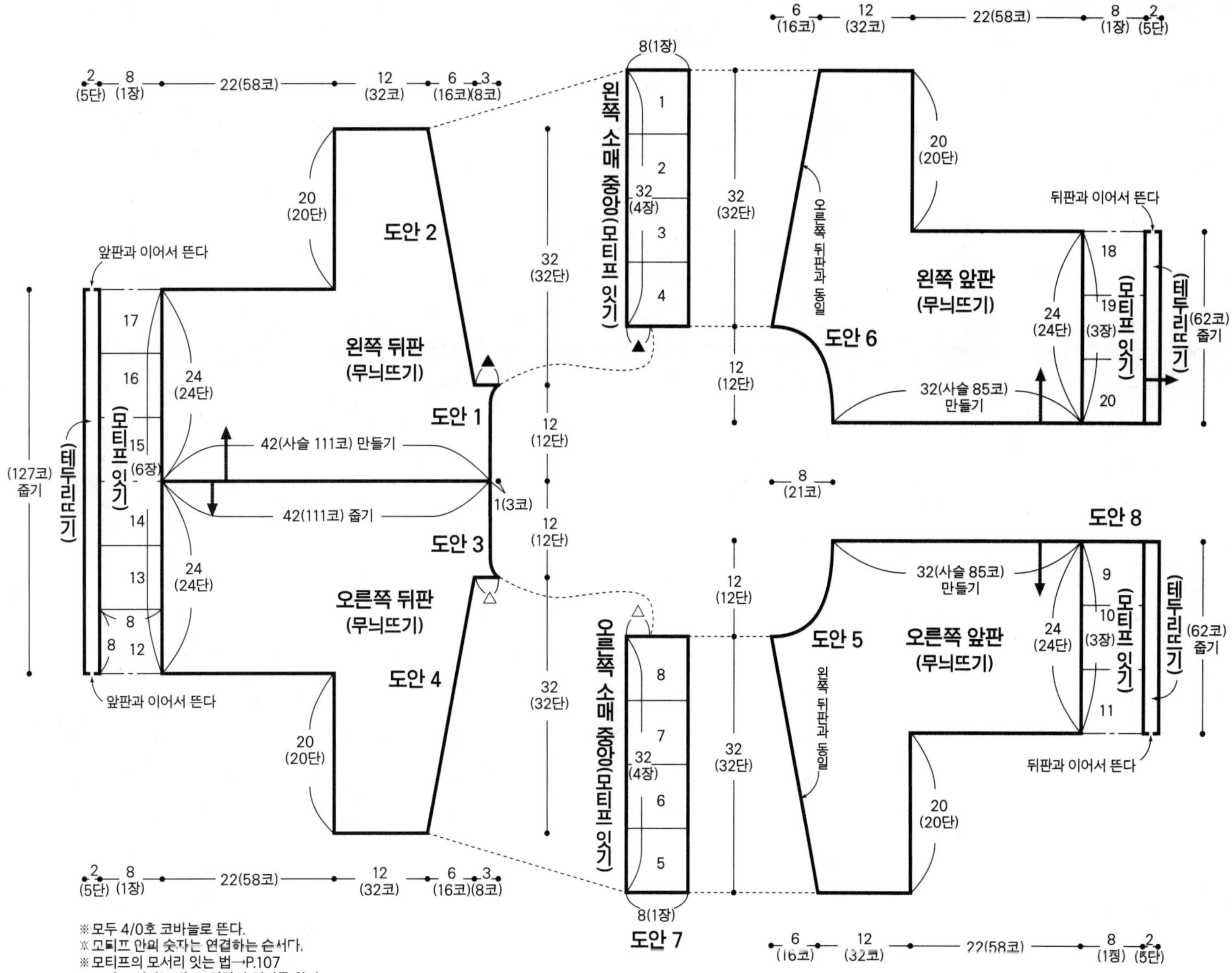

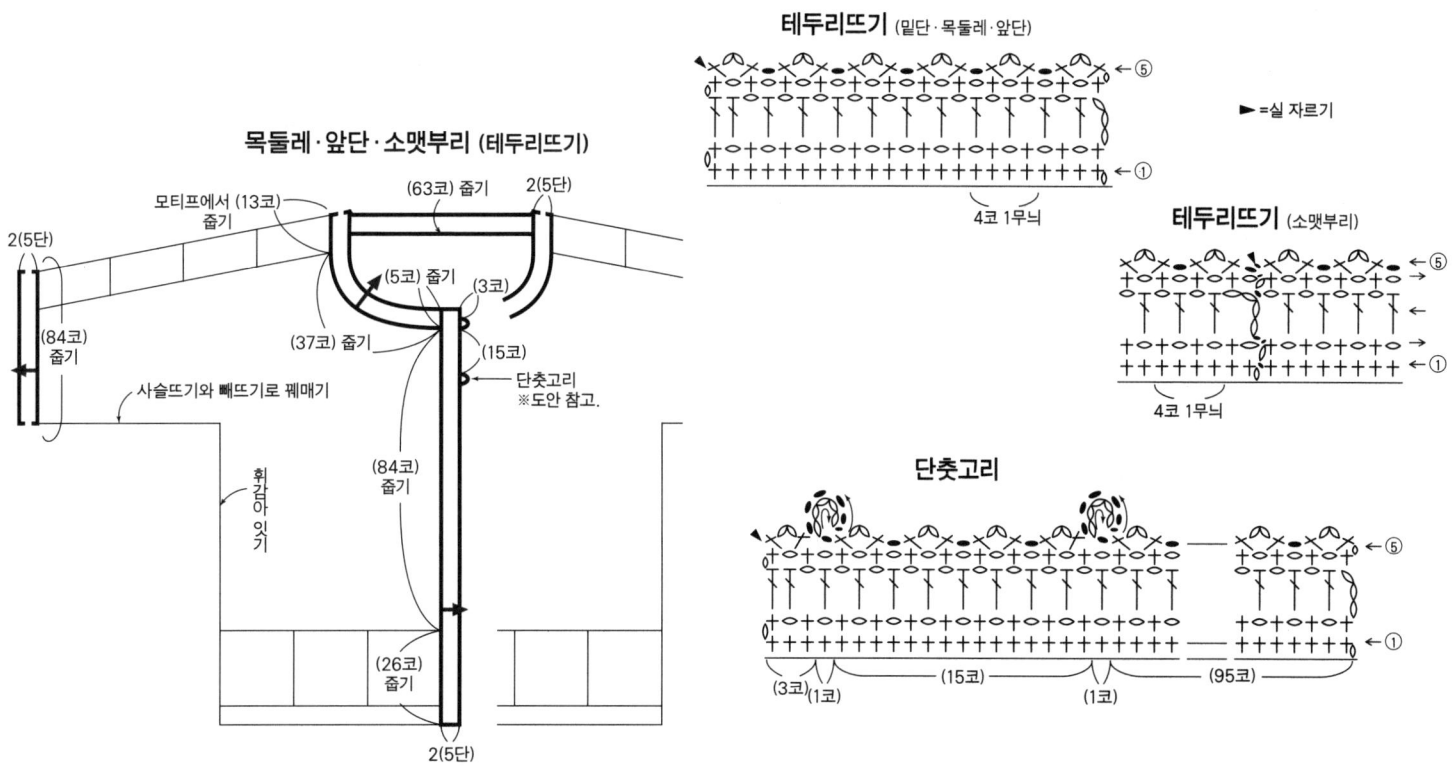

■ 2
(5단) ■ 8
(1장) ━━ 22(58코) ━━ ■ 12
(32코) ■ 6
(16코) 3
(8코)

20
(20단)

도안 2

앞판과 이어서 뜬다

17
16
24
(24단)
15
14
13
24
(24단)
8
8 12

(127코)
줄기

(테두리뜨기)
(모티프 잇기)

왼쪽 뒤판
(무늬뜨기)

도안 1

42(사슬 111코) 만들기
42(111코) 줄기

1(3코)

도안 3

오른쪽 뒤판
(무늬뜨기)

앞판과 이어서 뜬다

도안 4

20
(20단)

■ 2
(5단) ■ 8
(1장) ━━ 22(58코) ━━ ■ 12
(32코) ■ 6
(16코) 3
(8코)

※ 모두 4/0호 코바늘로 뜬다.
※ 모티프 안의 숫자는 연결하는 순서다.
※ 모티프의 모서리 잇는 법→P.107
※ ▲와 △끼리는 반 코 휘감아 잇기를 한다.

8(1장)
왼쪽 소매 중앙(모티프 잇기)

1
2
32
(4장)
3
4

32
(32단)

12
(12단)

12
(12단)

12
(12단)

32
(32단)

오른쪽 소매 중앙(모티프 잇기)

8(1장)
도안 7

8
7
32
(4장)
6
5

■ 6
(16코) ■ 12
(32코) ━━ 22(58코) ━━ ■ 8
(1장) 2
(5단)

20
(20단)

오른쪽 뒤판과 동일

왼쪽 앞판
(무늬뜨기)

도안 6

32(사슬 85코)
만들기

24
(24단)

18
19
(3장)
20

(모티프 잇기)

(테두리뜨기)

(62코)
줄기

뒤판과 이어서 뜬다

■ 8
(21코)

32(사슬 85코)
만들기

왼쪽 뒤판과 동일

오른쪽 앞판
(무늬뜨기)

도안 5

24
(24단)

9
10
(3장)
11

(모티프 잇기)

(테두리뜨기)

(62코)
줄기

뒤판과 이어서 뜬다

20
(20단)

■ 6
(16코) ■ 12
(32코) ━━ 22(58코) ━━ ■ 8
(1장) 2
(5단)

목둘레·앞단·소맷부리 (테두리뜨기)

모티프에서 (13코)
줄기

2(5단)

(63코) 줄기

2(5단)

(5코) 줄기

(3코)

(37코) 줄기

(15코)

(84코)
줄기

단춧고리
※도안 참고.

사슬뜨기와 빼뜨기로 꿰매기

휘감아 잇기

(84코)
줄기

(26코)
줄기

2(5단)

테두리뜨기 (밑단·목둘레·앞단)

←⑤

←①

4코 1무늬

►=실 자르기

테두리뜨기 (소맷부리)

←⑤

←①

4코 1무늬

단춧고리

←⑤

←①

(3코) (15코) (1코) (95코)
(1코)

126페이지로 이어집니다. ▶

▶ 125페이지에서 이어집니다.

무늬뜨기

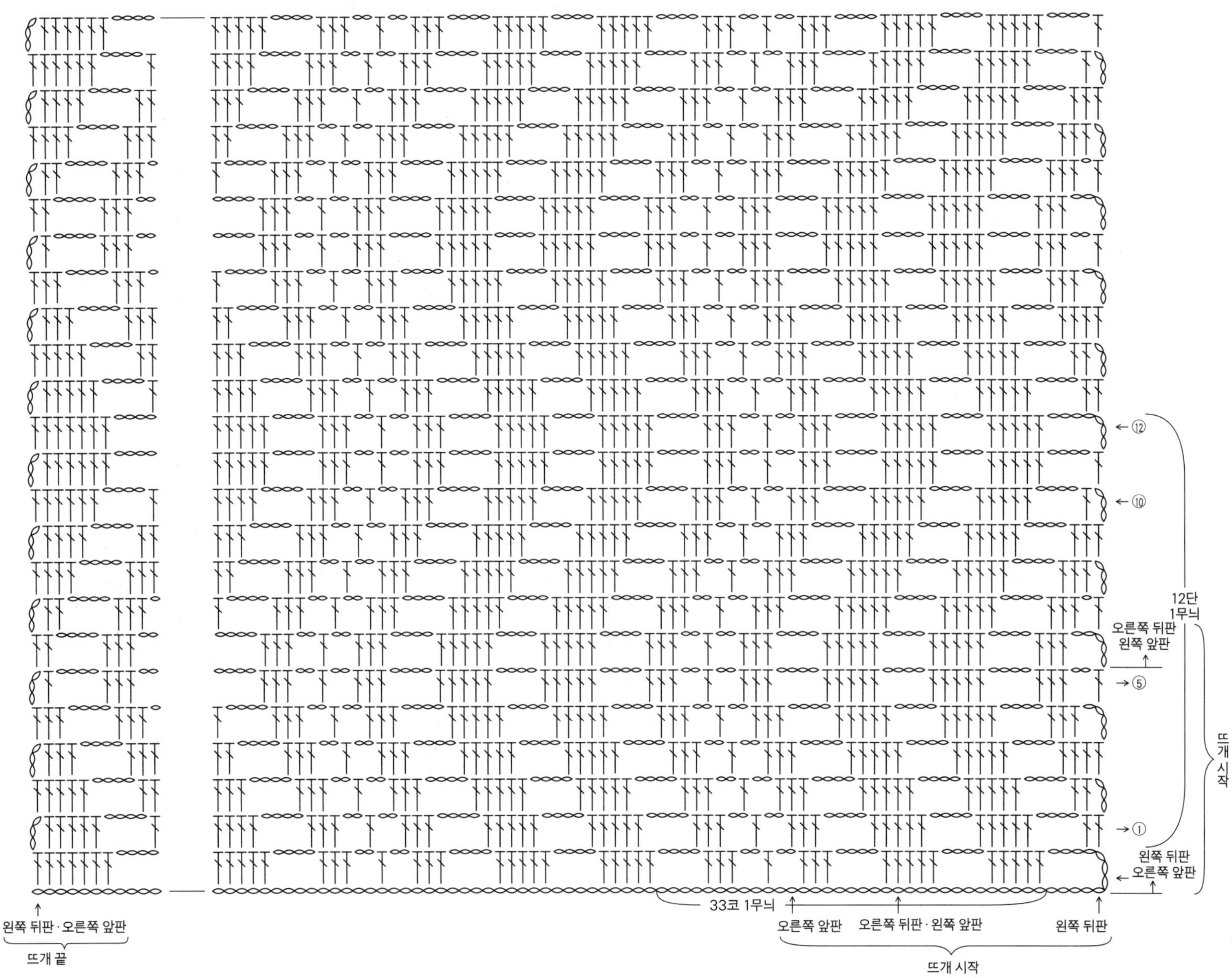

←⑫
←⑩

12단
1무늬

오른쪽 뒤판
왼쪽 앞판

→⑤

뜨개 시작

→①

왼쪽 뒤판
←오른쪽 앞판

└─ 33코 1무늬 ─┘

오른쪽 앞판　오른쪽 뒤판·왼쪽 앞판　　왼쪽 뒤판

뜨개 시작

왼쪽 뒤판·오른쪽 앞판

뜨개 끝

►=실 자르기

모티프 20장

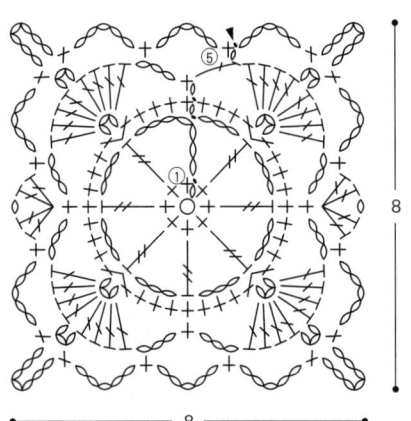

8

8

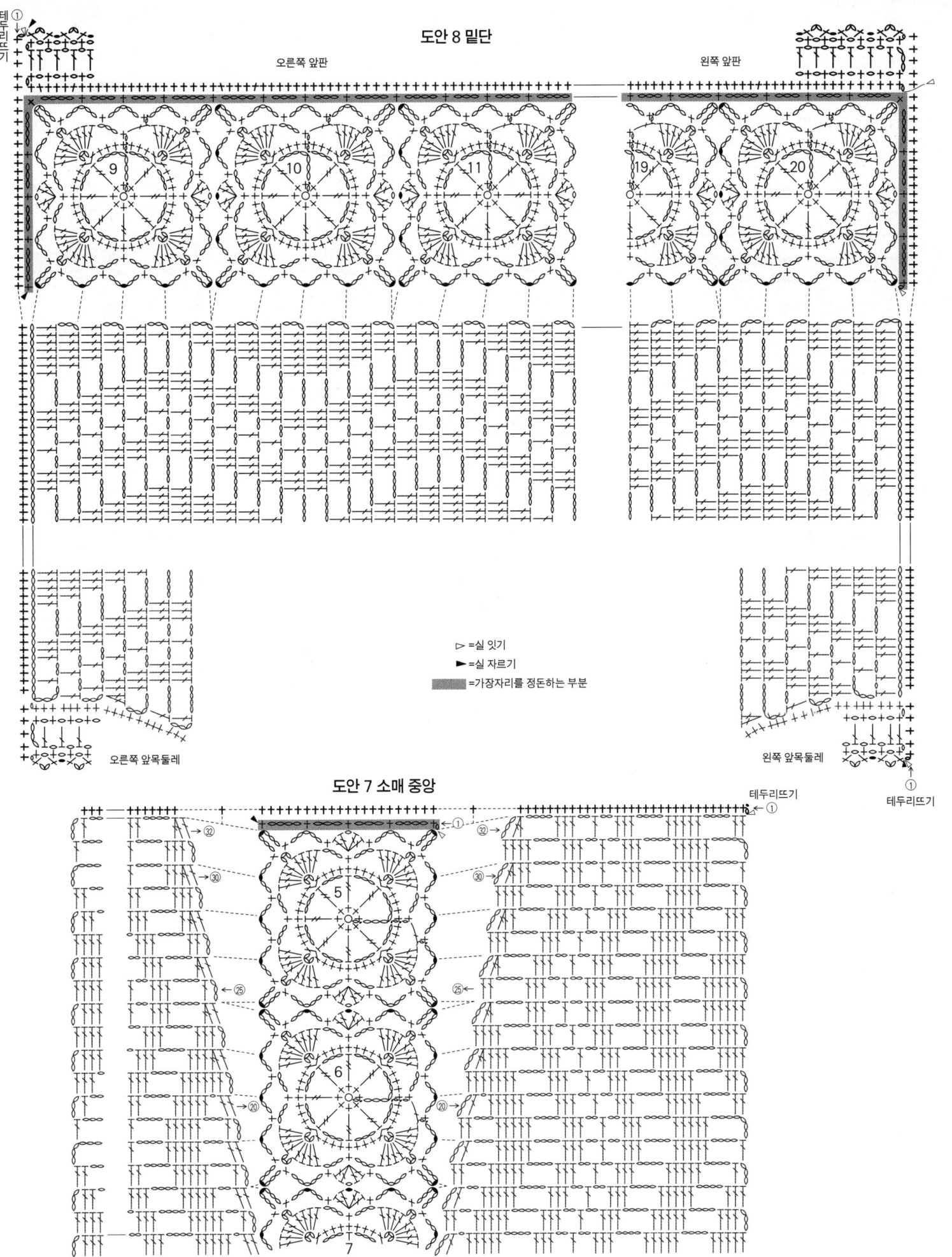

도안 8 밑단

테두리뜨기

오른쪽 앞판

왼쪽 앞판

9 10 11 19 20

▷ =실 잇기
► =실 자르기
▨ =가장자리를 정돈하는 부분

오른쪽 앞목둘레

왼쪽 앞목둘레

도안 7 소매 중앙

테두리뜨기

테두리뜨기

32 30 25 20

5

6

7

128페이지로 이어집니다. ▶

▶127페이지에서 이어집니다.

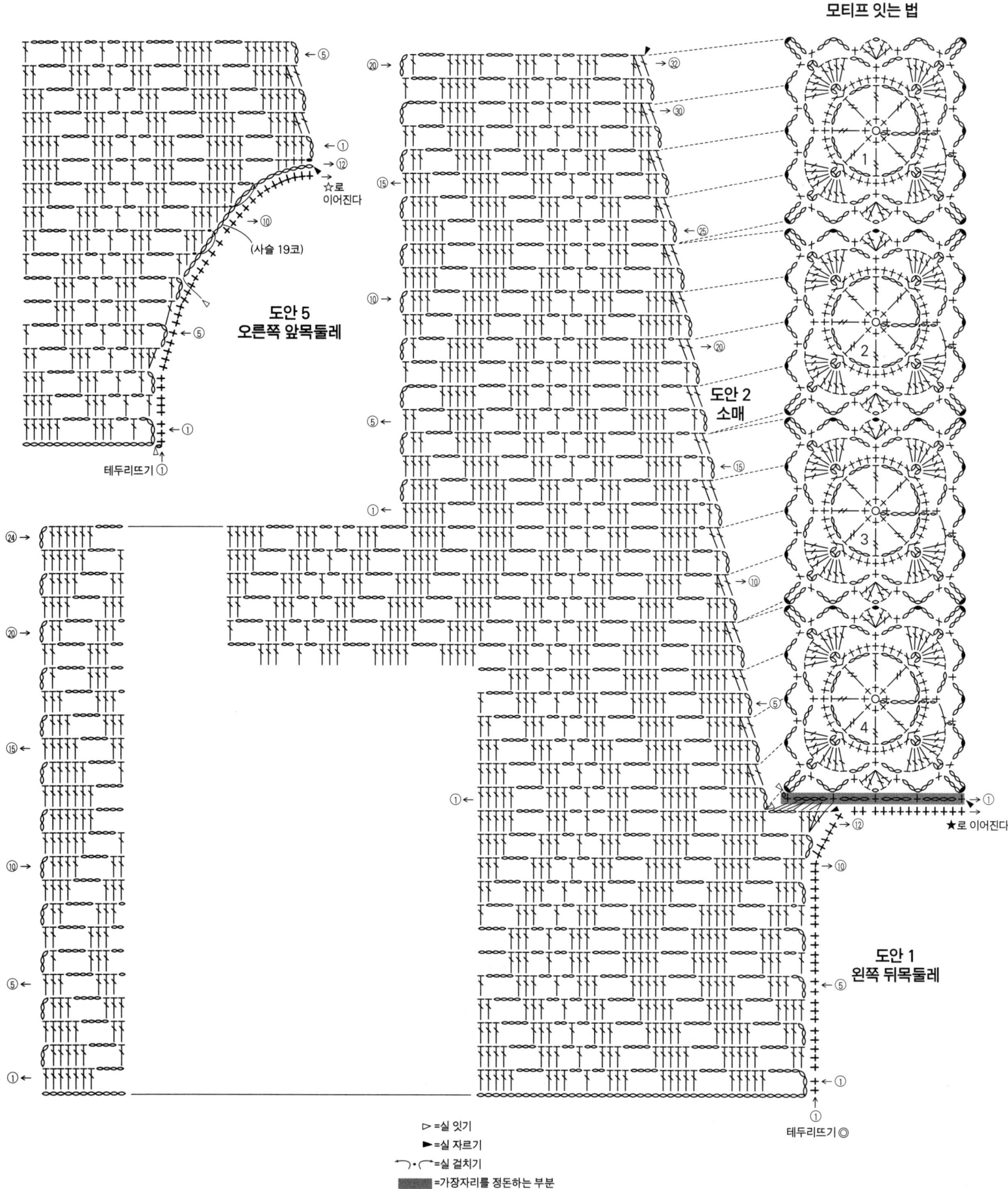

모티프 잇는 법

도안 5
오른쪽 앞목둘레

(사슬 19코)

☆로
이어진다

테두리뜨기 ①

도안 2
소매

도안 1
왼쪽 뒤목둘레

★로 이어진다

테두리뜨기 ◎

▷ =실 잇기
► =실 자르기
⌒•⌒ =실 걸치기
▬ =가장자리를 정돈하는 부분

128

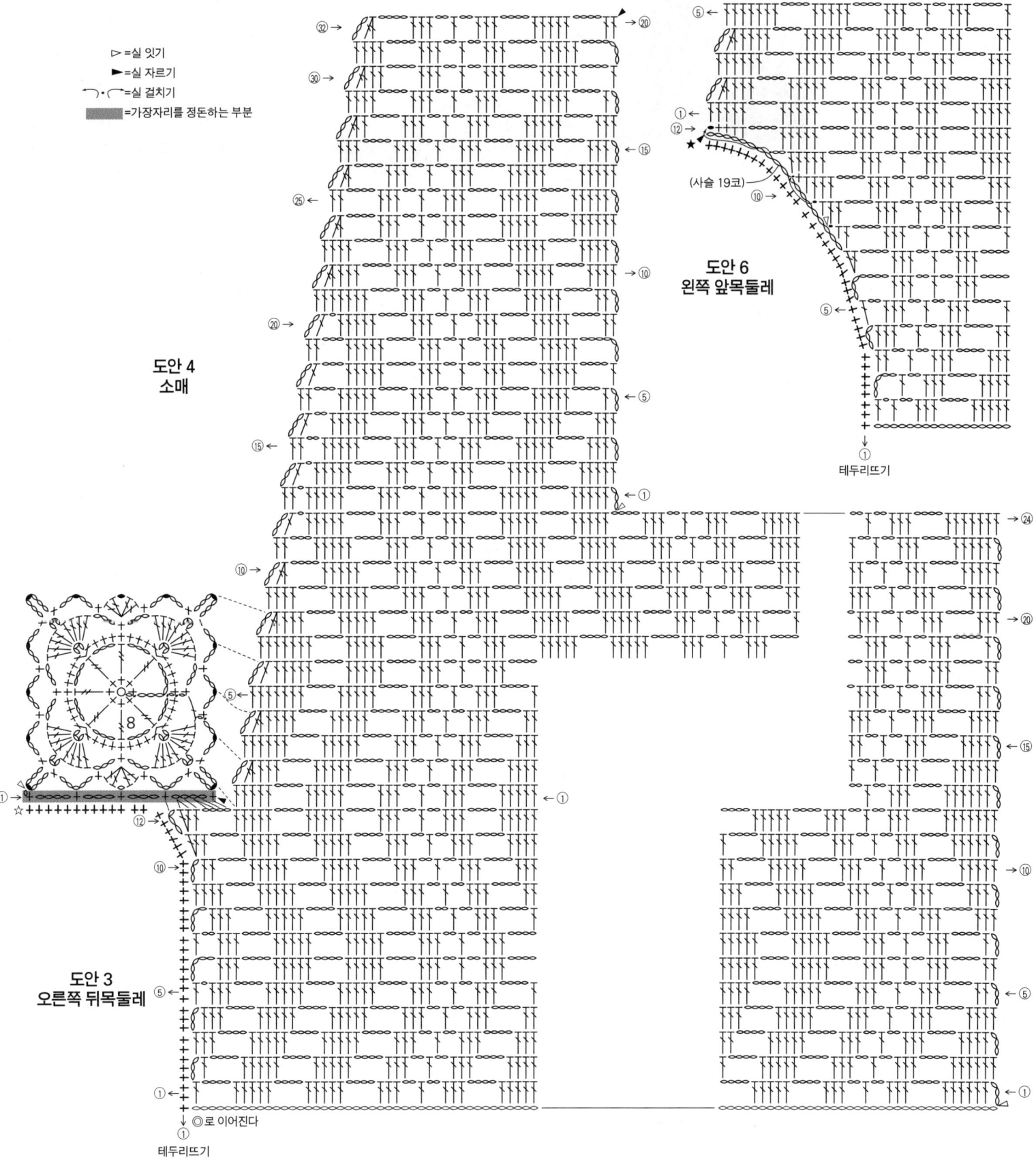

▷ =실 잇기
► =실 자르기
⌒ =실 걸치기
■ =가장자리를 정돈하는 부분

도안 4
소매

도안 6
왼쪽 앞목둘레

(사슬 19코)

테두리뜨기

도안 3
오른쪽 뒤목둘레

◎로 이어진다

테두리뜨기

재료

실(롱 베스트)…퍼피 아라비스 에크뤼(6002)
360g 9볼, 황록색(4616) 130g 4볼
실(암 커버)…퍼피 아라비스 에크뤼(6002) 80g
2볼

도구

코바늘 5/0호·6/0호

완성 크기

롱 베스트…가슴둘레 96cm, 기장 88.5cm, 화장
25.5cm
암 커버…손바닥 둘레 18cm, 기장 41cm

게이지(10×10cm)

줄무늬 무늬뜨기 A·무늬뜨기 A(5/0호 코바늘)
26.5코×15단, 무늬뜨기 B 26.5코×17.5단

POINT

● 롱 베스트…몸판은 황록색 실로 사슬뜨기로 기
초코를 만들어 뜨기 시작해 줄무늬 무늬뜨기 A,
무늬뜨기 B로 뜹니다. 목둘레와 어깨 경사는 도안
을 참고하세요. 슬릿에 테두리뜨기를 뜹니다. 어
깨는 빼뜨기로 잇기, 옆선은 사슬뜨기와 빼뜨기로
꿰맵니다. 밑단에 빼뜨기를 1단 떠서 정돈합니다.
도안을 참고해 슬릿 트임의 윗부분을 감칩니다. 목
둘레·소맷부리는 테두리뜨기로 원형으로 뜹니다.
● 암 커버…사슬뜨기로 기초코를 만들어 뜨기 시
작해 무늬뜨기 B로 원형으로 뜹니다. 늘림코는 도
안을 참고하세요. 기초코 사슬에서 코를 주워 무
늬뜨기 A로 게이지 조정을 하면서 원형으로 뜹니
다. 이어서 테두리뜨기를 뜹니다.

롱 베스트

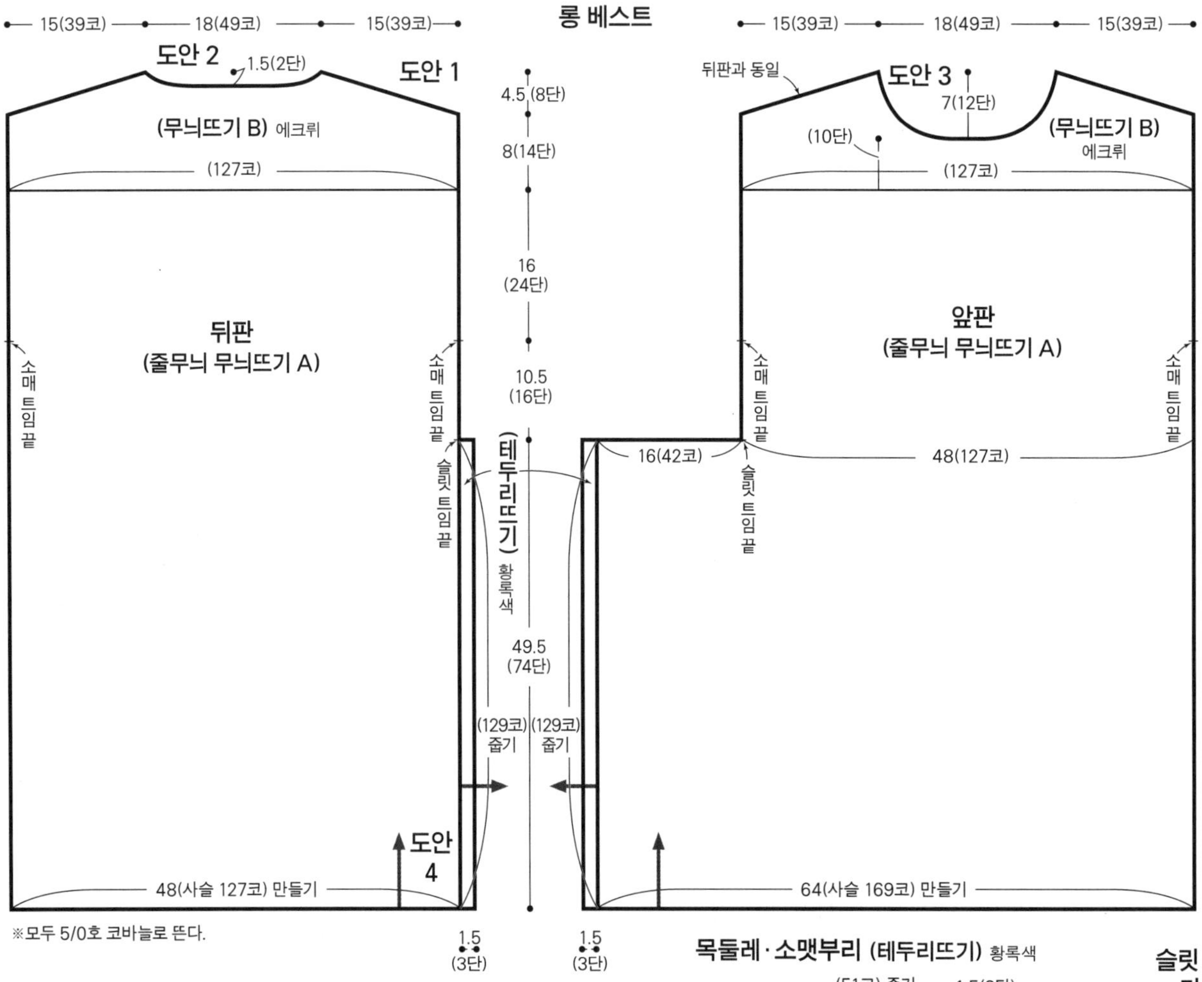

← 15(39코) → ← 18(49코) → ← 15(39코) →

도안 2 　1.5(2단)　 도안 1

(무늬뜨기 B) 에크뤼

(127코)

뒤판
(줄무늬 무늬뜨기 A)

소매 트임 끝

슬릿 트임 끝

48(사슬 127코) 만들기

도안 4

4.5(8단)

8(14단)

16(24단)

10.5(16단)

(테두리뜨기) 황록색

49.5(74단)

(129코)줍기　(129코)줍기

1.5(3단)　1.5(3단)

← 15(39코) → ← 18(49코) → ← 15(39코) →

뒤판과 동일

도안 3

(10단)

7(12단)

(무늬뜨기 B) 에크뤼

(127코)

앞판
(줄무늬 무늬뜨기 A)

16(42코)

소매 트임 끝

슬릿 트임 끝

48(127코)

64(사슬 169코) 만들기

※모두 5/0호 코바늘로 뜬다.

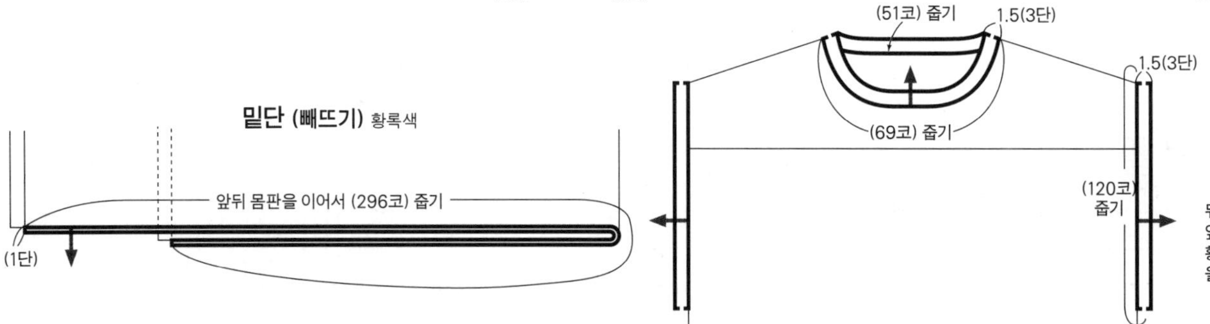

밑단 (빼뜨기) 황록색

앞뒤 몸판을 이어서 (296코) 줍기

(1단)

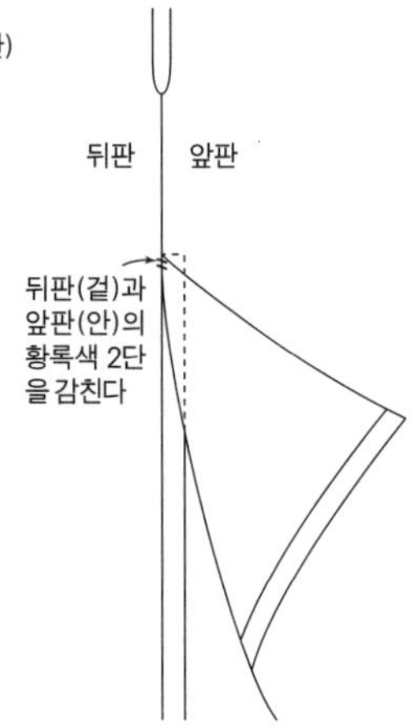

목둘레·소맷부리 (테두리뜨기) 황록색

(51코) 줍기 　1.5(3단)

(69코) 줍기

1.5(3단)

(120코) 줍기

**슬릿 트임의 윗부분
마무리하는 법**

뒤판　앞판

뒤판(겉)과
앞판(안)의
황록색 2단
을 감친다

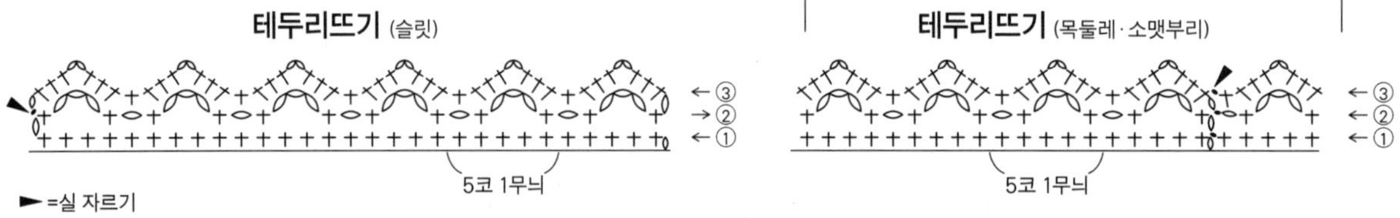

테두리뜨기 (슬릿)

←③
→②
←①

5코 1무늬

테두리뜨기 (목둘레·소맷부리)

←③
→②
←①

5코 1무늬

►=실 자르기

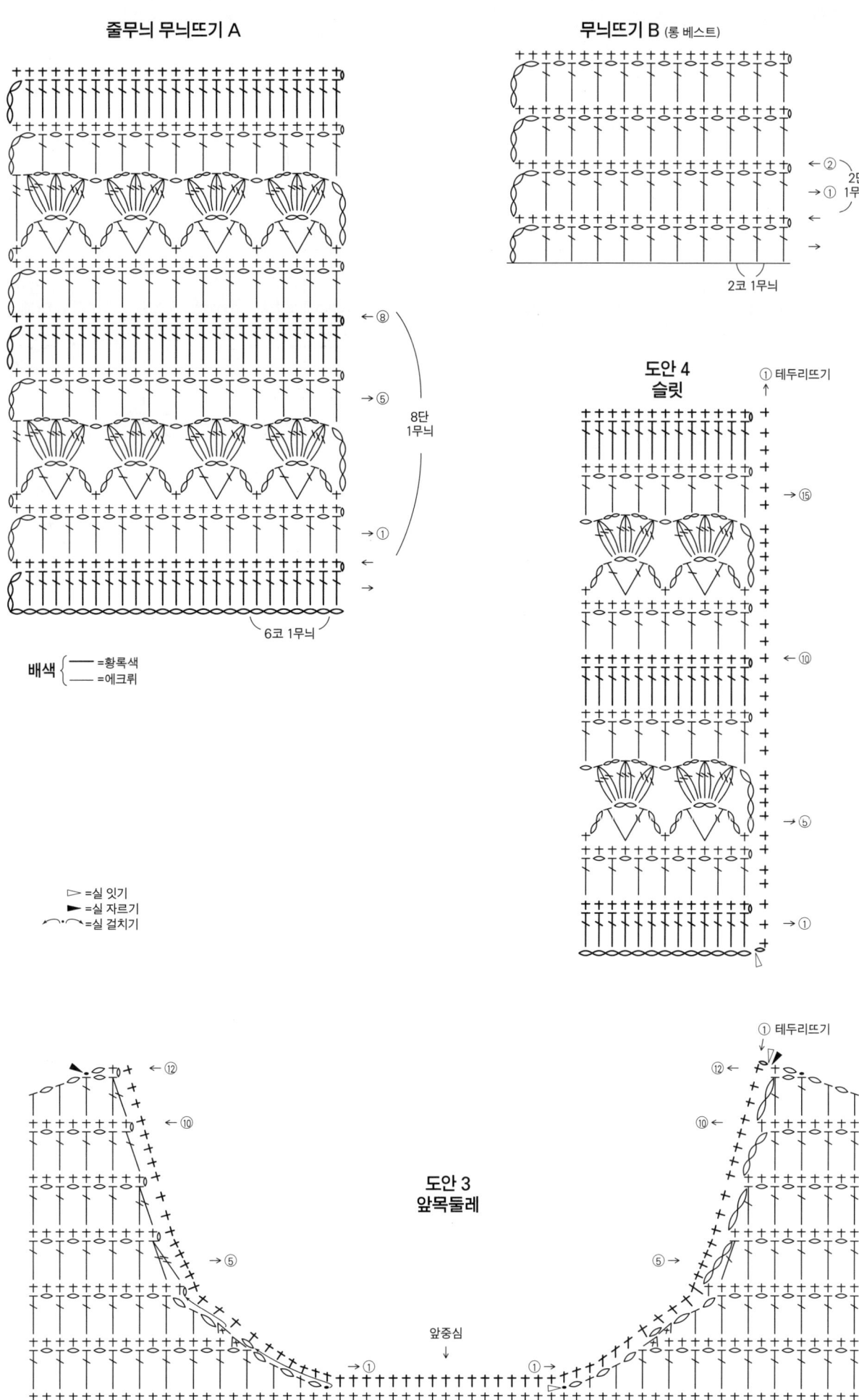

줄무늬 무늬뜨기 A

무늬뜨기 B (롱 베스트)

←②
→① 2단
1무늬
←
→

2코 1무늬

←⑧
→⑤ 8단
1무늬
→①
←
→

6코 1무늬

배색 { ── =황록색
         ── =에크뤼

▷ =실 잇기
▶ =실 자르기
⌒ =실 걸치기

도안 4
슬릿

① 테두리뜨기
↑
→⑮
←⑩
→⑤
→①

도안 3
앞목둘레

① 테두리뜨기
↓
⑫ ←
⑩ ←
⑤ →
① →
앞중심

←⑫
←⑩
→⑤
→①

132페이지로 이어집니다. ▶

▶ 131페이지에서 이어집니다.

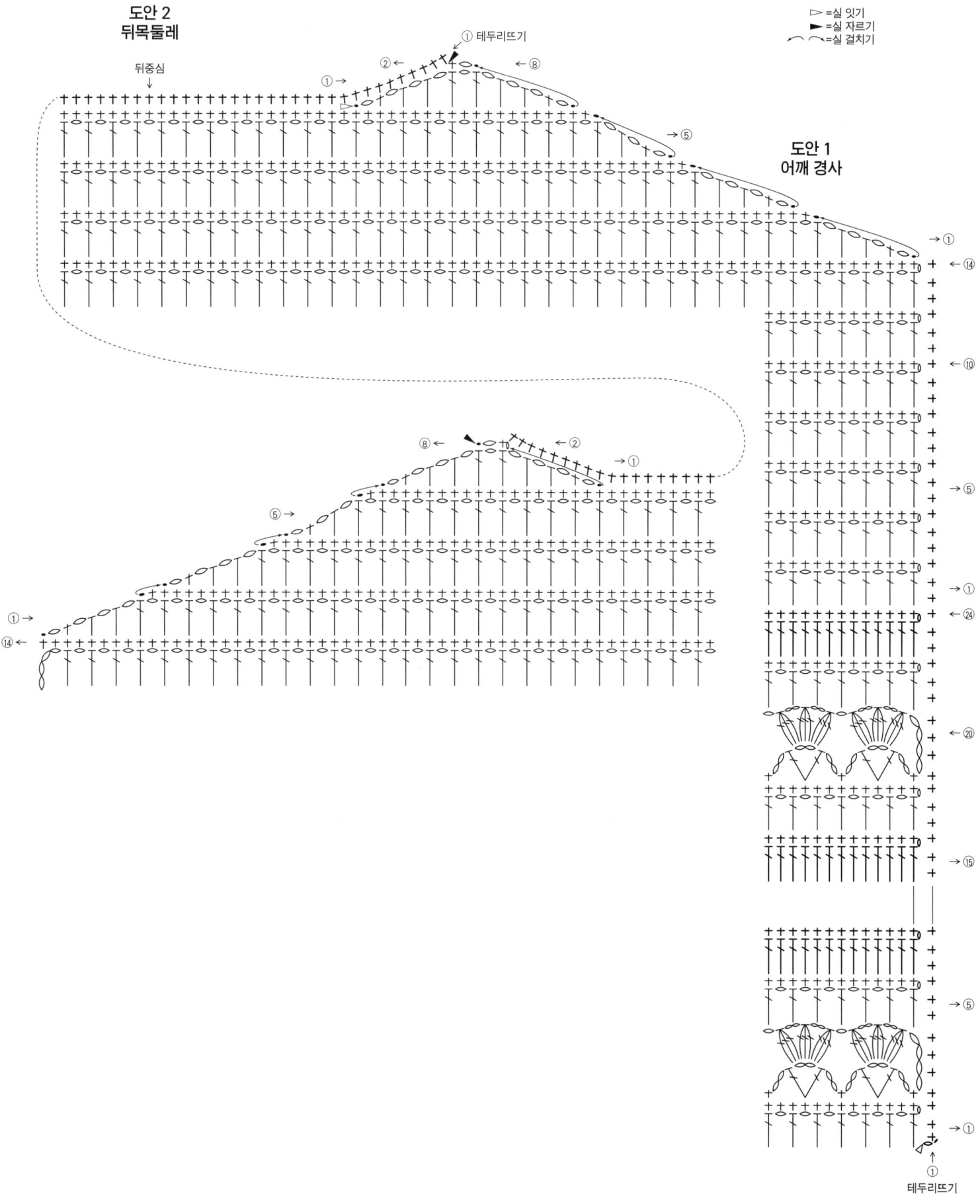

도안 2
뒤목둘레

도안 1
어깨 경사

뒤중심

① 테두리뜨기

▷ =실 잇기
► =실 자르기
⌒ =실 걸치기

테두리뜨기

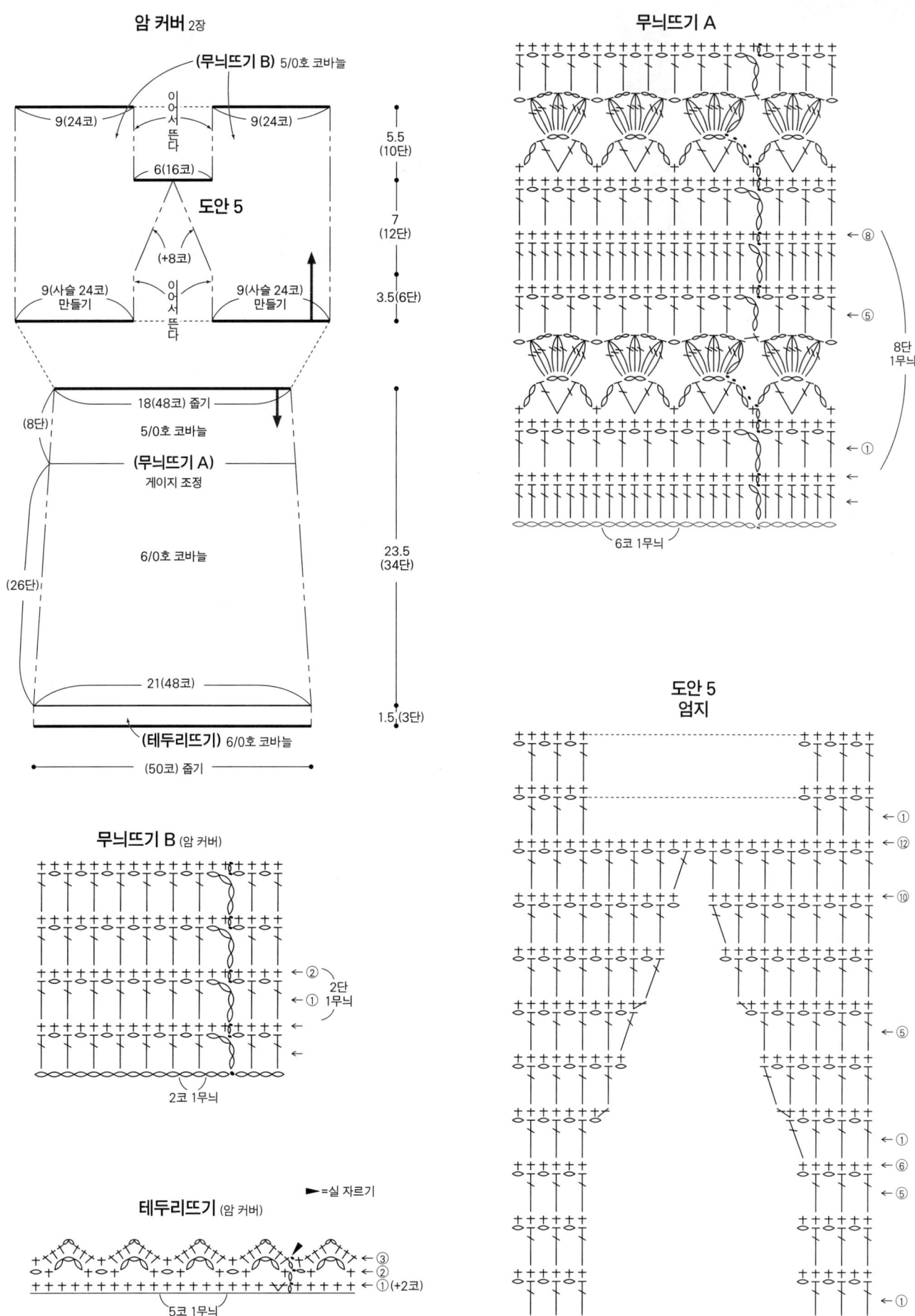

암 커버 2장

(무늬뜨기 B) 5/0호 코바늘

9(24코)　　　9(24코)

이어서 뜨다

6(16코)

도안 5

5.5 (10단)

(+8코)

7 (12단)

9(사슬 24코) 만들기　　이어서 뜨다　　9(사슬 24코) 만들기

3.5(6단)

18(48코) 줄기

(8단)

5/0호 코바늘

(무늬뜨기 A)
게이지 조정

6/0호 코바늘

(26단)

23.5 (34단)

21(48코)

1.5(3단)

(테두리뜨기) 6/0호 코바늘

(50코) 줄기

무늬뜨기 A

←⑧

←⑤

8단 1무늬

←①

←

6코 1무늬

무늬뜨기 B (암 커버)

←②
←①

2단 1무늬

←

2코 1무늬

도안 5
엄지

←①
←⑫
←⑩

←⑤

←①
←⑥
←⑤

←①

←=실 자르기

테두리뜨기 (암 커버)

←③
←②
←① (+2코)

5코 1무늬

플랙스 Ly

재료

S…하마나카 플랙스 Ly 파랑·녹색계열 믹스(805) 420g 17볼

M…하마나카 플랙스 Ly 파랑·녹색계열 믹스(805) 450g 18볼

L…하마나카 플랙스 Ly 파랑·녹색계열 믹스(805) 495g 20볼

XL…하마나카 플랙스 Ly 파랑·녹색계열 믹스(805) 525g 21볼

도구

대바늘 5호·3호, 코바늘 4/0호

완성 크기

S…허리둘레 56.5cm, 스커트 길이 79cm

M…허리둘레 60cm, 스커트 길이 81cm

L…허리둘레 63.5cm, 스커트 길이 84cm

XL…허리둘레 67cm, 스커트 길이 86cm

게이지(10×10cm)

1코 고무뜨기 34코×34.5단, 무늬뜨기 A 25코× 34단, 무늬뜨기 B 23코×34단

POINT

● 느슨하게 손가락으로 걸어서 만드는 기초코로 뜨기 시작해 1코 고무뜨기로 원형뜨기를 합니다. 20번째 단에 끈 끼울 구멍을 냅니다. 이어서 무늬 뜨기 A·B, 가터뜨기로 뜹니다. 분산 늘림코는 도 안을 참고하세요. 뜨개 끝은 덮어씌워 코막음합니 다. 끈을 떠서 지정 위치에 끼웁니다.

S·M

(408코) (384코)

덮어씌우기

(가터뜨기)

(무늬뜨기 B) — 1●(3단), 16(55단)

177(408코) 167(384코)

(가터뜨기) — 1●(4단)

스커트
(무늬뜨기 A) — 32(108단)

163(408코) 154(384코)

분산 늘림코 ※도안 참고.
(+170코) (+160코)

(+34코) (+32코)

95(17무늬·238코) 90(16무늬·224코) — 13(44단)

(1코 고무뜨기)
3호 대바늘

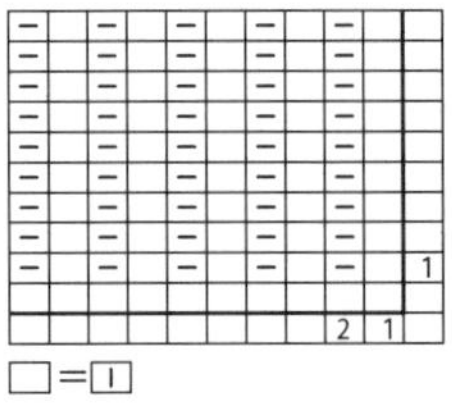

끈 끼울 구멍(1코)
※도안 참고.

(19단) — 18(62단) 16(56단)

60(204코) 56.5(192코) 만들기

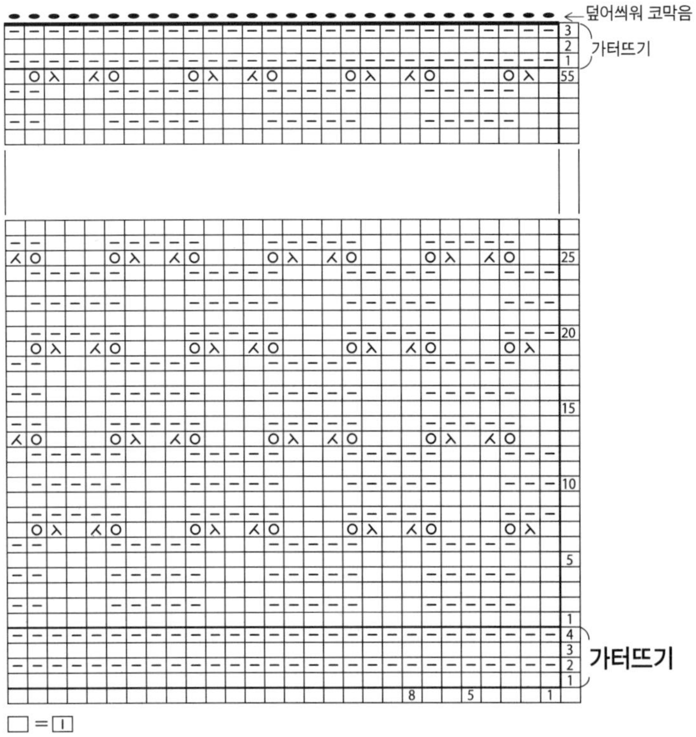

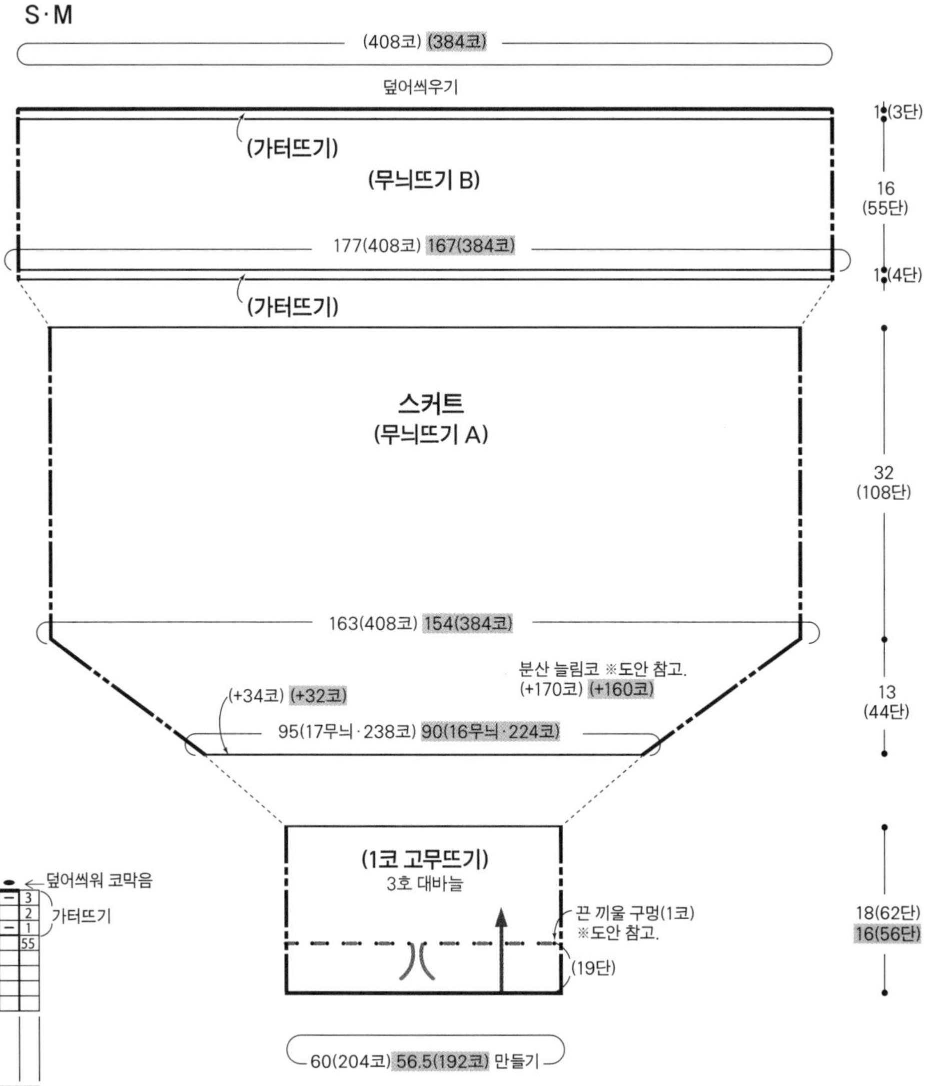

※지정하지 않은 것은 5호 대바늘로 뜬다.
▨는 S, 그 외는 M 또는 공통.

1코 고무뜨기

1

2 1

□=①

끈 끼울 구멍 (공통)

반복

O λ   O λ ←⑳

(5코) (1코)

□=①

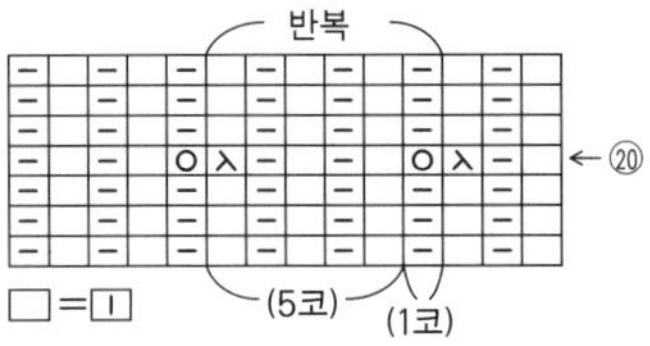

무늬뜨기 B 12단 1무늬

←덮어씌워 코막음

3
2   가터뜨기
1
55

O λ   λ O   O λ   λ O   O λ

25

O λ   λ O   O λ   λ O   O λ

20

15

O λ   λ O   O λ   λ O   O λ

10

O λ   O λ   λ O

5

1
4
3
2
1

가터뜨기

8   5   1

□=①

끈 (이중사슬뜨기)

4/0호 코바늘

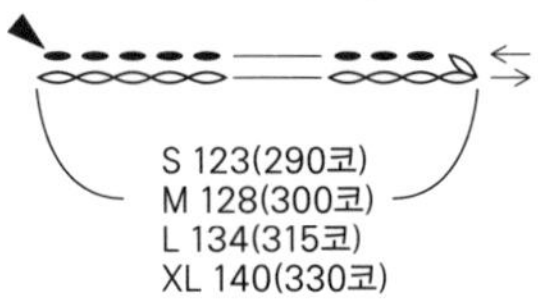

S 123(290코)
M 128(300코)
L 134(315코)
XL 140(330코)

►=실 자르기

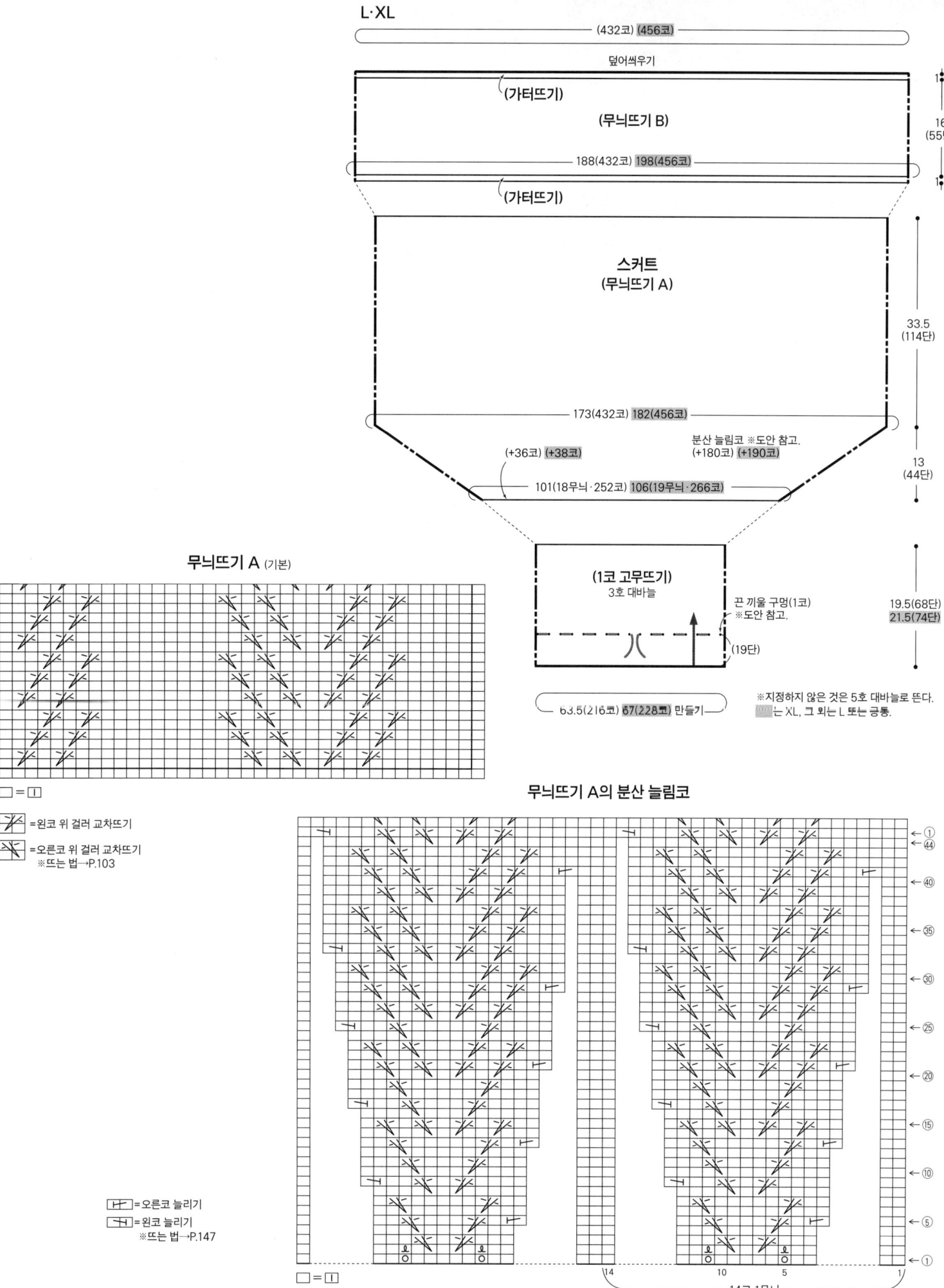

L·XL

(432코) (456코)

덮어씌우기

(가터뜨기)

(무늬뜨기 B)

1·(3단)

16
(55단)

188(432코) 198(456코)

1·(4단)

(가터뜨기)

스커트
(무늬뜨기 A)

33.5
(114단)

173(432코) 182(456코)

분산 늘림코 ※도안 참고.
(+180코) (+190코)

(+36코) (+38코)

13
(44단)

101(18무늬·252코) 106(19무늬·266코)

(1코 고무뜨기)
3호 대바늘

끈 끼울 구멍(1코)
※도안 참고.

19.5(68단)
21.5(74단)

(19단)

63.5(216코) 67(228코) 만들기

※지정하지 않은 것은 5호 대바늘로 뜬다.
▨는 XL, 그 외는 L 또는 공통.

무늬뜨기 A (기본)

□ = □

⟋ =왼코 위 걸러 교차뜨기

⟍ =오른코 위 걸러 교차뜨기
※뜨는 법→P.103

무늬뜨기 A의 분산 늘림코

①
④④
④⓪
③⑤
③⓪
②⑤
②⓪
①⑤
①⓪
⑤
①

|= 오른코 늘리기

|= 왼코 늘리기
※뜨는 법→P.147

□ = □

14   10   5   1

14코 1무늬

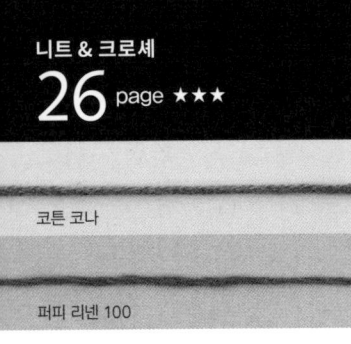

코튼 코나

퍼피 리넨 100

재료
실…퍼피 코튼 코나, 퍼피 리넨 100
※실의 색이름·색번호·사용량·부자재는 표를 참고하세요.
도구…대바늘 5호·3호
완성 크기
가슴둘레 108cm, 기장 56.5cm, 화장 53.5cm
게이지(10×10cm)
메리야스뜨기, 배색무늬뜨기 A·B 26코×34단
POINT
● 몸판·소매…별도 사슬로 기초코를 만들어 뜨기 시작해 뒤판은 메리야스뜨기와 배색무늬뜨기 A, 앞판은 메리야스뜨기와 배색무늬뜨기 B, 소매

는 메리야스뜨기합니다. 배색무늬뜨기는 실을 세로로 걸치는 방법으로 뜹니다. 줄임코는 2코 이상은 덮어씌우기, 1코는 끝의 1코를 세우는 줄임코를 합니다. 늘림코는 1코 안쪽에서 돌려뜨기 늘림코를 합니다. 앞판의 지정 위치에 스팽글을 답니다. 밑단·소맷부리는 기초코의 사슬을 풀어 코를 줍고, 2코 고무뜨기합니다. 뜨개 끝은 겉뜨기는 겉뜨기로, 안뜨기는 안뜨기로 덮어씌워 코막음합니다.
● 마무리…어깨는 빼뜨기 잇기, 소매와 몸판은 코와 단 잇기, 옆선·소맷단은 떠서 꿰매기로 연결합니다. 목둘레는 지정 콧수를 주워 2코 고무뜨기로 원형뜨기를 합니다. 뜨개 끝은 밑단과 같은 방법으로 합니다.

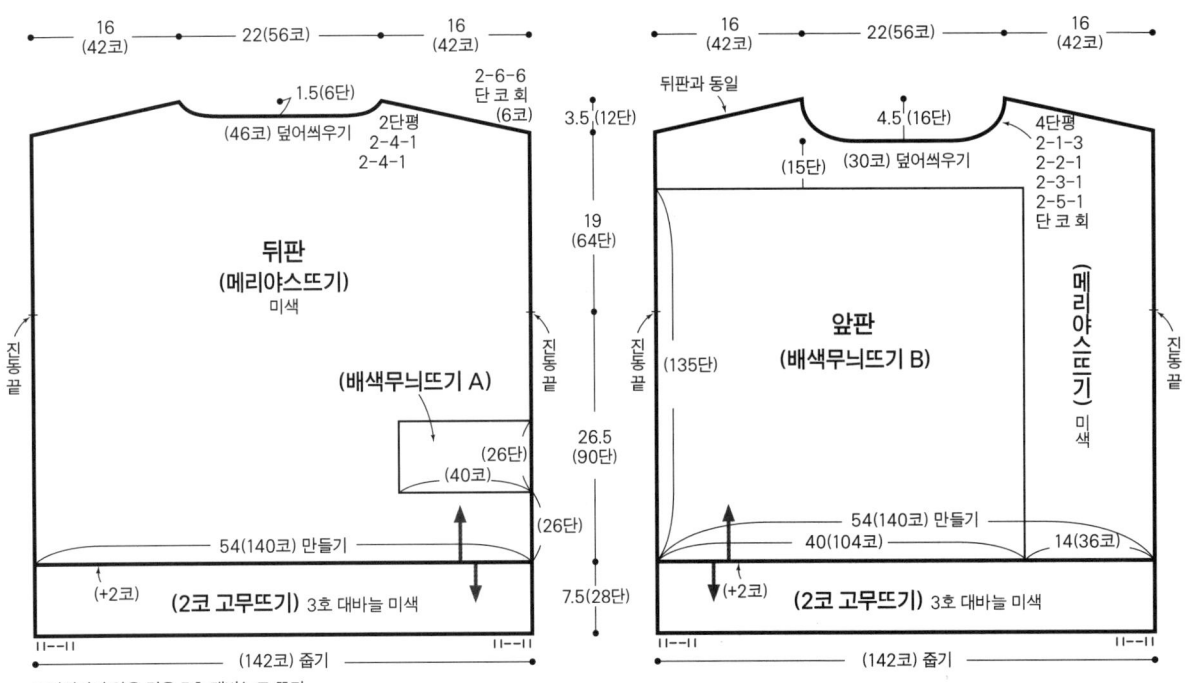

※지정하지 않은 것은 5호 대바늘로 뜬다.
※실을 세로로 걸치는 배색무늬뜨기→P.66

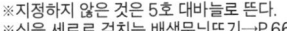

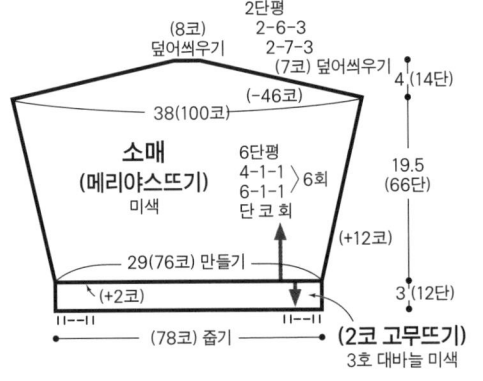

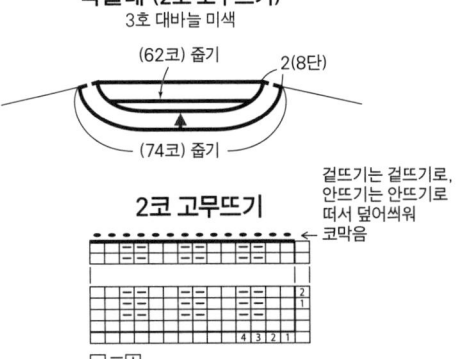

실 사용량과 부자재

실이름	색이름(색번호)	사용량	부자재
코튼 코나	미색(2)	390g 10볼	
	심녹색(51)	각각 10g 1볼	
	라이트그린(81)		
	연핑크(9)		육각형 스팽글…지름 6mm× 핑크 22개 노랑 14개
	황금색(52)	각각 5g 1볼	
	로즈핑크(56)		
	연노랑(77)		
	진핑크(82)		
퍼피 리넨 100	베이지(902)	각각 5g 1볼	
	노랑(905)		
	카키(906)		
	빨강(908)		

배색무늬뜨기 A

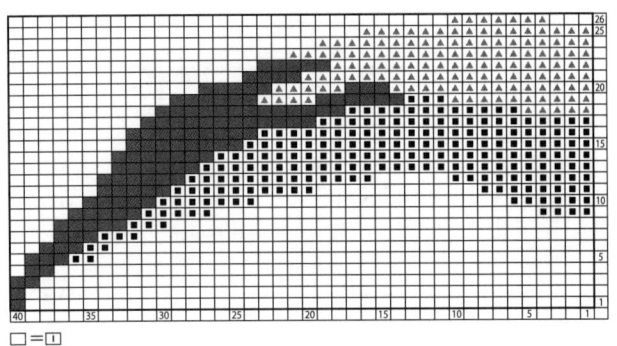

배색
□=미색
■=심녹색
▣=카키
▲=라이트그린

□=1

□ = ⊡

코튼 코나

코튼 코나 파인

재료
실…퍼피 코튼 코나 미색(2) 230g 6볼, 코튼 코나 파인 미색(302) 155g 7볼
단추…지름 13mm×6개
도구…대바늘 5호, 코바늘 5/0호·3/0호
완성 크기
가슴둘레 95.5cm, 기장 48.5cm, 화장 52.5cm
게이지
무늬뜨기 A(10×10cm) 24코×33단, 무늬뜨기 B 1무늬=3cm·14단=10cm
POINT
● 몸판·소매…몸판은 손가락으로 걸어서 만드는 기초코로 뜨기 시작해 무늬뜨기 A로 뜹니다. 늘림코는 1코 안쪽에서 돌려뜨기 늘림코를 합니다. 목

둘레의 줄임코는 2코 이상은 덮어씌우기, 1코는 끝의 1코를 세우는 줄임코를 합니다. 소매는 사슬뜨기로 기초코를 만들어 뜨기 시작해 무늬뜨기 B로 뜨고, 다림질한 뒤 무늬뜨기 C로 뜹니다.
● 마무리…어깨는 덮어씌워 잇기, 옆선은 떠서 꿰매기로 연결합니다. 앞단은 짧은뜨기로 뜹니다. 오른쪽 앞단에는 단춧구멍을 냅니다. 밑단은 앞뒤 몸판을 이어서 테두리뜨기 A로 뜹니다. 목둘레는 지정 콧수를 주워 짧은뜨기와 무늬뜨기 B로 뜹니다. 모티프를 지정 장수만큼 뜨고 도안을 참고해 목둘레 주위에 휘감치기로 답니다. 소맷단은 사슬뜨기와 빼뜨기로 꿰매기를 하고, 소맷부리는 테두리뜨기 B로 원형뜨기합니다. 소매는 빼뜨기 잇기로 몸판과 합칩니다. 단추를 달아 완성합니다.

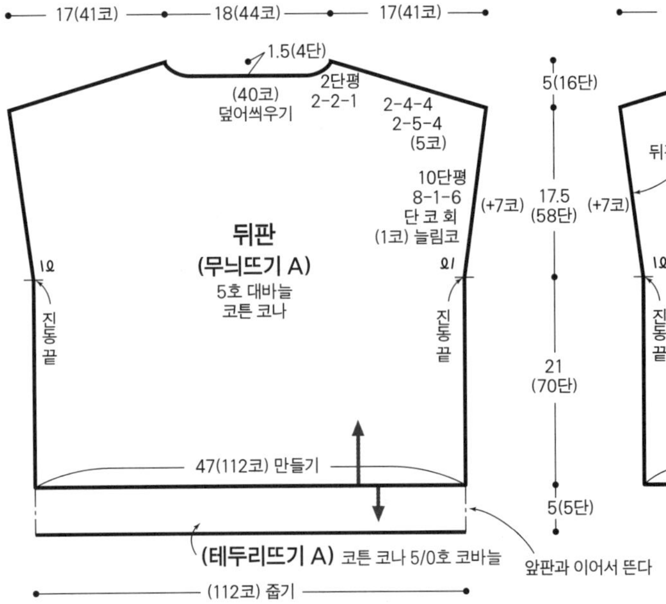

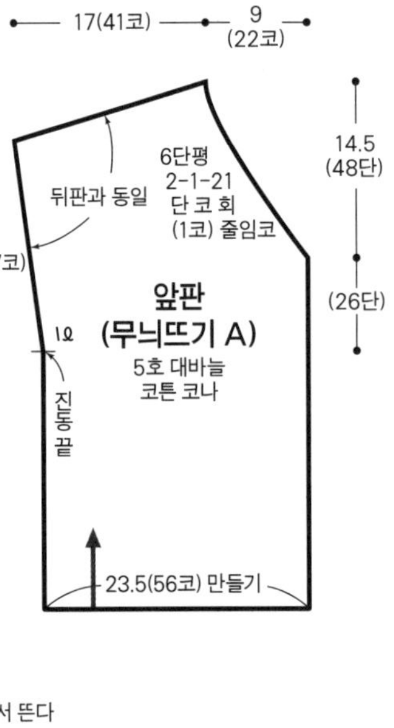

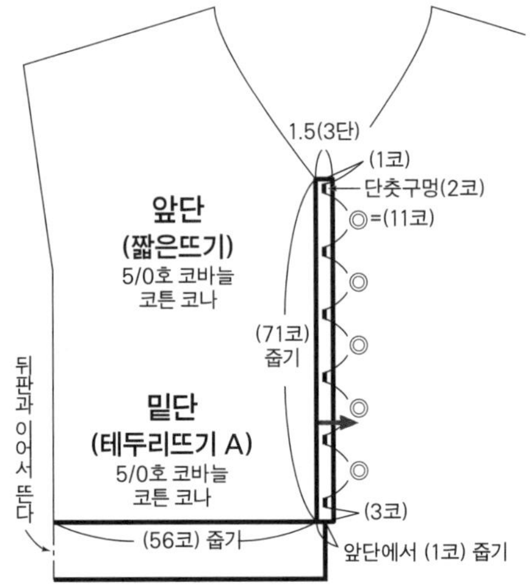

뒤판 (무늬뜨기 A) 5호 대바늘 코튼 코나

17(41코) — 18(44코) — 17(41코)
1.5(4단)
(40코) 덮어씌우기
2단평 2-2-1
2-4-4 2-5-4 (5코)
10단평 8-1-6 단 코 회 (1코) 늘림코
17.5(58단) (+7코)
21(70단)
진동끝
5(5단)
47(112코) 만들기
(테두리뜨기 A) 코튼 코나 5/0호 코바늘
(112코) 줍기
앞판과 이어서 뜬다

앞판 (무늬뜨기 A) 5호 대바늘 코튼 코나

17(41코) — 9(22코)
5(16단)
6단평 2-1-21 단 코 회 (1코) 줄임코
뒤판과 동일
14.5(48단)
(26단)
(+7코)
진동끝
23.5(56코) 만들기
앞판과 이어서 뜬다

앞단 (짧은뜨기) 5/0호 코바늘 코튼 코나
밑단 (테두리뜨기 A) 5/0호 코바늘 코튼 코나

1.5(3단)
(1코)
단춧구멍(2코)
◎=(11코)
(71코) 줍기
(56코) 줍기
(3코)
앞단에서 (1코) 줍기
뒤판과 이어서 뜬다

목둘레 3/0호 코바늘 코튼 코나 파인

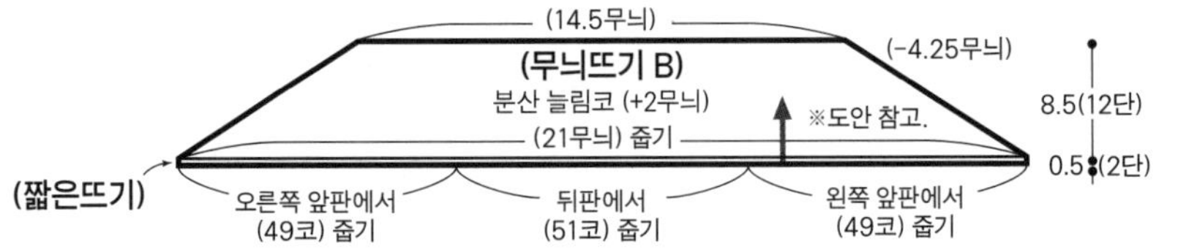

(14.5무늬)
(무늬뜨기 B) 분산 늘림코 (+2무늬)
(21무늬) 줍기
(-4.25무늬)
8.5(12단)
0.5(2단)
(짧은뜨기)
오른쪽 앞판에서 (49코) 줍기 — 뒤판에서 (51코) 줍기 — 왼쪽 앞판에서 (49코) 줍기
※몸판의 안면을 보면서 전체에서 (149코) 줍는다.

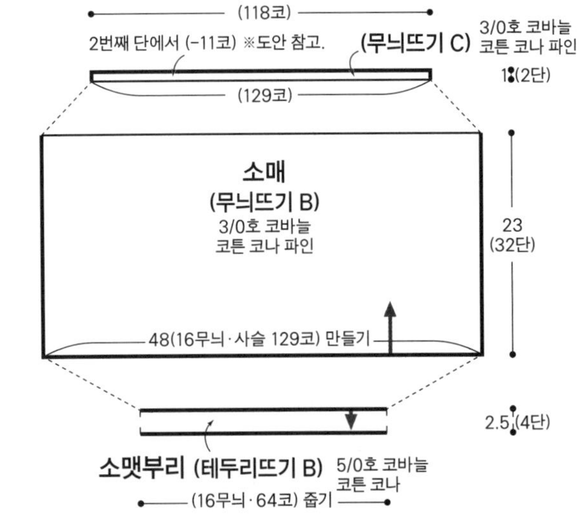

소매 (무늬뜨기 B) 3/0호 코바늘 코튼 코나 파인

(118코)
2번째 단에서 (-11코) ※도안 참고.
(무늬뜨기 C) 3/0호 코바늘 코튼 코나 파인
1.5(2단)
(129코)
23(32단)
48(16무늬·사슬 129코) 만들기
소맷부리 (테두리뜨기 B) 5/0호 코바늘 코튼 코나
2.5(4단)
(16무늬·64코) 줍기

단춧구멍 (오른쪽 앞단)

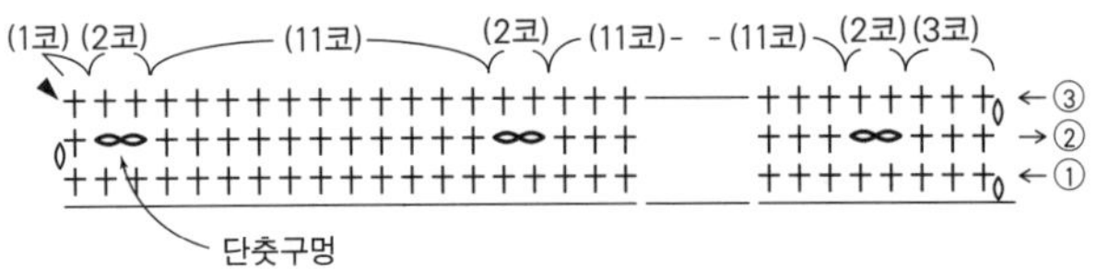

(1코) (2코) (11코) (2코) (11코)- - (11코) (2코) (3코)
단춧구멍
►=실 자르기

무늬뜨기 A

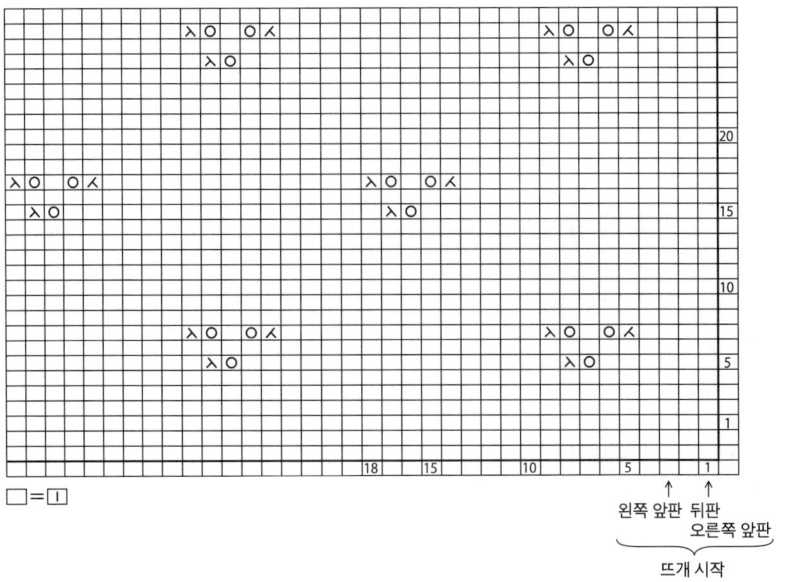

□=①
18 15 10 5 1
20 15 10 5 1
왼쪽 앞판 뒤판
오른쪽 앞판
뜨개 시작

테두리뜨기 A

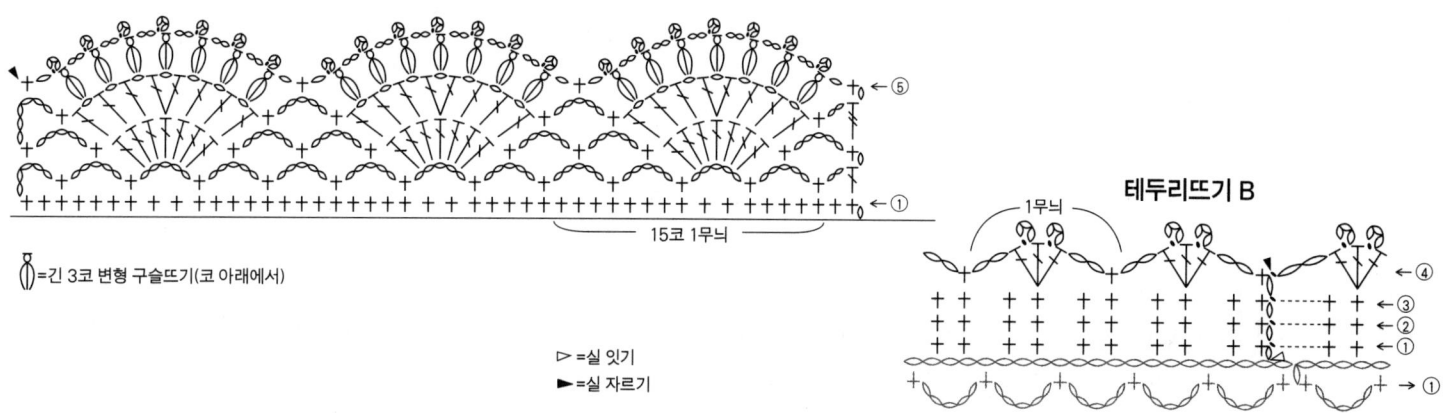

←⑤
←①

15코 1무늬

🐚=긴 3코 변형 구슬뜨기(코 아래에서)

▷ =실 잇기
► =실 자르기

테두리뜨기 B

1무늬

←④
←③
←②
←①

→①

목둘레의 모티프

꽃 3/0호 코바늘 19장
코튼 코나 파인

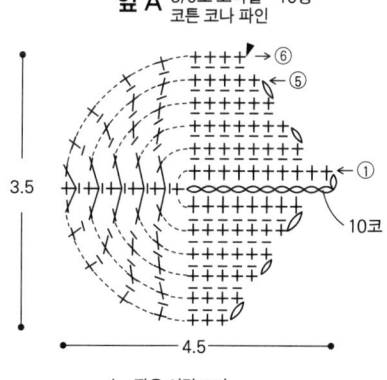

④
③
②
①

4.5

4

♩=짧은 뒤걸어뜨기
1번째 단의 한길 긴뜨기 다리를 줍는다.
※뜨는 법→P.142

무늬뜨기 B

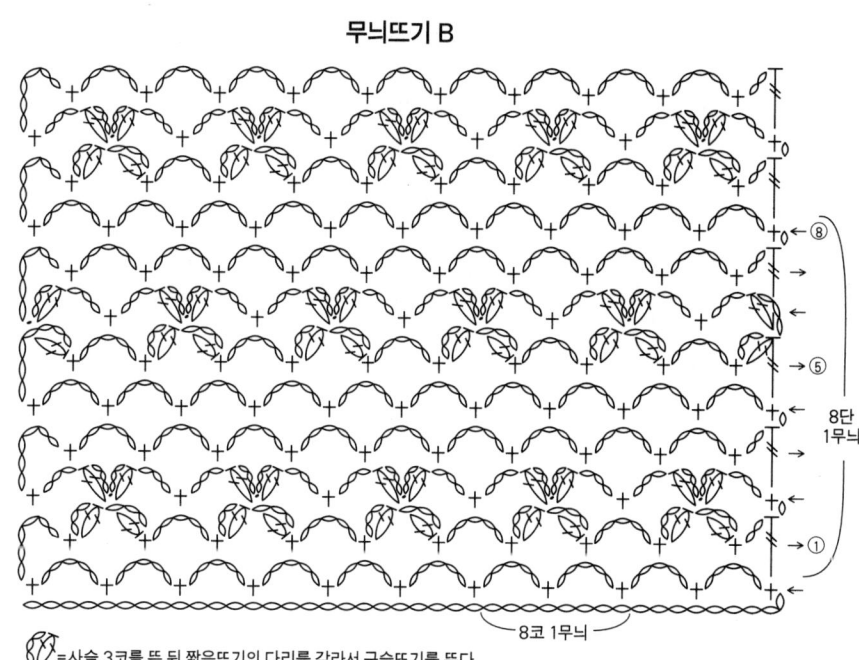

←⑧
→
→
←⑤
→
→
←①

8단
1무늬

8코 1무늬

=사슬 3코를 뜬 뒤 짧은뜨기의 다리를 갈라서 구슬뜨기를 뜬다.

잎 A 3/0호 코바늘 10장
코튼 코나 파인

→⑥
←⑤

①

3.5

10코

4.5

± =짧은 이랑뜨기

목둘레의 모티프 배치

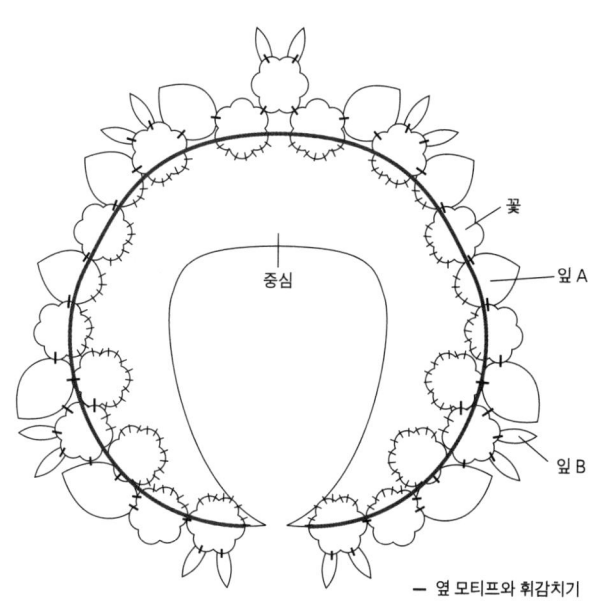

꽃

잎 A

중심

잎 B

━ 옆 모티프와 휘감치기

잎 B 3/0호 코바늘 14장
코튼 코나 파인

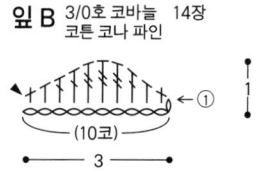

←①

(10코)

3

140페이지로 이어집니다. ▶

▶ 139페이지에서 이어집니다.

무늬뜨기 C

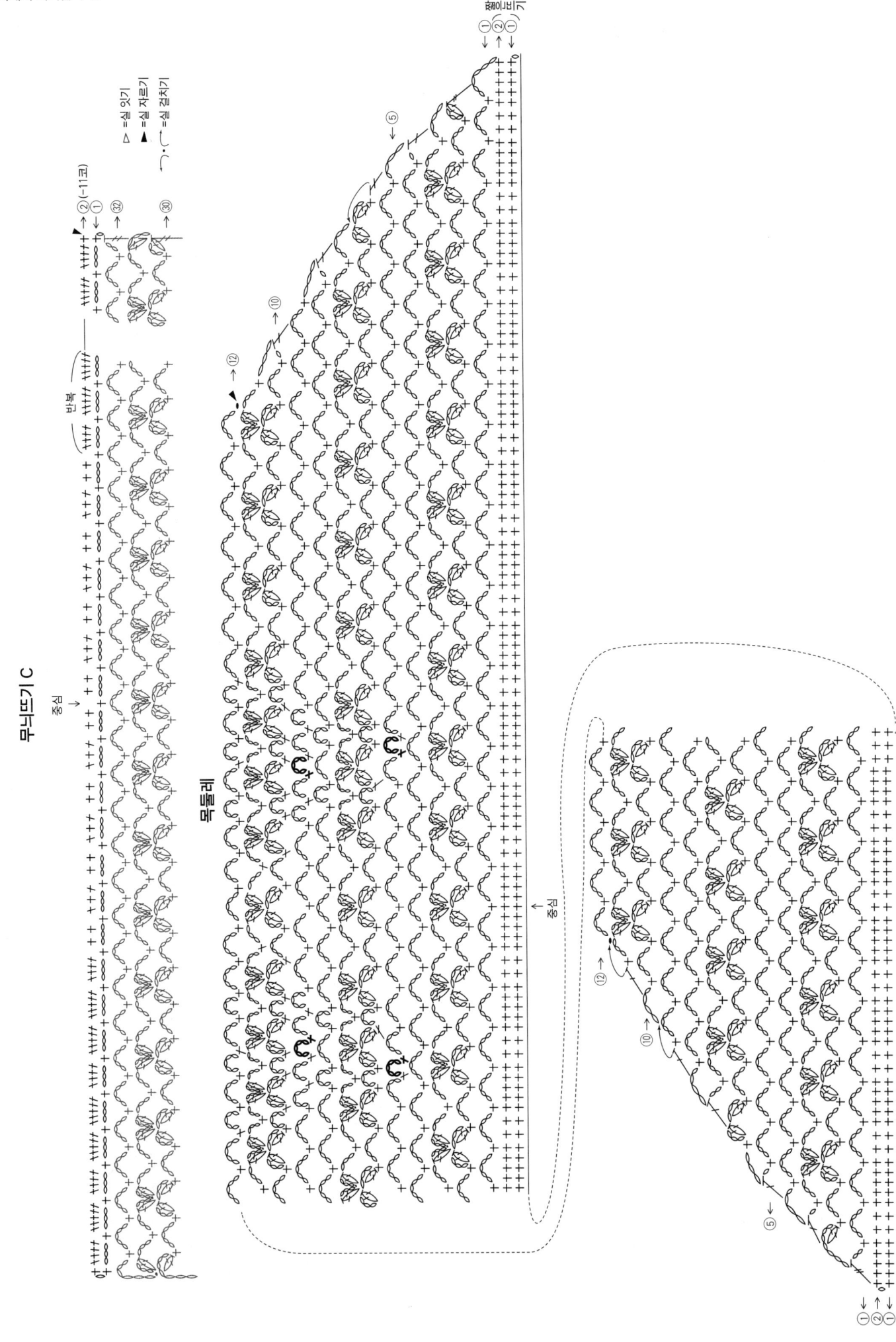

재료
올림포스 샤포트 ※실의 색이름·색번호·사용량
은 표를 참고하세요.
도구…코바늘 6/0호
완성 크기
가방…너비 28cm, 깊이 22cm
모자…머리둘레 56cm, 깊이 24cm
게이지(10×10cm)
짧은뜨기 20코×20단, 무늬뜨기 18코×20단
POINT
● 가방…바닥은 사슬뜨기로 기초코를 만들어 뜨

기 시작해 짧은뜨기로 뜹니다. 이어서 본체를 짧은
뜨기로 원형뜨기를 하는데, 2번째 단은 불규칙하
므로 주의하세요. 입구는 되돌아 짧은뜨기로 뜹니
다. 손잡이는 바닥과 같은 방법으로 뜨고, 맞춤 표
시끼리 맞춰 감아서 잇기로 연결합니다. 마무리하
는 법을 참고해 본체에 꿰매어 답니다. 모티프를
뜬 뒤 모티프 배치도를 참고해 꿰매어 답니다.
● 모자…원형뜨기의 기초코로 뜨기 시작해 무늬
뜨기, 짧은뜨기로 뜹니다. 늘림코는 도안을 참고하
세요. 모티프를 뜬 뒤 모티프 배치도를 참고해 꿰
매어 답니다.

가방

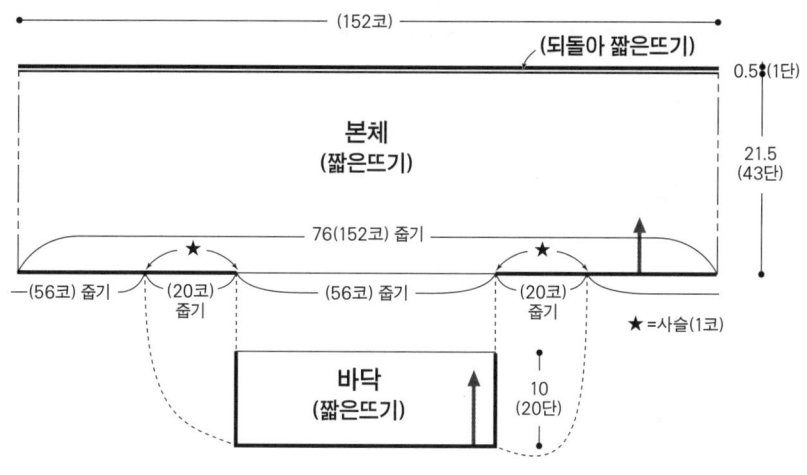

※모두 6/0호 코바늘로 뜬다.
※지정하지 않은 것은 베이지로 뜬다.

가방의 실 사용량

색이름(색번호)	사용량
베이지(2)	175g 5볼
미색(1)	각각 25g
겨자색(7)	1볼
녹색(17)	20g 1볼
갈색(3)	
빨강(10)	각각 10g
연핑크(19)	1볼
핑크(4)	
하늘색(6)	5g 1볼

마무리하는 법

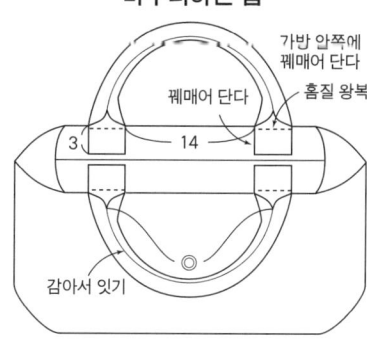

모티프 배치도

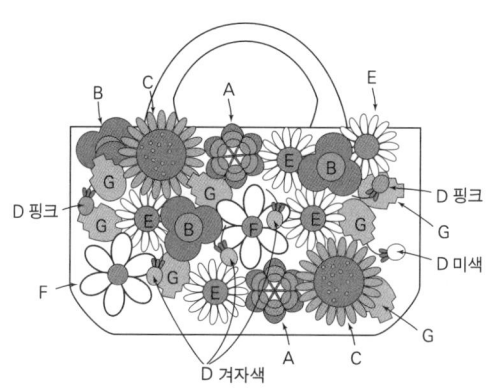

※모티프 D는 뜨개실 끝부분, 나머지는 재봉실을
  사용해서 가방 겉쪽에 꿰매어 단다.

손잡이 2개

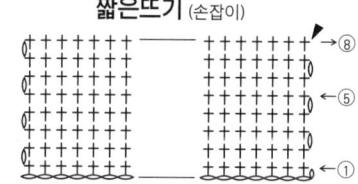

※맞춤 표시(◎)끼리 감아서 잇기로 연결한다.

짧은뜨기 (손잡이)

►=실 자르기

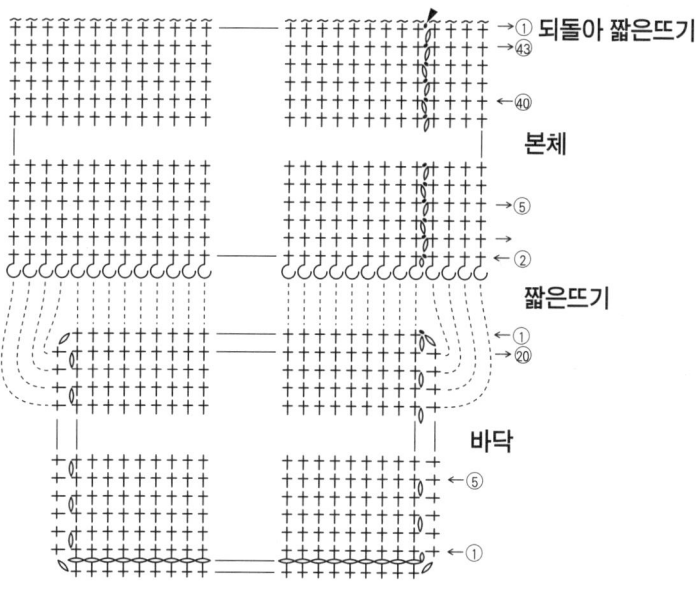

Ŧ =되돌아 짧은뜨기

ʔ=짧은 뒤걸어뜨기
  ※뜨는 법→P.142

142페이지로 이어집니다. ▶

▶ 141페이지에서 이어집니다.

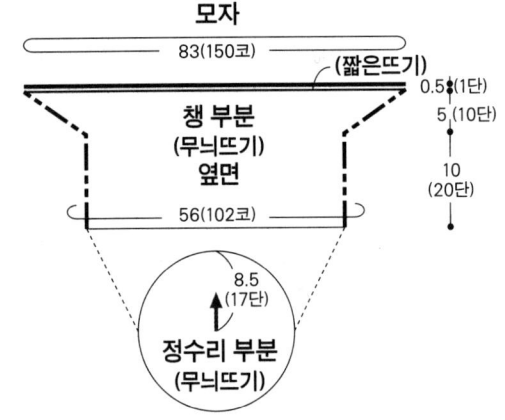

모자

83(150코) (짧은뜨기)

0.5(1단)
5 (10단)

챙 부분
(무늬뜨기)
옆면

10
(20단)

56(102코)

8.5
↑(17단)

정수리 부분
(무늬뜨기)

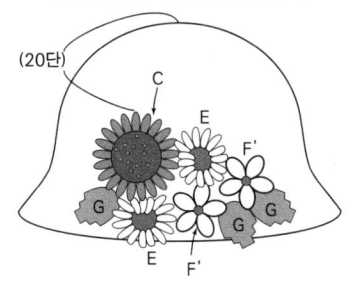

모티프 배치도
※각 모티프를 재봉실로 꿰매어 단다.

(20단)

모자의 실 사용량

색이름(색번호)	사용량
베이지(2)	95g 3볼
미색(1)	각각 10g 1볼
겨자색(7)	
갈색(3)	각각 5g 1볼
하늘색(6)	
녹색(17)	

※모두 6/0호 코바늘로 뜬다.
※지정하지 않은 것은 베이지로 뜬다.

▶=실 자르기

✝=앞단을 감싸면서 2단 전의 머리에 짧은뜨기한다.

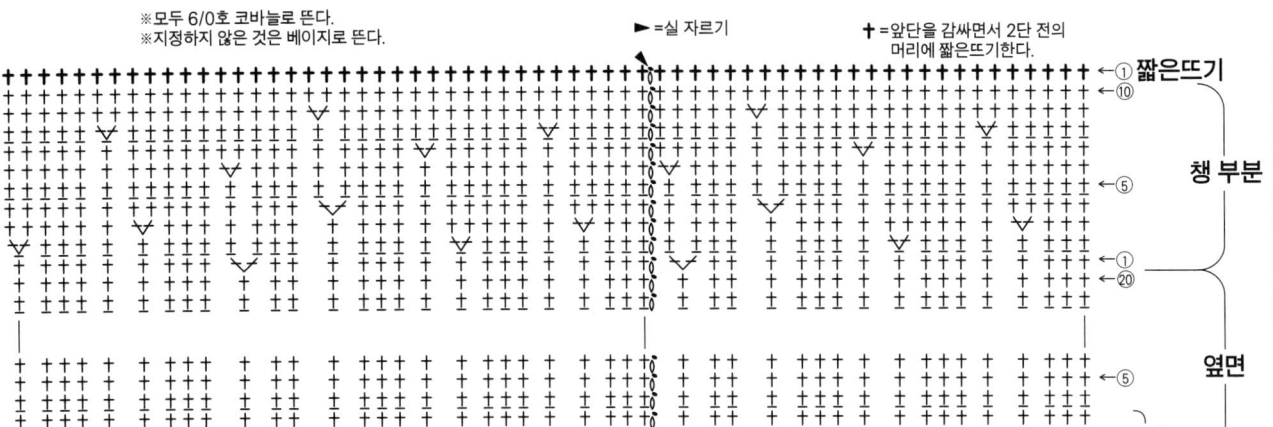

①짧은뜨기
⑩
챙 부분
⑤
①
⑳
옆면
⑤
3단 1무늬
①

챙 부분의 늘림코

단수	콧수	
10단	150코	
9단	150코	(+6코)
8단	144코	(+6코)
7단	138코	(+6코)
6단	132코	(+6코)
5단	126코	
4단	126코	(+6코)
3단	120코	(+6코)
2단	114코	(+6코)
1단	108코	(+6코)

무늬뜨기

✝=짧은 이랑뜨기

정수리 부분

정수리 부분의 늘림코

단수	콧수	
17단	102코	(+6코)
16단	96코	(+6코)
15단	90코	(+6코)
14단	84코	(+6코)
13단	78코	(+6코)
12단	72코	(+6코)
11단	66코	(+6코)
10단	60코	(+6코)
9단	54코	(+6코)
8단	48코	(+6코)
7단	42코	(+6코)
6단	36코	(+6코)
5단	30코	(+6코)
4단	24코	(+6코)
3단	18코	(+6코)
2단	12코	(+6코)
1단	6코	

짧은 뒤걸어뜨기
(2단 아래의 짧은뜨기에 떠 넣을 경우)

✝

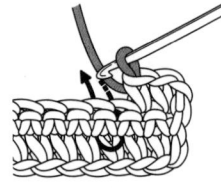

1 2단 전의 짧은뜨기에 화살표와 같이 뒤쪽에서 코바늘을 넣어 실을 끌어낸다.

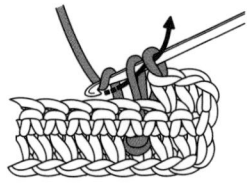

2 코바늘에 실을 걸고, 코바늘에 걸린 2개의 고리 안으로 빼낸다.

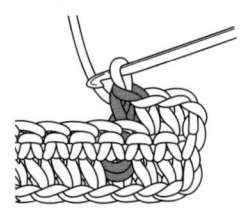

3 짧은 뒤걸어뜨기를 완성한 모습.

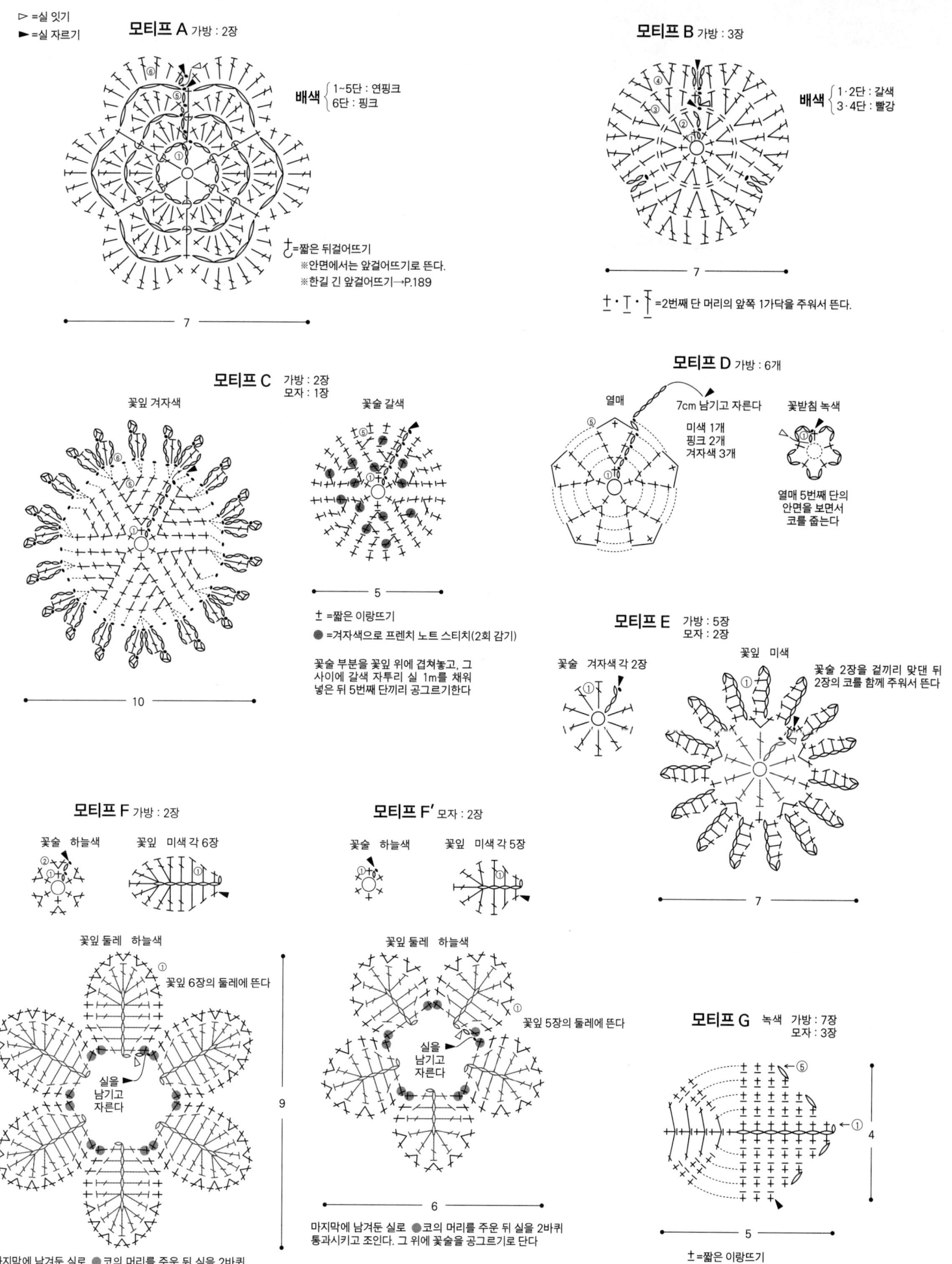

△ =실 잇기
► =실 자르기

모티프 A 가방 : 2장

배색 { 1~5단 : 연핑크
6단 : 핑크

⌁=짧은 뒤걸어뜨기
※안면에서는 앞걸어뜨기로 뜬다.
※한길 긴 앞걸어뜨기→P.189

7

모티프 B 가방 : 3장

배색 { 1·2단 : 갈색
3·4단 : 빨강

7

⌁·⌁·⌁=2번째 단 머리의 앞쪽 1가닥을 주워서 뜬다.

모티프 C 가방 : 2장
모자 : 1장

꽃잎 겨자색

10

꽃술 갈색

5

⌁ =짧은 이랑뜨기
● =겨자색으로 프렌치 노트 스티치(2회 감기)

꽃술 부분을 꽃잎 위에 겹쳐놓고, 그
사이에 갈색 자투리 실 1m를 채워
넣은 뒤 5번째 단끼리 공그르기한다

모티프 D 가방 : 6개

열매

7cm 남기고 자른다

미색 1개
핑크 2개
겨자색 3개

꽃받침 녹색

열매 5번째 단의
안면을 보면서
코를 줄인다

모티프 E 가방 : 5장
모자 : 2장

꽃술 겨자색 각 2장

꽃잎 미색

꽃술 2장을 겉끼리 맞댄 뒤
2장의 코를 함께 주워서 뜬다

7

모티프 F 가방 : 2장

꽃술 하늘색   꽃잎 미색 각 6장

꽃잎 둘레 하늘색

꽃잎 6장의 둘레에 뜬다

실을
남기고
자른다

9

마지막에 남겨둔 실로 ●코의 머리를 주운 뒤 실을
통과시키고 조인다. 그 위에 꽃술을 공그르기로 단다

모티프 F' 모자 : 2장

꽃술 하늘색   꽃잎 미색 각 5장

꽃잎 둘레 하늘색

꽃잎 5장의 둘레에 뜬다

실을
남기고
자른다

6

마지막에 남겨둔 실로 ●코의 머리를 주운 뒤 실을 2바퀴
통과시키고 조인다. 그 위에 꽃술을 공그르기로 단다

모티프 G 녹색 가방 : 7장
모자 : 3장

4

5

⌁=짧은 이랑뜨기

143

스키 셀레네

스키 워셔블 UV

재료
스키 얀 스키 셀레네 갈색계열 믹스(1223) 245g
9볼, 스키 워셔블 UV 황록색(5207)·연갈색(5213)
각 95g 4볼

도구
코바늘 4/0호

완성 크기
가슴둘레 104cm, 어깨너비 39.5cm, 기장
77.5cm

게이지
모티프 크기는 도안 참고

POINT
● 몸판…모티프 잇기로 뜹니다. 2번째 장부터는
마지막 단에서 옆 모티프와 연결합니다.
● 마무리…옆선·밑단, 목둘레 주위는 테두리뜨기
A를 뜨고, 밑단에 테두리뜨기 B를 뜹니다. 이어서
옆선·진동둘레를 테두리뜨기 B로 뜨는데, 옆선은
도안을 참고해 슬릿 트임 끝까지 마지막 단에서 떠
서 연결합니다. 목둘레는 테두리뜨기 B로 원형뜨
기를 합니다.

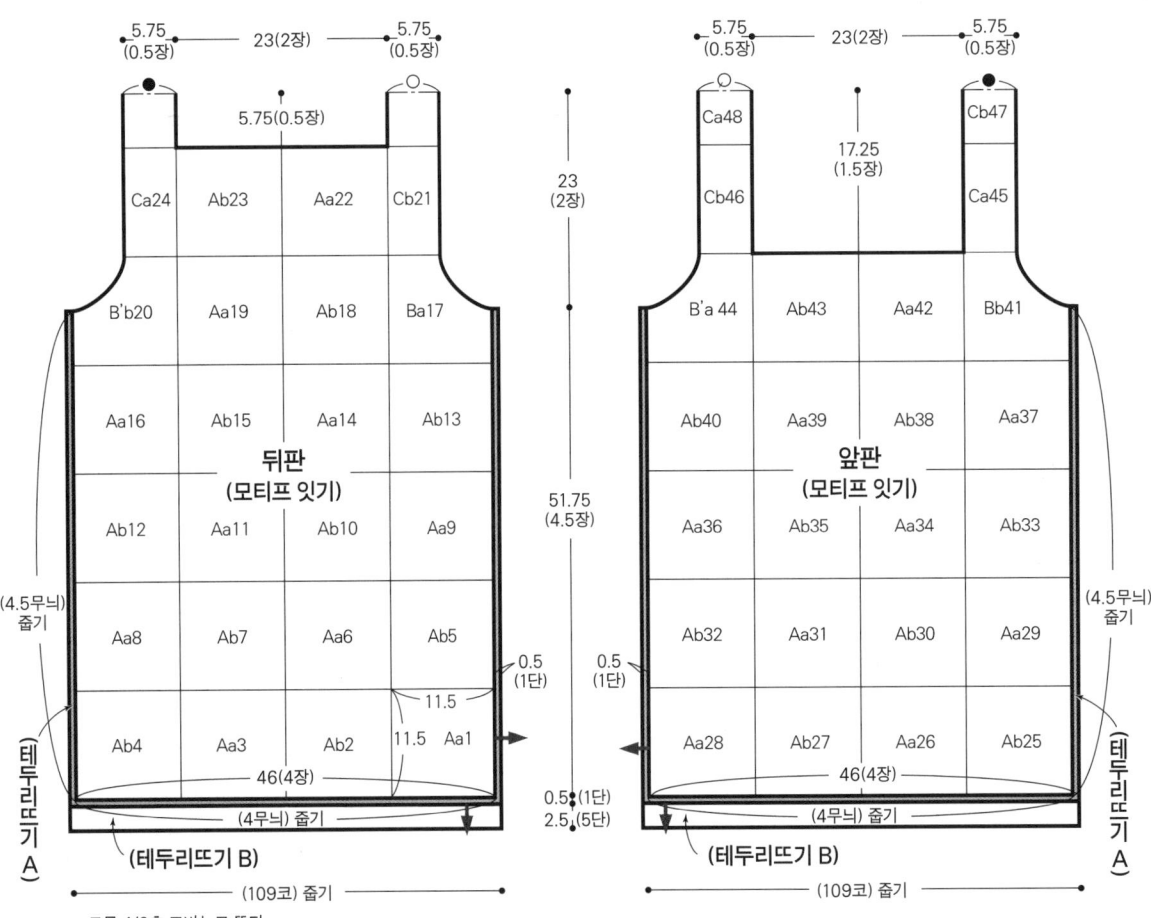

※모두 4/0호 코바늘로 뜬다.
※지정하지 않은 것은 믹스 실로 뜬다.
※모티프 안의 숫자는 연결하는 순서다.
※모티프의 모서리 잇는 법→P.107

테두리뜨기 A (옆선·밑단, 목둘레 주위)

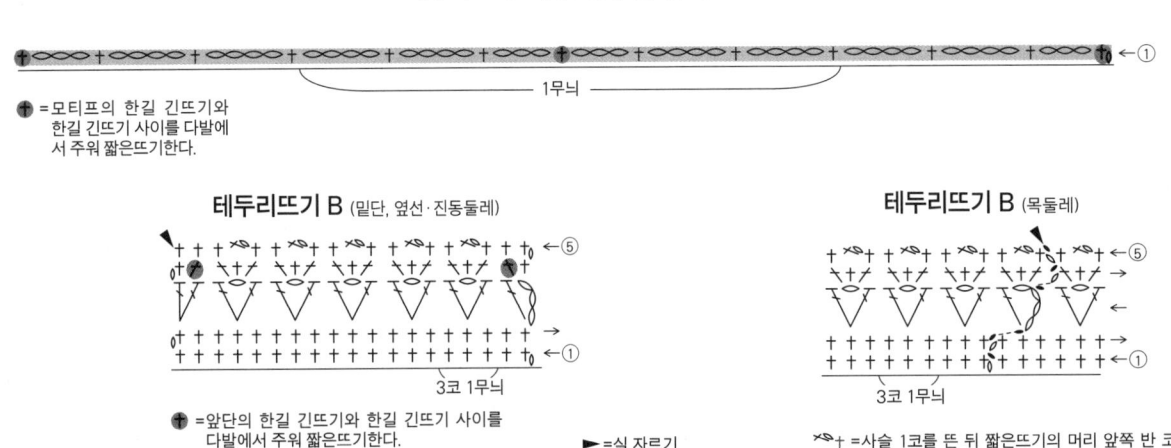

✚ =모티프의 한길 긴뜨기와
한길 긴뜨기 사이를 다발에
서 주워 짧은뜨기한다.

테두리뜨기 B (밑단, 옆선·진동둘레)

✚ =앞단의 한길 긴뜨기와 한길 긴뜨기 사이를
다발에서 주워 짧은뜨기한다.

►=실 자르기

⤳✚ =사슬 1코를 뜬 뒤 짧은뜨기의 머리 앞쪽 반 코와
다리의 실 1가닥을 주워서 짧은뜨기한다.

테두리뜨기 B (목둘레)

⤳✚ =사슬 1코를 뜬 뒤 짧은뜨기의 머리 앞쪽 반 코와
다리의 실 1가닥을 주워서 짧은뜨기한다.

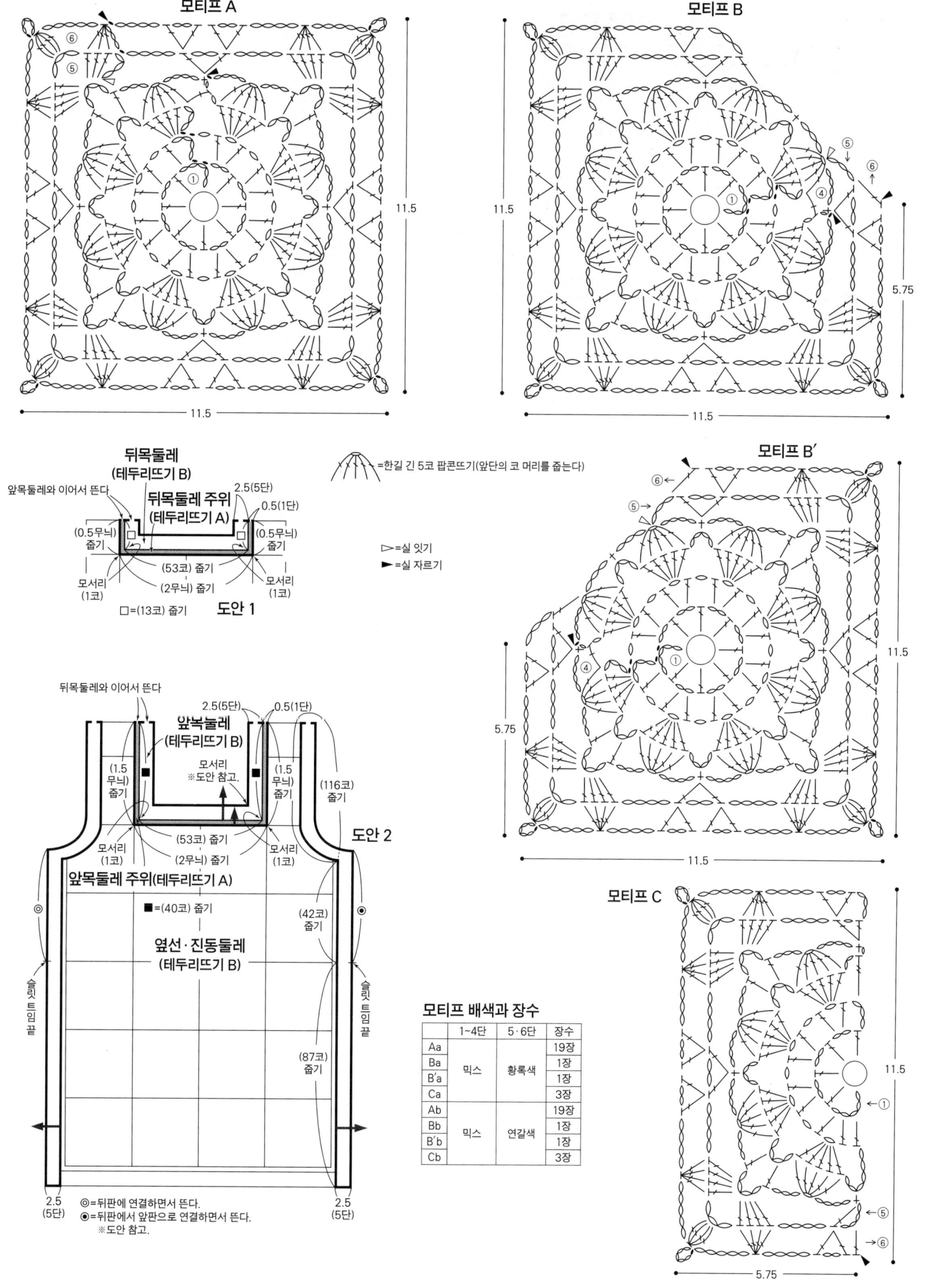

모티프 A

11.5

11.5

모티프 B

11.5

5.75

11.5

뒤목둘레
(테두리뜨기 B)

앞목둘레와 이어서 뜬다

뒤목둘레 주위
(테두리뜨기 A)

2.5(5단)

0.5(1단)

(0.5무늬)
줄기

(0.5무늬)
줄기

모서리
(1코)

(53코) 줄기

(2무늬) 줄기

모서리
(1코)

□=(13코) 줄기

도안 1

=한길 긴 5코 팝콘뜨기(앞단의 코 머리를 줄기)

▷=실 잇기
►=실 자르기

모티프 B′

⑥ ←
⑤ →

④

①

5.75

11.5

11.5

뒤목둘레와 이어서 뜬다

2.5(5단)

0.5(1단)

앞목눌레
(테두리뜨기 B)

모서리
※도안 참고.

(1.5
무늬)
줄기

(1.5
무늬)
줄기

(116코)
줄기

도안 2

모서리
(1코)

(53코) 줄기

(2무늬) 줄기

모서리
(1코)

앞목둘레 주위(테두리뜨기 A)

■=(40코) 줄기

(42코)
줄기

옆선·진동둘레
(테두리뜨기 B)

슬릿
트임
끝

슬릿
트임
끝

(87코)
줄기

모티프 배색과 장수

	1~4단	5·6단	장수
Aa	믹스	황록색	19장
Ba			1장
B′a			1장
Ca			3장
Ab	믹스	연갈색	19장
Bb			1장
B′b			1장
Cb			3장

모티프 C

11.5

①

⑤ ←

⑥ →

5.75

2.5
(5단)

2.5
(5단)

◎=뒤판에 연결하면서 뜬다.
●=뒤판에서 앞판으로 연결하면서 뜬다.
※도안 참고.

146페이지로 이어집니다. ►

▶ 145페이지에서 이어집니다.

모티프 잇는 법

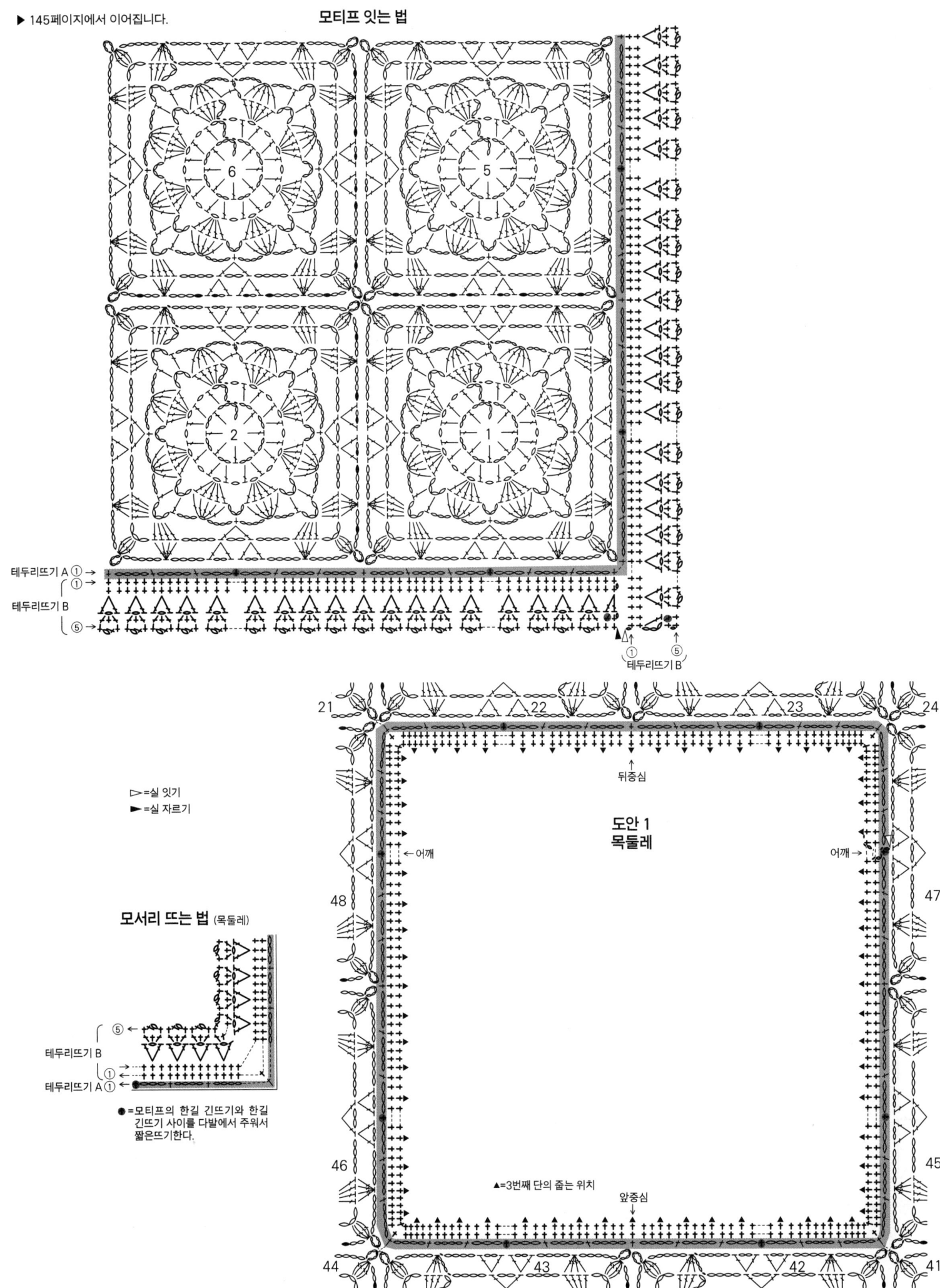

테두리뜨기 A ①→
①→
테두리뜨기 B
⑤→

①
테두리뜨기 B ⑤

▷ =실 잇기
► =실 자르기

모서리 뜨는 법 (목둘레)

테두리뜨기 B
①→
테두리뜨기 A ①

● =모티프의 한길 긴뜨기와 한길
긴뜨기 사이를 다발에서 주워서
짧은뜨기한다.

도안 1
목둘레

뒤중심

← 어깨   어깨 →

▲=3번째 단의 줄는 위치

앞중심

21 22 23 24
48   47
46   45
44 43 42 41

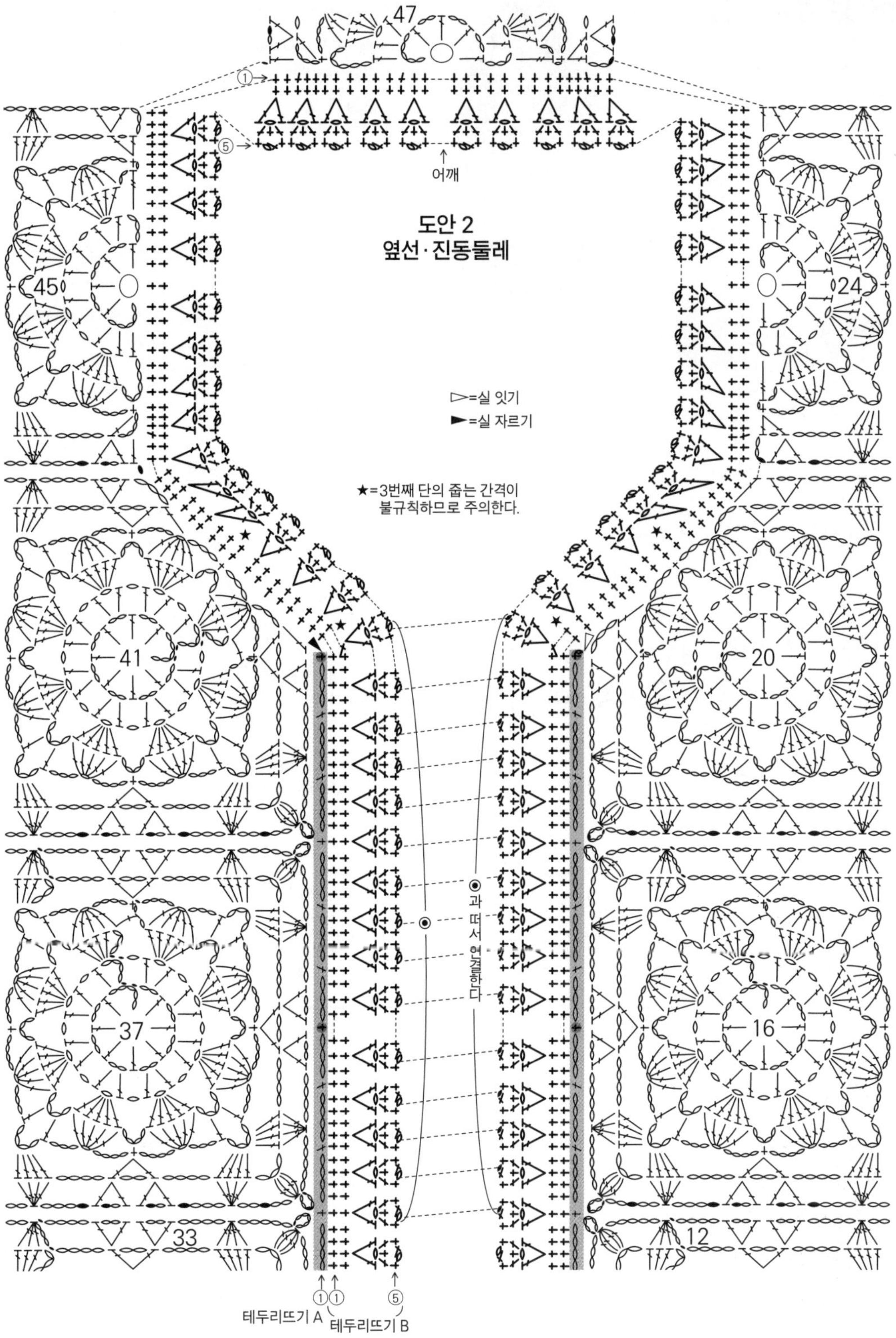

도안 2
옆선·진동둘레

47

어깨

45　24　41　20　37　16　33　12

▷=실 잇기
►=실 자르기

★=3번째 단의 줍는 간격이
불규칙하므로 주의한다.

⦿ 과 떠서 연결한다

테두리뜨기 A　테두리뜨기 B

왼코 늘리기

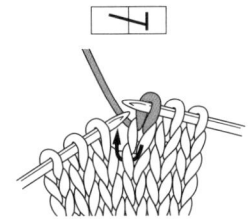
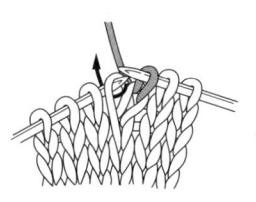

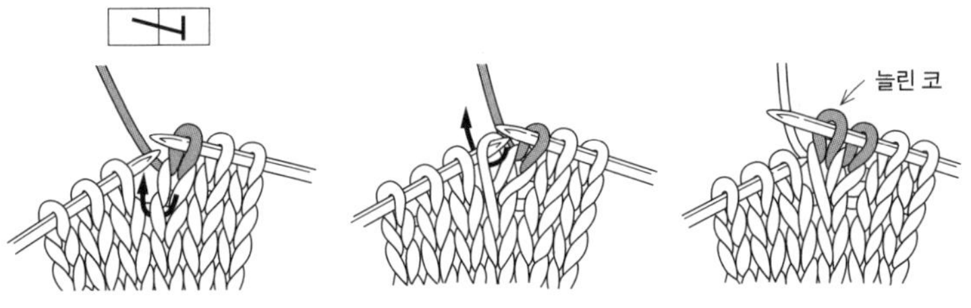

늘린 코

1 겉뜨기 1코를 뜨고, 2단 전의 코를 화살표와 같이 오른쪽 바늘로 끌어올려

2 왼쪽 바늘에 걸고 겉뜨기를 한다.

3 왼코 늘리기를 완성한 모습.

오른코 늘리기

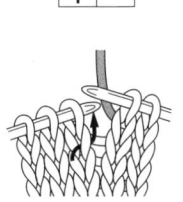
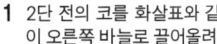
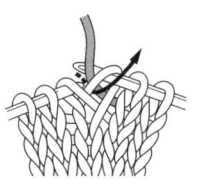
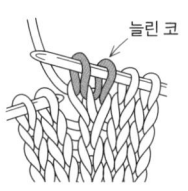

늘린 코

1 2단 전의 코를 화살표와 같이 오른쪽 바늘로 끌어올려

2 겉뜨기한다. 바늘에 걸려 있는 다음 코도 겉뜨기를 한다.

3 오른코 늘리기를 완성한 모습.

재료
스키 얀 스키 워셔블 UV 베이지(5203) 165g 6볼,
하늘색(5206) 60g 2볼, 핑크(5212) 35g 2볼, 연갈
색(5213) 20g 1볼, 올리브그린(5214) 20g 1볼
도구…대바늘 6호·4호
완성 크기
가슴둘레 94cm, 어깨너비 38cm, 기장 58cm
게이지(10×10cm)
배색무늬뜨기 A·B·C 25.5코×27단
POINT
● 몸판…손가락으로 걸어서 만드는 기초코로 뜨

기 시작해 앞뒤 몸판을 이어서 원형뜨기를 합니
다. 1코 고무뜨기 줄무늬 A, 배색무늬뜨기 A·B·C
로 뜨는데, 진동둘레부터는 앞뒤 몸판을 나눠 왕
복으로 뜹니다. 배색무늬뜨기는 실을 가로로 걸치
는 방법으로 뜹니다. 줄임코는 2코 이상은 덮어씌
우기, 1코는 끝의 1코를 세우는 줄임코를 합니다.
● 마무리…어깨는 덮어씌워 잇기로 연결합니다.
목둘레·진동둘레는 지정 콧수를 주워 1코 고무뜨
기 줄무늬 B로 원형뜨기를 합니다. 뜨개 끝은 겉
뜨기는 겉뜨기로, 안뜨기는 안뜨기로 떠서 덮어씌
워 코막음합니다.

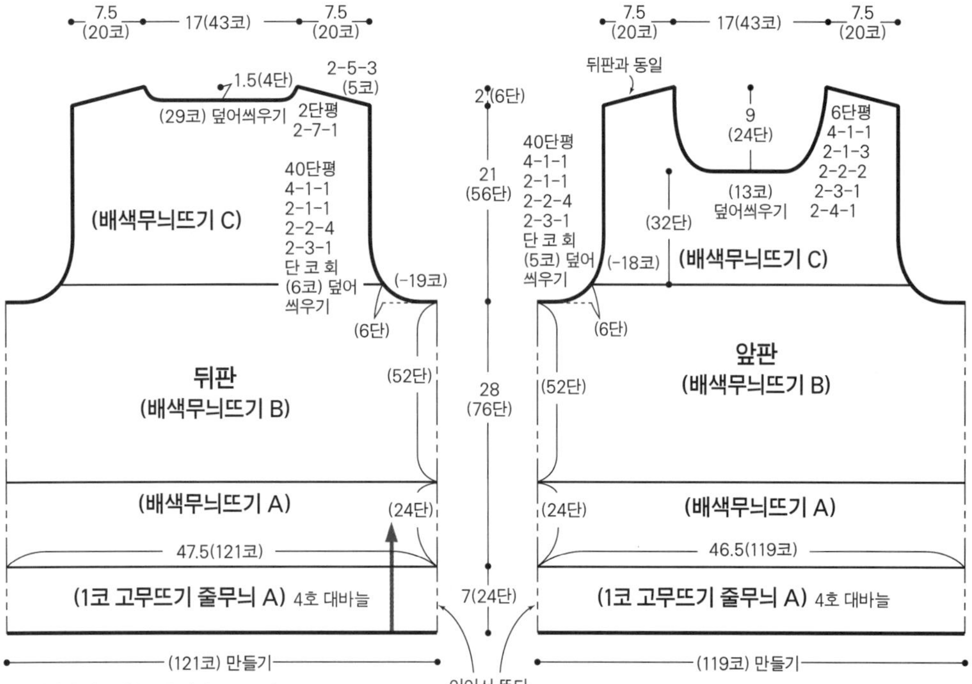

※지정하지 않은 것은 6호 대바늘로 뜬다.
※전체에서 (240코)를 만든다.
※실을 가로로 걸치는 배색무늬뜨기→P.111
※진동둘레는 앞뒤 몸판을 이어서 (11코) 덮어씌운다.

목둘레·진동둘레 (1코 고무뜨기 줄무늬 B)

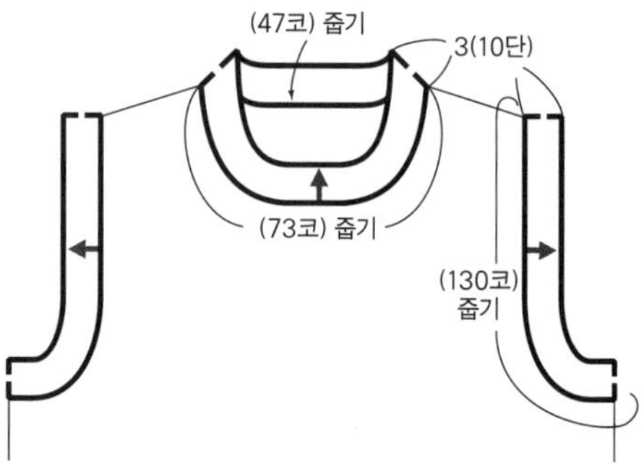

1코 고무뜨기 줄무늬 A

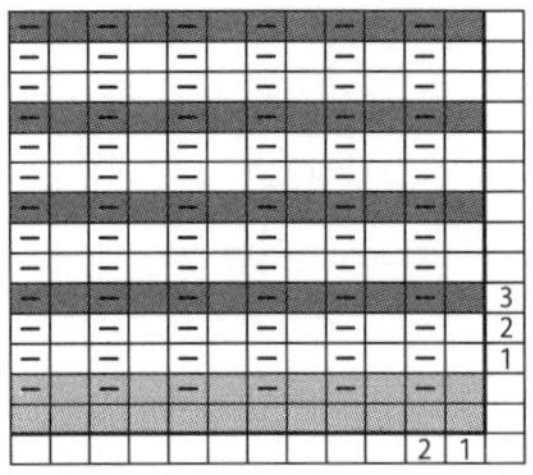

1코 고무뜨기 줄무늬 B 하늘색 실로 겉뜨기는 겉뜨기로,
안뜨기는 안뜨기로 떠서
덮어씌워 코막음

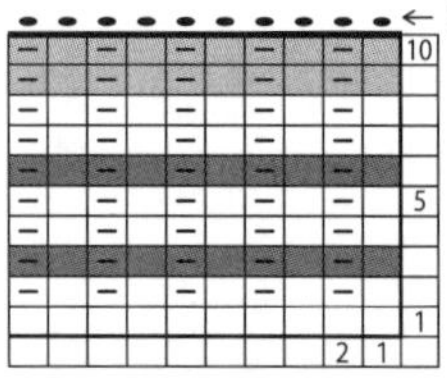

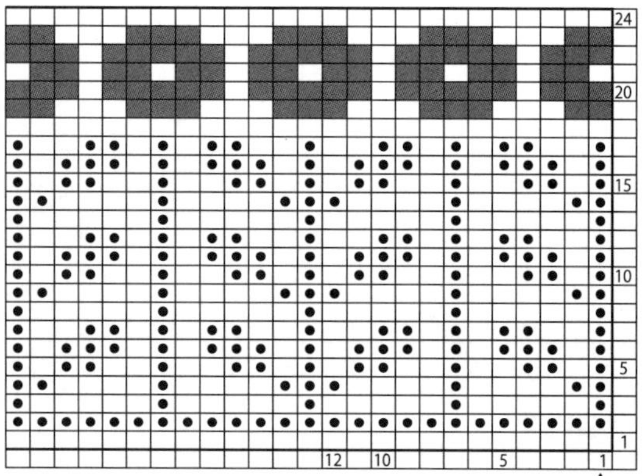

배색무늬뜨기 A

배색
□ = ①
▨ =하늘색
□ =베이지
■ =핑크

배색
□ = ①
□ =베이지
■ =핑크
▨ =하늘색

배색
□ =베이지
● =올리브그린
■ =핑크

배색무늬뜨기 B·C와 진동둘레의 줄임코

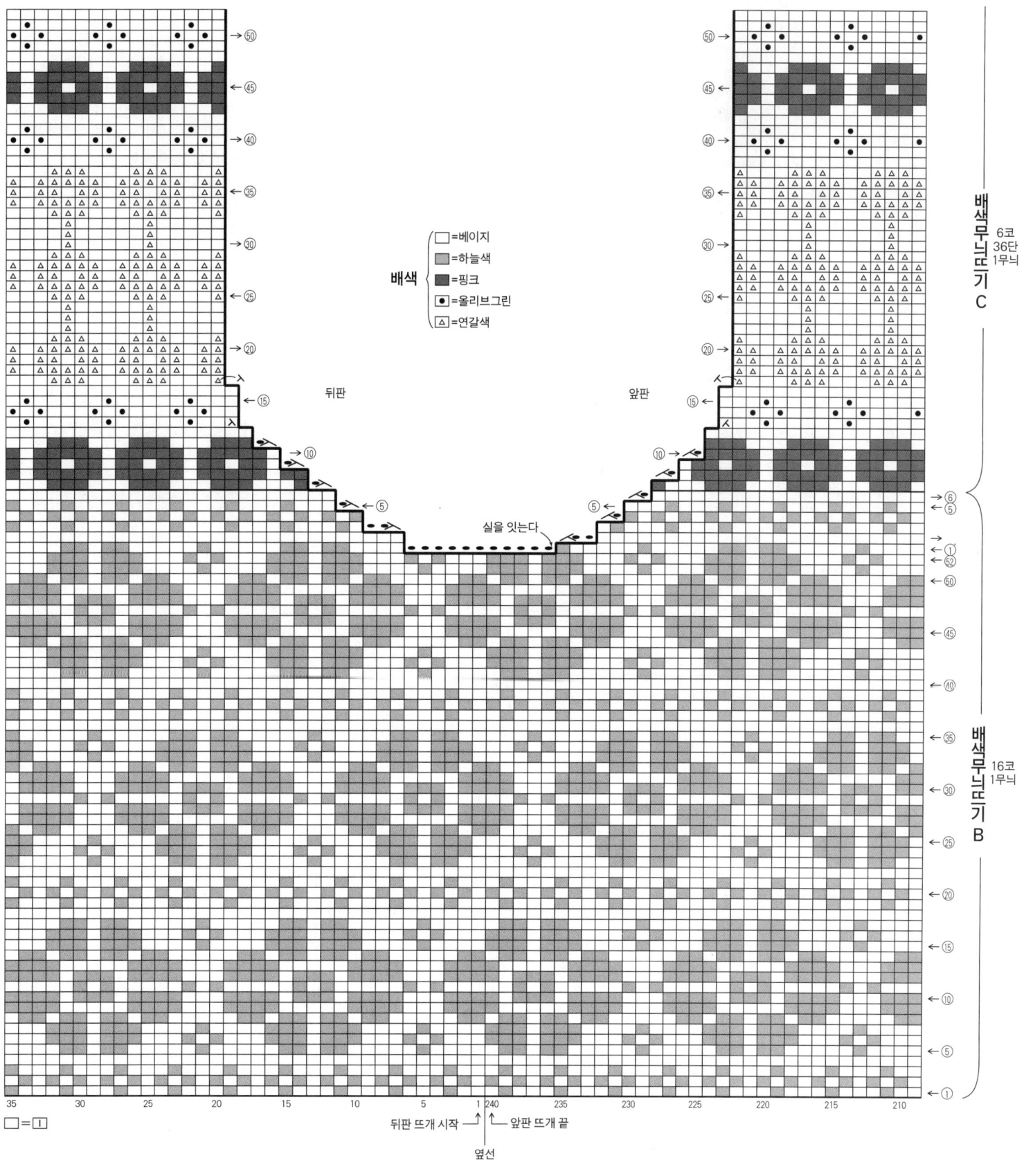

배색
- □ =베이지
- ▨ =하늘색
- ▦ =핑크
- ⊡ =올리브그린
- △ =연갈색

뒤판

앞판

실을 잇는다

배색무늬뜨기 C 6코 36단 1무늬

배색무늬뜨기 B 16코 1무늬

□ = Ⅰ

뒤판 뜨개 시작 → ↑ ↑ ← 앞판 뜨개 끝

옆선

샤포트

재료
실…올림포스 샤포트 샌드베이지(23) 90g 3볼,
올리브그린(24) 90g 3볼, 황록색계열 그러데이션
(52) 25g 1볼, 겨자색(7) 20g 1볼
단추…지름 23mm×1개

도구
코바늘 5/0호·6/0호·7/0호

완성 크기
너비 36cm, 깊이 24cm

게이지
모티프 크기는 도안 참고

POINT
● 바닥은 사슬뜨기로 기초코를 만들어 뜨기 시
작해 짧은뜨기로 원형뜨기를 합니다. 본체는 모티
프 잇기로 뜨는데, 먼저 4번째 단까지 떠두고 다림
질해 정돈한 뒤 계속 뜹니다. 모티프의 마지막 단
은 지정 호수로 뜹니다. 2번째 장부터는 마지막 단
에서 옆 모티프와 연결합니다. 본체 위쪽에 테두
리뜨기 A, 아래쪽에 테두리뜨기 B를 뜹니다. 테두
리뜨기 B의 3번째 단은 바닥과 안끼리 맞대고 코
를 겹쳐서 함께 뜹니다. 손잡이·태브는 도안을 참
고해 짧은뜨기로 떠서 지정 위치에 꿰매어 답니다.
단추를 달아 완성합니다.

가방

본체

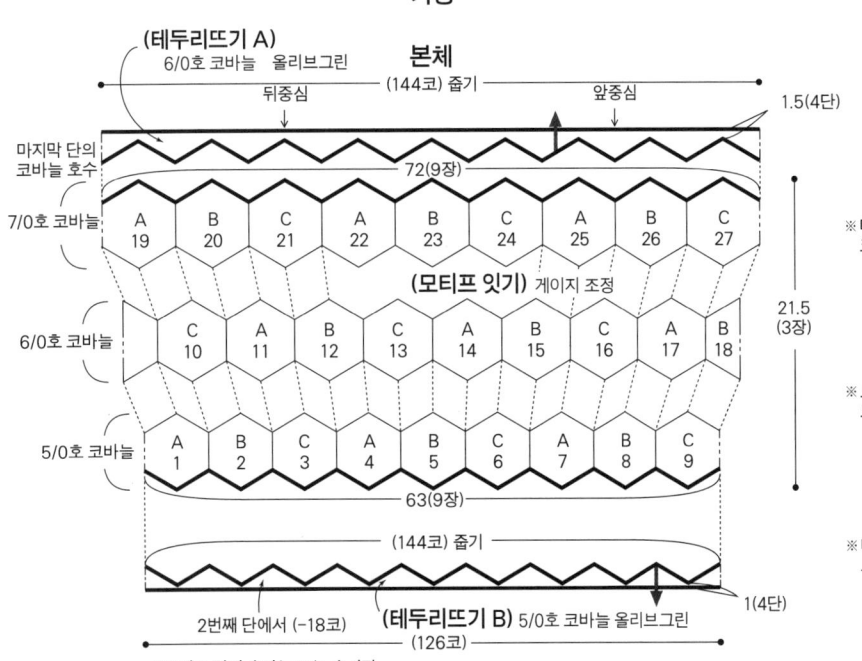

(테두리뜨기 A)
6/0호 코바늘 올리브그린

뒤중심 (144코) 줄기 앞중심
1.5(4단)

마지막 단의 코바늘 호수
7/0호 코바늘

| A 19 | B 20 | C 21 | A 22 | B 23 | C 24 | A 25 | B 26 | C 27 |
72(9장)

(모티프 잇기) 게이지 조정

| C 10 | A 11 | B 12 | C 13 | A 14 | B 15 | C 16 | A 17 | B 18 |
6/0호 코바늘
21.5 (3장)

| A 1 | B 2 | C 3 | A 4 | B 5 | C 6 | A 7 | B 8 | C 9 |
5/0호 코바늘
63(9장)

(144코) 줄기

2번째 단에서 (−18코) (테두리뜨기 B) 5/0호 코바늘 올리브그린
1(4단)
(126코)

※모티프 안의 숫자는 뜨는 순서다.

모티프

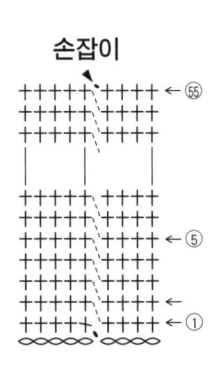

8 / 9
※마지막 단은 7/0호 코바늘로 뜬다.

7.5 / 8.5
※모두 6/0호 코바늘로 뜬다.

7 / 8
※마지막 단은 5/0호 코바늘로 뜬다.

※1~6번째 단은 6/0호 코바늘로 뜬다.
 7번째 단은 지정 호수로 뜬다.
※2번째 단의 짧은뜨기는 1번째 단의 머리 앞쪽 반 코를 줍는다.
 3번째 단의 짧은뜨기는 1번째 단의 머리 뒤쪽 반 코를 줍는다.
※5번째 단은 4번째 단을 앞쪽으로 넘기고 뜬다.

모티프 배색

	1단	2단	3·4단	5~7단	장수
A	그러데이션	올리브그린	겨자색	샌드베이지	9장
B	겨자색	그러데이션	올리브그린		9장
C	올리브그린	겨자색	그러데이션		9장

바닥 (짧은뜨기) 5/0호 코바늘 올리브그린

4 (8단)
18(사슬 39코) 만들기

바닥

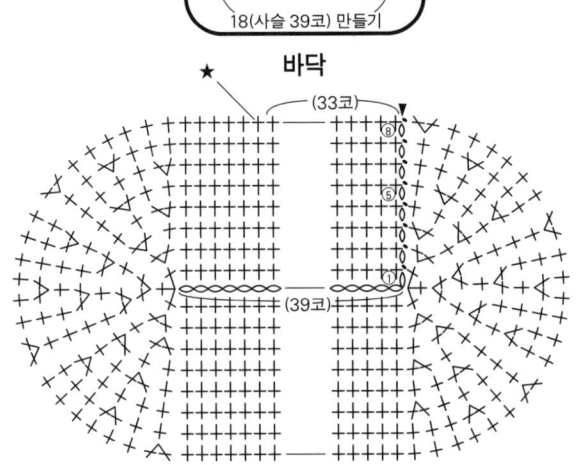

★
(33코)
(39코)

▷ = 실 잇기
► = 실 자르기

손잡이 (짧은뜨기) 2개
6/0호 코바늘 올리브그린

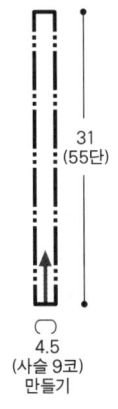

31 (55단)

4.5
(사슬 9코)
만들기

손잡이

⑤⑤
⑤
①

바닥의 늘림코

단수	콧수	
8단	126코	(+6코)
7단	120코	(+6코)
6단	114코	(+6코)
5단	108코	(+6코)
4단	102코	(+6코)
3단	96코	(+6코)
2단	90코	(+6코)
1단	84코	

태브 (짧은뜨기)
6/0호 코바늘 올리브그린

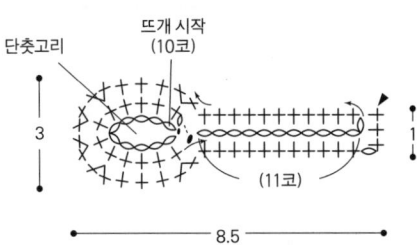

단춧고리 뜨개 시작 (10코)

3

(11코)

8.5

모티프 잇는 법

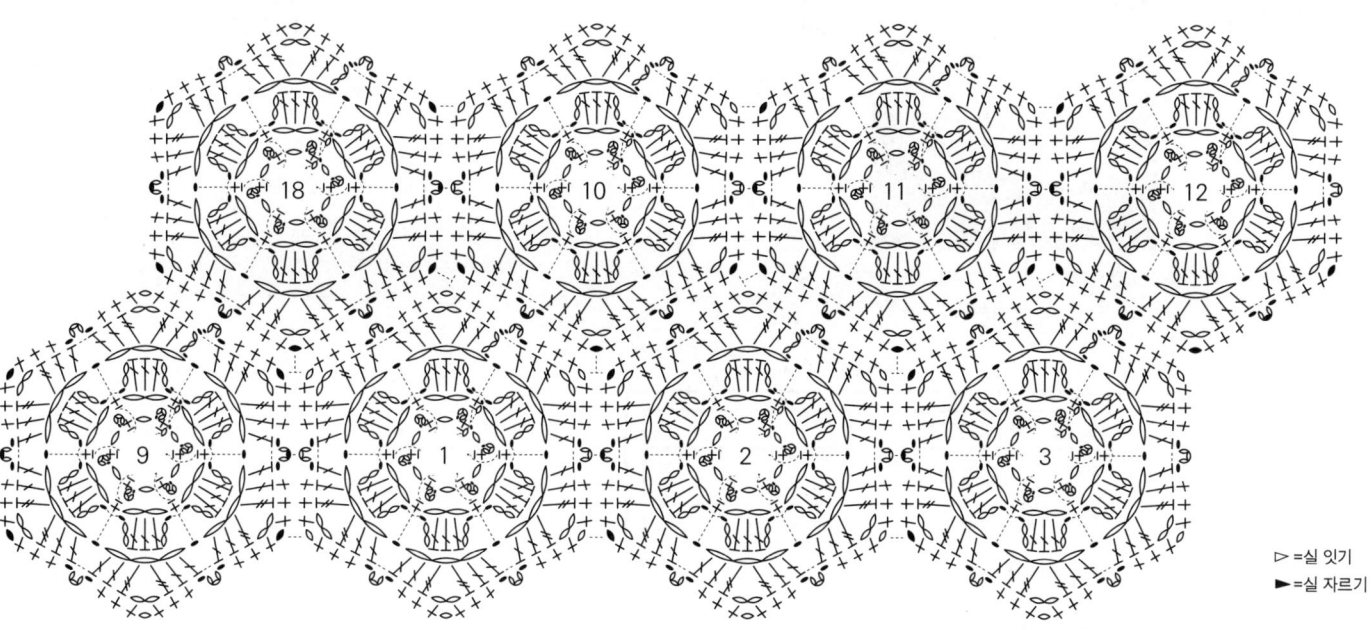

▷ =실 잇기
► =실 자르기

테두리뜨기 A

손잡이 다는 위치　　　　　　　　　　　　16코 1무늬　　　　　손잡이 다는 위치　　　뒤중심↓　　태브 다는 위치

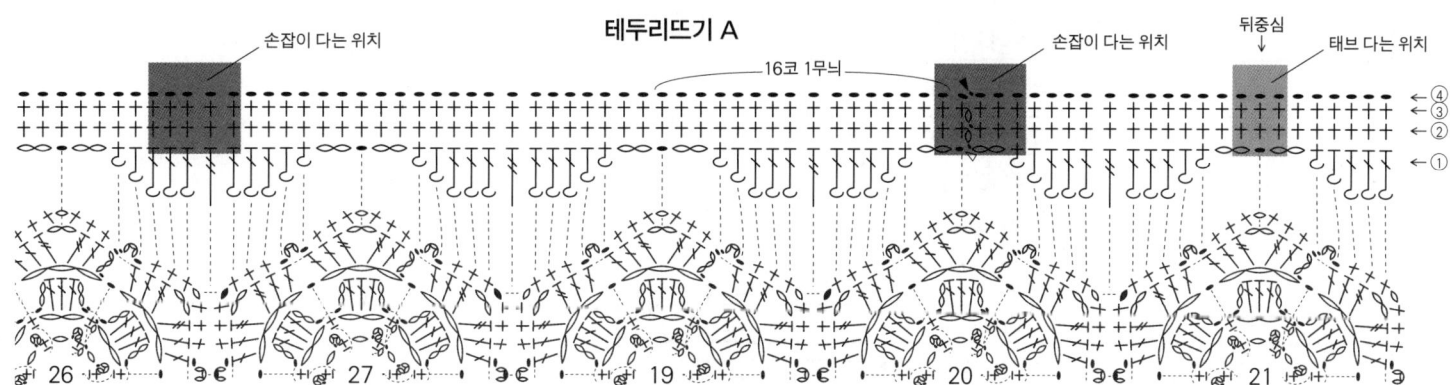

테두리뜨기 B

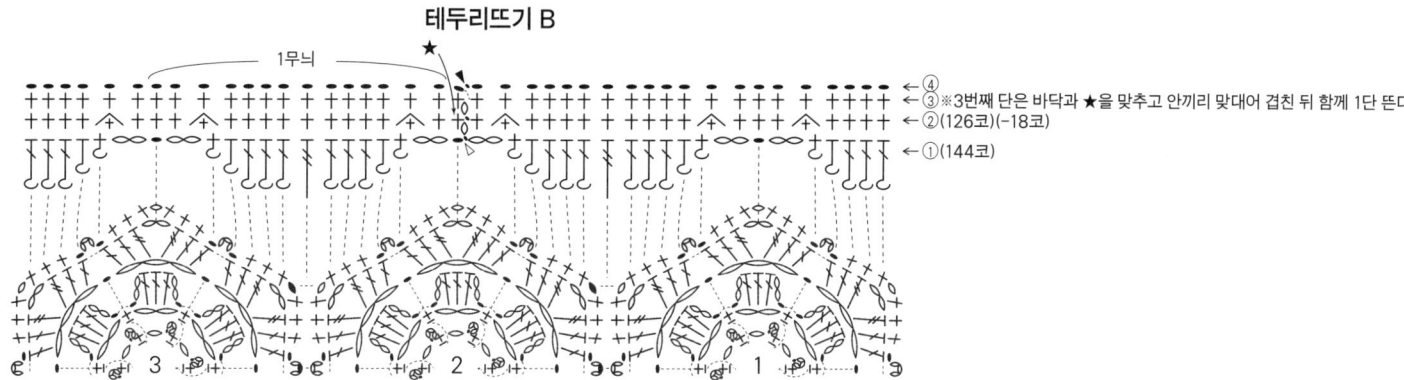

※3번째 단은 바닥과 ★을 맞추고 안끼리 맞대어 겹친 뒤 함께 1단 뜬다.
←④
←③
←②(126코)(−18코)
←①(144코)

마무리하는 법

손잡이
(안쪽에 꿰매어 단다)　　　　태브(바깥쪽에 꿰매어 단다)

단추

‡ =짧은 뒤걸어뜨기　※뜨는 법→P.142

┘ =긴 뒤걸어뜨기

┤ =한길 긴 뒤걸어뜨기

※ 테두리뜨기 A·B의 1번째 단 빼뜨기는 모티프의 7번째 단을 앞쪽으로 넘기고 6번째 단의 사슬을 다발에서 주워 뜬다.
※ 테두리뜨기 A·B의 1번째 단┤는 모티프 7번째 단의 빼뜨기 코의 다리 뒤쪽 2가닥을 줍는다.

재료
호비라 호비레 울 셰이프 흰색(01) 120g 3볼, 황록색(06) 80g 2볼, 연노랑(02)·핑크(03)·연보라(04)·하늘색(05) 각 40g 1볼
도구
코바늘 3/0호
완성 크기
너비 86.5cm, 길이 68cm

게이지
줄무늬 무늬뜨기 A(10×4cm) 35코×7단, 줄무늬 무늬뜨기 B·B′(10×6cm) 35코×7단
POINT
● 황록색 실을 이용해 사슬뜨기로 기초코를 만들어 뜨기 시작해 줄무늬 무늬뜨기 A·B·B′로 뜹니다. 도안을 참고해 테두리뜨기를 원형으로 뜨는데, 1번째 단은 불규칙하므로 주의합니다.

블랭킷

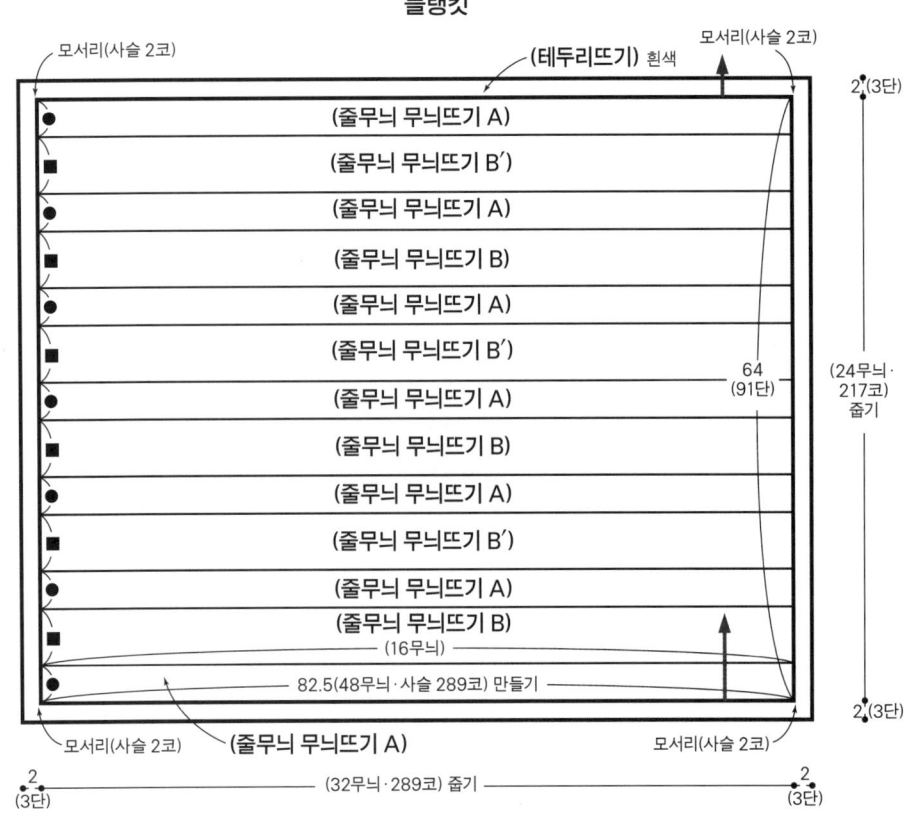

줄무늬 무늬뜨기 배색

	1단	2단	3단	4단	5단	6단	7단
A	황록색	핑크	흰색	황록색			연보라
B	흰색			하늘색			흰색
B′	흰색			연노랑			흰색

※모두 3/0호 코바늘로 뜬다.　●=4(7단)　■=6(7단)

▷ =실 잇기
► =실 자르기

줄무늬 무늬뜨기 B·B′

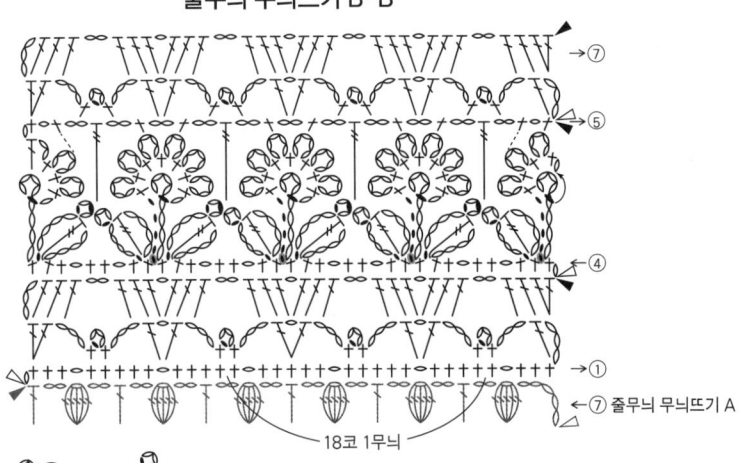

줄무늬 무늬뜨기 A

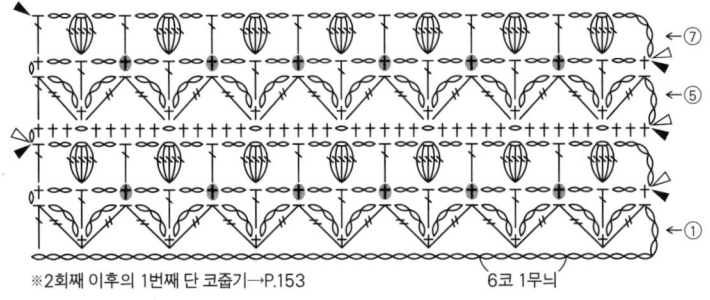

※2회째 이후의 1번째 단 코줍기→P.153
✚=앞단의 두길 긴 2코 모아뜨기의 빈 공간을 다발에서 주워 짧은뜨기한다.
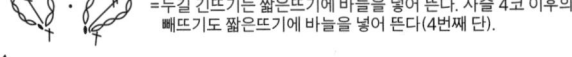=한길 긴 5코 팝콘뜨기→P.162

＝두길 긴뜨기는 짧은뜨기에 바늘을 넣어 뜬다. 사슬 4코 이후의 빼뜨기도 짧은뜨기에 바늘을 넣어 뜬다(4번째 단).

= 빼뜨기의 피코뜨기 요령으로 짧은뜨기의 머리 앞쪽 반 코와 다리의 실 1가닥에 바늘을 넣어서 빼뜨기한다(4번째 단).

※5번째 단의 두길 긴뜨기는 피코를 연결한 빼뜨기에 뜬다.

테두리뜨기 줍는 법과 모서리 뜨는 법

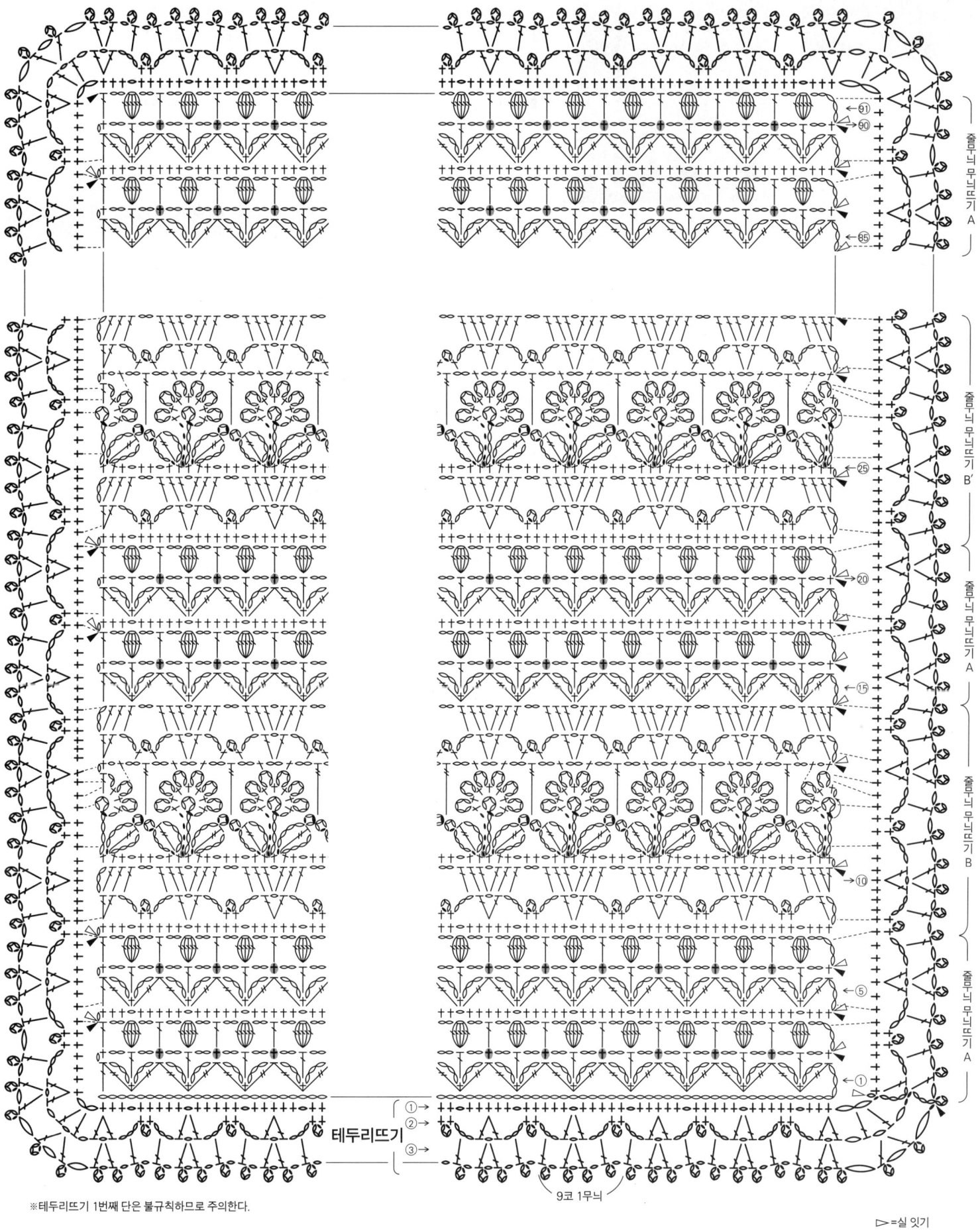

줄무늬 무늬뜨기 A

줄무늬 무늬뜨기 B'

줄무늬 무늬뜨기 A

줄무늬 무늬뜨기 B

줄무늬 무늬뜨기 A

테두리뜨기

9코 1무늬

※테두리뜨기 1번째 단은 불규칙하므로 주의한다.

▷=실 잇기
►=실 자르기

153

재료

호비라 호비레 코튼 필 파인 황록색(05)·하늘색
(07) 각각 75g 3볼, 흰색(01)·미색(15)·그레이
(21)·베이지(33)·노랑(34)·핑크(35) 각각 50g
2볼

도구

코바늘 4/0호

완성 크기

너비 110cm, 길이 87cm

게이지

모티프 크기는 도안 참고

POINT

● 모티프 잇기로 뜹니다. 배색은 도안을 참고하
고, 2번째 장부터는 마지막 단에서 옆 모티프와 빼
뜨기로 연결합니다. 둘레에 줄무늬 테두리뜨기를
원형으로 뜨는데, 3번째 단은 불규칙한 부분이 있
으므로 도안을 참고하세요.

블랭킷 (모티프 잇기)

(줄무늬 테두리뜨기)

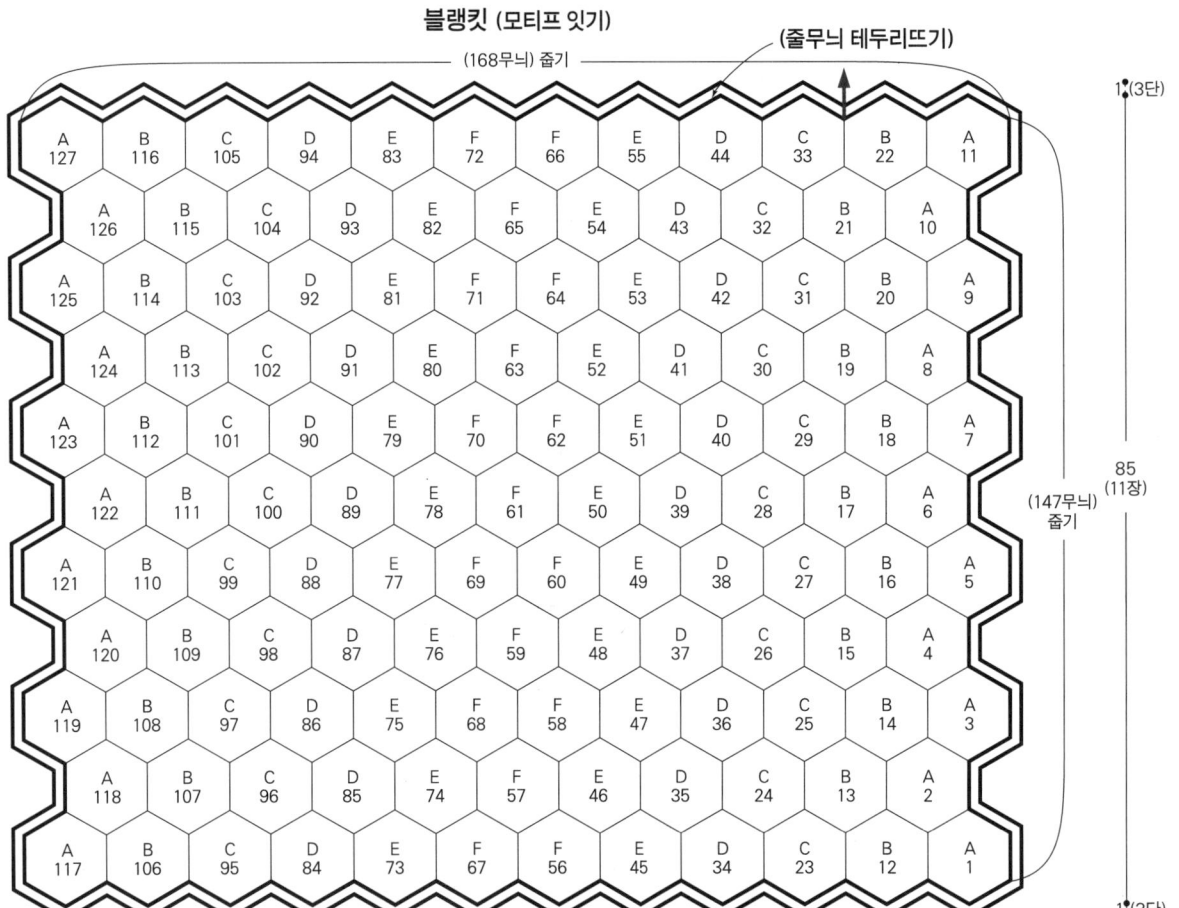

(168무늬) 줄기

85
(11장)

(147무늬)
줄기

108(12장)

1 (3단)

1 (3단)

1
(3단)

1
(3단)

※모두 4/0호 코바늘로 뜬다.
※모티프 안의 숫자는 연결하는 순서다.
※모티프의 모서리 잇는 법→P.107

모티프 배색과 장수

	1·2단	3단	4단	5·6단	장수
A	흰색	황록색	핑크	그레이	22장
B	미색	그레이	하늘색	황록색	22장
C	미색	그레이	황록색	하늘색	22장
D	흰색	하늘색	노랑	베이지	22장
E	흰색	하늘색	베이지	노랑	22장
F	하늘색	미색	흰색	미색	17장

줄무늬 테두리뜨기

←③
←②
←①

1무늬

※3번째 단은 불규칙한 부분이 있으므로 도안을 참고한다.

배색 { = 황록색
— = 핑크

모티프 127장

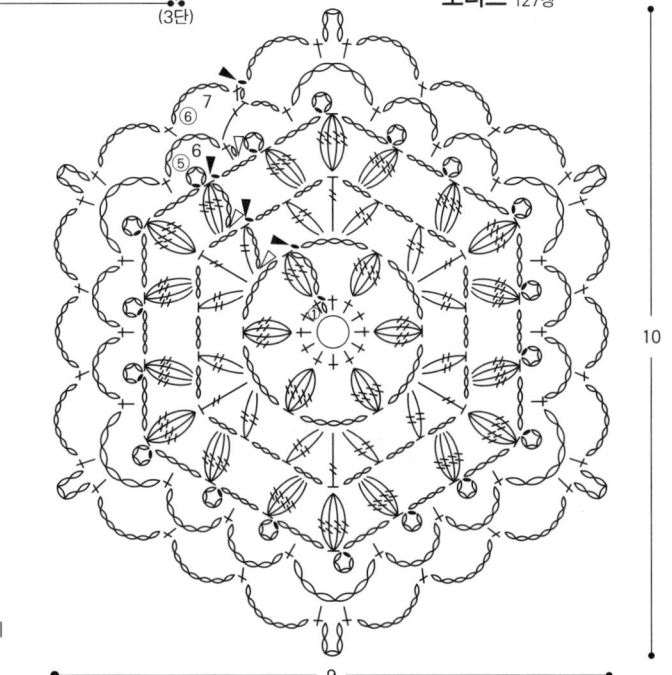

▷=실 잇기
▶=실 자르기

10

9

모티프 잇는 법

재료
가스토 울 녹타 크림색 계열(01202) 65g 1볼
도구
대바늘 1호
완성 크기
발바닥 길이 22cm, 발목 길이 20cm
게이지(10×10cm)
메리야스뜨기 30코×42단

POINT
● Figure 8 방법으로 코를 만들고 발가락 쪽부터 뜨기 시작해 메리야스뜨기로 원형뜨기를 합니다. 발등 쪽의 30코를 쉼코로 하고, 발뒤꿈치를 랩 & 턴 하면서 왕복뜨기를 합니다. 발뒤꿈치를 떴으면 쉬어둔 발등 쪽 코를 줍고, 발목을 메리야스뜨기와 1코 고무뜨기로 원형뜨기를 합니다. 마지막은 1코 고무뜨기 코막음을 합니다.

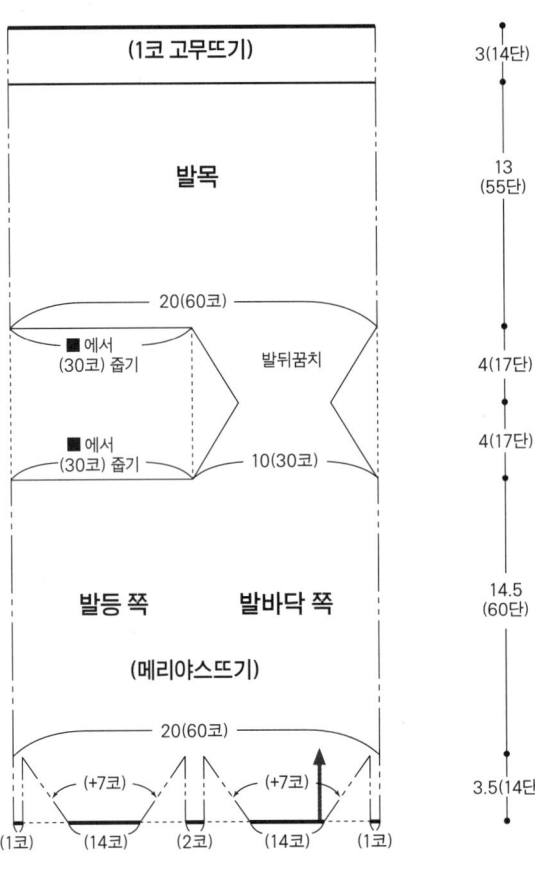

(60코)

(1코 고무뜨기)

발목

3(14단)

13
(55단)

20(60코)

■에서
(30코) 줍기

발뒤꿈치

4(17단)

■에서
(30코) 줍기

10(30코)

4(17단)

발등 쪽　　발바닥 쪽

(메리야스뜨기)

14.5
(60단)

20(60코)

(+7코)　　　(+7코)

3.5(14단)

(1코)　(14코)　(2코)　(14코)　(1코)

발가락 부분

(32코) 만들기

※모두 1호 대바늘로 뜬다.
※시작코는 각 바늘에 (16코)씩 만든다.
※발뒤꿈치는 도안을 참고한다.

Figure 8의 시작코

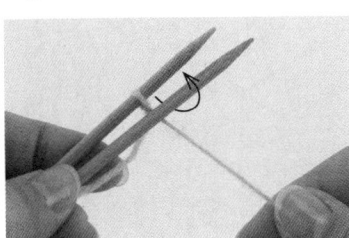

1 줄바늘의 양 끝을 모아 쥐고, 묶어서 만든 고리에 위쪽 바늘을 넣어 실 끝을 당겨 조인다. 화살표처럼 감아서,

2 두 바늘 사이로 통과시켜 위쪽 바늘 뒤쪽에서 앞쪽으로 8자를 그리듯이 감는다.

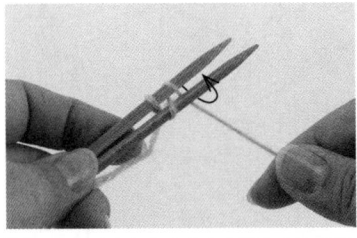

3 두 바늘 사이로 통과시켜 아래쪽 바늘 뒤쪽에서 앞쪽으로 감는다.

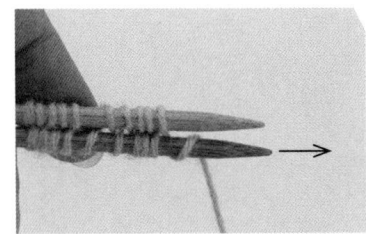

4 2와 3을 반복해 두 바늘에 필요한 콧수만큼 감는다. 마지막에는 실이 느슨해지지 않도록 실을 잡으면서 아래쪽 바늘을 뺀다.

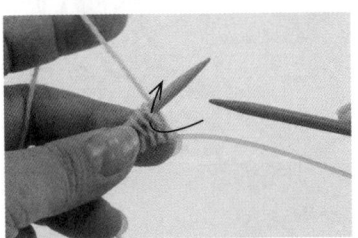

5 왼쪽 바늘에 걸린 코에 바늘을 넣고,

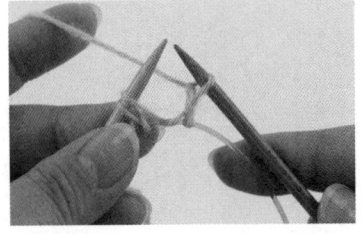

6 겉뜨기한다. 마찬가지로 왼쪽 바늘에 걸린 나머지 코를 겉뜨기한다.

7 뜨개바탕을 반대로 잡고, 줄의 코를 왼쪽 바늘에 옮긴 다음 그 코를 겉뜨기한다.

8 첫째 단을 뜬 모습.

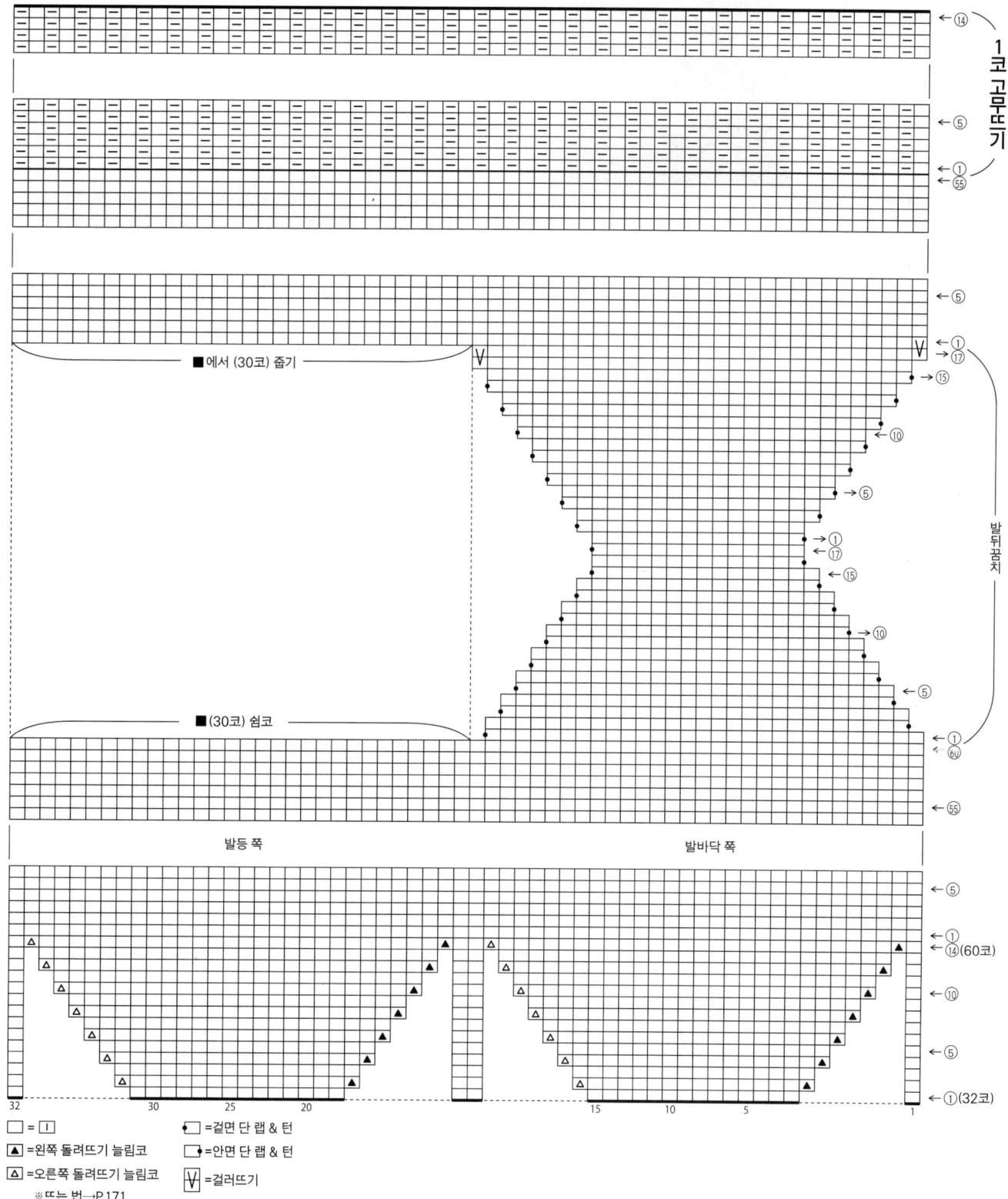

1코 고무뜨기

←⑭

←⑤

←①
←㊺

←⑤

←①
→⑰
→⑮

←⑩

→⑤

→①
←⑰
←⑮

→⑩

←⑤

←①
←㉚

←㊺

발등 쪽

발바닥 쪽

발뒤꿈치

■에서 (30코) 줍기

■(30코) 쉼코

←⑤

←①
←⑭(60코)

←⑩

←⑤

←①(32코)

32   30   25   20

15   10   5   1

□ = ①

▲ =왼쪽 돌려뜨기 늘림코

△ =오른쪽 돌려뜨기 늘림코

※뜨는 법→P.171

●⊐=겉면 단 랩 & 턴

□⊐=안면 단 랩 & 턴

V =걸러뜨기

157

재료
아마노 차스키 황록색(1714) 90g 1볼

도구
대바늘 1호

완성 크기
발바닥 길이 21cm, 발목 길이 23cm

게이지(10×10cm)
무늬뜨기 A, 메리야스뜨기 모두 34코×44단

POINT

● 손가락으로 시작코를 만들고 뜨기 시작해 2코
고무뜨기, 무늬뜨기 A로 원형뜨기를 합니다. 지정
단수를 떴으면 발뒤꿈치는 도안을 참고하면서 왕
복뜨기를 합니다. 이어서 발뒤꿈치와 발등 쪽의 쉼
코에서 코를 주워 메리야스뜨기, 무늬뜨기 A로 원
형뜨기를 합니다. 발가락 부분의 줄임코는 도안을
참고하세요. 마무리는 쉼코를 하고, 메리야스 잇기
로 연결합니다.

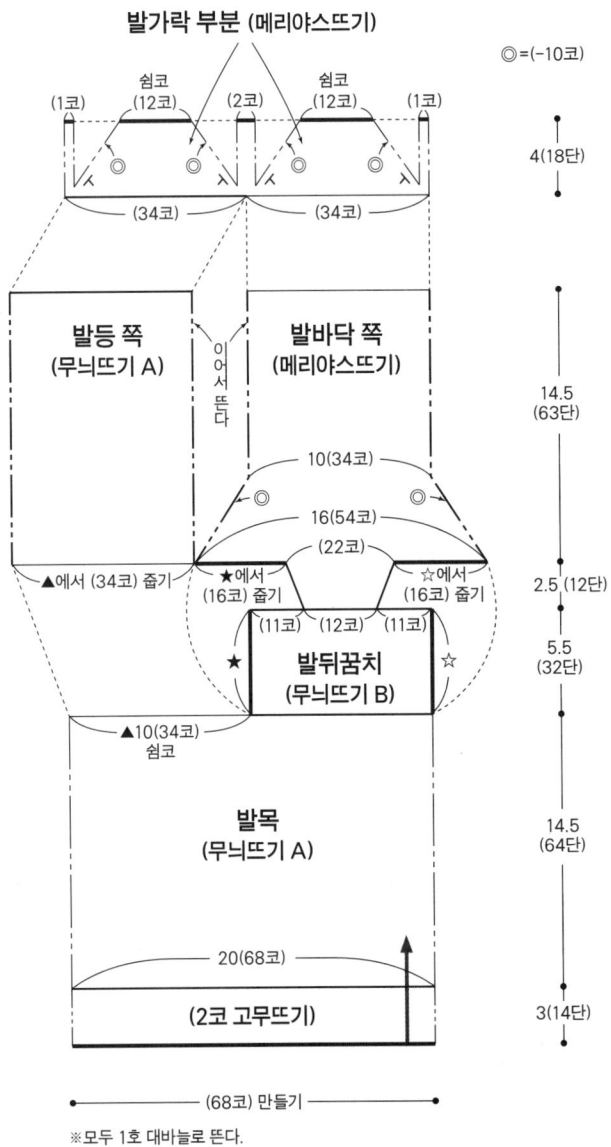

발가락 부분 (메리야스뜨기)

◎ =(-10코)

쉼코 (12코) (2코) 쉼코 (12코)
(1코) (1코)

(34코) (34코)

4(18단)

발등 쪽 (무늬뜨기 A) 이어서 뜬다 발바닥 쪽 (메리야스뜨기)

14.5 (63단)

10(34코)

16(54코)
(22코)

▲에서 (34코) 줄기 ★에서 (16코) 줄기 ☆에서 (16코) 줄기

2.5 (12단)

(11코) (12코) (11코)

★ 발뒤꿈치 (무늬뜨기 B) ☆

5.5 (32단)

▲10(34코) 쉼코

발목 (무늬뜨기 A)

14.5 (64단)

20(68코)

(2코 고무뜨기)

3(14단)

(68코) 만들기

※모두 1호 대바늘로 뜬다.

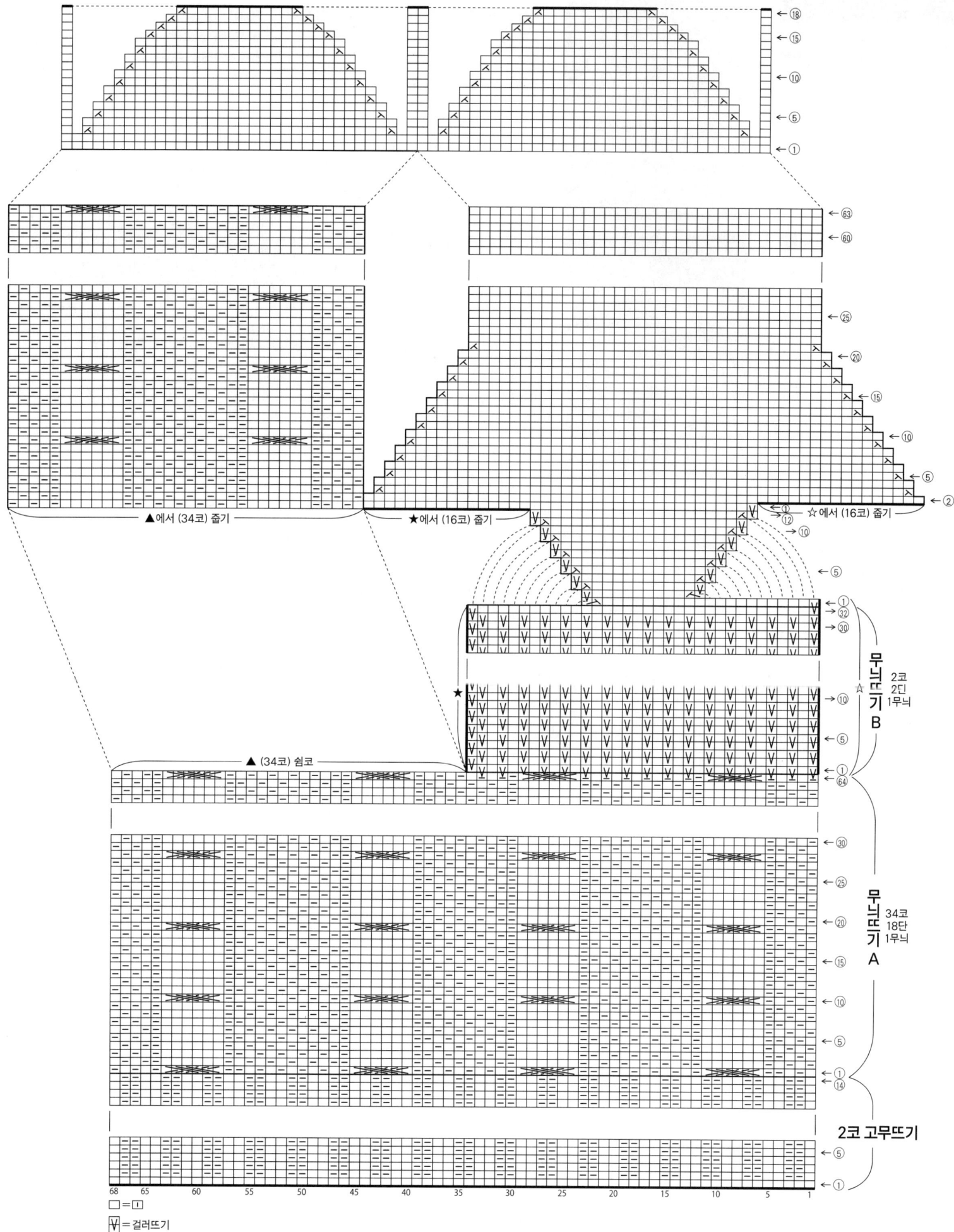

무늬뜨기 B
2코
2단
1무늬

무늬뜨기 A
34코
18단
1무늬

2코 고무뜨기

▲에서 (34코) 줍기

★에서 (16코) 줍기

☆에서 (16코) 줍기

▲ (34코) 쉼코

□ = □

V = 걸러뜨기

재료

다루마 이로이로, 레이스사 #40 무라사키노
※실의 색이름·색번호·사용량·부자재는 표를 참고하세요.

도구

코바늘 4/0호, 레이스 바늘 4호

완성 크기

도안 참고

POINT

● 도안을 참고해 각 부분을 뜹니다. 마무리하는 법을 참고해서 완성합니다.

황제 인형, 황후 인형의 실 사용량과 부자재

	실이름	색이름(색번호)	사용량	부자재
황제 인형	이로이로	민트(21)	14g/1볼	하마나카 아미구루미 EYE 솔리드 아이…검정(H221-305-1)×2개 수예 솜…적당히 두꺼운 종이…지름 4.5cm
		밤하늘(17)	6g/1볼	
		오프화이트(1)	4g/1볼	
		허니베이지(3)	1g/1볼	
		치즈(33)	1g/1볼	
		검정(47)	조금/1볼	
	레이스사 #40 무라사키노	아이보리(3)	조금/1볼	
황후 인형	이로이로	스위트피(41)	14g/1볼	하마나카 아미구루미 EYE 솔리드 아이…검정(H221-305-1)×2개 둥근 비즈(대)…골드×11개 수예 솜…적당히 두꺼운 종이…지름 4.5cm
		보라(46)	6g/1볼	
		오프화이트(1)	4g/1볼	
		치즈(33)	1g/1볼	
		허니베이지(3)	조금/1볼	
		라임(9)	조금/1볼	
	레이스사 #40 무라사키노	아이보리(3)	조금/1볼	

▷ =실 잇기
► =실 자르기

※지정한 곳 외는 모두 4/0호 코바늘로 뜬다.

머리·몸통

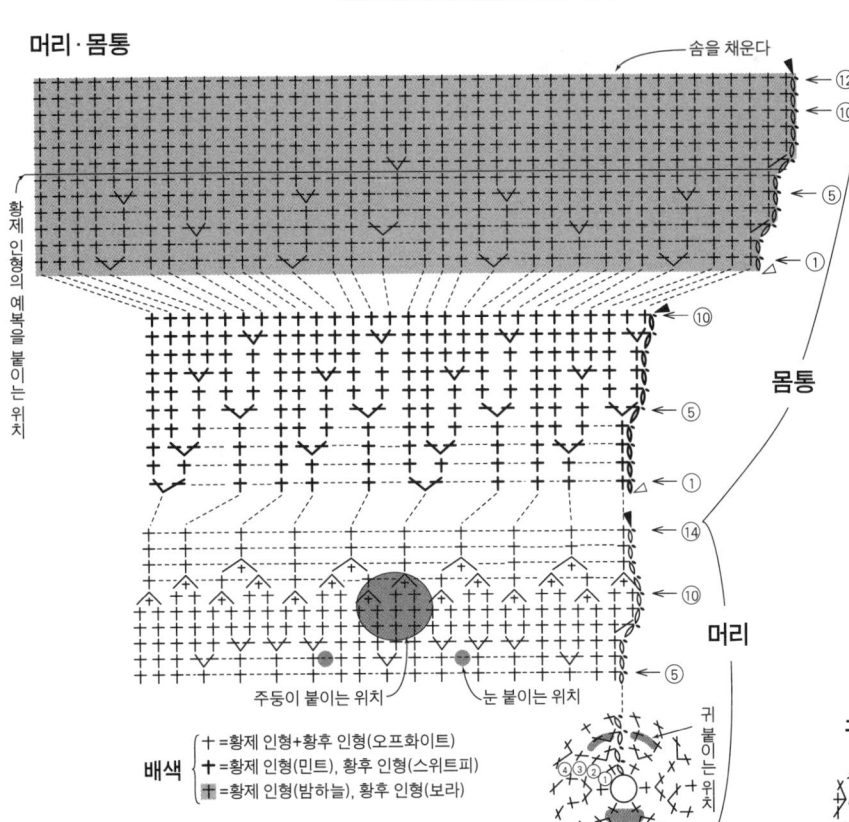

솜을 채운다

황제 인형의 예복을 붙이는 위치

몸통

머리

주둥이 붙이는 위치
눈 붙이는 위치

귀 붙이는 위치

관 붙이는 위치
(황후 인형)

배색
+ =황제 인형+황후 인형(오프화이트)
+ =황제 인형(민트), 황후 인형(스위트피)
+ =황제 인형(밤하늘), 황후 인형(보라)

바닥

황제 인형(밤하늘), 황후 인형(보라) 각 1개

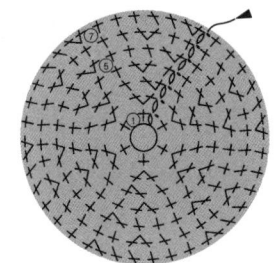

바닥의 늘림코

단수	콧수	
7단	42코	(+6코)
6단	36코	(+6코)
5단	30코	(+6코)
4단	24코	(+6코)
3단	18코	(+6코)
2단	12코	(+6코)
1단	6코	

※실을 넉넉하게 남기고 자른 다음, 두꺼운 종이를 넣고 몸통과 전체 코를 감아 잇기로 연결한다.

귓속 허니베이지 각 2개

사슬(7코) 만들기

귀 오프화이트 각 2개

※2단째는 귓속을 귀 1단째 위에 포개고, 2개를 같이 코를 주워 뜬다.
※귓속은 겉쪽을 위로 하고 포갠다.

옷깃 맞춤 각 1개

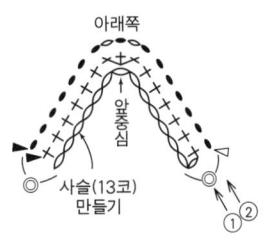

아래쪽
앞중심

사슬(13코) 만들기

배색
+ =황제 인형+황후 인형(치즈)
● ◇ =황제 인형(밤하늘), 황후 인형(보라)

●=앞단의 짧은뜨기 머리 뒤쪽 1가닥을 주워 빼뜨기한다.

※◎와 ◉는 목에 감고 같은 색으로 감친다.

주둥이 오프화이트 각 1개

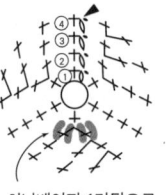

허니베이지 1가닥으로 스트레이트 스티치

황제 인형의 예복 민트 앞·뒤판 각 1개

밑단

22
20
15
10
5
1

몸통과 꿰매 붙이는 위치

어깨 — 사슬(14코) 만들기 — 어깨

황후 인형의 덧옷 스위트피

밑단

17
15
10
5
1

사슬(24코) 만들기

소매 각 2개

13
10
5
1
1

소매 밑 — 사슬(25코) 만들기 — 소매 끝

소매 장식 레이스 바늘 4호
아이보리 각 2개

③
②
①

2

쥘부채 (황후 인형)
레이스 바늘 4호 라임

16
15
10
5
1

사슬(12코) 만들기
홈질하고 당겨 조인다

┴ =짧은 이랑뜨기
(왕복뜨기)

관모 (황제 인형) 검정

③
②
①

1

┴ =짧은 이랑뜨기
(원형뜨기)

휘감치기

배색
— =황제 인형(민트), 황후 인형(스위트피)
— =황제 인형+황후 인형(치즈)
— =황제 인형(밤하늘), 황후 인형(보라)은 나중에 빼뜨리기한다.

▷ =실 잇기
▶ =실 자르기

홀 (황제 인형) 허니베이지 2개

②
①

※ 2개의 겉면을 겉에 오게 하고, 둘레의 코를 모두 감아 잇기해 합친다.

황제 인형과 황후 인형 마무리하는 법

관모를 꿰매 붙인다

예복의 한쪽 어깨 3코를 앞·뒤판이 겉으로 오게 하고 모든 코를 감아 잇기 해 몸통에 입힌 뒤 반대쪽 어깨도 감아 잇기한다

옷깃 맞춤

홀을 소매에 꿰매 붙인다

소매에 소매 장식을 꿰매 붙인다

2개를 겹쳐서 꿰매 붙인다

몸통의 예복 붙이는 위치와 겹쳐서 홈질하고, 뜨는 부분을 밑으로 늘어뜨려 모양을 잡는다

13

7.5

관
아이보리 실에 둥근 비즈
(대)를 도안처럼 꿰고, 머리에 꿰매 붙인다

(7단)

눈 다리에 본드를 칠해 끼운다

주둥이를 꿰매 붙인다

덧옷을 몸통에 입히고, 꿰매 붙인다

옷깃 맞춤은 같은 색 실로 앞뒤를 몸통에 꿰매 붙인다

소매에 소매 장식을 꿰매 붙인다

쥘부채를 소매에 꿰매 붙인다

1

(3단)

7.5

162페이지로 이어집니다. ▶

▶ 161페이지에서 이어집니다.

별사탕 레이스 바늘 4호

천연색·노랑 계열 그러데이션 각 6개
새먼핑크·핑크·라임·물색 각 3개

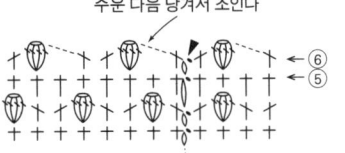

속에 비즈를 넣고, 6단째 머리의 바깥쪽 1가닥을
주운 다음 당겨서 조인다

뜨개 시작

※ 뜨개 시작 부분의 팝콘뜨기
주위를 홈질해 당겨 조인다.

= 한길 긴 4코 팝콘뜨기

당겨 조이는 위치

별사탕·건과자의 실 사용량과 부자재

	실이름	색이름(색번호)	사용량	부자재
별사탕	레이스사 #40 무라사키노	천연실(2)	3g / 1볼	펄 비즈…지름 8mm×24개
		노랑 계열 그러데이션(54)	3g / 1볼	
		새먼핑크(4)	2g / 1볼	
		핑크(6)	2g / 1볼	
		라임(9)	2g / 1볼	
		물색(12)	2g / 1볼	
건과자	이로이로	스위트피(41)	2g / 1볼	
		오프화이트(1)	2g / 1볼	
		녹색(27)	2g / 1볼	
		치즈(33)	2g / 1볼	

건과자 (매화) 4/0호 코바늘

스위트피·오프화이트 각 2개

2장의 겉면을 겉에 오게
하고, 둘레의 반 코를 감
아 잇기해 합친다

● = 겉면 1장에 같은 실 1가닥으로 프렌
치노트 스티치(3회 감기)를 한다

건과자 (나비) 4/0호 코바늘

녹색·치즈 각 2개

같은 실 1가닥으로 2개를
겹쳐 중앙을 꿰맨다

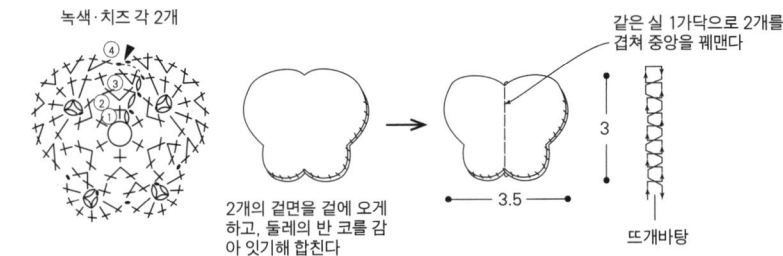

2개의 겉면을 겉에 오게
하고, 둘레의 반 코를 감
아 잇기해 합친다

뜨개바탕

한길 긴 5코 팝콘뜨기
(1코에서 줍기)

1 1코에 한길 긴뜨기 5코를 뜬 다
음 일단 바늘을 뺀다. 한길 긴뜨
기의 1번째 코와 고리에 다시 바
늘을 넣고,

코를 빼낸다

2 고리를 1번째 코에 통과시켜 빼
낸다.

3 사슬 1코를 떠서 조인다. 한길
긴 5코 팝콘뜨기(1코에서 줍기)
를 완성한 모습.

Color Palette
44·45 page ★★★

에미 그랑데

에미 그랑데 '컬러즈'

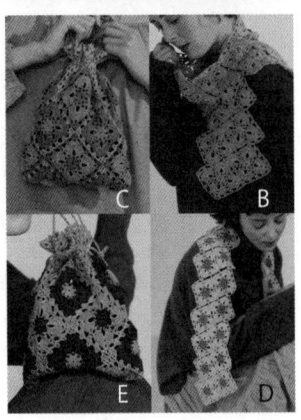

재료

[A] 올림포스 에미 그랑데 크림 계열 흰색(851)
190g 4볼, 에미 그랑데 '컬러즈' 녹색(229)·겨자
색(582) 각 6g 각 1볼, 핑크(104)·연보라(623) 각
5g 각 1볼
[B] 올림포스 에미 그랑데 회색(484) 75g 2볼
[C] 올림포스 에미 그랑데 '컬러즈' 민트색(341)·겨
자색(582)·연보라(623) 각 20g 각 2볼
[D] 올림포스 에미 그랑데 베이지(732) 65g 2볼,
에미 그랑데 '컬러즈' 파랑(354) 10g 1볼
[E] 올림포스 에미 그랑데 '컬러즈' 빨강(192)·물색
(305)·베이지(814) 각 20g 각 2볼
단추 [A]…지름 18mm×2개

도구

코바늘 2/0호

완성 크기

[A] 가슴둘레 99.5cm, 기장 39.5cm, 화장 28cm
[B][D] 길이 108.5cm, 폭 16cm
[C][E] 폭 21cm, 깊이 21cm

게이지

모티프의 크기는 도안 참고

POINT

● A…모티프 잇기로 뜹니다. 2개째 이후는 마지
막단에서 이웃한 모티프와 빼뜨기로 연결합니다.
밑단·단춧구멍단·칼라, 소맷부리는 테두리뜨기로
원형뜨기합니다. 단추를 달고 완성합니다.
● B·D…본체를 모티프 잇기로 뜹니다. 둘레를 테
두리뜨기합니다.
● C·E…본체를 모티프 잇기로 뜹니다. 입구는 테
두리뜨기로 원형뜨기합니다. 끈을 뜨고, 지정 위치
에 통과시켜 완성합니다.

A

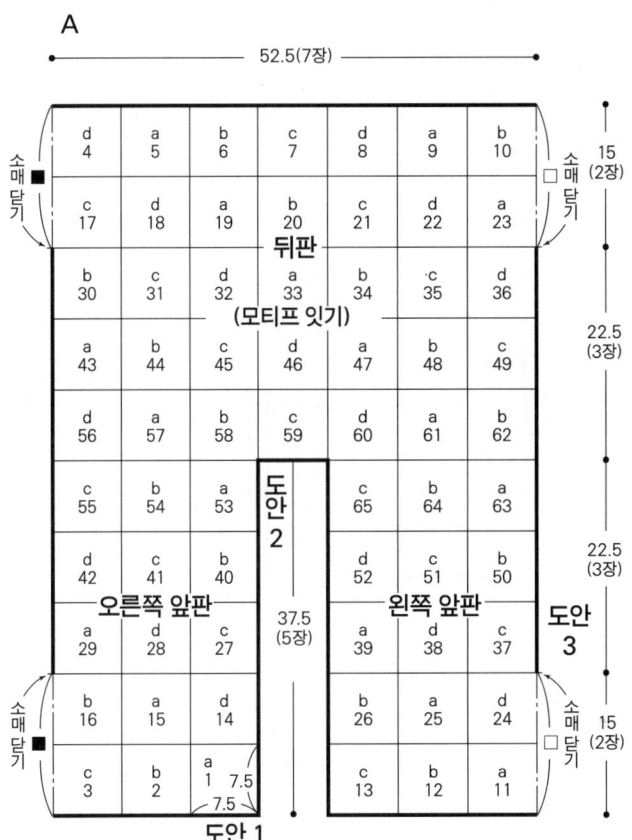

d 4	a 5	b 6	c 7	d 8	a 9	b 10
c 17	d 18	a 19	b 20	c 21	d 22	a 23
b 30	c 31	d 32	a 33	b 34	c 35	d 36
a 43	b 44	c 45	d 46	a 47	b 48	c 49
d 56	a 57	b 58	c 59	d 60	a 61	b 62
c 55	b 54	a 53		c 65	b 64	a 63
d 42	c 41	b 40		d 52	c 51	b 50
a 29	d 28	c 27		a 39	d 38	c 37
b 16	a 15	d 14		b 26	a 25	d 24
c 3	b 2	a 1		c 13	b 12	a 11

52.5(7장)

소매 달기 ■

소매 달기 □ 15 (2장)

뒤판
(모티프 잇기)

22.5 (3장)

22.5 (3장)

도안 2

37.5 (5장)

오른쪽 앞판   왼쪽 앞판

도안 3

소매 달기 ■

소매 달기 □ 15 (2장)

7.5
7.5

도안 1

22.5(3장)   22.5(3장)

※모두 2/0호 코바늘로 뜬다.
※모티프 안의 숫자는 연결하는 순서다.
※맞춤 표시끼리는 떠서 잇는다.
※모티프의 모서리 잇는 법→P.107

모티프 (A)

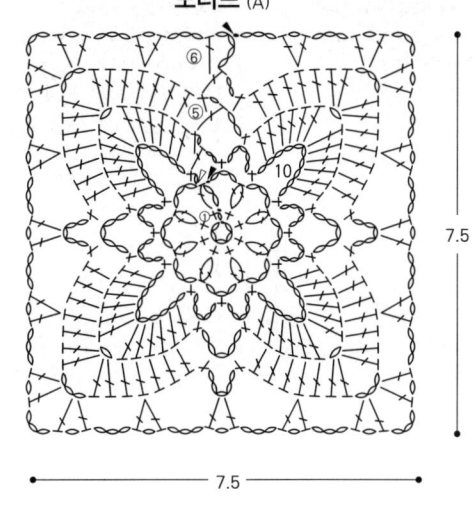

⑥
⑤
⑩
①

7.5

7.5

▷=실 잇기
▶=실 자르기

모티프 A의 배색과 장수

	1·2단	3~6단	장수
a	녹색	크림 계열 흰색	17장
b	겨자색	크림 계열 흰색	17장
c	연보라	크림 계열 흰색	16장
d	핑크	크림 계열 흰색	15장

테두리뜨기 (A)

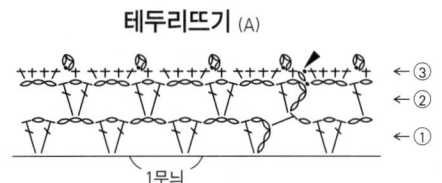

←③
←②
←①

1무늬

모티프 잇는 법 (A)

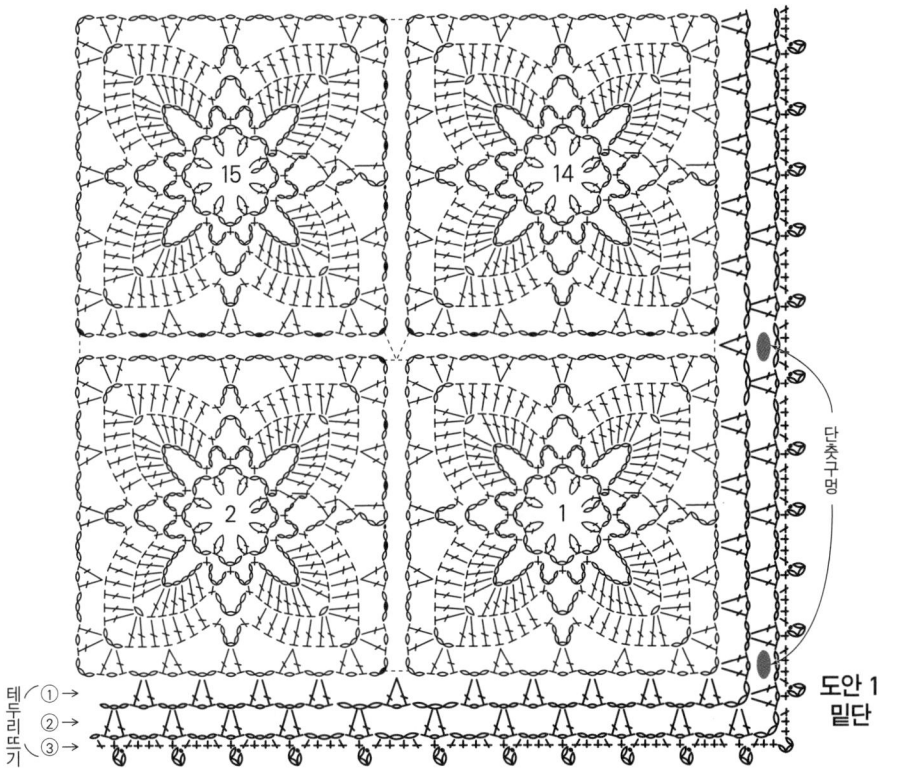

15   14

2   1

단춧구멍

테두리뜨기 ①→ ②→ ③→

도안 1 밑단

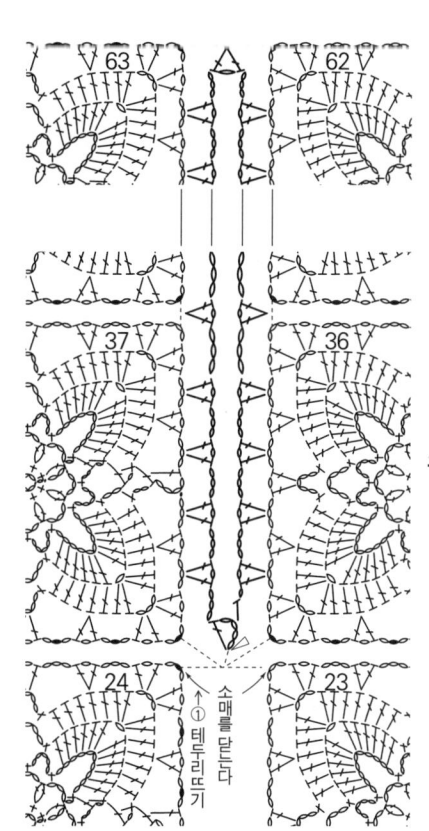

63   62

37   36

24   23

도안 3
소맷부리

① 테두리뜨기
소매를 닫는다

164페이지로 이어집니다. ▶

▶ 163페이지에서 이어집니다.

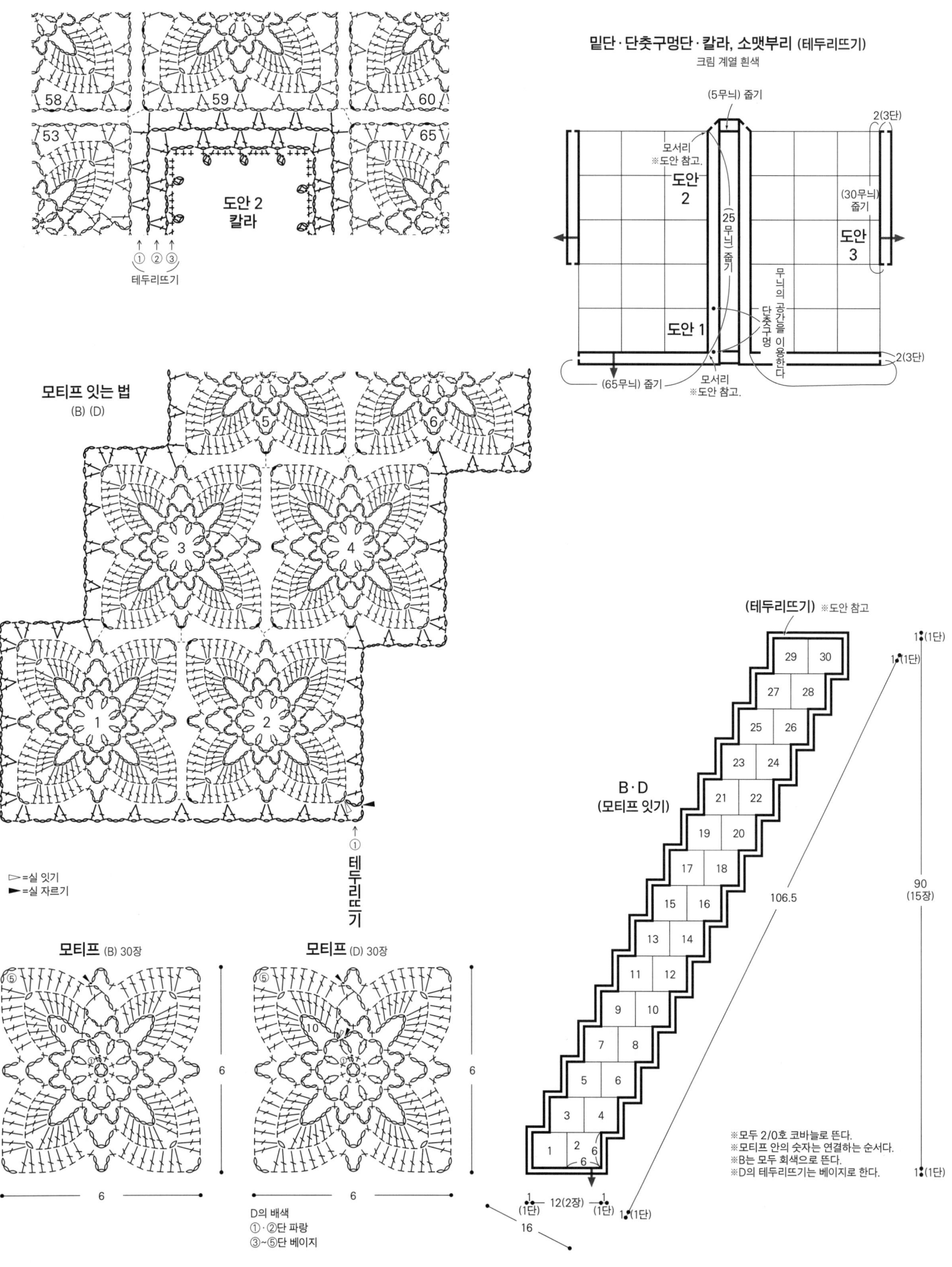

밑단·단춧구멍단·칼라, 소맷부리 (테두리뜨기)
크림 계열 흰색

도안 2 칼라

모티프 잇는 법
(B) (D)

▷=실 잇기
▶=실 자르기

테두리뜨기

모티프 (B) 30장

모티프 (D) 30장

D의 배색
①·②단 파랑
③~⑤단 베이지

(테두리뜨기) ※도안 참고

B·D
(모티프 잇기)

※모두 2/0호 코바늘로 뜬다.
※모티프 안의 숫자는 연결하는 순서다.
※B는 모두 회색으로 뜬다.
※D의 테두리뜨기는 베이지로 한다.

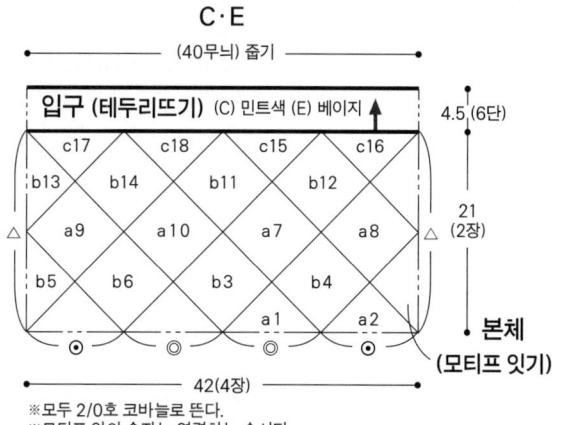

C·E

(40무늬) 줄기

입구 (테두리뜨기) (C) 민트색 (E) 베이지 ↑

4.5 (6단)

c17	c18	c15	c16
b13	b14	b11	b12
a9	a10	a7	a8
b5	b6	b3	b4

a1　a2

21 (2장)

본체
(모티프 잇기)

42(4장)

※모두 2/0호 코바늘로 뜬다.
※모티프 안의 숫자는 연결하는 순서다.

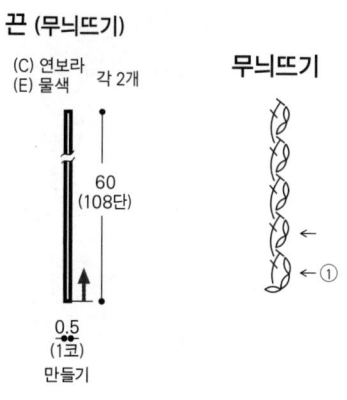

끈 (무늬뜨기)

(C) 연보라　각 2개
(E) 물색

60 (108단)

0.5 (1코)
만들기

무늬뜨기

← ①

모티프 a·b (C) (E)

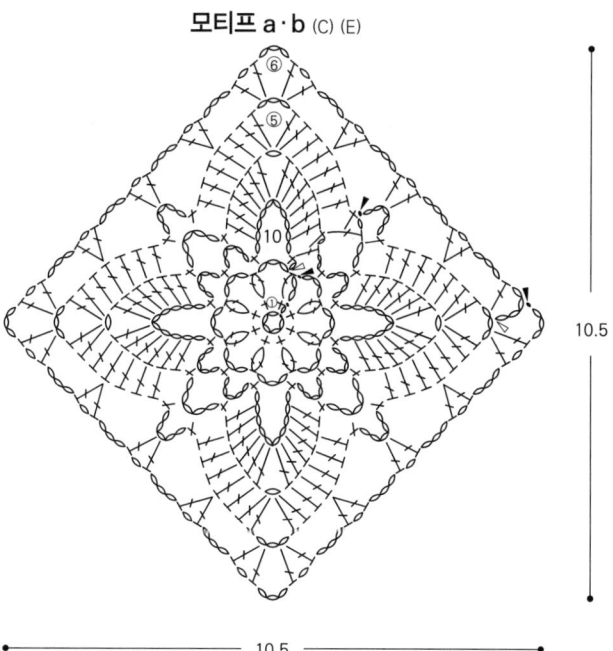

⑥ ⑤ 10 ①

10.5

10.5

모티프 C·E의 배색과 장수

	모티프	1·2단	3~5단	6단	장수
C	a	겨자색	연보라	민트색	6장
	b	연보라	겨자색	연보라	8장
	c		민트색		4장
E	a	빨강	물색	베이지	6장
	b	물색	빨강	물색	8장
	c		베이지		4장

모티프 c (C) (E)

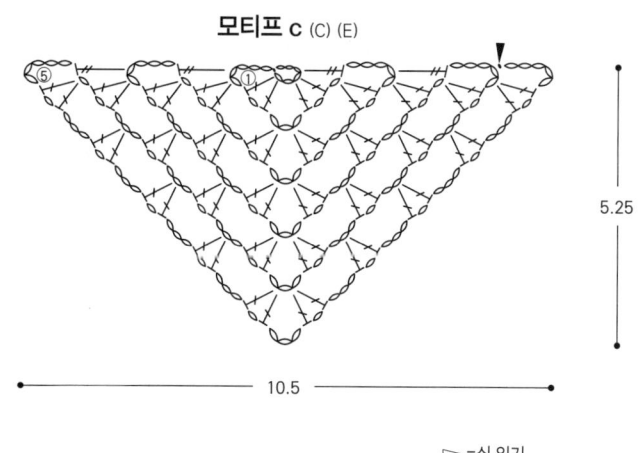

⑤ ①

5.25

10.5

▷ =실 잇기
► =실 자르기

모티프 잇는 법과 테두리뜨기 (C) (E)

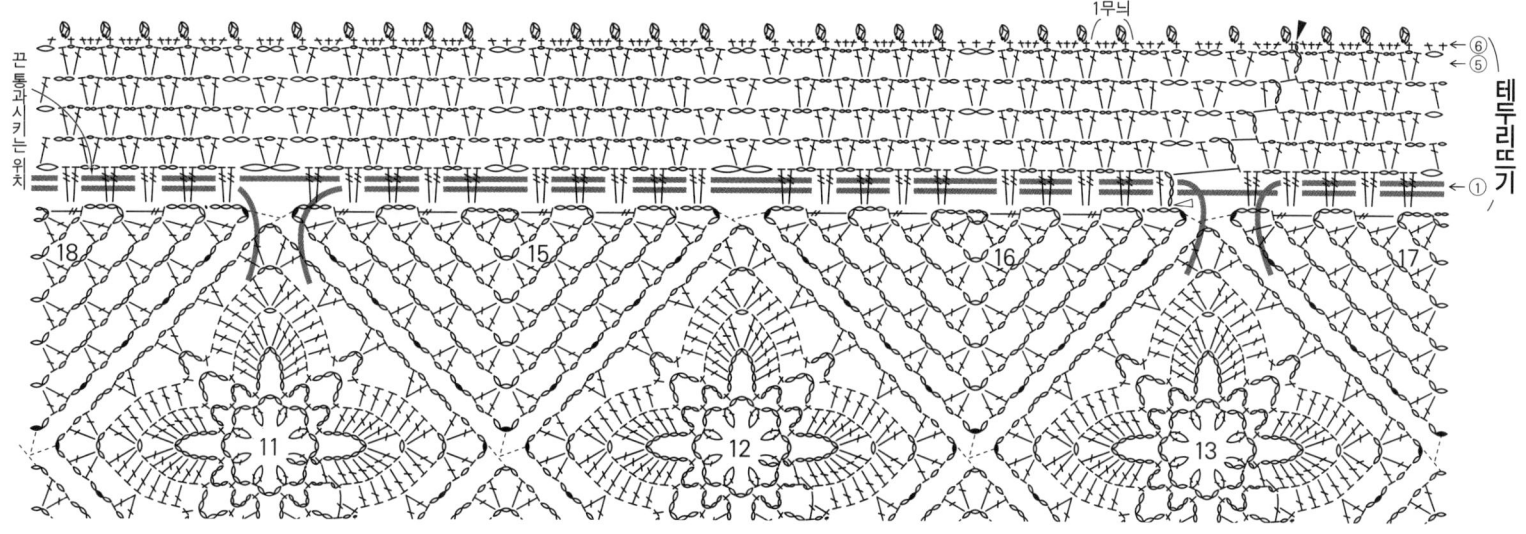

끈 통과시키는 위치

1무늬

← ⑥
← ⑤

테두리뜨기

← ①

18　15　16　17

11　12　13

재료

실…Joint 에어 튈 피스타치오(191) 130g 1볼

금속체인 가방끈…120cm(JTM-C522 앤티크 골드)×1줄

금속 비틀림 여밈 장치…20mm×27mm(JTMP-183 앤티크 골드)×1쌍

도구…코바늘 8mm

완성 크기…폭 20cm, 높이 10cm

게이지(10×10cm)

짧은뜨기, 무늬뜨기 모두 10코×10단

POINT

● 본체는 사슬뜨기 기초코로 뜨개를 시작하고 무늬뜨기로 원형으로 왕복뜨기합니다. 늘림코는 도안을 참고하세요. 안감은 본체와 같은 방법으로 뜨개를 시작하고 짧은뜨기합니다. 본체 둘레는 빼뜨기하는데 ▲ 부분은 안감을 본체 겉면과 안감 안면을 맞대어 빼뜨기 잇기를 합니다. 지정된 위치에 가방 여밈 장치와 체인 가방끈을 달아서 마무리합니다.

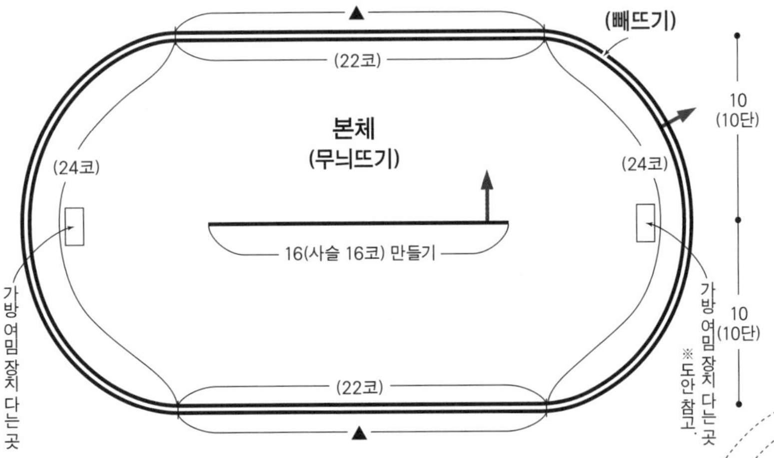

(빼뜨기)

본체
(무늬뜨기)

(22코)

(24코)   (24코)

16(사슬 16코) 만들기

(22코)

10
(10단)

10
(10단)

가방 여밈 장치 다는 곳

가방 여밈 장치 다는 곳

※도안 참고

※모두 8mm 코바늘로 뜬다.
※▲는 안감과 빼뜨기 잇기로 연결한다.

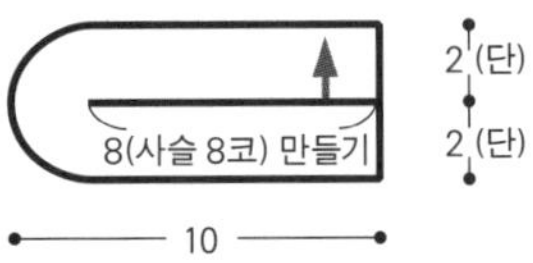

안감 (짧은뜨기)
2장

8(사슬 8코) 만들기

2(단)
2(단)
10

본체 늘림코

단수	콧수	
10단	92코	(+8코)
9단	84코	
8단	84코	(+8코)
7단	76코	(+8코)
6단	68코	(+8코)
5단	60코	
4단	60코	(+8코)
3단	52코	(+8코)
2단	44코	(+8코)
1단	36코	

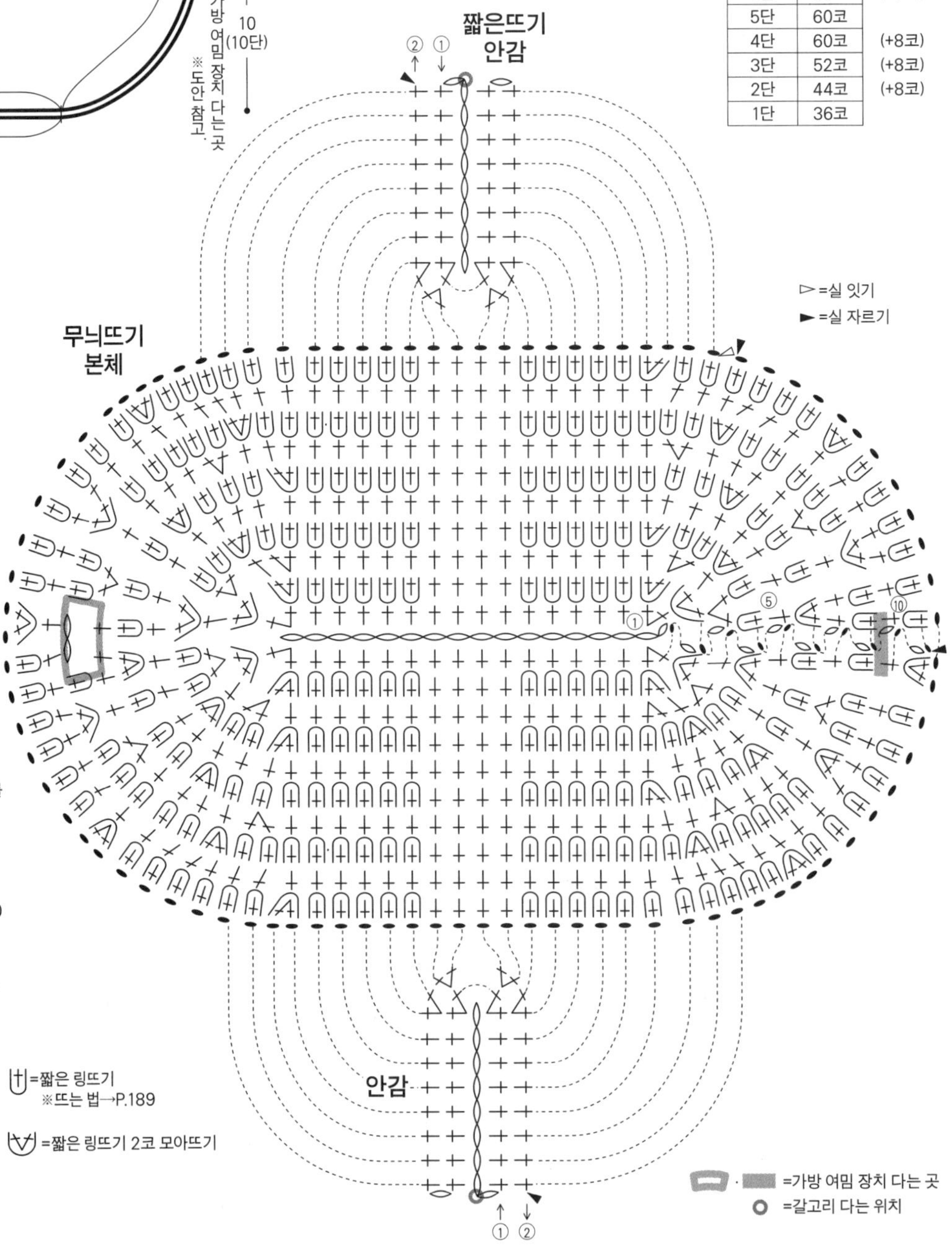

짧은뜨기 안감

무늬뜨기 본체

⑤   ①   ⑤   ⑩

▷ =실 잇기
► =실 자르기

마무리하는 법

체인 가방끈

가방 여밈 장치
※링뜨기한 코의 실이 걸리지 않게 단다.

갈고리를 단다

10

본체와 안감을 겉면과 안면을 맞대어 빼뜨기 잇기

안감

╟=짧은 링뜨기
※뜨는 법→P.189

╲╱=짧은 링뜨기 2코 모아뜨기

▭ · ▬ =가방 여밈 장치 다는 곳
○ =갈고리 다는 위치

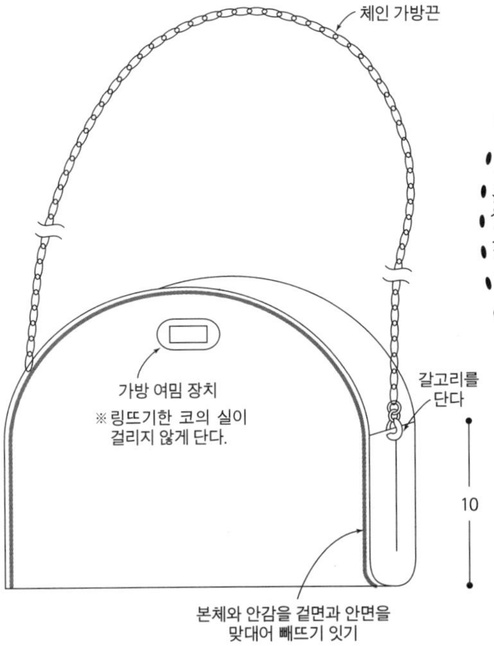

재료
Joint 에어 튈 올리브(236) 145g 1볼, 퍼플(113) 100g 1볼

도구
코바늘 8mm

완성 크기
폭 29cm, 높이 28cm

게이지(10×10cm)
줄무늬뜨기 9.5코×7.5단

POINT
● 바닥은 사슬뜨기 기초코로 뜨개를 시작하고 줄무늬뜨기를 원으로 왕복뜨기하는데 뜨는 방향에 조심하세요. 짧은 링뜨기는 실을 느슨하게 걸어서 합니다. 배색실은 자르지 않고 기둥코를 뜰 때 감싸면서 끌어올립니다. 계속해서 도안을 참고해 손잡이를 뜹니다.

● 마무리…손잡이 사슬 6가닥을 중앙에 모아 짧은뜨기 1단을 단단하게 떠서 감쌉니다.

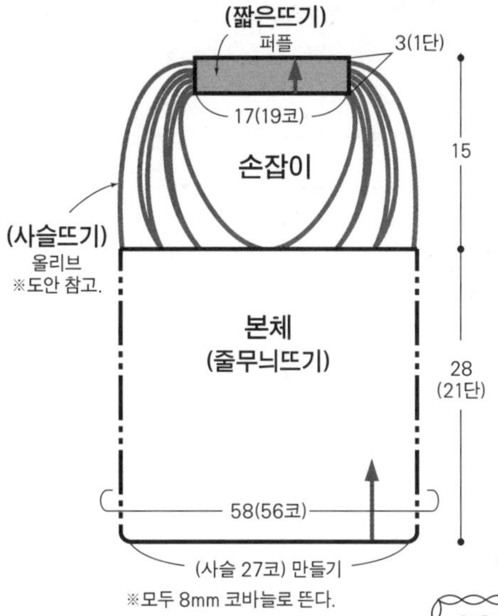

(짧은뜨기)
퍼플
3(1단)
17(19코)
손잡이
15
(사슬뜨기)
올리브
※도안 참고.
본체
(줄무늬뜨기)
28
(21단)
58(56코)
(사슬 27코) 만들기
※모두 8mm 코바늘로 뜬다.

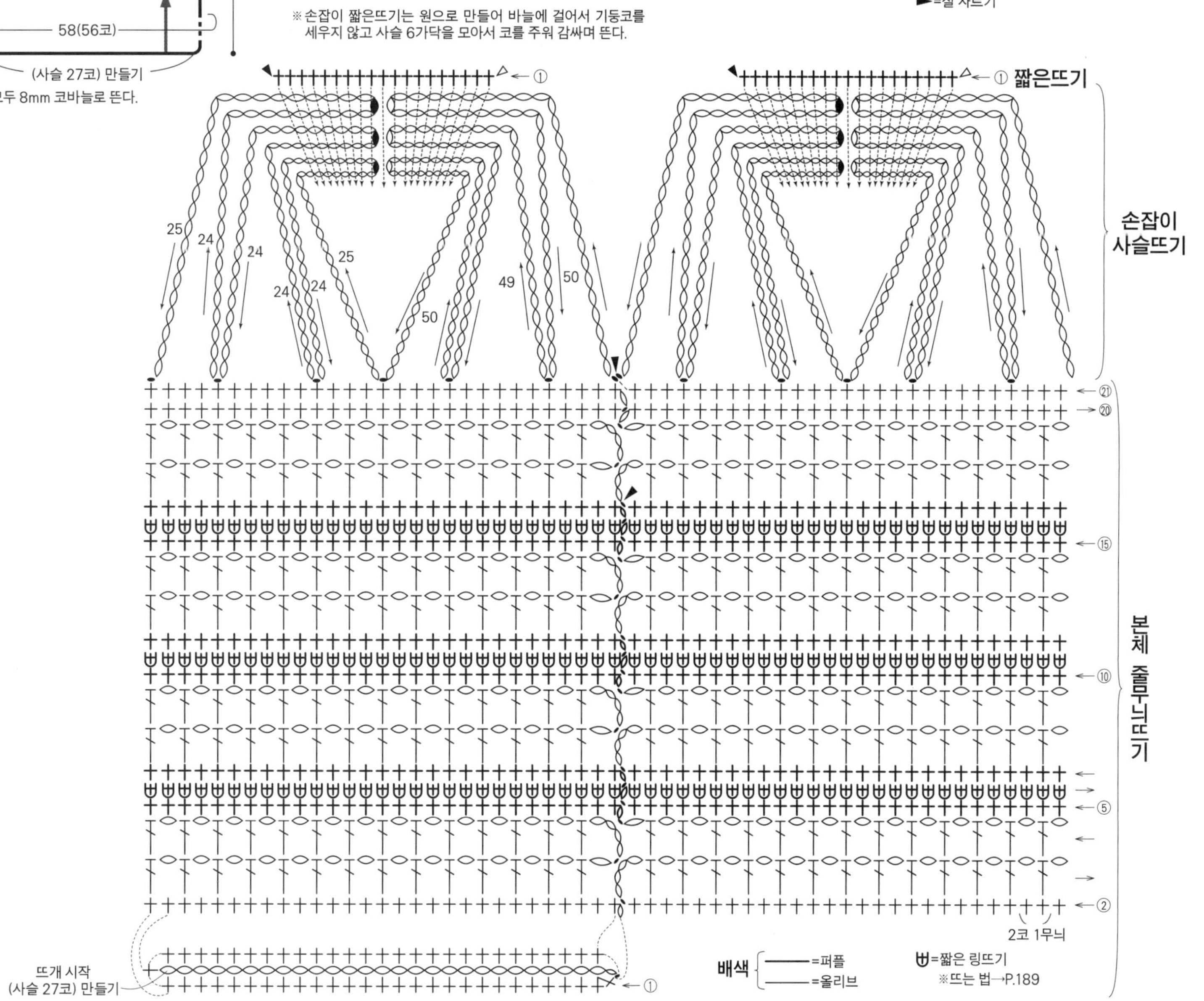

▷=실 잇기
►=실 자르기

※손잡이 짧은뜨기는 원으로 만들어 바늘에 걸어서 기둥코를 세우지 않고 사슬 6가닥을 모아서 코를 주워 감싸며 뜬다.

① 짧은뜨기

손잡이 사슬뜨기

25 24 24 25
24 24
49 50
50

본체 줄무늬뜨기

㉑
⑳
⑮
⑩
⑤
②

2코 1무늬

뜨개 시작
(사슬 27코) 만들기
①

배색 ── =퍼플
── =올리브
ᗺ=짧은 링뜨기
※뜨는 법→P.189

167

재료
로완 키드실크헤이드 핑크(712 Ultra) 125g 5볼, 연핑크(710 Blossom) 50g 2볼
도구…대바늘 9호·6호
완성 크기
가슴둘레 114cm, 기장 54.5cm, 회장 58cm
게이지(10×10cm)
줄무늬뜨기 16코×34단
POINT
● 몸판·소매…핑크는 2가닥, 연핑크는 1가닥으로 뜹니다. 몸판은 핑크로 손가락에 거는 기초코로 뜨개를 시작하고, 1코 고무뜨기를 합니다. 이어서 줄무늬뜨기를 합니다. 목둘레 줄임코는 2코부

터 덮어씌우기, 1코는 가장자리 1코를 세워서 줄임코를 합니다. 소매는 별도 사슬로 만드는 기초코로 뜨개를 시작하고 줄무늬뜨기를 합니다. 도안을 참고해 마지막 단에서 줄임코를 합니다. 소맷부리는 기초코 사슬을 풀어 코를 줍고 1코 고무뜨기를 합니다. 뜨개 마무리는 덮어씌워 코막기를 합니다.
● 마무리…어깨는 덮어씌워 잇기를 합니다. 목둘레는 지정 콧수만큼 주워서 1코 고무뜨기를 원형으로 합니다. 뜨개 마무리는 소맷부리와 같은 방법으로 합니다. 소매는 코와 단 잇기로 몸통과 연결합니다. 옆선·소매 밑선은 떠서 꿰매기를 합니다. 밑단·소맷부리·목둘레는 안쪽으로 접어서 핑크 1가닥으로 감침질합니다.

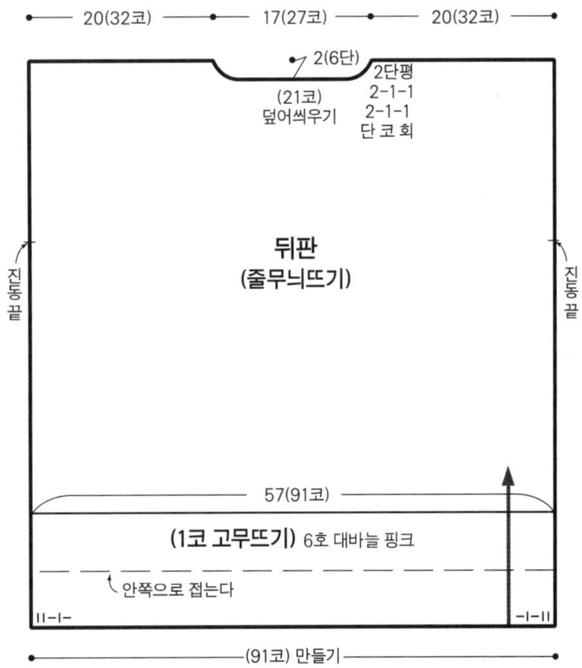

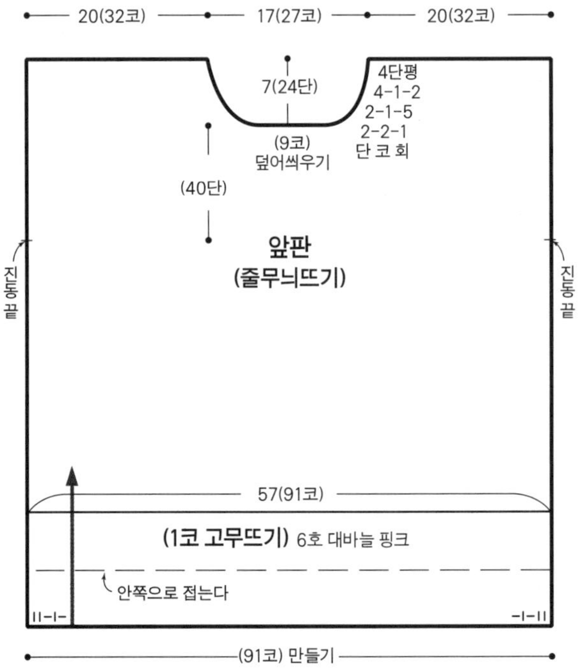

뒤판 (줄무늬뜨기)
앞판 (줄무늬뜨기)
소매 (줄무늬뜨기)
줄무늬뜨기
1코 고무뜨기
목둘레 (1코 고무뜨기) 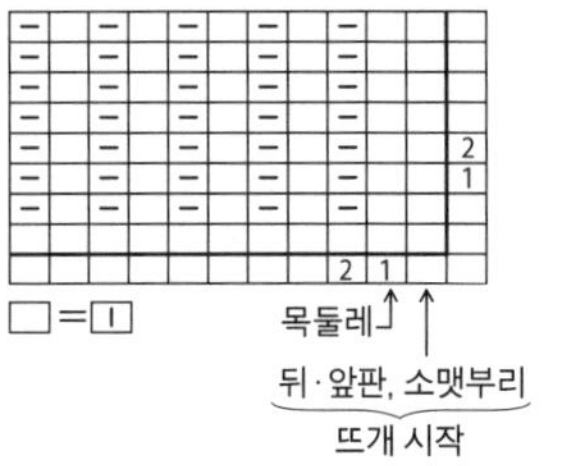
소매 마지막 단 줄임코 뜨는 법

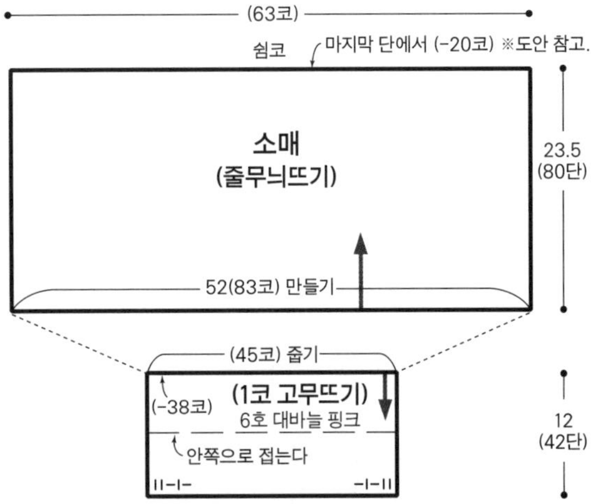

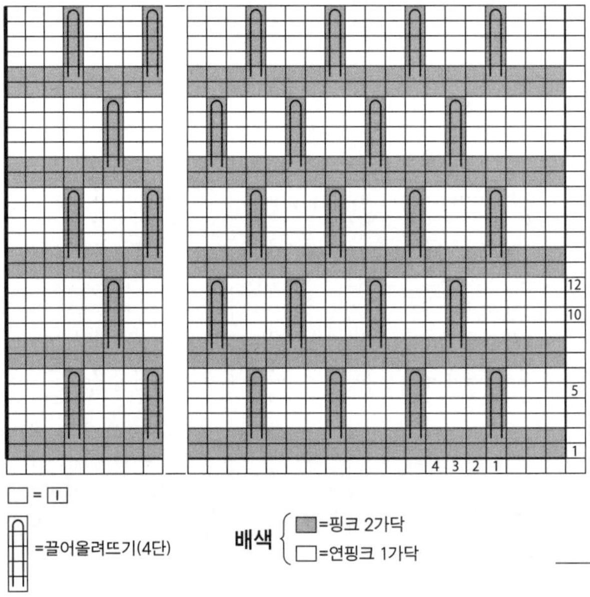

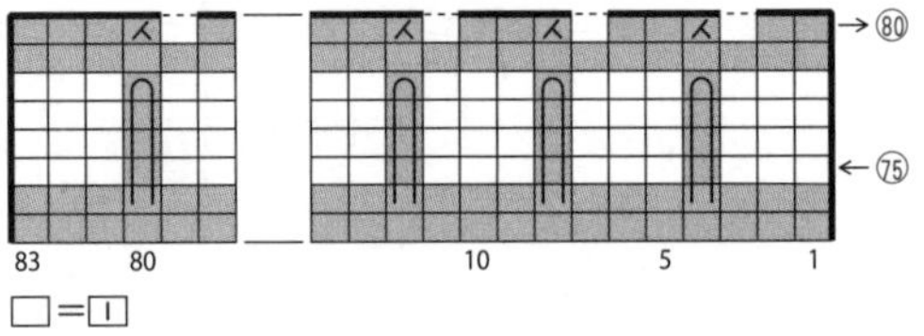

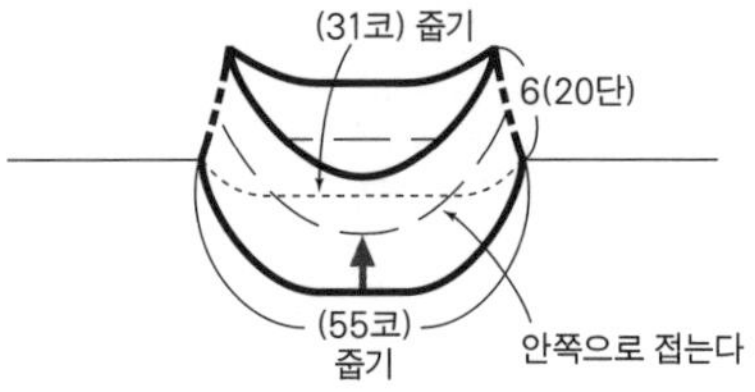

재료
데오리야 실크모헤어 레이나 베이지(06) 55g, 연하늘색(09) 55g

도구…대바늘 8호

완성 크기
가슴둘레 98cm, 기장 55.5cm, 회장 60.5cm

게이지(10×10cm)
메리야스뜨기 16.5코×25단

POINT

● 몸판·소매…모두 베이지와 연하늘색을 합사해 2가닥으로 뜹니다. 별도 사슬로 만드는 기초코로 뜨개를 시작하고 메리야스뜨기를 원형으로 합니다. 옆선의 줄임코는 도안을 참고하세요. 뒤판은 앞뒤 단차로 왕복뜨기 8단을 메리야스뜨기합니다. 뜨개 마무리는 쉼코를 합니다. 밑단과 소맷부리는 기초코 사슬을 풀어서 코를 줍고 테두리뜨기를 원형으로 합니다. 뜨개 마무리는 안뜨기를 느슨하게 하면서 덮어씌워 코막음을 합니다. 요크는 몸통과 소매에서 코를 주워 무늬뜨기를 원형으로 합니다. 분산 줄임코는 도안을 참고하세요. 이어서 목둘레에 테두리뜨기를 합니다. 뜨개 마무리는 밑단과 같은 방법으로 합니다.

● 마무리…겨드랑이는 메리야스 잇기와 코와 단 잇기를 합니다.

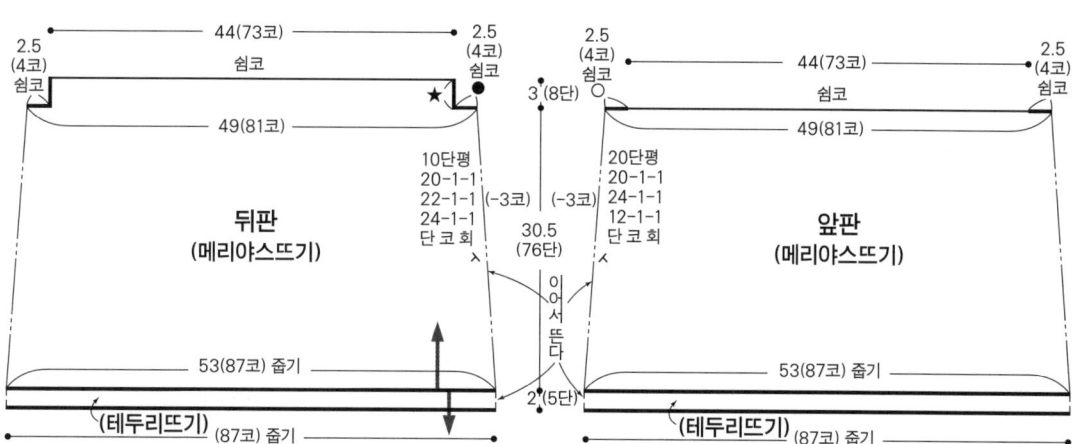

※모두 8호 대바늘로 뜬다.
※모두 베이지 1가닥, 연하늘색 1가닥을 합사해 2가닥으로 뜬다.
※○와 ●끼리 메리야스 잇기, ★끼리는 코와 단 잇기를 한다.

무늬뜨기와 요크, 목둘레 분산 줄임코

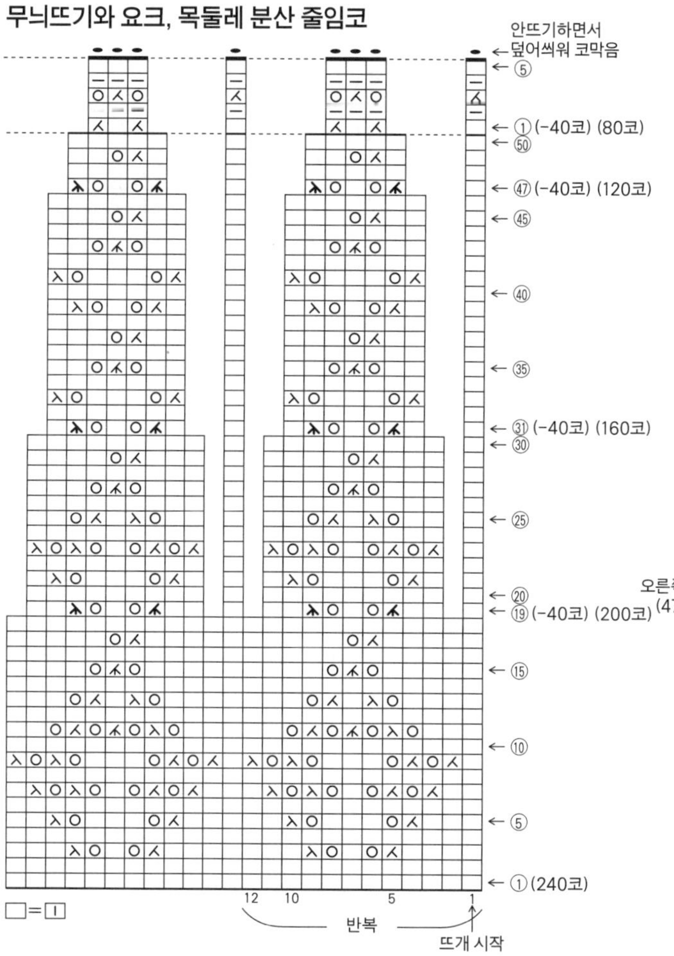

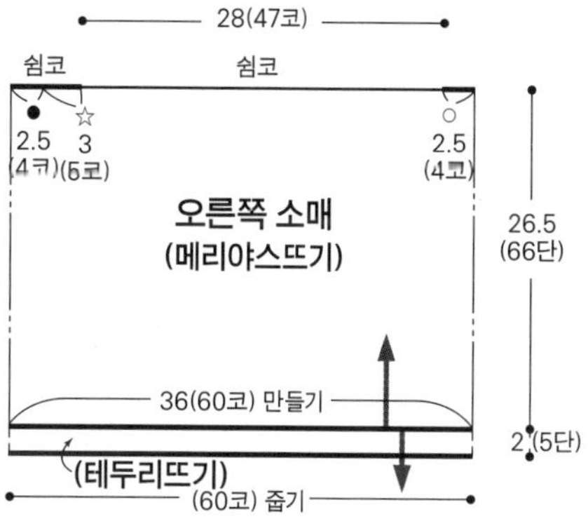

오른쪽 소매 (메리야스뜨기)
※왼쪽 소매는 대칭으로 뜬다.

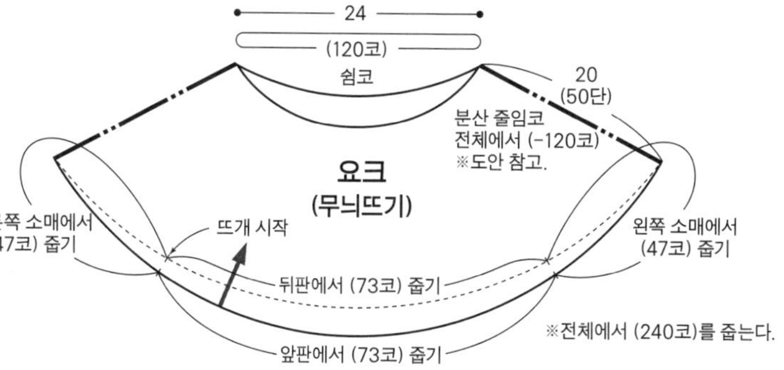

옆선 줄임코
※왼쪽 옆선은 대칭으로 뜬다.

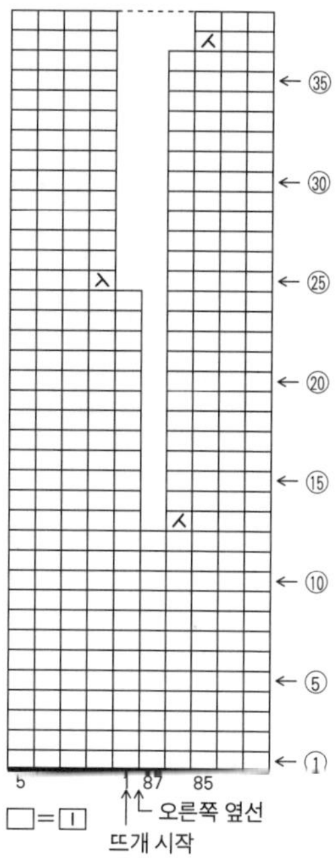

요크 (무늬뜨기)

목둘레 (테두리뜨기)

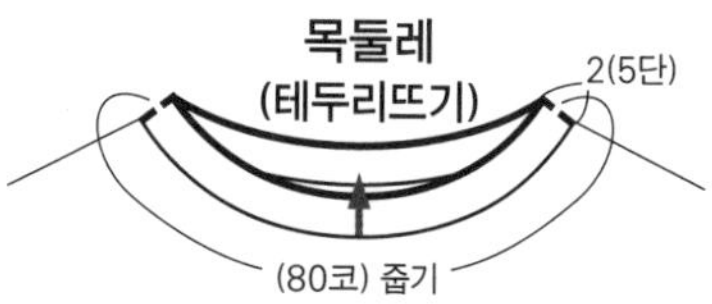

테두리뜨기

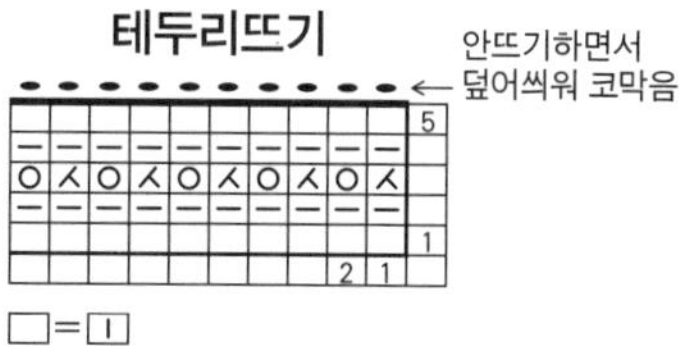

재료
실…데오리야 T실크 연노랑(07) 215g, 실크모헤어 레이나 노랑(04) 75g
단추…지름 13mm×1개
도구…대바늘 5호, 코바늘 5/0호
완성 크기
가슴둘레 112cm, 기장 54.5cm, 회장 49cm
게이지(10×10cm)
무늬뜨기 23.5코×26단, 메리야스뜨기 20코×28.5단
POINT
● 요크·몸판·소매…모두 T실크 1가닥과 실크모헤어 레이나 1가닥을 합사해 뜹니다. 손가락에 거는 기초코로 뜨개를 시작하고 목둘레는 가터뜨기

를 왕복뜨기합니다. 이어서 요크는 도안을 참고해 무늬뜨기를 분산 늘림코를 하는데 20단까지는 왕복뜨기를 하고 21단부터 원형으로 뜹니다. 뒤판은 앞뒤 단차로 무늬뜨기 8단을 왕복뜨기합니다. 겨드랑이는 감아코를 만들고 요크에서 지정 콧수만큼 줍고, 앞·뒤판은 분산 늘림코를 하면서 무늬뜨기를 원형으로 뜹니다. 밑단은 가터뜨기하고 뜨개 마지막은 코바늘로 빼뜨기 코막음을 합니다. 소매는 겨드랑이의 코와 앞뒤 판 단차와 요크에서 코를 주워 메리야스뜨기를 원형으로 합니다. 소맷부리는 도안을 참고해 주름을 잡고 가터뜨기합니다. 뜨개 마무리는 밑단과 같은 방법으로 합니다.
● 마무리…단춧고리를 뜬 후 단추를 달아 마무리합니다.

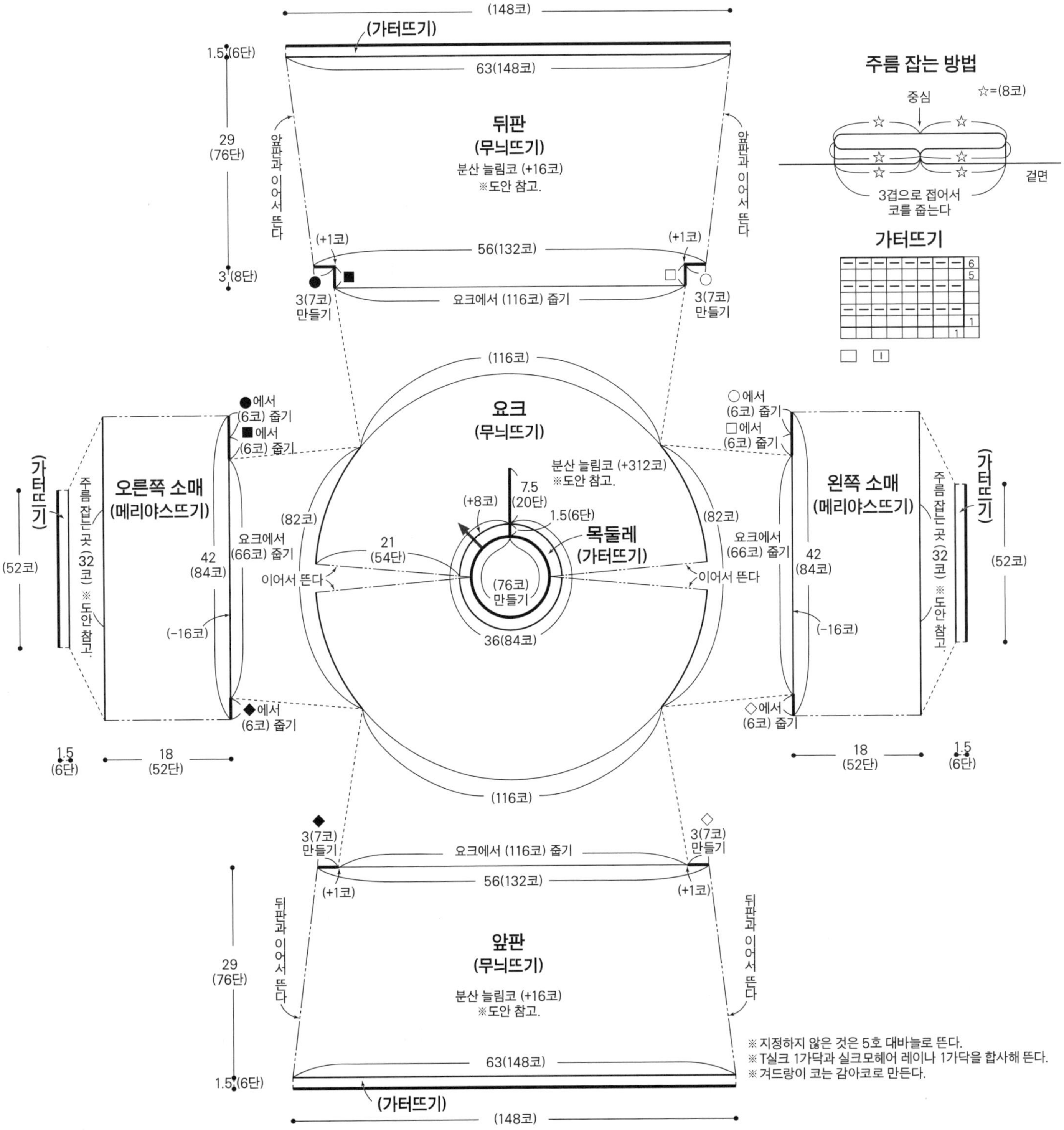

주름 잡는 방법

중심
☆=(8코)

3겹으로 접어서 코를 줄인다

겉면

가터뜨기

뒤판
(무늬뜨기)
분산 늘림코 (+16코)
※도안 참고.

(가터뜨기)
(148코)
63(148코)
1.5(6단)
29(76단)
앞판과 이어서 뜬다
3(8단)
(+1코)
56(132코)
(+1코)
요크에서 (116코) 줍기
3(7코) 만들기
3(7코) 만들기

요크
(무늬뜨기)
(116코)
분산 늘림코 (+312코)
※도안 참고.
7.5 (+8코) (20단)
1.5(6단)
목둘레
(가터뜨기)
(76코) 만들기
21 (54단)
(82코)
(82코)
이어서 뜬다
이어서 뜬다
36(84코)
(116코)

●에서 (6코) 줍기
■에서 (6코) 줍기
○에서 (6코) 줍기
□에서 (6코) 줍기

오른쪽 소매
(메리야스뜨기)
(가터뜨기)
(52코)
주름 잡는 곳 (32코)
※도안 참고.
42 (84단)
요크에서 (66코) 줍기
(−16코)
◆에서 (6코) 줍기
1.5 (6단)
18 (52단)

왼쪽 소매
(메리야스뜨기)
(가터뜨기)
(52코)
주름 잡는 곳 (32코)
※도안 참고.
42 (84단)
요크에서 (66코) 줍기
(−16코)
◇에서 (6코) 줍기
18 (52단)
1.5 (6단)

앞판
(무늬뜨기)
분산 늘림코 (+16코)
※도안 참고.
3(7코) 만들기
3(7코) 만들기
(+1코)
요크에서 (116코) 줍기
56(132코)
(+1코)
29 (76단)
뒤판과 이어서 뜬다
뒤판과 이어서 뜬다
(가터뜨기)
63(148코)
1.5(6단)
(148코)

※지정하지 않은 것은 5호 대바늘로 뜬다.
※T실크 1가닥과 실크모헤어 레이나 1가닥을 합사해 뜬다.
※겨드랑이 코는 감아코로 만든다.

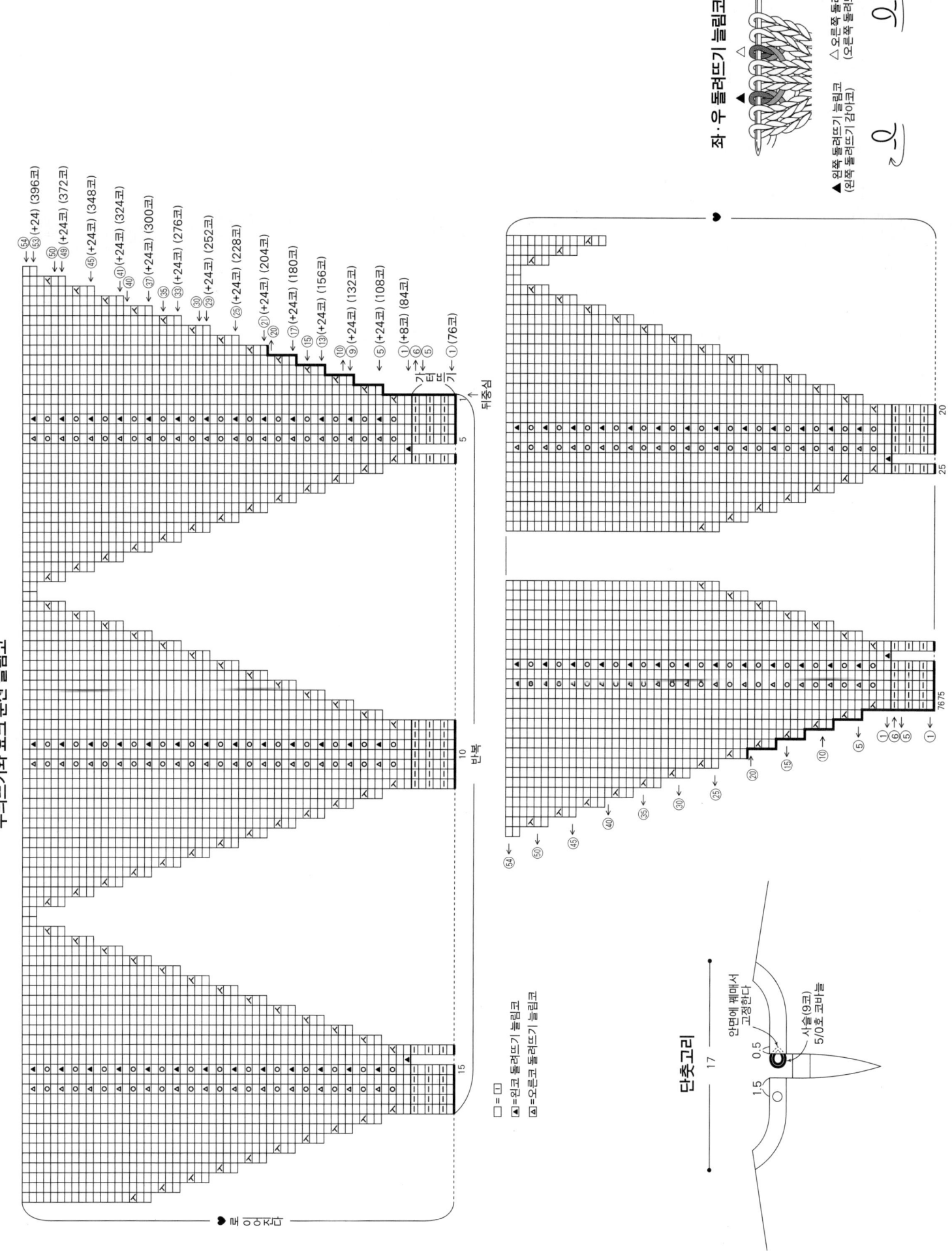

무늬뜨기와 요크 분산 늘림코

좌·우 돌려뜨기 늘림코

△오른쪽 돌려뜨기 늘림코
(오른쪽 돌려뜨기 감아코)

▲왼쪽 돌려뜨기 늘림코
(왼쪽 돌려뜨기 감아코)

□=□
▲=왼코 돌려뜨기 늘림코
◪=오른코 돌려뜨기 늘림코

단춧고리

안면에 꿰매서
고정한다

사슬(9코)
5/0호 코바늘

172페이지로 이어집니다. ▶

▶ 171페이지에서 이어집니다.

뒤판의 앞뒤 단차와 몸통 분산 늘림코

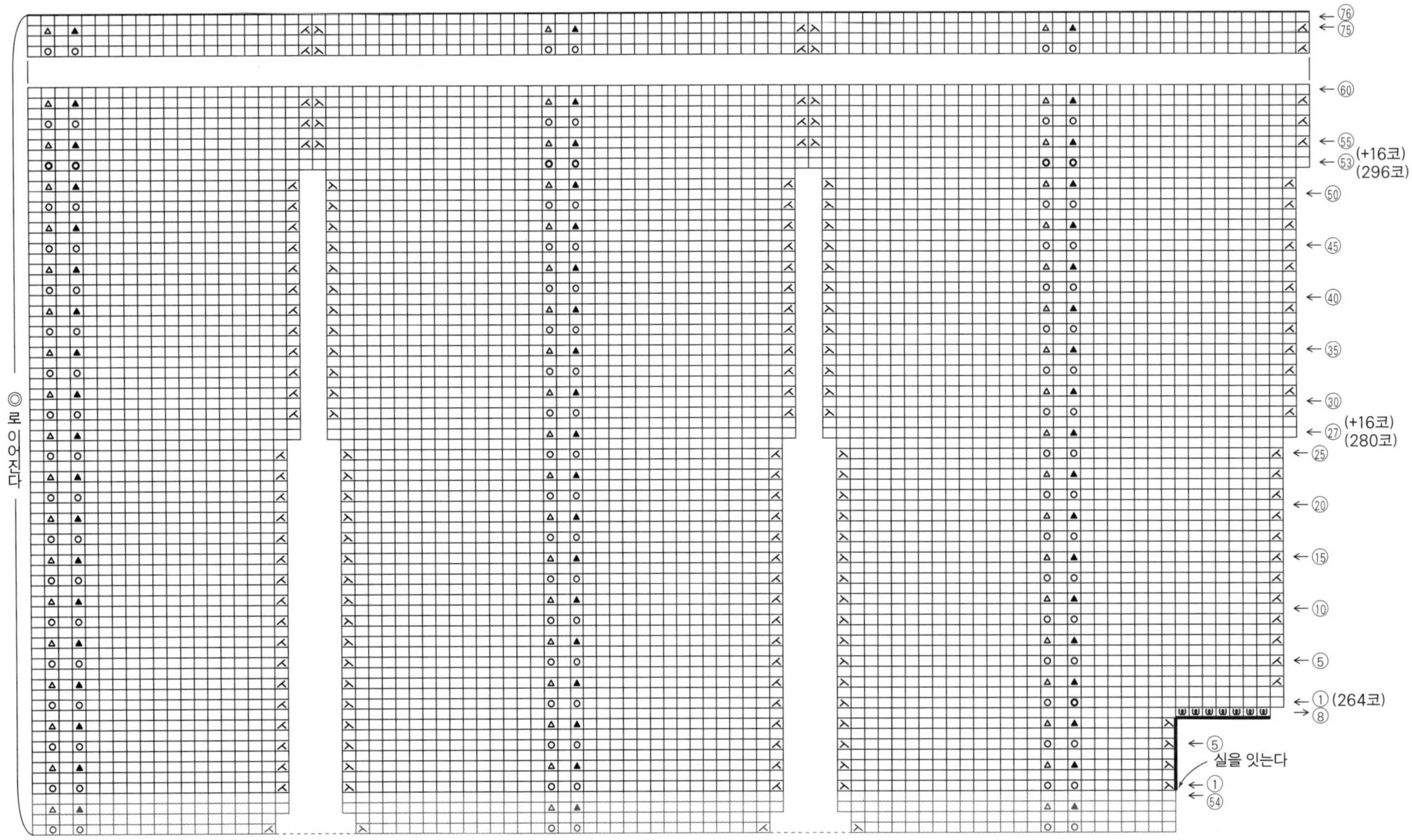

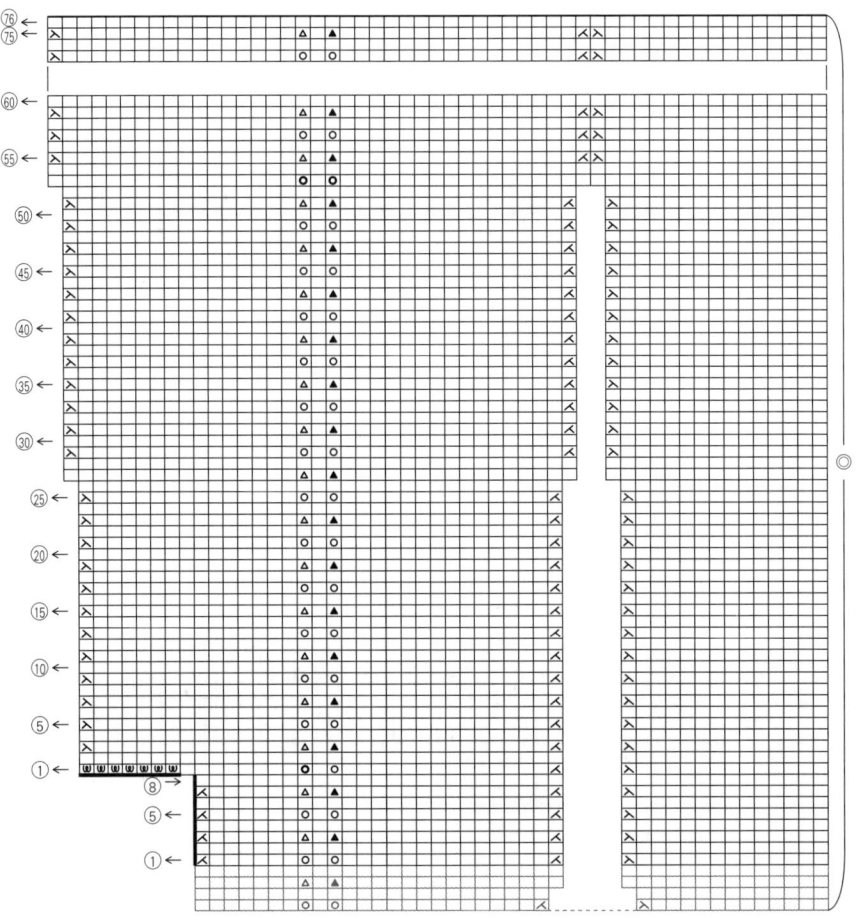

76
75
60
55
53 (+16코)
(296코)
50
45
40
35
30
27 (+16코)
(280코)
25
20
15
10
5
1 (264코)
8
5
실을 잇는다
1
54
◎로 이어진다

□=Ⅰ
▲=왼쪽 돌려뜨기 늘림코
△=오른쪽 돌려뜨기 늘림코

76
75
60
55
50
45
40
35
30
25
20
15
10
5
1
8
5
1
◎

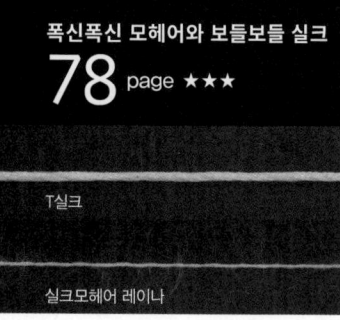

T실크

실크모헤어 레이나

재료
데오리야 T실크 베이지(01) 170g, 실크모헤어 레이나 베이지(06) 55g

도구
대바늘 6호·4호, 코바늘 4/0호

완성 크기
가슴둘레 90cm, 기장 57cm, 회장 51.5cm

게이지(10×10cm)
무늬뜨기 19코×28.5단, 메리야스뜨기 19코×26.5단

POINT
● 요크·몸판·소매…모두 T실크 1가닥과 실크모헤어 레이나 1가닥을 합사해 뜹니다. 요크는 별도 사슬로 만드는 기초코로 뜨개를 시작하고 무늬뜨기를 원형으로 합니다. 분산 늘림코는 도안을 참고하세요. 뒤판은 앞뒤 단차로 8단을 왕복뜨기합니다. 이어서 앞·뒤판의 겨드랑이는 별도 사슬과 요크에서 지정 콧수만큼 주워 메리야스뜨기를 원형으로 합니다. 밑단은 테두리뜨기 A를 하고 뜨개 마무리는 겉뜨기는 겉뜨기로, 안뜨기는 안뜨기로 떠서 덮어씌워 코막음을 합니다. 소매는 겨드랑이의 별도 사슬 푼 코와 앞뒤 단차 코와 요크의 쉼코에서 코를 주워 몸판과 같은 방법으로 뜹니다. 소맷부리는 테두리뜨기 B를 하고 뜨개 마무리는 밑단과 같은 방법으로 뜹니다.
● 마무리…목둘레는 기초코 사슬을 풀어서 코를 줍고 테두리뜨기 C를 원형으로 합니다. 뜨개 마무리는 밑단과 같은 방법으로 뜹니다.

（86코）

（테두리뜨기 A）4호 대바늘

뒤판
（메리야스뜨기）

8（25단）

28（74단） 이어서 뜨다

3（8단）

45（86코）

요크에서 （76코） 줍기

2.5（5코）만들기 ★

2.5（5코）만들기

（86코）

（테두리뜨기 A）4호 대바늘

앞판
（메리야스뜨기）

45（86코）

요크에서 （76코） 줍기

2.5（5코）만들기

2.5（5코）만들기 □

목둘레 （테두리뜨기 C）
4호 대바늘

22

4（12단）

（90코）줍기

뒤·앞판 각 （76코）

요크
（무늬뜨기）

오른쪽 소매
（50코） 쉼코

분산 늘림코
（+162코）
※도안 참고.

왼쪽 소매
（50코） 쉼코

（90코）만들기

18（52단）

테두리뜨기 A

겉뜨기는 겉뜨기로, 안뜨기는 안뜨기로 떠서 덮어씌워 코막음

25

20

15

10

5

2 1

□=Ⅰ

（46코）

（테두리뜨기 B）
4호 대바늘

5（15단）

마지막 단에서 （-22코）

오른쪽 소매
（메리야스뜨기）

17.5（47단）

35.5（68코）

요크에서 （50코） 줍기

□에서 （5코） 줍기

★에서 （8코） 줍기

■에서 （5코） 줍기

※왼쪽 소매는 대칭으로 코를 줍는다.

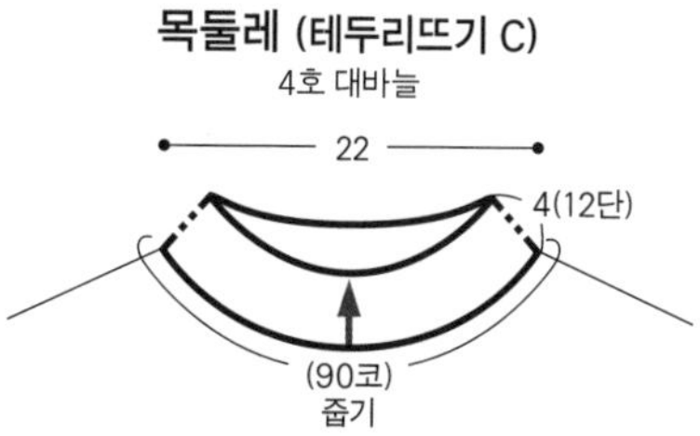

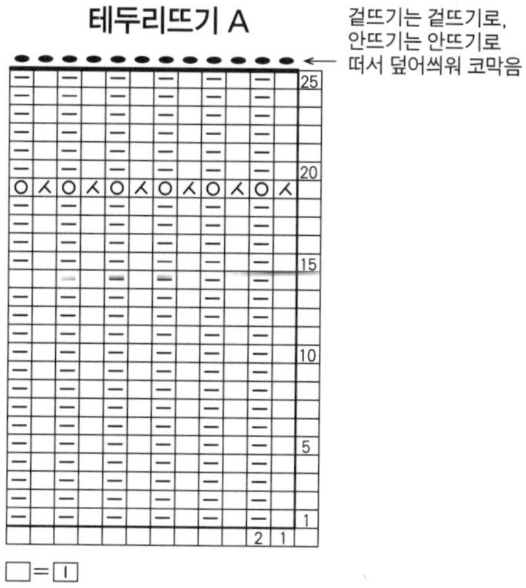

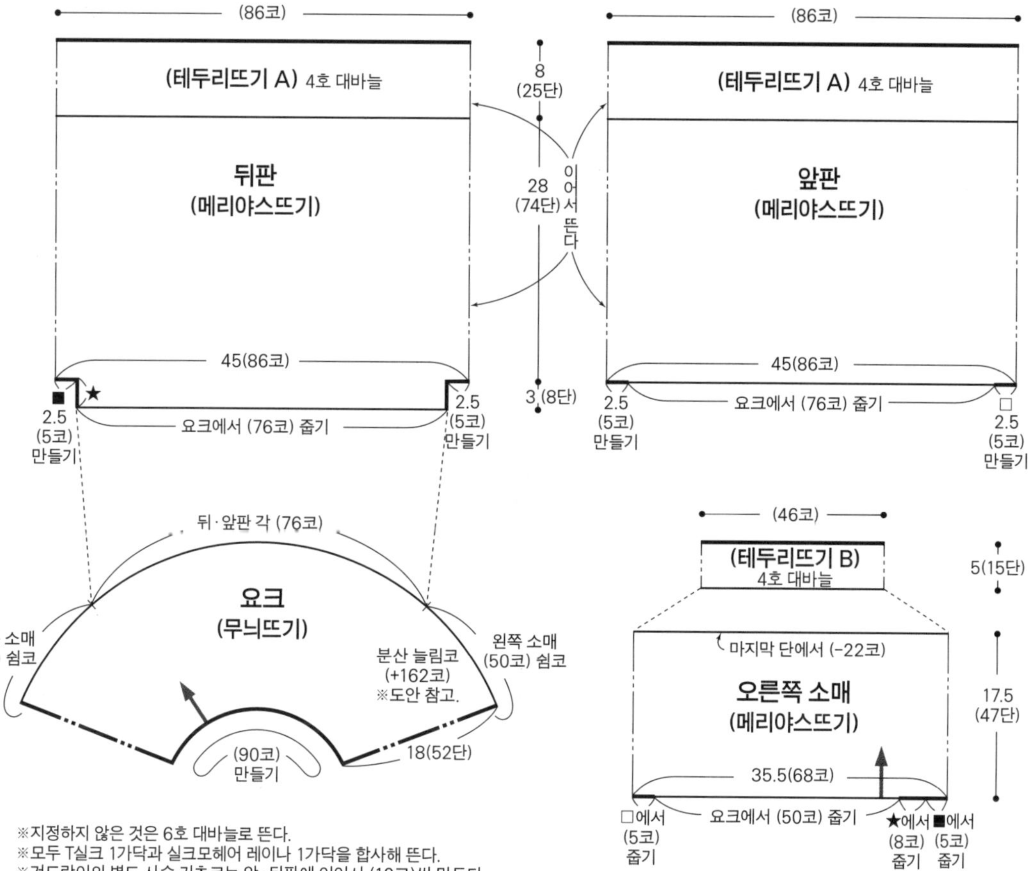

※지정하지 않은 것은 6호 대바늘로 뜬다.
※모두 T실크 1가닥과 실크모헤어 레이나 1가닥을 합사해 뜬다.
※겨드랑이의 별도 사슬 기초코는 앞·뒤판에 이어서 （10코）씩 만든다.

테두리뜨기 C

겉뜨기는 겉뜨기로, 안뜨기는 안뜨기로 떠서 덮어씌워 코막음

12

10

5

2 1

□=Ⅰ

테두리뜨기 B

겉뜨기는 겉뜨기로, 안뜨기는 안뜨기로 떠서 덮어씌워 코막음

15

10

5

2 1

□=Ⅰ

174페이지로 이어집니다. ▶

▶ 173페이지에서 이어집니다.

무늬뜨기와 요크 분산 늘림코 ※12코 1무늬

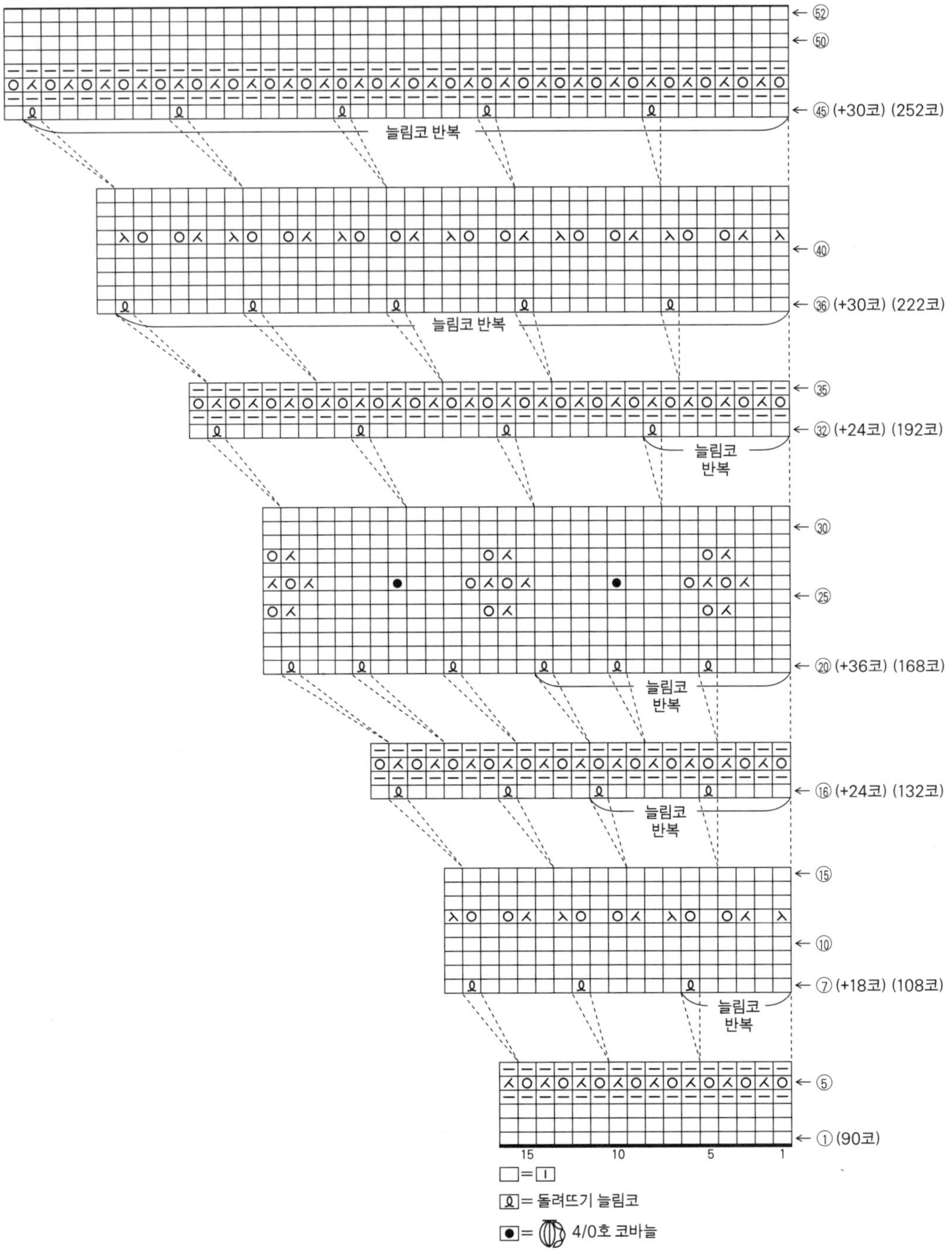

(chart)

← 52
← 50
← 45 (+30코) (252코)
늘림코 반복

← 40
← 36 (+30코) (222코)
늘림코 반복

← 35
← 32 (+24코) (192코)
늘림코 반복

← 30
← 25
← 20 (+36코) (168코)
늘림코 반복

← 16 (+24코) (132코)
늘림코 반복

← 15
← 10
← 7 (+18코) (108코)
늘림코 반복

← 5
← 1 (90코)

15 10 5 1

□ = ┃

Ω = 돌려뜨기 늘림코

● = 4/0호 코바늘

니트 숄
85 page ★★★
원모에 가까운 메리노 울

재료
다루마 원모에 가까운 메리노 울 더스티 핑크(22)
90g 3볼, 라임 그린(15) 60g 2볼
도구
대바늘 8호·6호(구슬이 없는 바늘)
완성 크기
폭 31cm, 길이 173cm
게이지(10×10cm)
줄무늬뜨기 16코×31단, 줄무늬 가터뜨기 20.5코
×36단

POINT
● 별도 사슬로 만드는 기초코를 더스티 핑크로
코를 주워 뜨개를 시작하고 줄무늬뜨기를 합니다.
277단까지 진행하면 뜨개바탕의 모양을 잡기 위
해 스팀다리미로 다립니다. 계속 첫 단에서 줄임코
를 하고 줄무늬 가터뜨기를 합니다. 뜨개 마무리는
안면에서 더스티 핑크로 덮어씌워 코막음합니다.
기초코 사슬을 풀고 줄임코를 하면서 코를 주운
다음 줄무늬 가터뜨기를 이전과 같은 방법으로 합
니다. 뜨개 마무리도 같은 방법으로 덮어씌워 코막
음을 합니다.

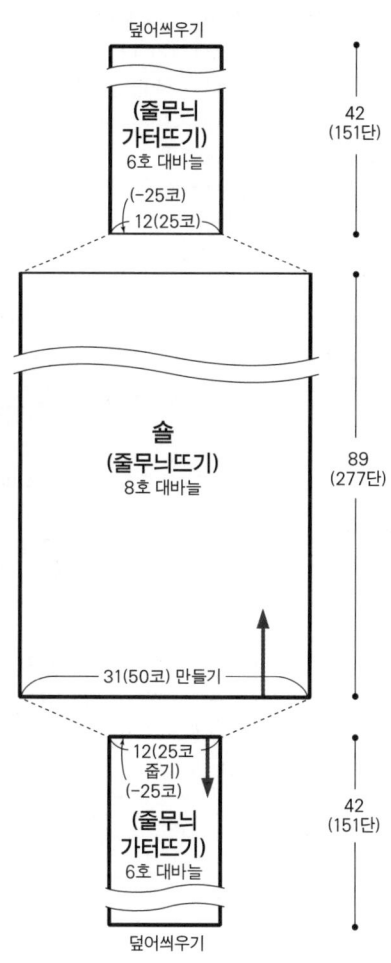

덮어씌우기

(줄무늬
가터뜨기)
6호 대바늘

(-25코)
12(25코)

42
(151단)

숄
(줄무늬뜨기)
8호 대바늘

89
(277단)

31(50코) 만들기

12(25코
줄기)
(-25코)

(줄무늬
가터뜨기)
6호 대바늘

42
(151단)

덮어씌우기

어깨 경사와 앞목둘레 뜨는 법

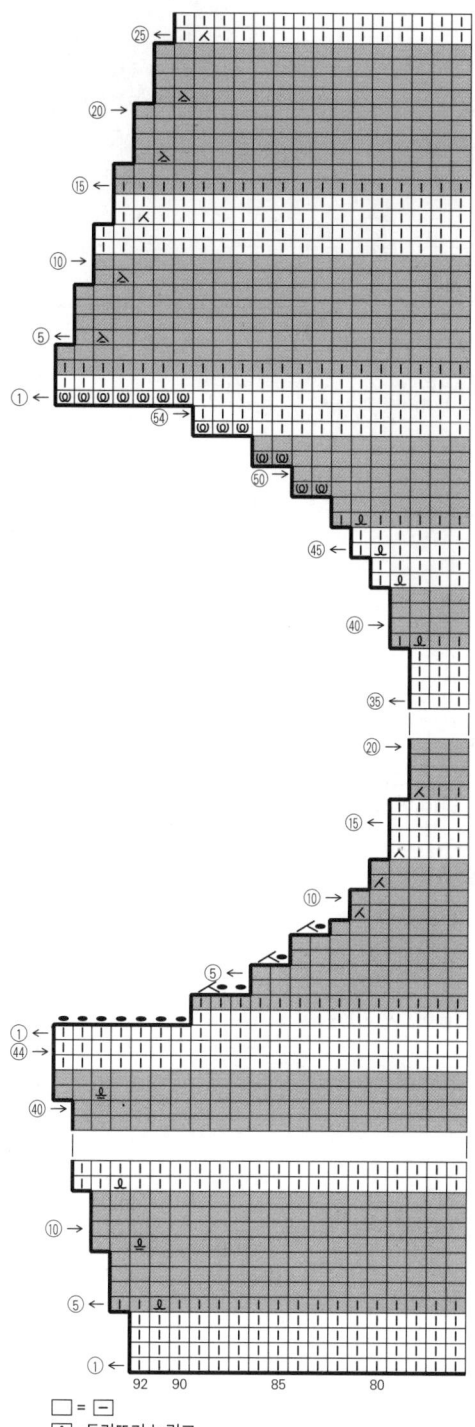

92 90   85   80

□ = □

⚱ =돌려뜨기 늘림코

⚱ =안뜨기 돌려뜨기 늘림코

⟨0⟩ =감아코

줄무늬뜨기

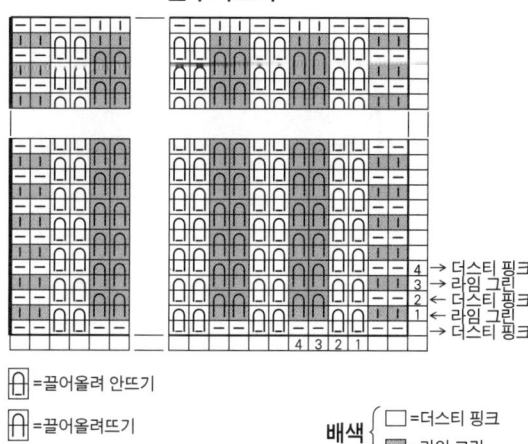

4 ← 더스티 핑크
3 ← 라임 그린
2 ← 더스티 핑크
1 ← 라임 그린
→ 더스티 핑크

4 3 2 1

⌂ =끌어올려 안뜨기

⌂ =끌어올려뜨기

배색 { □ =더스티 핑크
⬛ =라임 그린 }

줄무늬 가터뜨기

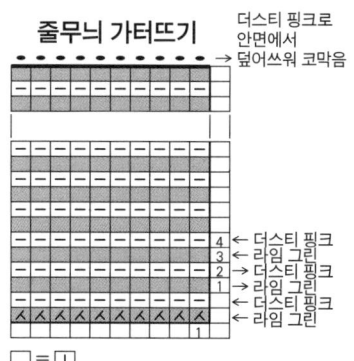

더스티 핑크로
안면에서
→ 덮어씌워 코막음

4 ← 더스티 핑크
3 ← 라임 그린
2 ← 더스티 핑크
1 ← 라임 그린
← 더스티 핑크
← 라임 그린

1

□ = □

재료
로완 키드실크헤이드 하늘색(722 Blue Daisy)
75g 3볼, 연하늘색(693 Mint) 70g 3볼, 초록색
(666 Alhambra) 25g 1볼
도구···대바늘 7호
완성 크기
가슴둘레 108cm, 기장 54cm, 회장 58.5cm
게이지(10×10cm)
줄무늬뜨기 20코×30단
POINT
● 몸판·소매···지정된 색과 가닥 수로 뜹니다. 몸
판은 옆선 58코와 진동둘레 34코를 각각 별도 사
슬로 만드는 기초코로 뜨개를 시작하고 줄무늬뜨

기를 합니다. 늘림코는 도안을 참고하세요. 계속해
서 옆선부터 메리야스뜨기를 합니다. 뜨개 마무리
는 쉼코를 합니다. 옆선의 기초코 사슬을 풀어서
코를 줍고 메리야스뜨기를 합니다. 뜨개 마무리는
같은 방법으로 합니다. 어깨는 떠서 꿰매기를 합니
다. 진동둘레에서 코를 주워 소매는 줄무늬뜨기와
안메리야스뜨기를 합니다. 뜨개 마무리는 안뜨기
하면서 덮어씌워 코막음을 합니다.
● 마무리···옆선은 빼뜨기 잇기, 소매 밑선은 떠서
꿰매기를 합니다. 밑단과 목둘레는 지정 콧수만큼
주워서 안메리야스뜨기를 원형으로 합니다. 뜨개
마무리는 안뜨기를 하면서 덮어씌워 코막음을 합
니다.

(메리야스뜨기) 하늘색 1가닥
5(10코) · 17(34코) · 29(58코)
3.5(8단)
14.5(44단) 4단평 4-1-10
18(54단)
14.5(44단) 4단평 4-1-10 단 코 회
3.5(8단)
쉼코
뒤판
(줄무늬뜨기)
47(142코)
(안메리야스뜨기) 연하늘색 2가닥+하늘색 1가닥=총 3가닥
(92코) 줍기
46(92코) 만들기
(메리야스뜨기) 하늘색 1가닥
쉼코
5(10코) · 17(34코) · 29(58코) · 3(9단)
앞판과 이어서 뜬다

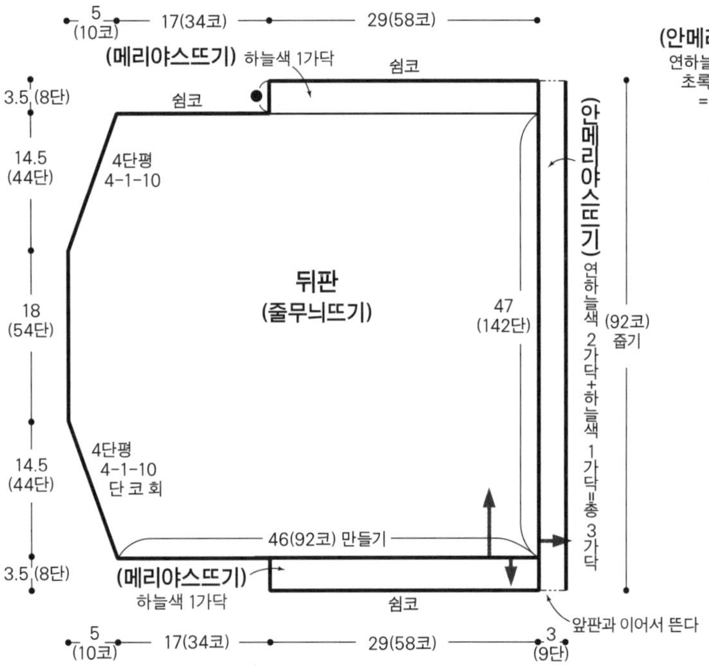

※모두 7호 대바늘로 뜬다.

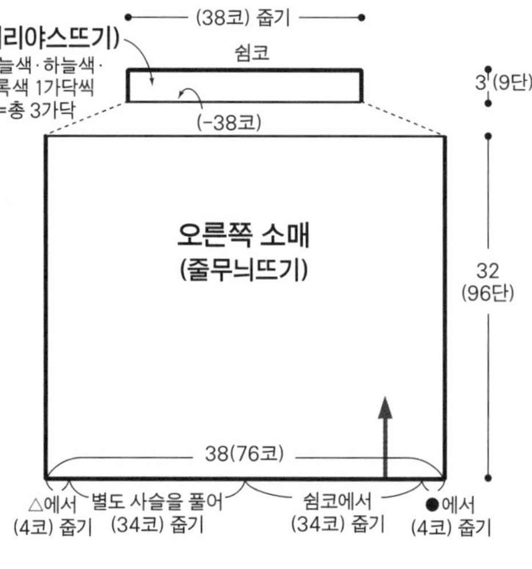

(메리야스뜨기) 연하늘색 1가닥
5(10코) · 17(34코) · 29(58코)
3.5(8단)
쉼코
14.5(44단) 뒤판과 동일
18(54단)
2-7-1
2-3-1
2-2-2
2-1-2
4-1-1
22-1-1
~
4-1-1
2-1-3
2-2-2
2-3-1
단 코 회
(7코) 덮어씌우기
9(18코)
14.5(44단) 뒤판과 동일
3.5(8단)
앞판
(줄무늬뜨기)
47(142코)
뒤판과 이어서 뜬다
(안메리야스뜨기) 연하늘색 2가닥+하늘색 1가닥=총 3가닥
(92코) 줍기
46(92코) 만들기
(메리야스뜨기) 하늘색 1가닥
쉼코
5(10코) · 17(34코) · 29(58코) · 3(9단)

(안메리야스뜨기) 연하늘색·하늘색·초록색 1가닥씩=총 3가닥
(38코) 줍기
쉼코
(-38코)
3(9단)
오른쪽 소매 (줄무늬뜨기)
32(96단)
38(76코)
△에서 별도 사슬을 풀어 (4코) 줍기 · (34코) 줍기
쉼코에서 (34코) 줍기
●에서 (4코) 줍기

※왼쪽 소매도 같은 방법으로 줍는다.

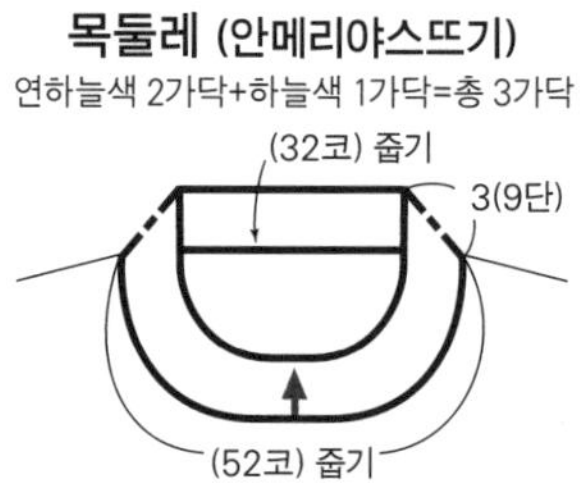

목둘레 (안메리야스뜨기)
연하늘색 2가닥+하늘색 1가닥=총 3가닥
(32코) 줍기
3(9단)
(52코) 줍기

줄무늬뜨기 배색

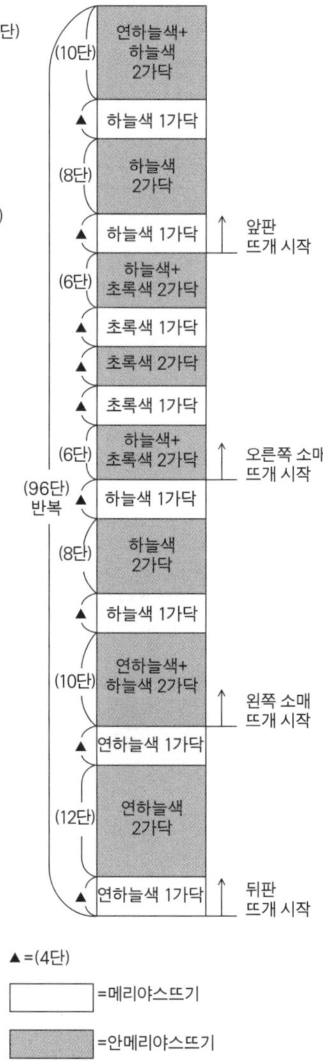

(10단) 연하늘색+하늘색 2가닥
(8단) 하늘색 1가닥
하늘색 2가닥
▲ 하늘색 1가닥
(6단) 하늘색+초록색 2가닥
▲ 초록색 1가닥
초록색 2가닥
▲ 초록색 1가닥
(6단) 하늘색+초록색 2가닥
(96단) 반복 하늘색 1가닥
(8단) 하늘색 2가닥
▲ 하늘색 1가닥
(10단) 연하늘색+하늘색 2가닥
▲ 연하늘색 1가닥
(12단) 연하늘색 2가닥
▲ 연하늘색 1가닥

앞판 뜨개 시작
오른쪽 소매 뜨개 시작
왼쪽 소매 뜨개 시작
뒤판 뜨개 시작

▲ =(4단)
□ =메리야스뜨기
■ =안메리야스뜨기

※안메리야스뜨기의 첫 단은 겉뜨기한다.

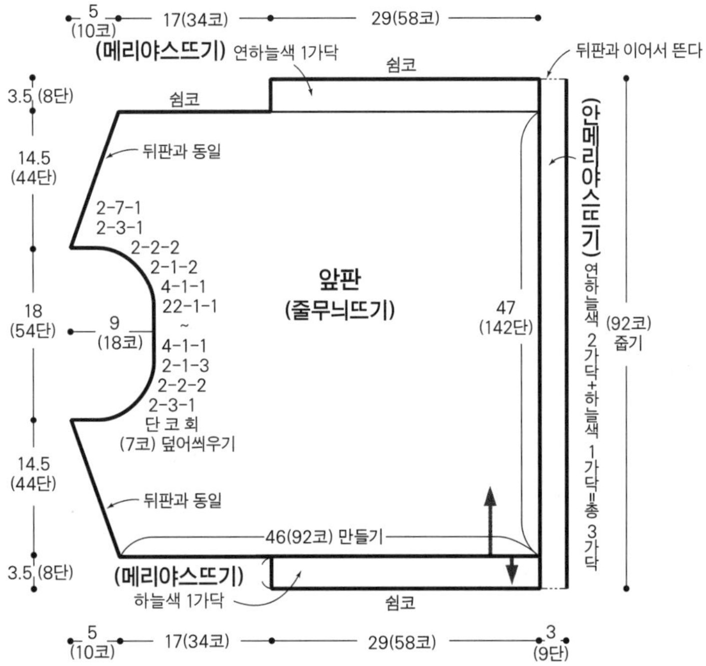

◀ 175페이지로 이어집니다.

재료

데오리야 실크모헤어 레이나 미색(15) 85g, T실크 하늘색(03) 60g, 연회색(04) 60g

도구…대바늘 6호·5호

완성 크기

가슴둘레 98cm, 기장 55cm, 회장 60.5cm

게이지(10×10cm)

무늬뜨기 21코×33.5단, 줄무늬뜨기 23.5코× 31.5단

POINT

● 몸판·소매…손가락에 거는 기초코로 뜨개를 시작하고 무늬뜨기와 줄무늬뜨기를 합니다. 목둘레 줄임코는 2코부터는 덮어씌우기, 첫 코는 가장자리 1코를 세워서 줄임코를 합니다. 소매 밑선의 늘림코는 1코 안쪽에서 돌려뜨기 늘림코를 합니다.

● 마무리…어깨는 덮어씌워 잇기를 합니다. 목둘레는 지정 콧수만큼 주워서 가터뜨기를 원형으로 합니다. 뜨개 마무리는 안뜨기를 하면서 덮어씌워 코막음을 합니다. 소매는 코와 단 잇기로 몸판과 연결합니다. 옆선과 소매 밑선은 떠서 잇기를 합니다.

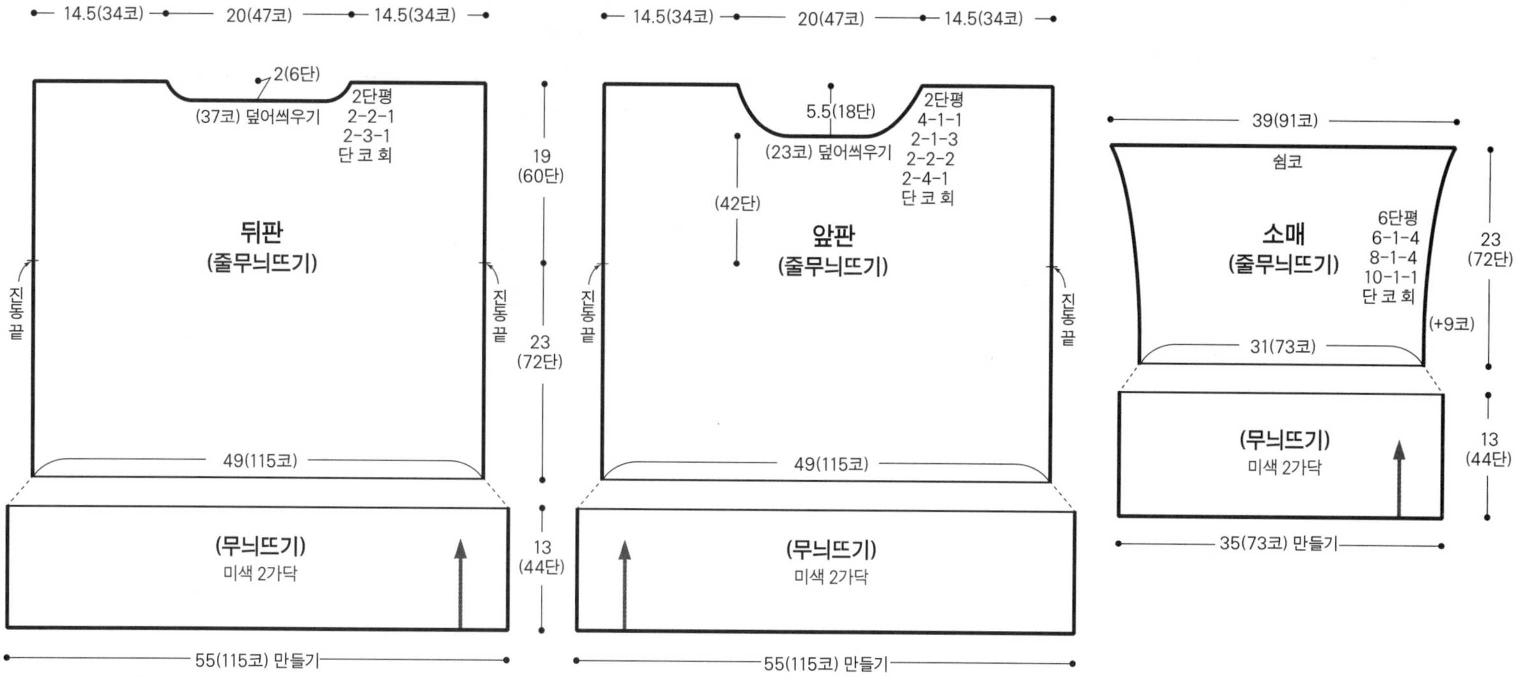

뒤판
(줄무늬뜨기)

14.5(34코) — 20(47코) — 14.5(34코)

2(6단)
(37코) 덮어씌우기
2단평
2-2-1
2-3-1
단 코 회

19(60단)

진동 끝

23(72단)

49(115코)

(무늬뜨기)
미색 2가닥

13(44단)

55(115코) 만들기

앞판
(줄무늬뜨기)

14.5(34코) — 20(47코) — 14.5(34코)

5.5(18단)
(23코) 덮어씌우기
2단평
4-1-1
2-1-3
2-2-2
2-4-1
단 코 회

(42단)

진동 끝

49(115코)

(무늬뜨기)
미색 2가닥

55(115코) 만들기

소매
(줄무늬뜨기)

39(91코)

쉼코

6단평
6-1-4
8-1-4
10-1-1
단 코 회

23(72단)

(+9코)

31(73코)

(무늬뜨기)
미색 2가닥

13(44단)

35(73코) 만들기

※지정하지 않은 것은 0호 데비 늘로 뜬다.

목둘레 (가터뜨기)
5호 대바늘 하늘색 1가닥

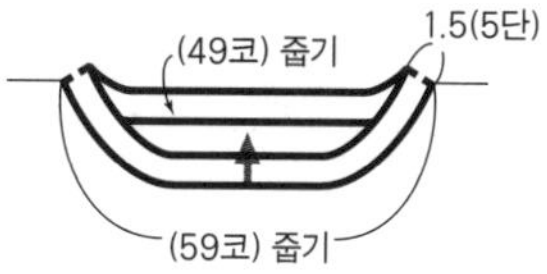

(49코) 줍기

1.5(5단)

(59코) 줍기

무늬뜨기

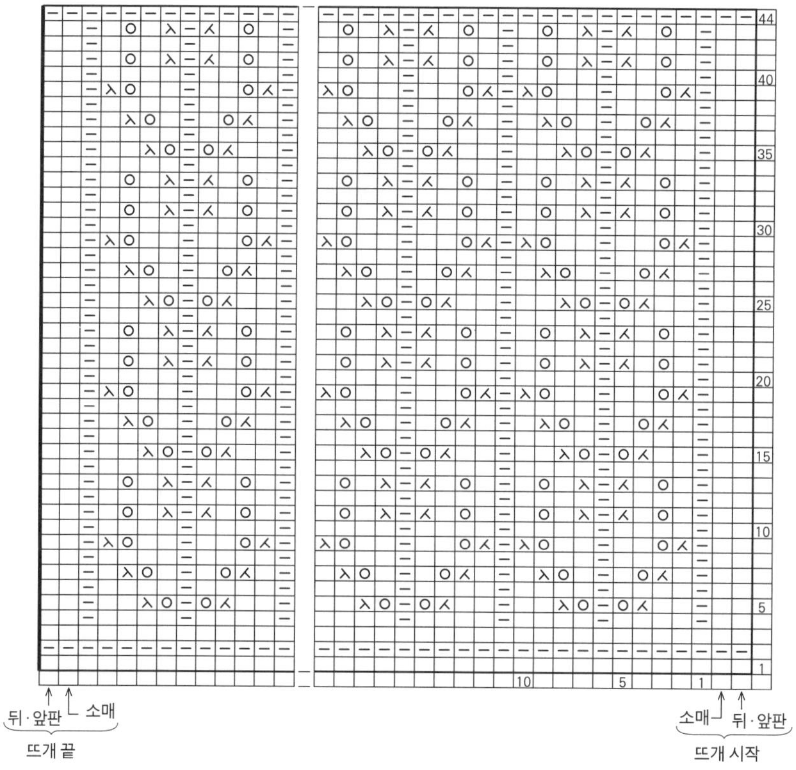

뒤·앞판 → ← 소매
뜨개 끝

소매 → ← 뒤·앞판
뜨개 시작

□ = ①

가터뜨기

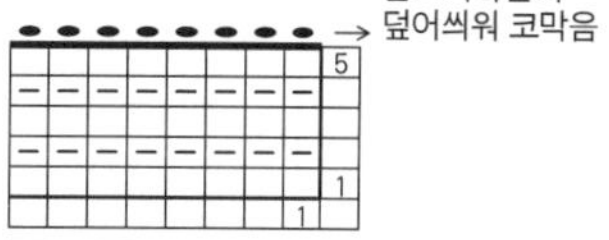

안뜨기하면서
덮어씌워 코막음

□ = ①

줄무늬뜨기

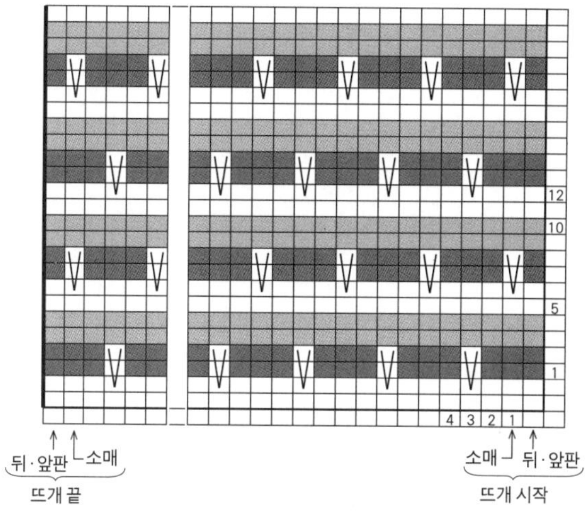

뒤·앞판 → ← 소매
뜨개 끝

소매 → ← 뒤·앞판
뜨개 시작

□ = ①

Ⅴ =걸러뜨기(2단)

배색
□=미색 2가닥
■=하늘색 1가닥
▨=연회색 1가닥

재료
해피 해피리넨 100 갈색(909) 235g 6볼

도구
대바늘 8호

완성 크기
폭 47cm, 길이 147.5cm

게이지(10×10cm)
무늬뜨기 C 27코×24단

POINT
● 실 1가닥으로 느슨하게 손가락에 거는 기초코로 뜨개를 시작하고 무늬뜨기 A·B·C·D를 합니다. 무늬뜨기 B는 2가닥으로, 그 밖에는 실 1가닥으로 뜹니다. 무늬뜨기 C의 뜨개 시작은 2가닥으로 뜬 앞단의 코를 1가닥씩 주워서 뜹니다. 3단 이후는 2단마다 실을 바꿔가면서 뜹니다. 실을 자르지 않고 걸치지만 뜨개바탕이 울지 않도록 주의하세요. 뜨개 마무리는 겉뜨기는 겉뜨기로 안뜨기는 안뜨기를 하면서 느슨하게 덮어씌워 코막음합니다.

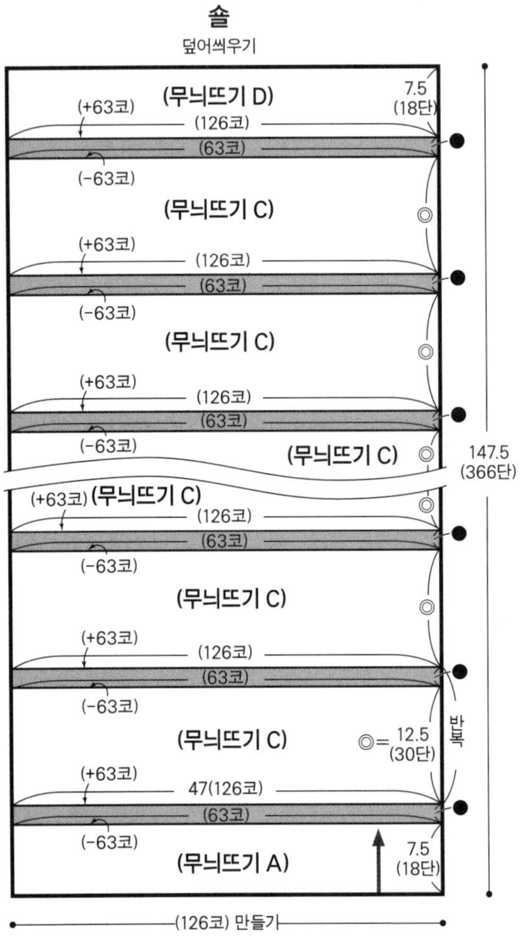

숄

덮어씌우기

- (무늬뜨기 D) 7.5 (18단)
- (+63코) (126코)
- (63코)
- (−63코)
- (무늬뜨기 C)
- (+63코) (126코)
- (63코)
- (−63코)
- (무늬뜨기 C)
- (+63코) (126코)
- (63코)
- (−63코) (무늬뜨기 C)
- (+63코) (무늬뜨기 C) 147.5 (366단)
- (126코)
- (63코)
- (−63코)
- (무늬뜨기 C)
- (+63코) (126코)
- (63코)
- (−63코)
- (무늬뜨기 C) ◎=12.5 (30단)
- (+63코) 47(126코) 반복
- (63코)
- (−63코)
- (무늬뜨기 A) 7.5 (18단)
- (126코) 만들기

※ 모두 8호 대바늘로 뜬다.
※ 지정하지 않은 것은 실 1가닥으로 뜬다.
※ [ ]=(무늬뜨기 B) 2가닥으로 뜬다.
※ ●=2(6단)

무늬뜨기 C 뜨는 법
· 첫 단(◆)은 무늬뜨기 B의 마지막 단에서 바늘에 걸려 있는 2가닥 실을 1가닥씩 주워 실 1가닥으로 뜬다. 다른 1가닥 실은 쉰다.
· 2단은 1단을 뜬 실로 도안대로 뜬다.
· 3·4단은 쉬는 실을 끌어 올려서 기호대로 뜬다.
· 5·6단은 1·2단을 뜬 실을 끌어 올려 뜬다. 2단마다 실을 바꿔가면서 뜬다.
※ D의 첫 단도 같은 방법으로 뜬다.

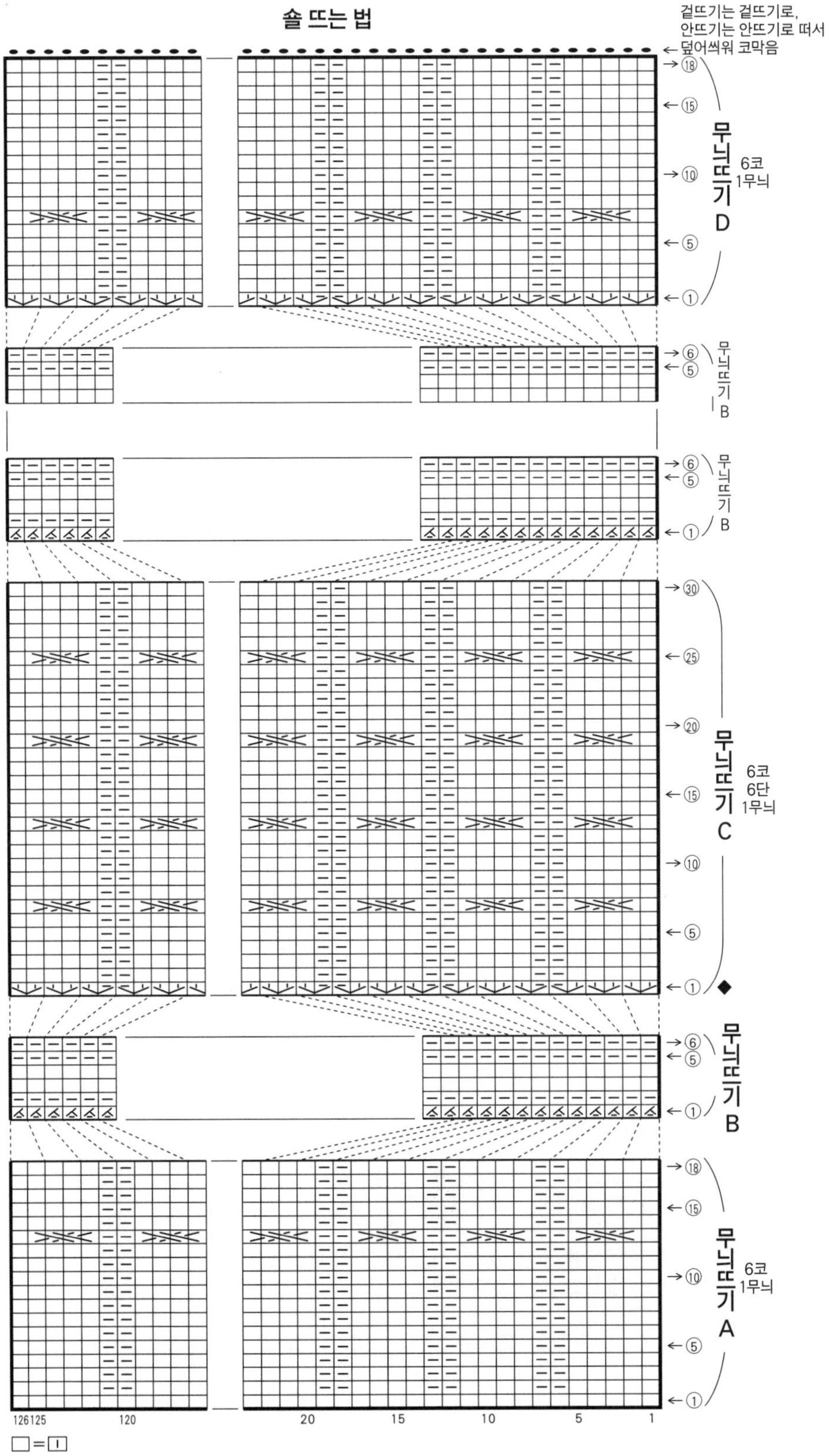

숄 뜨는 법

겉뜨기는 겉뜨기로, 안뜨기는 안뜨기로 떠서 덮어씌워 코막음

무늬뜨기 D 6코 1무늬

무늬뜨기 B

무늬뜨기 B

무늬뜨기 C 6코 6단 1무늬

무늬뜨기 B

무늬뜨기 A 6코 1무늬

126 125 120 20 15 10 5 1

□=[I]

재료
다이아몬드케이토 마스터시드 코튼 '실크' 연어 핑크(8104) 375g 15볼
도구…대바늘 5호·3호, 코바늘 2/0호
완성 크기
가슴둘레 96cm, 기장 58.5cm, 회장 55.5cm
게이지(10×10cm)
무늬뜨기 A 27코×32단, 무늬뜨기 B·B' 28코×32단
POINT
● 몸판·소매…별도 사슬로 만드는 기초코로 뜨개를 시작하는데 몸판은 무늬뜨기 A·B·B', 소매는 무늬뜨기 B를 합니다. 무늬뜨기 A의 분산 줄임

코, 목둘레의 줄임코는 도안을 참고하세요. 소매 마무리는 쉼코를 합니다. 밑단은 기초코 사슬을 풀어서 코를 줍고, 가터뜨기를 합니다. 뜨개 마무리는 안뜨기하면서 덮어씌워 코막음을 합니다. 소맷부리는 밑단과 같은 방법으로 코를 주워 테두리뜨기를 합니다. 뜨개 마무리는 1코 돌려 고무뜨기 코막음을 합니다.
● 마무리…어깨는 덮어씌워 잇기를 합니다. 목둘레는 지정 콧수만큼 주워서 테두리뜨기를 원형으로 합니다. 뜨개 마무리는 소맷부리와 같은 방법으로 합니다. 소매는 소매 중심에서 주름을 잡고, 코와 단 잇기로 몸통과 연결합니다. 옆선과 소매 밑선은 떠서 꿰매기를 합니다.

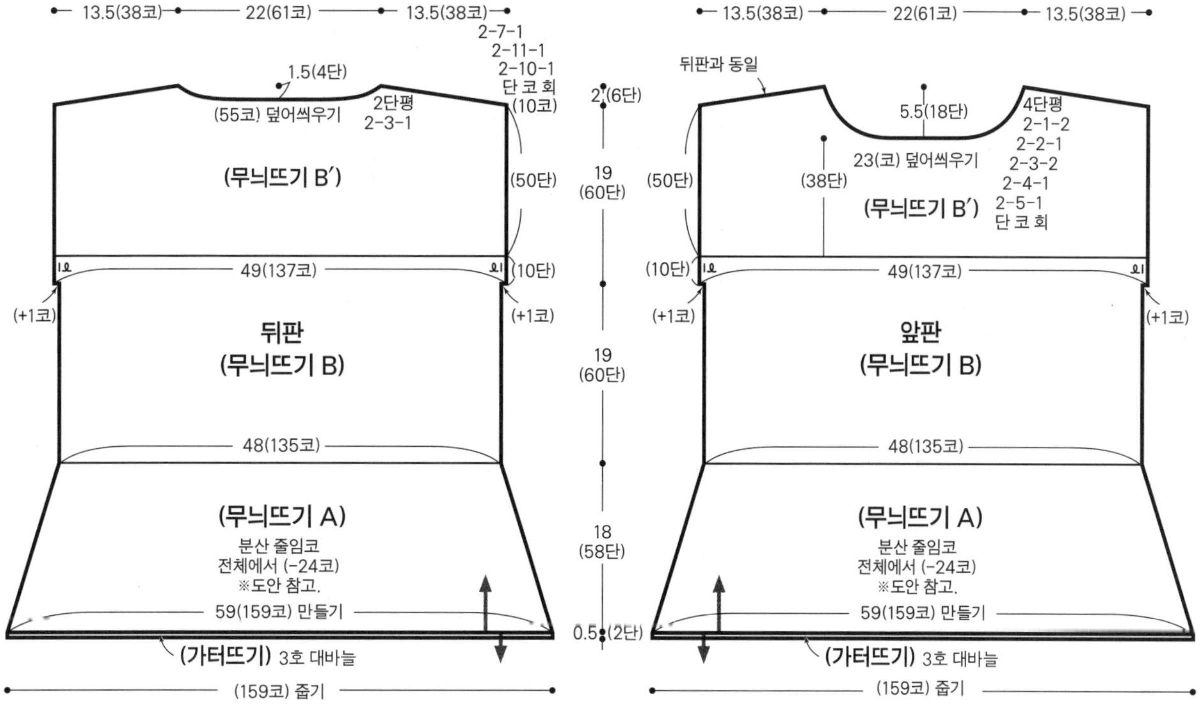

뒤판

- 13.5(38코) — 22(61코) — 13.5(38코)
- 2-7-1 / 2-11-1 / 2-10-1 단 코 회 / 2-3-1
- 1.5(4단)
- (55코) 덮어씌우기
- 2단평
- (50단)
- (무늬뜨기 B')
- (50단)
- (10코)
- 2(6단)
- 19(60단)
- 49(137코)
- (10단)
- (+1코)
- (+1코)
- **뒤판**
  (무늬뜨기 B)
- 19(60단)
- 48(135코)
- **(무늬뜨기 A)**
  분산 줄임코
  전체에서 (-24코)
  ※도안 참고.
- 18(58단)
- 59(159코) 만들기
- **(가터뜨기)** 3호 대바늘
- 0.5(2단)
- (159코) 줍기

※지정하지 않은 것은 5호 대바늘로 뜬다.

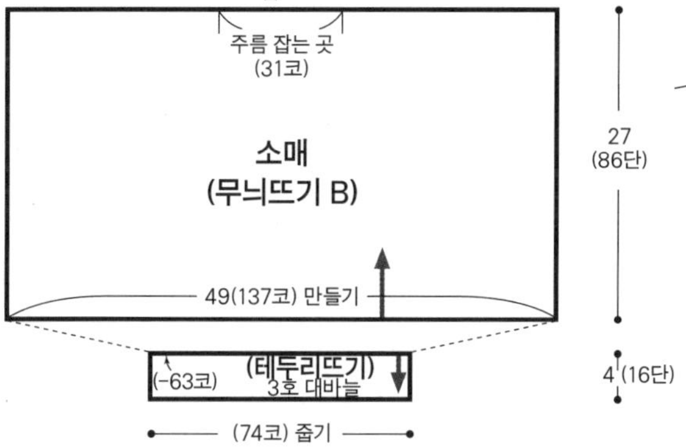

앞판

- 13.5(38코) — 22(61코) — 13.5(38코)
- 뒤판과 동일
- 5.5(18단)
- 4단평 / 2-1-2 / 2-2-1 / 2-3-2 / 2-4-1 / 2-5-1 단 코 회
- 23(코) 덮어씌우기
- (38단)
- (무늬뜨기 B')
- (10단) / (10단)
- 49(137코)
- (+1코) / (+1코)
- **앞판**
  (무늬뜨기 B)
- 48(135코)
- **(무늬뜨기 A)**
  분산 줄임코
  전체에서 (-24코)
  ※도안 참고.
- 59(159코) 만들기
- **(가터뜨기)** 3호 대바늘
- (159코) 줍기

소매

- 쉼코
- 주름 잡는 곳 (31코)
- **소매**
  (무늬뜨기 B)
- 27(86단)
- 49(137코) 만들기
- **(테두리뜨기)** 3호 대바늘
- (-63코)
- 4(16단)
- (74코) 줍기

목둘레 (테두리뜨기)
3호 대바늘
- (65코) 줍기
- 2(8단)
- (79코) 줍기

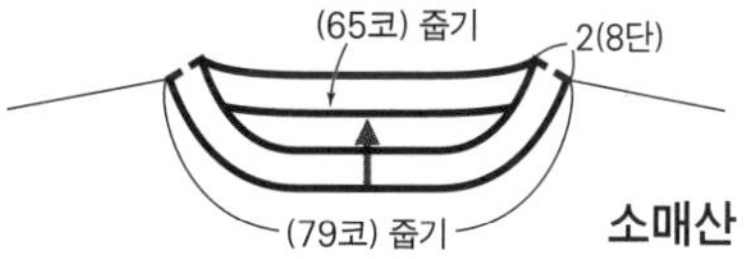

소매산 주름 잡는 법 (오른쪽 소매) 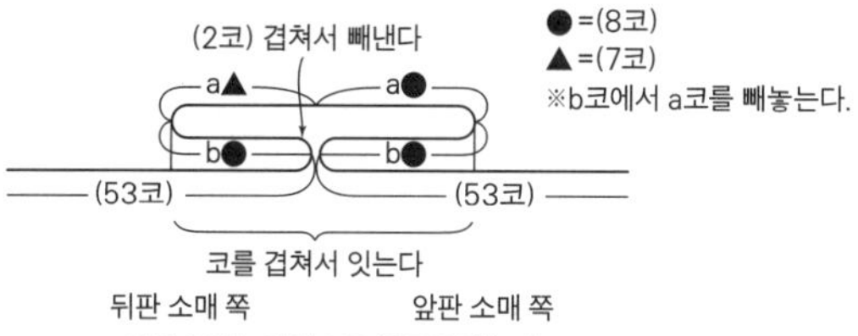
- (2코) 겹쳐서 빼낸다
- ●=(8코)
- ▲=(7코)
- ※b코에서 a코를 빼놓는다.
- a▲ / a●
- b● / b●
- (53코) / (53코)
- 코를 겹쳐서 잇는다
- 뒤판 소매 쪽 / 앞판 소매 쪽
- ※왼쪽 소매는 대칭으로 주름을 잡는다.

가터뜨기

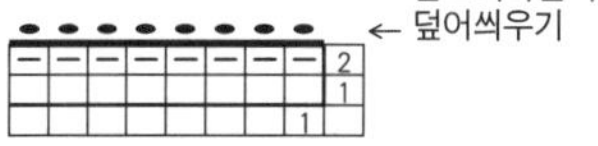

안뜨기하면서
덮어씌우기

□=|

테두리뜨기

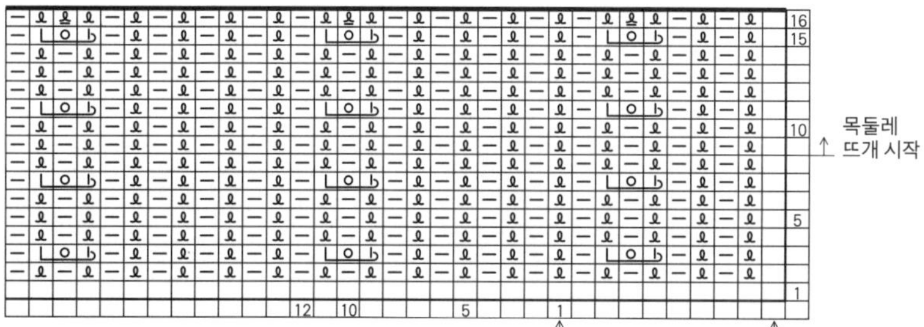

(표 — 16, 15, 10, 5, 1단 / 12, 10, 5, 1코)
↑ 목둘레 뜨개 시작

앞목둘레 / 소맷부리
뜨개 시작

□=|
└○┘ =1코에 꿴 매듭뜨기(3코)

180페이지로 이어집니다. ▶

▶ 179페이지에서 이어집니다.

무늬뜨기 A와 분산 줄임코

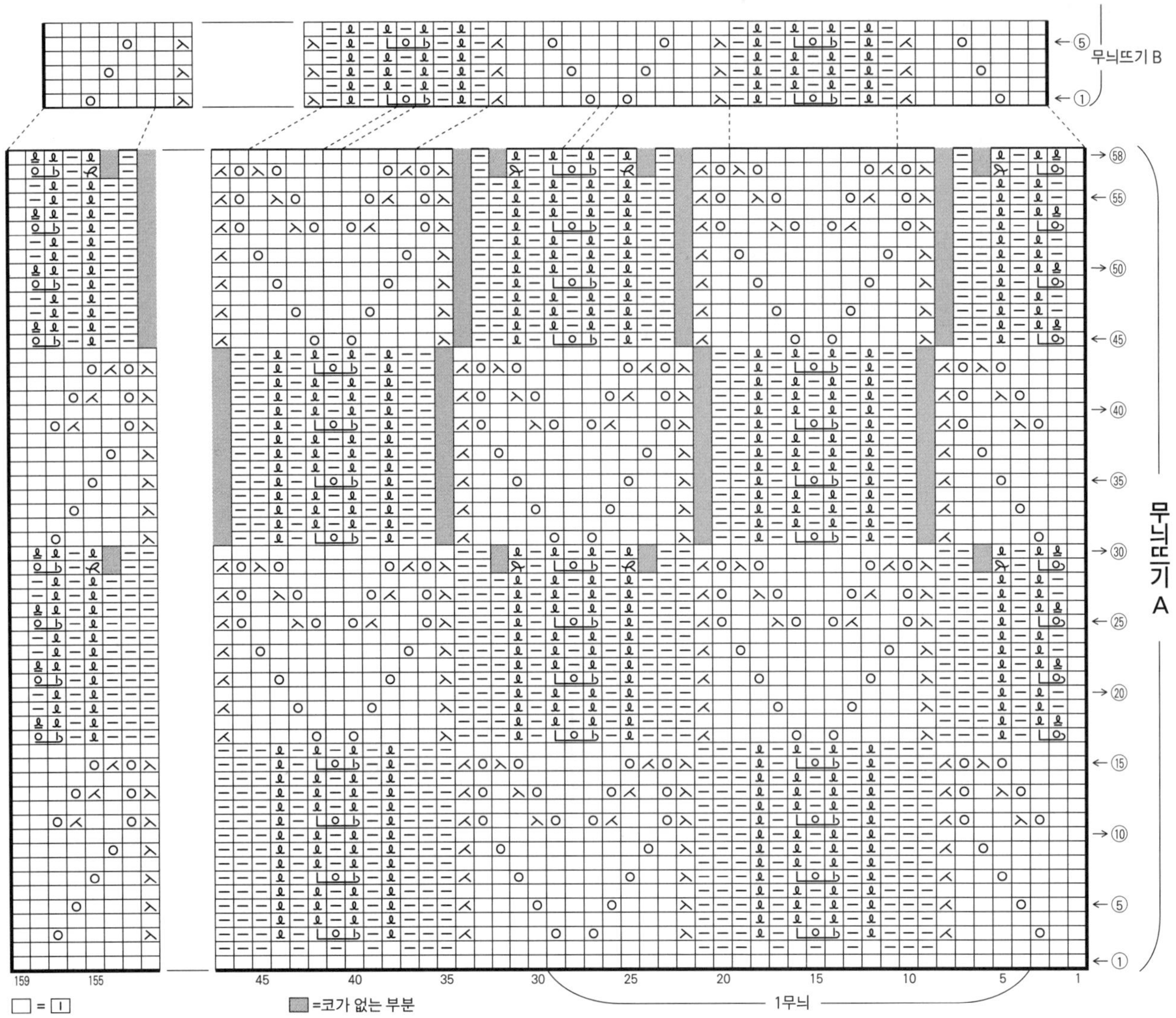

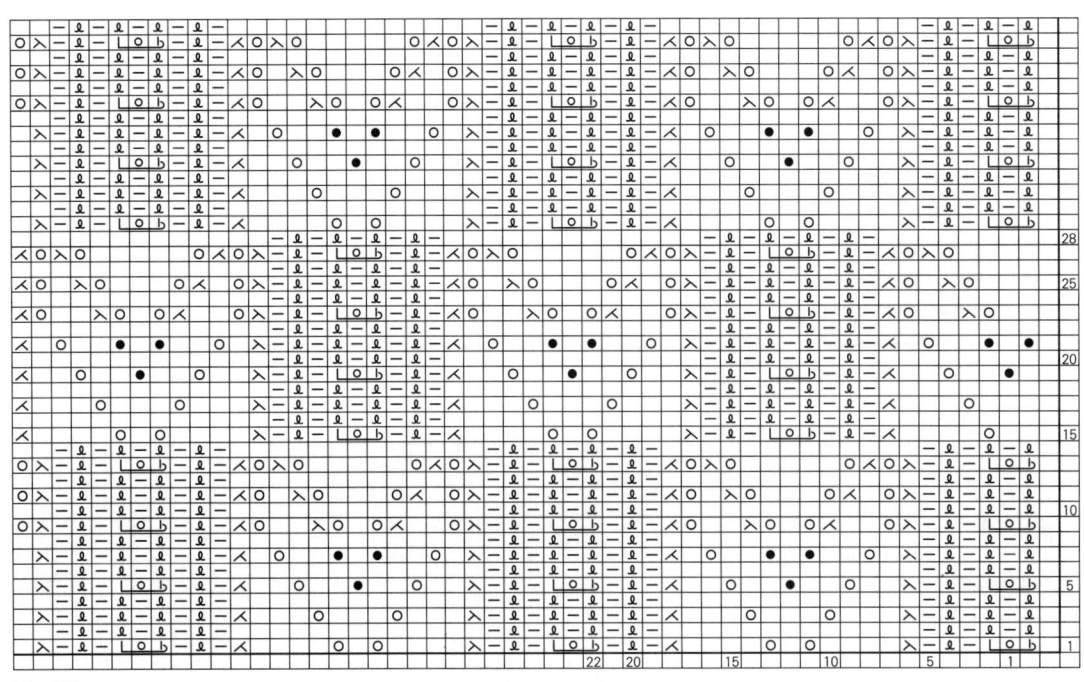

무늬뜨기 A

□ = ☐

🔲 =코가 없는 부분

⌐ㅣ○ㅂ⌐ =왼코에 꿴 매듭뜨기(3코일 때)

⌐○ㅂ⌐ · ○ㅂ⌐ =왼코에 꿴 매듭뜨기(2코일 때)

⧄ =오른코 위 돌려 2코 모아뜨기

⧅ =왼코 위 돌려 2코 모아뜨기

무늬뜨기 B′

□ = ☐

⌐ㅣ○ㅂ⌐ =왼코에 꿴 매듭뜨기(3코일 때)

● = 긴 3코 구슬뜨기(2/0호 코바늘)

180

무늬뜨기 B

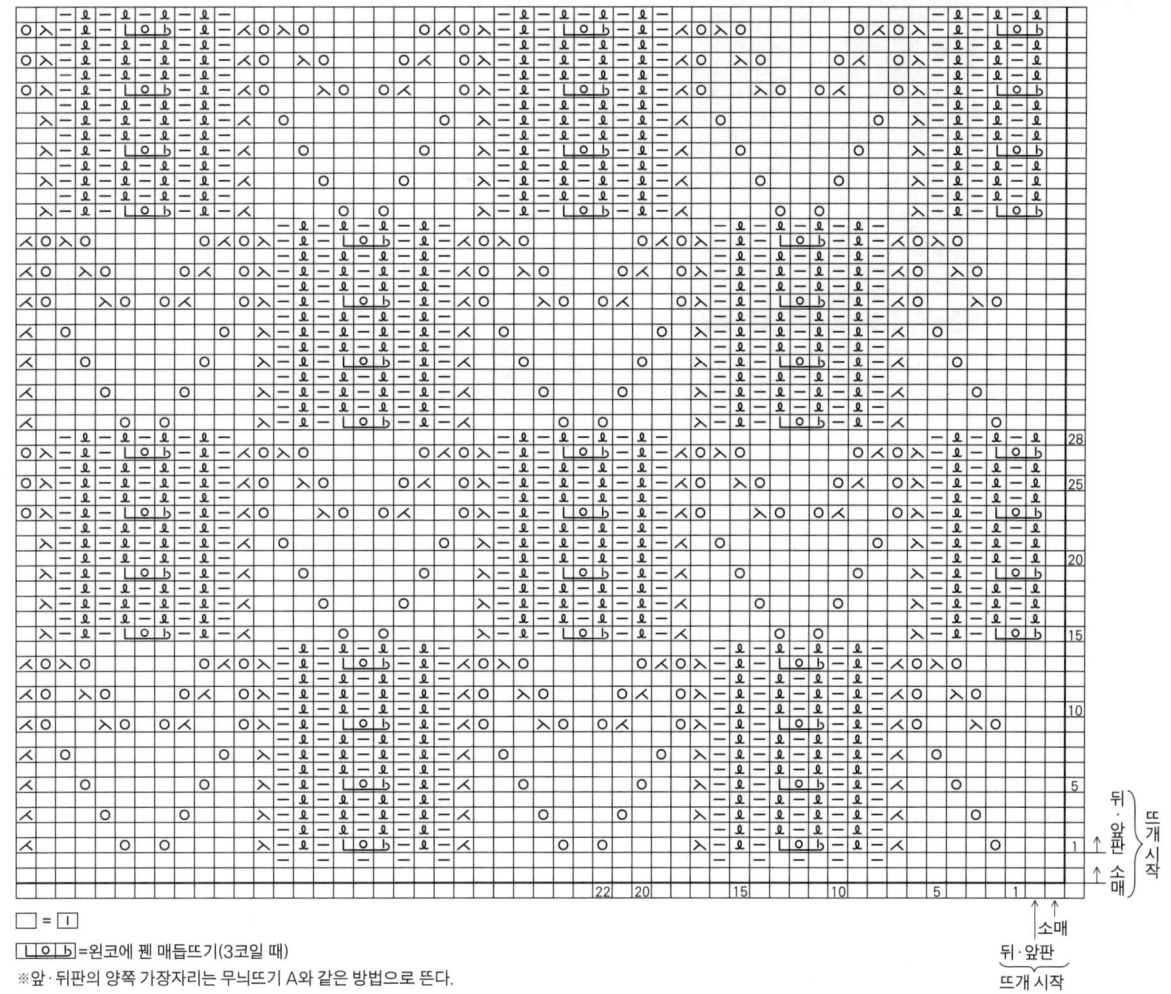

□ = □

└┘○└┘=왼코에 꿴 매듭뜨기(3코일 때)

※앞·뒤판의 양쪽 가장자리는 무늬뜨기 A와 같은 방법으로 뜬다.

앞목둘레

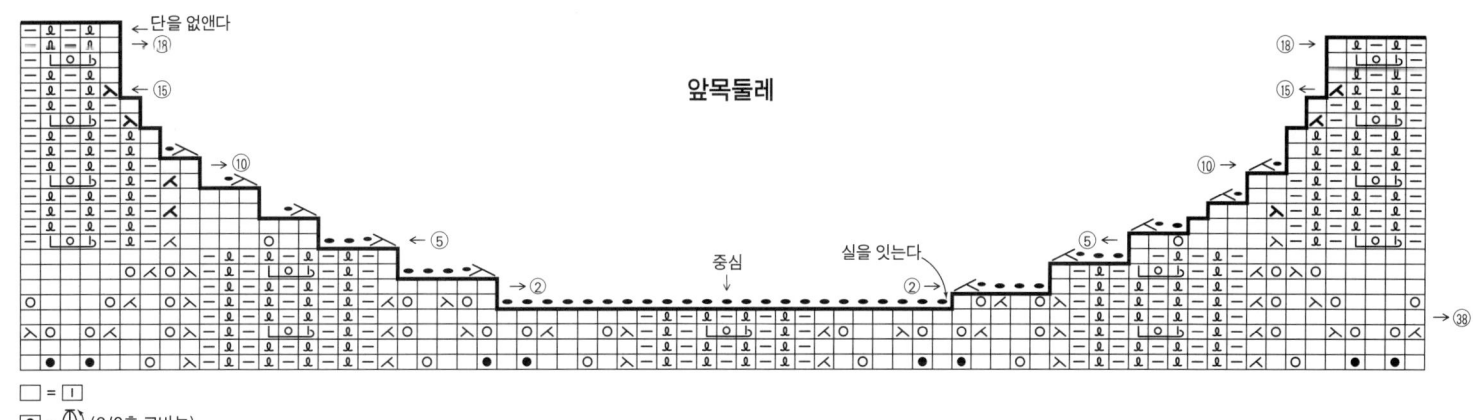

□ = □

● = (2/0호 코바늘)

뒤목둘레와 어깨 경사

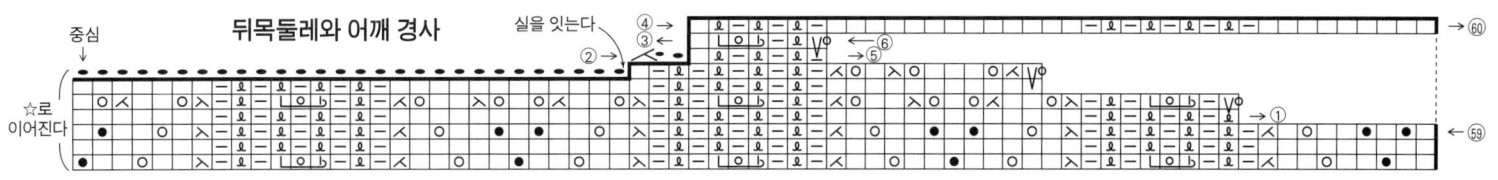

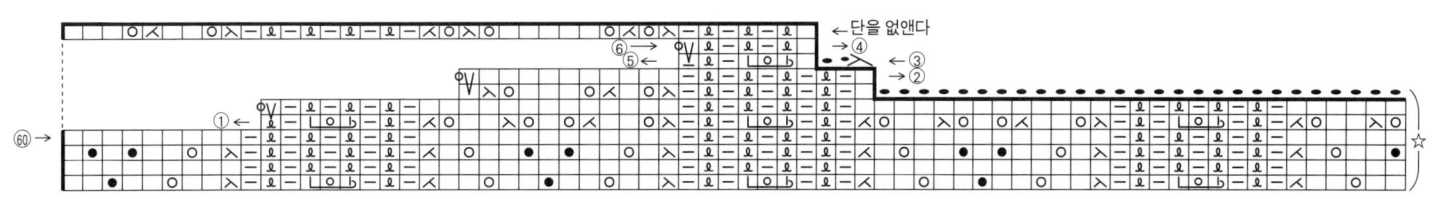

□ = □

● = (2/0호 코바늘)

갈레트

재료
K's K 갈레트 흰색(1) 270g 7볼, 검은색(21) 185g 5볼

도구…코바늘 4/0호

완성 크기
가슴둘레 95cm, 기장 44cm, 회장 53cm

게이지
모티프 한 변 9.5cm. 무늬뜨기는 1무늬가 4cm, 10cm에 13.5단

POINT
● 몸판·소매…모티브 잇기로 뜹니다. 2번째 모티

브부터는 마지막 단에서 옆 모티브와 연결하면서 뜹니다. 모티브마다 연결하는 방향이 다르지만, 검은색이 위로 오도록 연결하니 연결 방향과 순서에 주의하세요. 브레이드(Braid)는 사슬뜨기 기초코로 뜨개를 시작하고 무늬뜨기를 합니다. 기초코에 코를 주워서 반대쪽도 같은 방법으로 뜹니다. 브레이드 둘레는 테두리뜨기 A를 하면서 모티브와 연결합니다.
● 마무리…밑단은 줄무늬 테두리뜨기 B, 목둘레는 줄무늬 테두리뜨기 C, 소맷부리는 테두리뜨기 D를 각각 원형으로 합니다.

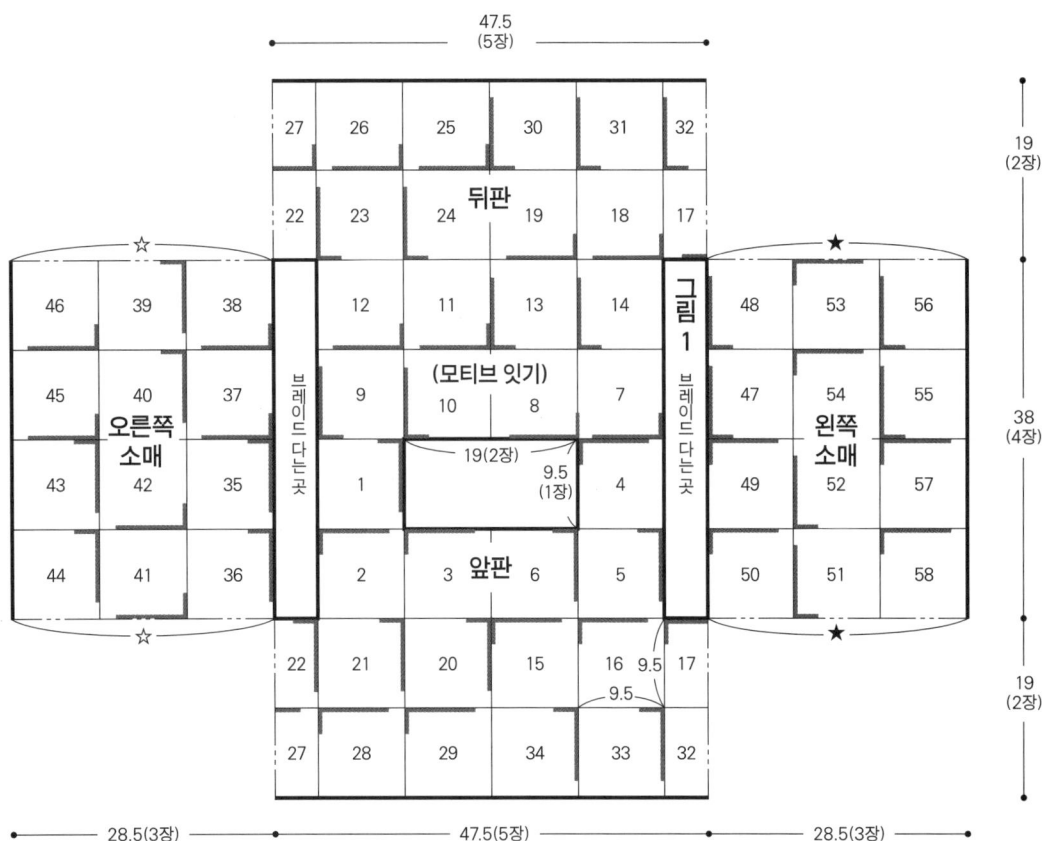

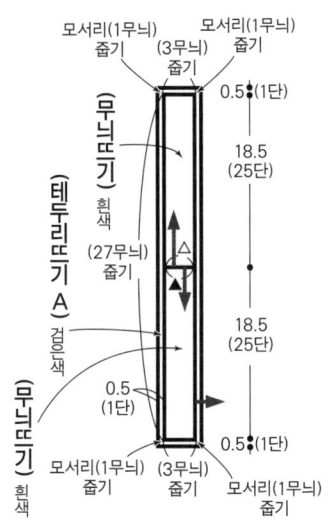

※ 모두 4/0호 코바늘로 뜬다.
※ 모티브 안에 숫자는 연결하는 순서다.
※ 같은 기호끼리 이어서 뜬다.
──=모티브 12단에서 검은색으로 뜨는 부분

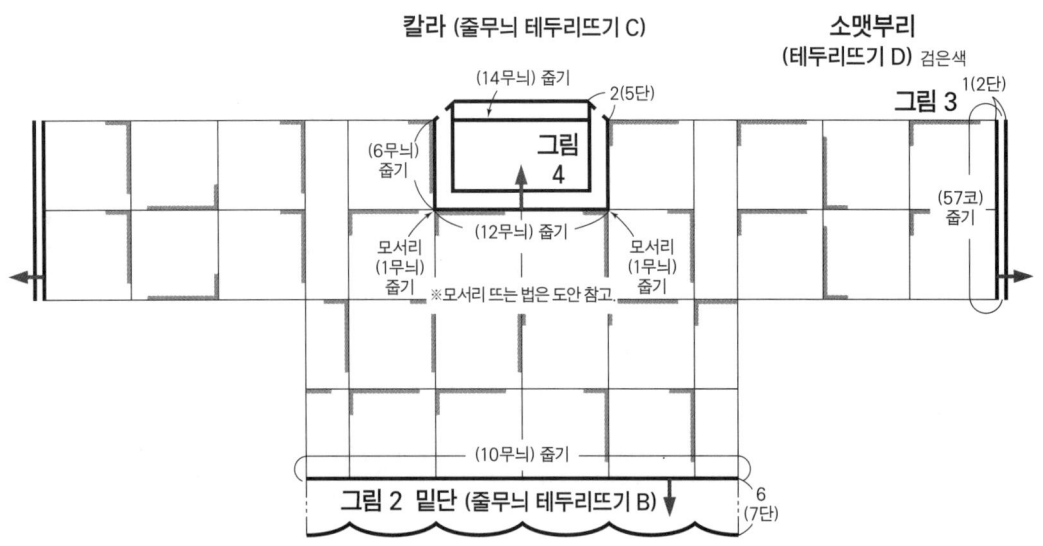

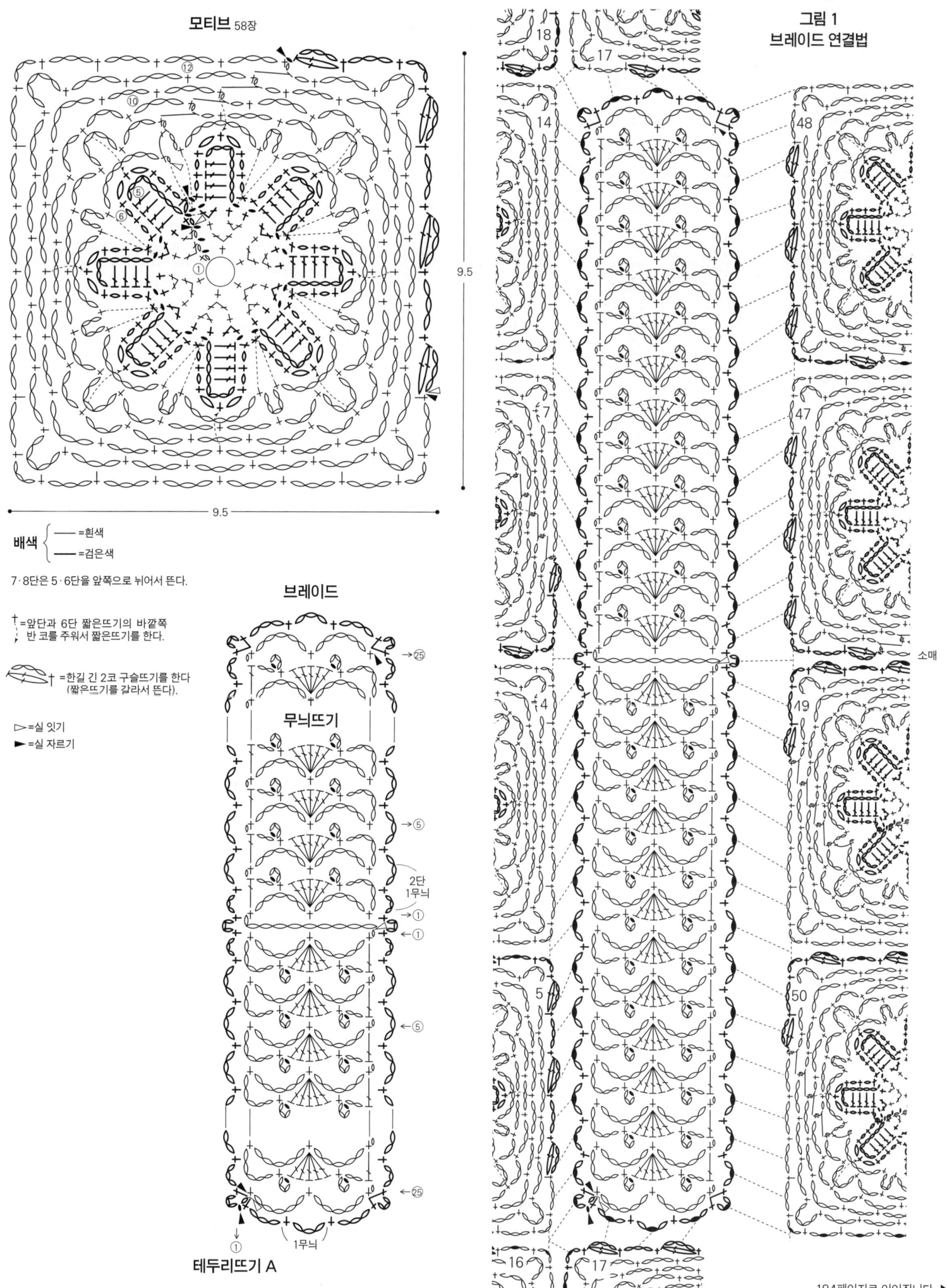

모티브 58장

9.5

9.5

배색 { ──=흰색
      ──=검은색 }

7·8단은 5·6단을 앞쪽으로 뉘어서 뜬다.

† =앞단과 6단 짧은뜨기의 바깥쪽
반 코를 주워서 짧은뜨기를 한다.

=한길 긴 2코 구슬뜨기를 한다
(짧은뜨기를 갈라서 뜬다).

▷=실 잇기
►=실 자르기

브레이드

무늬뜨기

2단
1무늬

테두리뜨기 A

1무늬

그림 1
브레이드 연결법

소매

184페이지로 이어집니다. ▶

183

▶ 183페이지에서 이어집니다.

모티브 잇는 법

그림 3 소맷부리

그림 2 밑단

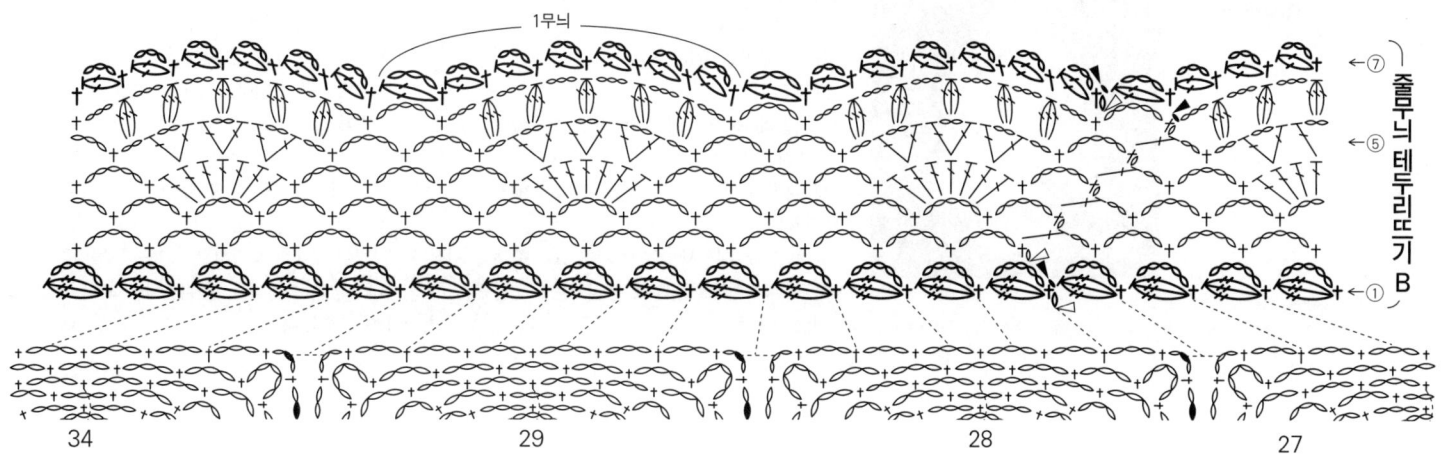

1무늬

⑦→
줄무늬 테두리뜨기 B
⑤→
①→

34 29 28 27

배색 { ── =흰색   ▷ =실 잇기
       ── = 검은색   ▶ =실 자르기

9 10 8 7

① ⑤

뒤중심

∩ = ✝✝✝

그림 4 목둘레
줄무늬 테두리뜨기 C

앞중심

1무늬

1 4

2 3 6 5

185

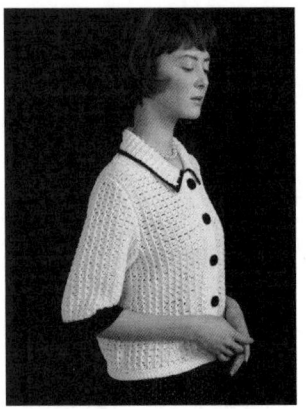

재료
실…K's K 갈레트 흰색(1) 455g 12볼, 검은색(21)
40g 1볼
싸개단추 몰드…지름 20mm×5개
똑딱단추…지름 7mm×1개
도구…코바늘 4/0호・5/0호
완성 크기
가슴둘레 94cm, 어깨너비 36cm, 기장 47.5cm,
소매길이 32cm
게이지(10×10cm)…무늬뜨기 29코×16.5단
POINT

● 몸판・소매…사슬뜨기 기초코로 뜨개를 시작
하고 무늬뜨기를 합니다. 증감코는 도안을 참고하
세요.

● 마무리…어깨는 빼뜨기 잇기, 옆선은 떠서 꿰
매기를 합니다. 밑단과 소맷부리는 지정 콧수만큼
주워서 테두리뜨기 A・B를 하고, 밑단은 안쪽으로
접어서 몸통에 감침질합니다. 앞단은 짧은뜨기하
고 왼쪽 앞단에는 단춧구멍을 냅니다. 칼라는 몸
판과 같은 방법으로 뜨개를 시작하고 무늬뜨기・
짧은뜨기를 합니다. 되돌아뜨기와 분산 늘림코는
도안을 참고해 뜹니다. 몸판의 겉면과 칼라의 안면
을 맞춰 떠서 잇기로 연결합니다. 소매 밑선은 떠
서 꿰매기를 합니다. 소매는 어깨와 같은 방법으로
몸판과 연결합니다. 싸개단추는 원으로 기초코를
만들어 뜨개를 시작하고, 싸개단추 몰드를 넣고 마
지막 단을 조입니다. 싸개단추와 똑딱단추를 달아
마무리합니다.

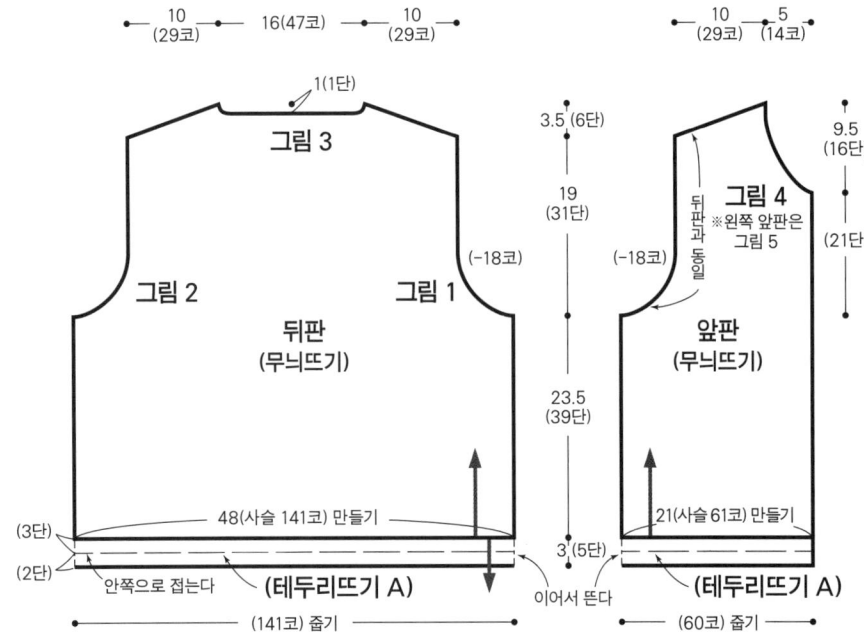
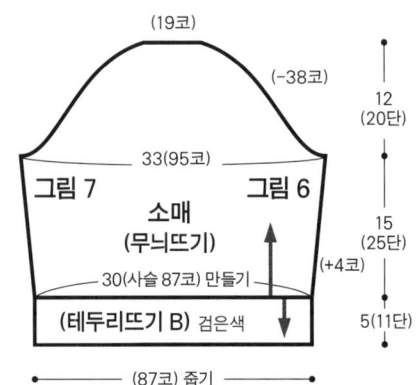

※지정하지 않은 것은 4/0호 코바늘로 뜬다.
※지정하지 않은 것은 흰색으로 뜬다.
※지정하지 않은 것은 실 1가닥으로 뜬다.

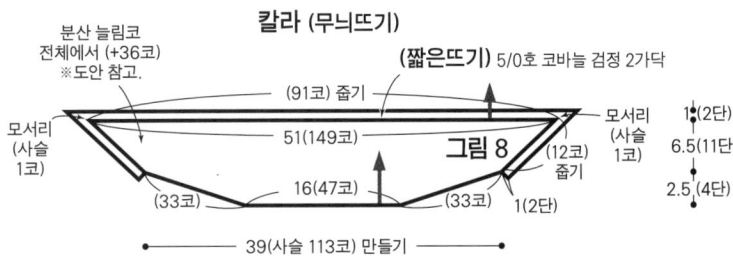

무늬뜨기

칼라 (무늬뜨기)

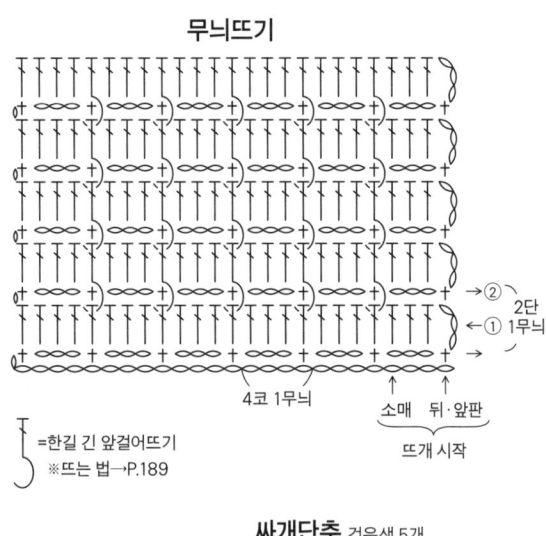

＝한길 긴 앞걸어뜨기
↑뜨는 법→P.189

테두리뜨기 A

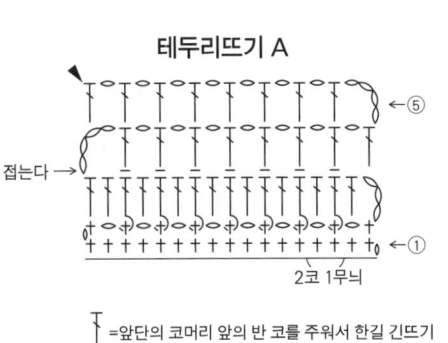

接는다

＝앞단의 코머리 앞의 반 코를 주워서 한길 긴뜨기

테두리뜨기 B

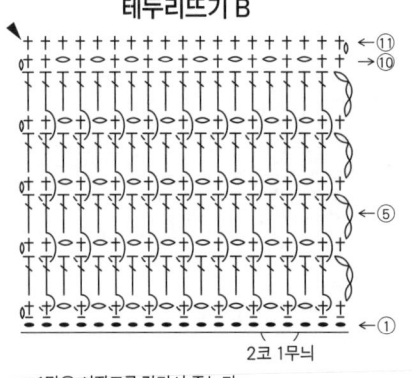

※1단은 시작코를 갈라서 줍는다.
‡＝앞단의 코머리 앞의 반 코를 주워서 짧은뜨기
►＝실 자르기

싸개단추 검은색 5개

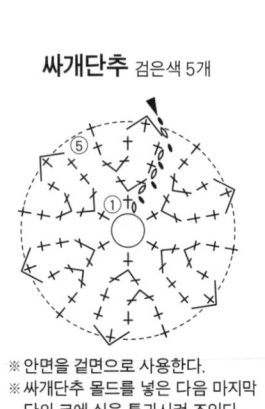

※안면을 겉면으로 사용한다.
※싸개단추 몰드를 넣은 다음 마지막
단의 코에 실을 통과시켜 조인다.

그림 3 뒤목둘레

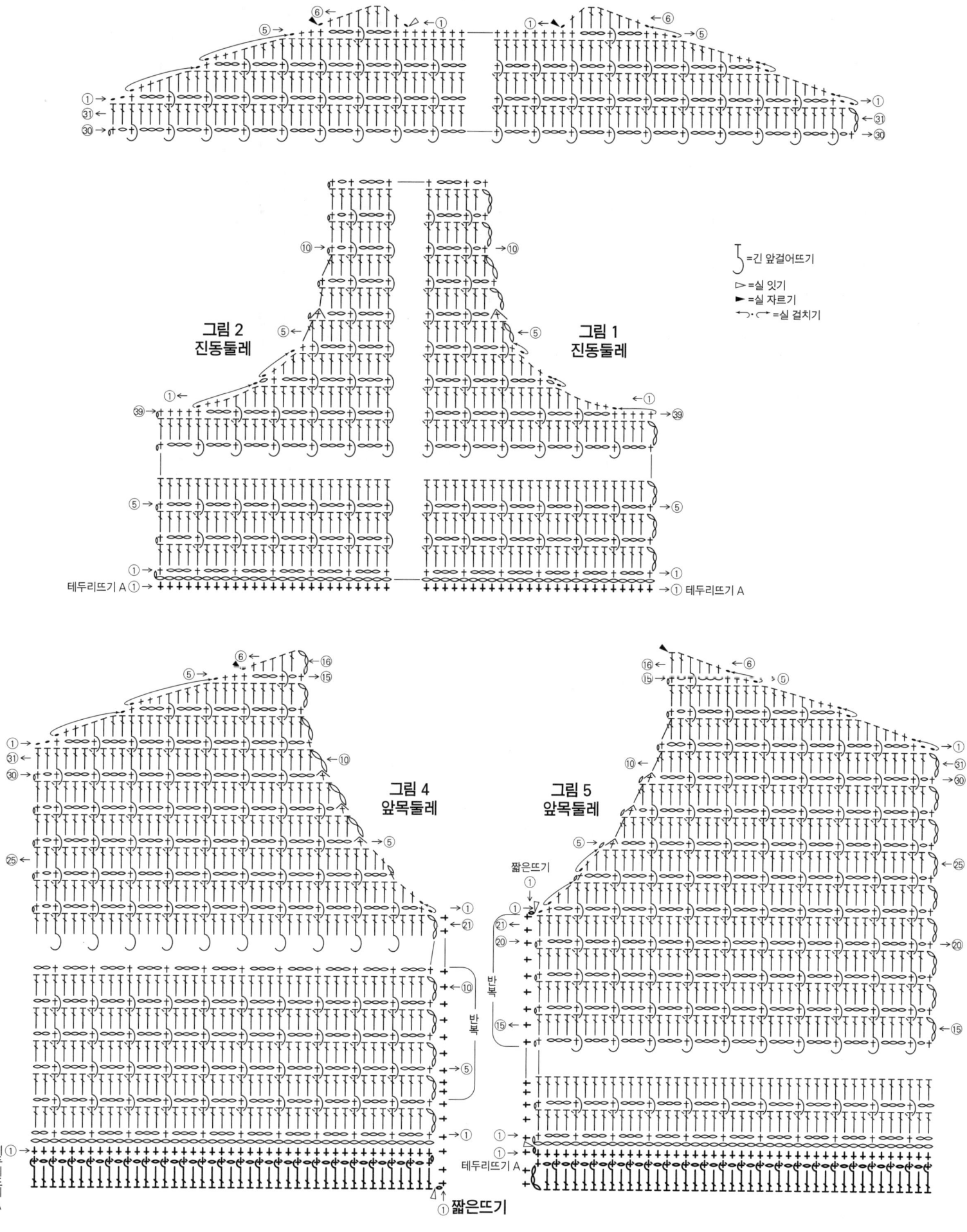

그림 2
진동둘레

그림 1
진동둘레

=긴 앞걸어뜨기
=실 잇기
=실 자르기
=실 걸치기

테두리뜨기 A

그림 4
앞목둘레

그림 5
앞목둘레

짧은뜨기

반복

반복

테두리뜨기 A

테두리뜨기 A

짧은뜨기

188페이지로 이어집니다. ▶

▶ 187페이지에서 이어집니다.

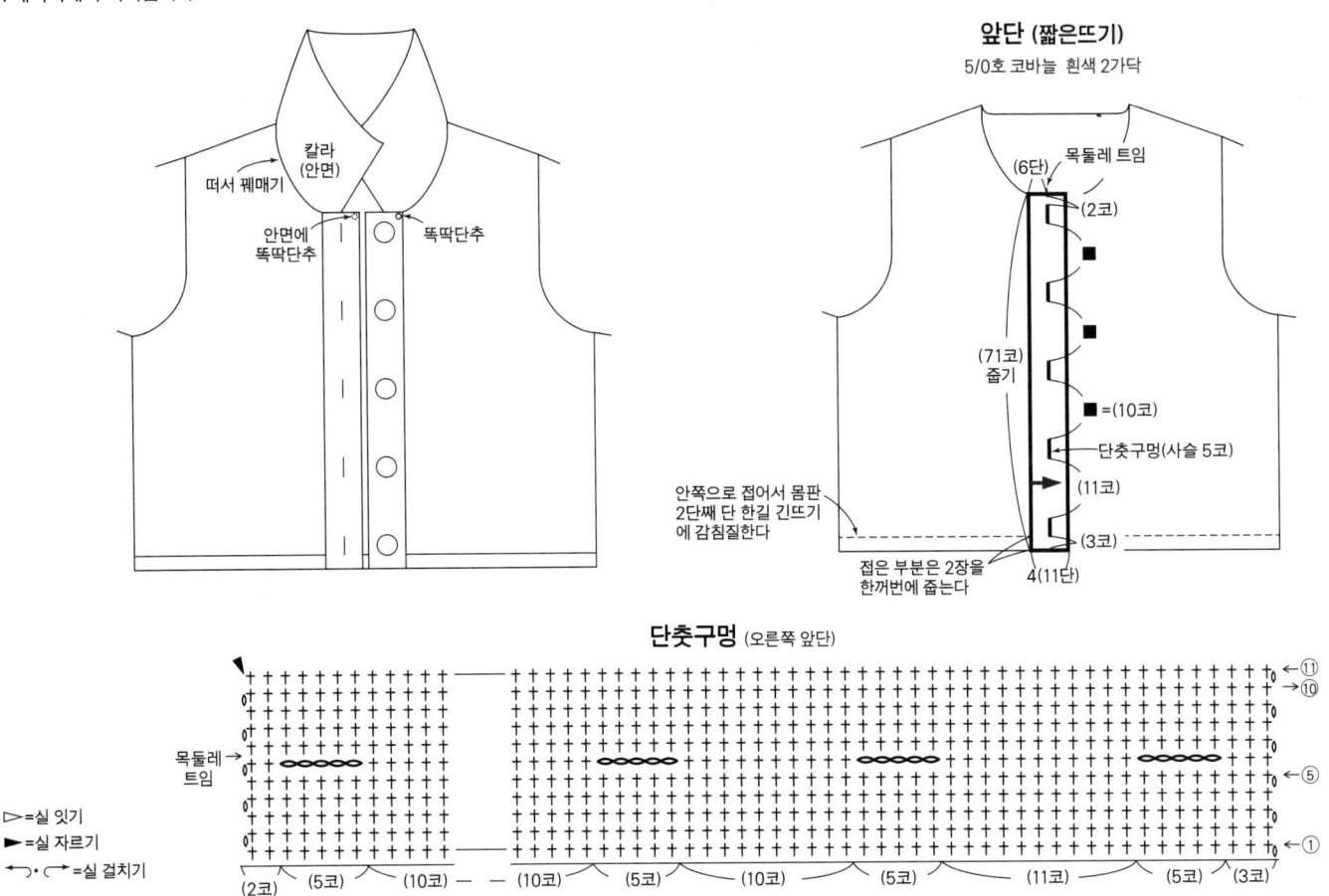

칼라 (안면)
떠서 꿰매기
안면에 똑딱단추
똑딱단추

앞단 (짧은뜨기)
5/0호 코바늘 흰색 2가닥

목둘레 트임
(6단)
(2코)
(71코) 줍기
■ =(10코)
단춧구멍(사슬 5코)
(11코)
(3코)
4(11단)
안쪽으로 접어서 몸판 2단째 단 한길 긴뜨기에 감침질한다
접은 부분은 2장을 한꺼번에 줍는다

단춧구멍 (오른쪽 앞단)

목둘레 트임

▷=실 잇기
►=실 자르기
↶•↷=실 걸치기

⑪
⑩
⑤
①

(2코) (5코) (10코) — — (10코) (5코) (10코) (5코) (11코) (5코) (3코)

그림 8 칼라

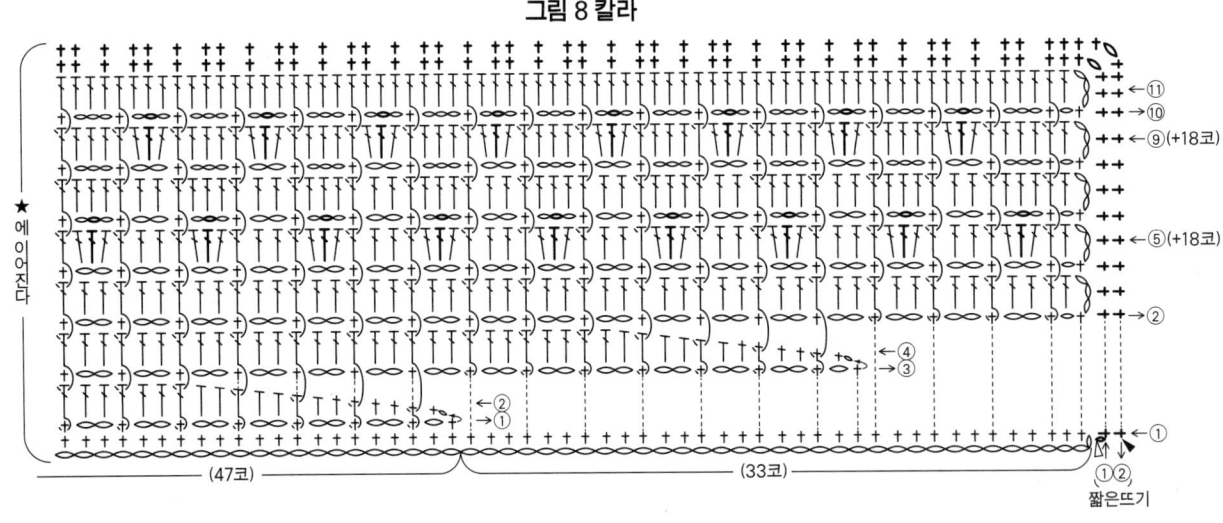

★에 이어진다

⑪
⑩
⑨(+18코)
⑤(+18코)
②
④
③
②
①
①

(47코) (33코) ①②
짧은뜨기

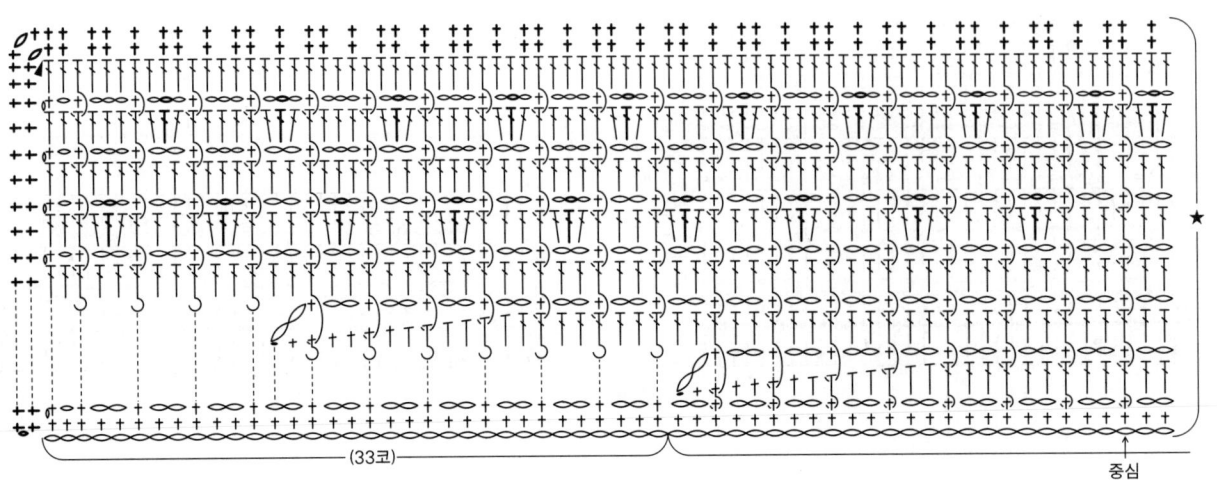

★

(33코) 중심

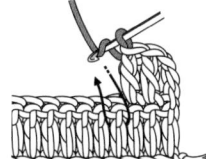
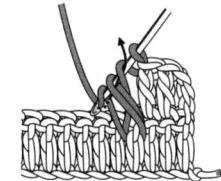
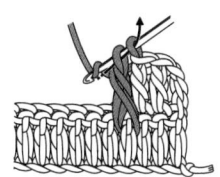

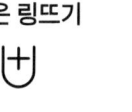
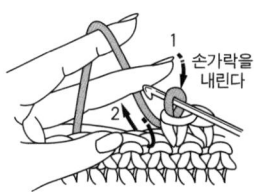
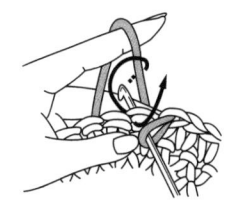
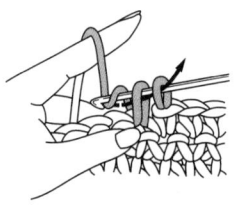
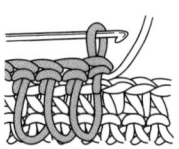

=실 잇기

=실 자르기

=실 걸치기

=한길 긴 앞걸어뜨기

중심

② →

◄ ②

⑮ ←

→ ⑮

소매산

소매산

⑩ ←

→ ⑩

⑤ ←

→ ⑤

① ←

→ ①

㉕

㉕

⑳ ←

→ ⑳

⑮ ←

→ ⑮

그림 7
소매 밑선

그림 6
소매 밑선

⑩ ←

→ ⑩

⑤ ←

→ ⑤

① ←

→ ①

테두리뜨기 B ①

① 테두리뜨기 B

한길 긴 앞걸어뜨기

1 바늘에 실을 걸어 앞단의 한길 긴 뜨기 코다리에 화살표처럼 앞쪽 에서 바늘을 넣고 실을 **빼낸다.**

2 실을 걸어서 바늘에 걸린 고리 2개를 **빼낸다.**

3 다시 실을 걸어 바늘에 걸린 고리 2개를 **빼낸다.**

4 한길 긴 앞걸어뜨기 1코를 완성한 모습.

짧은 링뜨기

손가락을 내린다

1 왼쪽 가운뎃손가락을 뜨는 실 위 로 내려 바깥쪽에서 뜨개바탕과 함께 누르고, 바늘을 화살표처럼 넣는다.

2 뜨개바탕과 실을 누른 채로 실을 걸어 빼낸다.

3 다시 실을 걸어서 빼낸 다음 가운 뎃손가락을 빼낸다.

4 짧은 링뜨기를 완성한 모습. 링은 안면에 생긴다.

코트네 트위드

세계의 코튼 오스트레일리아 슬라브

재료
하마나카 코트네 트위드 하늘색 계열 그러데이션
(1) 100g 4볼, 회색 계열 그러데이션(3) 80g 3볼,
하마나카 세계의 코튼 오스트레일리아 슬라브 미
색(201) 90g 4볼

도구
아미무메모(6.5mm)

완성 크기
가슴둘레 100cm, 어깨너비 42cm, 기장 50cm,
소매길이 40.5cm

게이지(10×10cm)
줄무늬 메리야스뜨기 20코×27단

POINT
● 몸판·소매…1코 고무뜨기 기초코로 뜨개를 시

작하고 1코 고무뜨기, 줄무늬 메리야스뜨기를 합
니다. 실 바꾸는 법은 96페이지를 참고하세요. 진
동둘레 줄임코는 양쪽 가장자리에 있는 실을 사용
해서 왼쪽·오른쪽 같은 단에서 줄임코를 합니다.
뒤판의 뜨개 마무리는 어깨와 목둘레를 각각 버림
실 뜨기를 한 다음 수편기에서 빼냅니다. 앞목둘레
는 줄임코를 합니다. 소매 밑선은 늘림코, 소매산
은 진동둘레와 같은 방법으로 줄임코를 합니다.
● 마무리…목둘레는 몸판과 같은 방법으로 뜨개
를 시작하고 1코 고무뜨기를 합니다. 오른쪽 어깨
는 기계 잇기를 합니다. 목둘레는 기계 잇기로 몸
판과 연결합니다. 왼쪽 어깨는 기계 잇기를 합니다.
옆선, 소매 밑선, 목둘레 옆선은 떠서 꿰매기를 합
니다. 소매는 빼뜨기 꿰매기로 몸판과 연결합니다.

뒤판 (줄무늬 메리야스뜨기) D=7

8 (16코)　26(52코)　8 (16코)

목둘레 트임

20.5 (55단)

41단평
4-1-2
2-1-2
2-2-1
단 코 회
(2코) 덮어씌우기
(-8코)

26 (71단)

50(100코)

(1코 고무뜨기) D=6 하늘색 계열 그러데이션

3.5 (10단)

(100코) 만들기

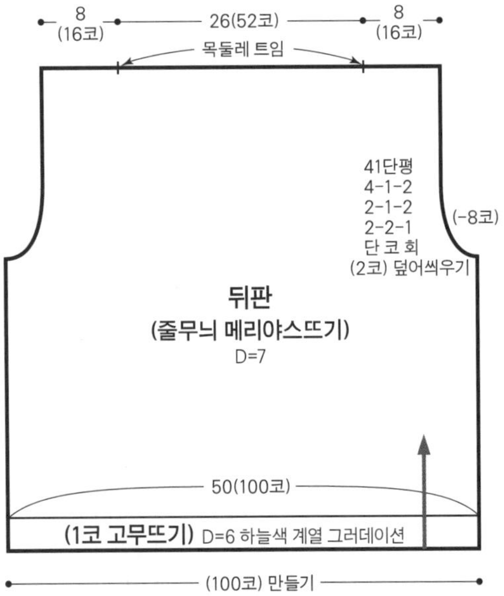

※기초코 준비는 3단을 D=5.5로 뜬다.

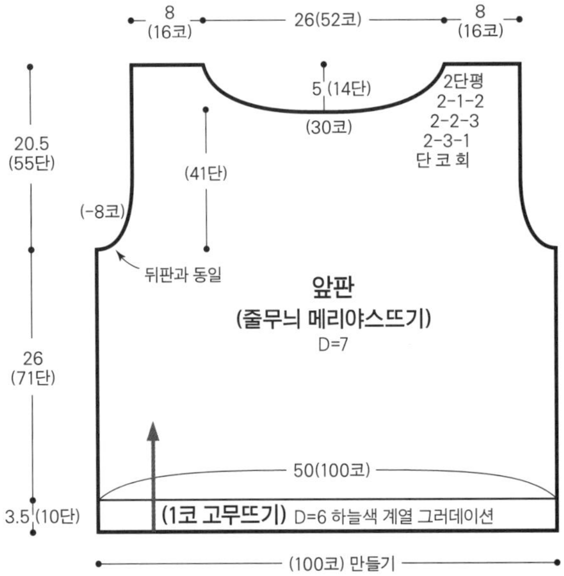

앞판 (줄무늬 메리야스뜨기) D=7

8 (16코)　26(52코)　8 (16코)

5 (14단)
(30코)

2단평
2-1-2
2-2-3
2-3-1
단 코 회

(41단)

(-8코)

뒤판과 동일

50(100코)

(1코 고무뜨기) D=6 하늘색 계열 그러데이션

(100코) 만들기

소매 (줄무늬 메리야스뜨기) D=7

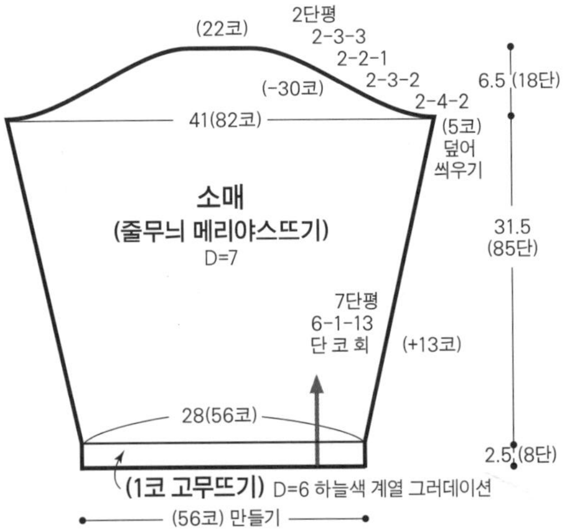

(22코)

2단평
2-3-3
2-2-1
2-3-2
2-4-2

(-30코)

41(82코)

6.5 (18단)

(5코)
덮어
씌우기

31.5 (85단)

7단평
6-1-13
단 코 회
(+13코)

28(56코)

(1코 고무뜨기) D=6 하늘색 계열 그러데이션

2.5 (8단)

(56코) 만들기

목둘레 (1코 고무뜨기) D=6 하늘색 계열 그러데이션

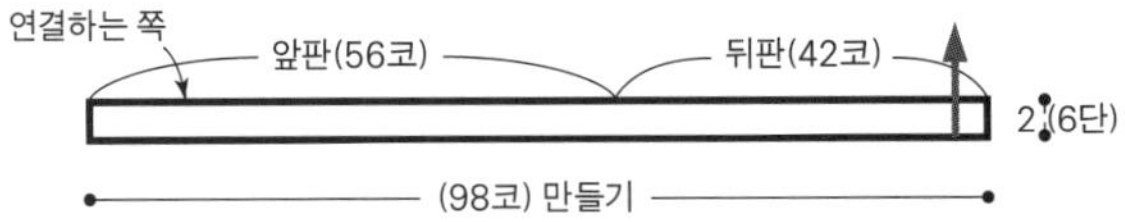

연결하는 쪽

앞판(56코)　　뒤판(42코)

2 (6단)

(98코) 만들기

1코 고무뜨기

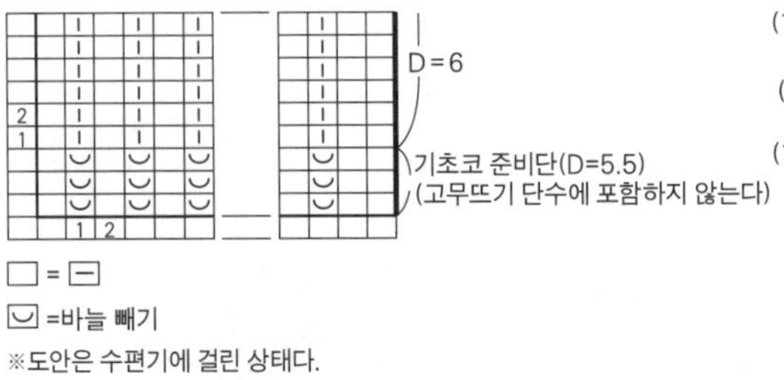

D=6

기초코 준비단(D=5.5)
(고무뜨기 단수에 포함하지 않는다)

□ = ⊟
☑ =바늘 빼기

※도안은 수편기에 걸린 상태다.

줄무늬 메리야스뜨기 배색

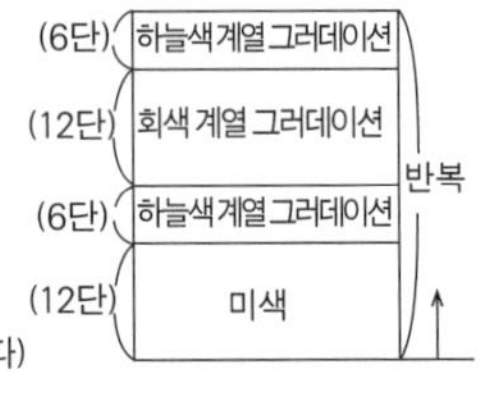

(6단)	하늘색계열 그러데이션
(12단)	회색 계열 그러데이션
(6단)	하늘색계열 그러데이션
(12단)	미색

반복

다이아 코스타 우노

다이아 라콘테

재료
다이아몬드케이토 다이아 코스타 우노 연보라 (531) 290g 9볼, 다이아 라콘테 갈색·빨간색·청록색 계열 그러데이션(2202) 45g 2볼
도구…아미무메모(6.5mm)
완성 크기
가슴둘레 104cm, 기장 51.5cm, 회장 56.5cm
게이지(10×10cm)
메리야스뜨기 19코×32.5단, 줄무늬뜨기 19코×36.5단
POINT
● 몸판·소매…몸판은 버림실 뜨기로 뜨개를 시작하고 메리야스뜨기, 줄무늬뜨기를 합니다. 실

바꾸는 법, 줄무늬 뜨는 법은 96페이지를 참고하세요. 실은 밑단 쪽에서 바꿉니다. 뜨개 마무리는 옆선과 소매를 줄이는 위치에서 각각 버림실 뜨기를 한 다음 수편기에서 빼냅니다. 오른쪽 어깨는 떠서 꿰매기를 합니다. 오른쪽 소매는 몸판에서 코를 주워 메리야스뜨기와 줄무늬뜨기를 합니다. 칼라·밑단·소맷부리는 몸판과 같은 방법으로 뜨개를 시작하고 줄무늬뜨기를 합니다. 몸판·칼라는 기계 잇기, 왼쪽 어깨·목둘레 옆선은 떠서 꿰매기를 합니다. 왼쪽 소매는 메리야스뜨기를 합니다.
● 마무리…밑단·소맷부리는 기계 잇기로 몸판과 소매를 연결합니다. 옆선은 기계 잇기, 밑단 옆선·소매 밑선은 떠서 꿰매기를 합니다.

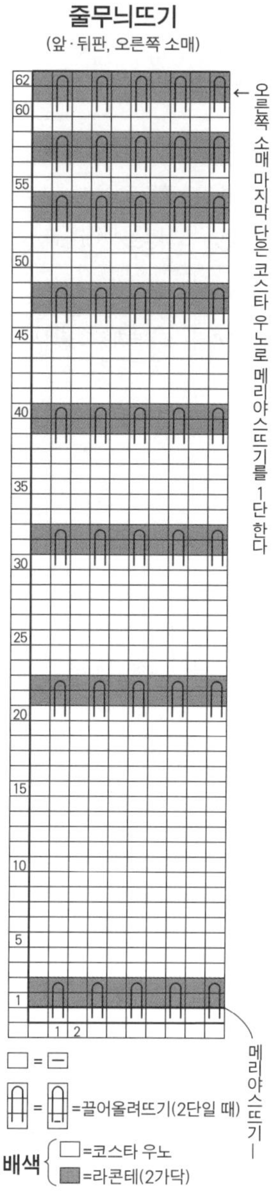

줄무늬뜨기
(앞·뒤판, 오른쪽 소매)

오른쪽 소매 마지막 단은 코스타 우노로 메리야스뜨기를 1단 한다

뒤판

진동 끝

(메리야스뜨기) D=5.5

6(20단) (20단)

17 (62단) (38단)

(줄무늬뜨기) D=5.5

(24단)

52 (176단)

20 (66단) 목둘레 트임

뒤판 (메리야스뜨기) D=5.5

(42단)

29 (94단)

30.5(58코) 만들기   19.5(37코)

50(95코) 만들기

진동 끝

16 (58단)

16 (52단)

앞판

진동 끝

(메리야스뜨기) D=5.5

(20단) 6(20단)

(38단) 17 (62단)

2-3-2
2-2-2
2-1-4
4-1-1
26-1-1
~
4-1-1
2-1-5
2-2-2
2-3-1
단 코 회
(3코)
덮어씌우기

8 (16코)

(24단)

(줄무늬뜨기) D=5.5

(42단)

앞판 (메리야스뜨기) D=5.5

52 (176단)

29 (94단)

19.5(37코)   30.5(58코) 만들기

50(95코) 만들기

진동 끝

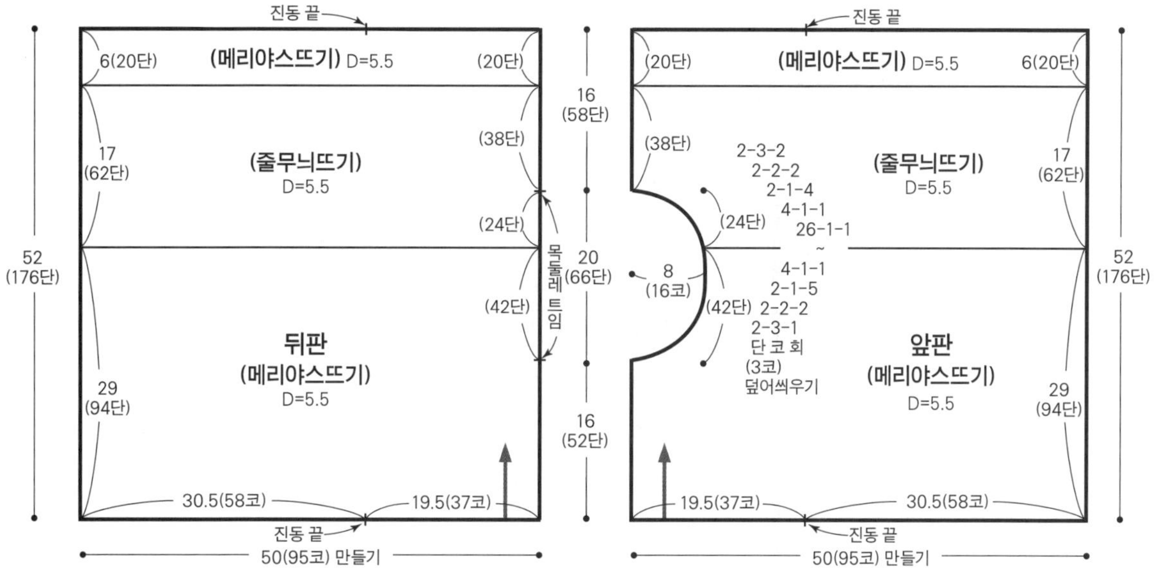

※지정하지 않은 것은 코스타 우노 1가닥으로 뜬다.

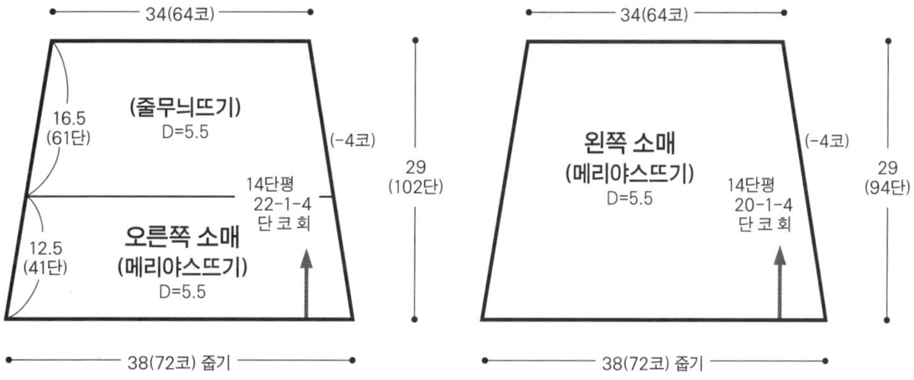

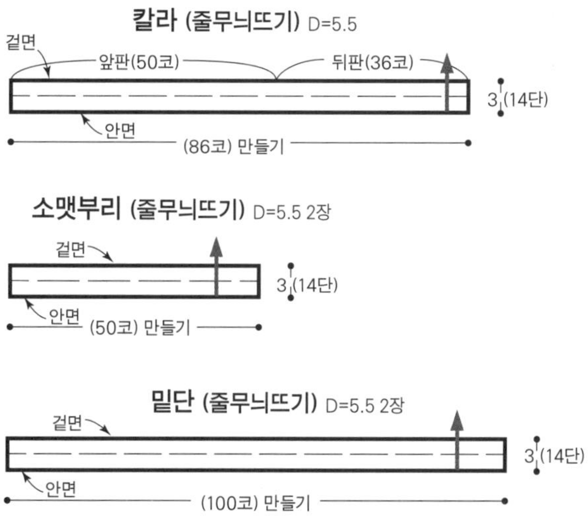

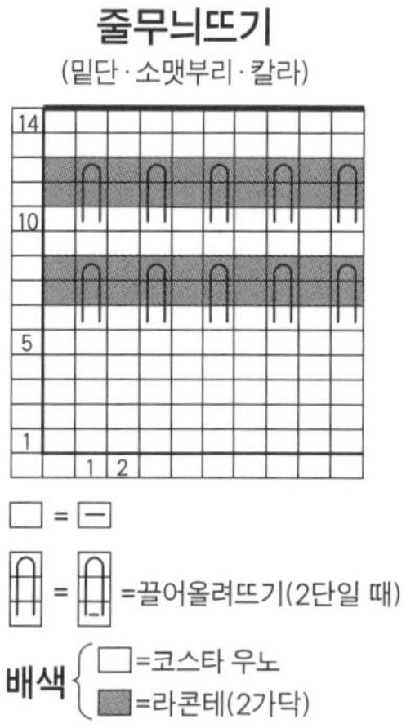

오른쪽 소매

34(64코)

16.5 (61단)

(줄무늬뜨기) D=5.5

(-4코)

14단평
22-1-4
단 코 회

12.5 (41단)

오른쪽 소매 (메리야스뜨기) D=5.5

29 (102단)

38(72코) 줄기

왼쪽 소매

34(64코)

(-4코)

왼쪽 소매 (메리야스뜨기) D=5.5

14단평
20-1-4
단 코 회

29 (94단)

38(72코) 줄기

칼라 (줄무늬뜨기) D=5.5

겉면

앞판(50코)   뒤판(36코)

안면

(86코) 만들기

3(14단)

소맷부리 (줄무늬뜨기) D=5.5 2장

겉면

안면

(50코) 만들기

3(14단)

밑단 (줄무늬뜨기) D=5.5 2장

겉면

안면

(100코) 만들기

3(14단)

줄무늬뜨기
(밑단·소맷부리·칼라)

□ = —

⊓ = ⊓ =끌어올려뜨기(2단일 때)

배색 □=코스타 우노
⬛=라콘테(2가닥)

※도안은 수편기에 걸린 상태다.

□ = —

⊓ = ⊓ =끌어올려뜨기(2단일 때)

배색 □=코스타 우노
⬛=라콘테(2가닥)

=메리야스뜨기

※도안은 수편기에 걸린 상태다.

검정 토끼

64 page ★★

브리코튼

재료

브리코튼 01-화이트, 04-핑크, 12-레드, 38-블랙

도구

모사용 코바늘 2호, 돗바늘, 시침핀, 가위, 겸자, 방울솜

완성 크기

8.5cm

POINT

- 도안대로 뜬 편물을 준비합니다.
- 얼굴 & 몸통 편물에 솜을 넣고 모양을 만들어 마무리합니다. 이때 바닥면은 평평하게 만듭니다.
- 주둥이 편물은 안쪽 면이 바깥으로 오게 하여 얼굴에 고정합니다.
- 눈과 입, 볼터치를 수놓습니다.
- 귀 편물을 반으로 접어 바느질해 토끼 모양의 귀를 만들어 준 후 도안에 표시된 위치에 달아줍니다.
- 도안에서 팔 위치를 확인 후 몸통에 달아줍니다.

뜨개 기호

○	사슬뜨기
×	짧은뜨기
⋎	짧은뜨기 두코 늘리기
•	빼뜨기
⋏	짧은뜨기 두코 줄이기

얼굴 & 몸통 브리코튼 38-블랙

1	(6)	**원형뜨기로** × · 6, •
2	(12)	○, ⋎ · 6, •
3	(18)	○, (×⋎) · 6, •
4	(24)	○, (××⋎) · 6, •
5	(30)	○, (×××⋎) · 6, •
6	(36)	○, (××××⋎) · 6, •
7~11	(36)	○, × · 36, •
12	(42)	○, (×××××⋎) · 6, •
13	(42)	○, × · 42, •
14	(48)	○, (××××××⋎) · 6, •
15	(48)	○, × · 48, •
16	(54)	○, (×××××××⋎) · 6, •
17~20	(54)	○, × · 54, •
21	(48)	○, (×××××××⋏) · 6, •
22	(42)	○, (××××××⋏) · 6, •
23	(36)	○, (×××××⋏) · 6, •
24	(30)	○, (××××⋏) · 6, •
		지금부터 뜨면서 모양을 잡아가며 솜을 조금씩 넣어주세요.
25	(24)	○, (×××⋏) · 6, •
26	(18)	○, (××⋏) · 6, •
27	(12)	○, (×⋏) · 6, •
28	(6)	○, ⋏ · 6, •

정리를 위해 실을 40cm 가량 남깁니다.
솜을 더 넣어 모양을 잡아준 후 남은 실에 돗바늘을 끼워 코 머리의 겉면만 갈라서 바느질 한 후 조여줍니다. 그리고 바닥면을 몇 번 바느질해 평평하게 만들어줍니다.

주둥이   브리코튼 01-화이트

1	(6)	**원형뜨기로 ×·6,**	•

안쪽 면 사용을 위해 1단의 빼뜨기 전 짧은 실은 겉면으로 빼내줍니다.
빼뜨기 후 바느질을 위해 실은 30cm 가량 남깁니다. 안쪽 면이 겉면으로 오게 한 후 도안에 표기된 위치에 시침핀으로 고정합니다.
남겨 놓은 실을 돗바늘에 걸어 얼굴 부분에 바느질합니다.

귀 x 2   브리코튼 38-블랙

1	(5)	**원형뜨기로 ×·5,**	•
2	(10)	**○, ⚶·5,**	•
3	(15)	**○, (×⚶)·5,**	•
4~8	(15)	**○, ×·15,**	•

바느질을 위해 실은 30cm 가량 남깁니다. 귀를 반으로 접어 바느질해 토끼 귀 모양을 만들어줍니다.
도안에 표기된 위치에 시침핀으로 표시한 후 바느질해 귀를 연결해줍니다.

팔 x 2   브리코튼 38-블랙

1	(8)	**원형뜨기로 ×·8,**	•
2~4	(8)	**○, ×·8,**	•

바느질을 위해 실은 30cm 가량 남깁니다. 도안에 표기된 위치에 팔을 고정해줍니다.

표정 수 및 귀, 팔 연결

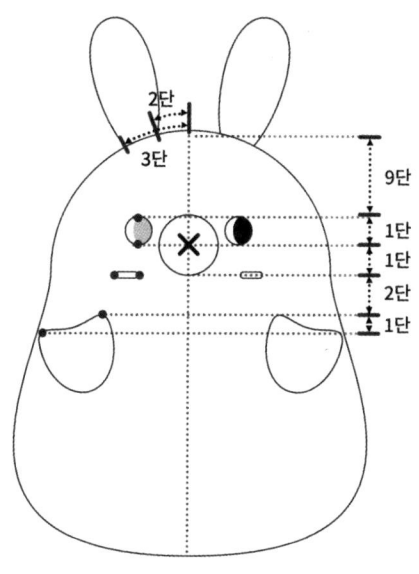

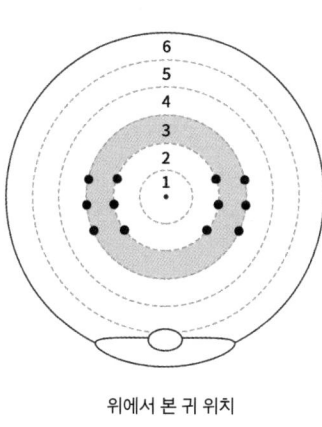

위에서 본 귀 위치

· 눈 : 브리코튼 01-화이트, 12-레드
    원하는 눈 크기가 나올 때까지 반복해서 수를 놓아줍니다. 화이트보다 레드 컬러가 더 많이 보이게 수놓습니다.

· 입 : 브리코튼 04-핑크
    실을 갈라 두 가닥을 사용하여 'X' 자 형태로 수놓습니다.

· 치크 : 브리코튼 04-핑크
    가로로 한 땀씩 양쪽 볼에 수놓습니다.

· 귀 : 반으로 접어 바느질해 토끼 귀 모양을 만든 후 도안에 표시된 위치에 고정합니다.

· 팔 : 도안에서 위치를 확인한 후 고정합니다.

코나

마닐라햄프

재료

A(가방)…마닐라햄프 500 바닐라 90g 5볼

B(튤립)…코나 308 레몬, 326 핫핑크, 331 코발트 블루 30g 1볼

C(꽃받침,줄기)…코나 340 그린, 204 멜란지 카키, 310 연두 35g 1볼

D(꽃술)…코나 330 브라운, 337 연그레이, 341 엄버 50cm 1볼

도구

모사용 코바늘 7/0, 직사각형 라운드스퀘어 가죽바닥 가로 18cm × 세로 8cm, 구멍 42개

완성크기

높이 15cm, 넓이 25cm, 끈길이 25cm

POINT

● 마닐라 햄프 2줄로 직사각형 라운드스퀘어 가죽바닥에 총 72코의 바닥코를 뜹니다.

● 1~15단까지 코늘림 없이 짧은뜨기(72코)를 뜹니다.

● 작은 튤립실 7m를 먼저 잘라두고 16단부터 큰 튤립을 뜨기 시작합니다.

● 튤립 두 번째 단부터는 끌어 온 튤립실과 가방실을 뒷면에서 중간 지점에 걸치며 떠야 깔끔합니다.

● 굵은 가방끈을 원통 모양으로 완성하여 큰 튤립 꽃받침과 가방 안쪽으로 연결합니다.(25cm)

● 얇은 가방끈은 새우뜨기로 40cm로 만들고 작은 튤립 꽃받침과 가방 겉면쪽으로 연결합니다.

● 줄기의 잎 모양은 새로운 실로 만듭니다.

● 꽃술은 큰 튤립 아래에 3줄 스티치로 표현합니다.

뜨개 기호

◊	사슬뜨기
•	빼뜨기
×	짧은뜨기
ᗐ	늘려뜨기
ᗐ	짧은뜨기 3코 늘려뜨기
T	긴뜨기
‡	한길긴뜨기
‡	앞걸어 한길긴뜨기

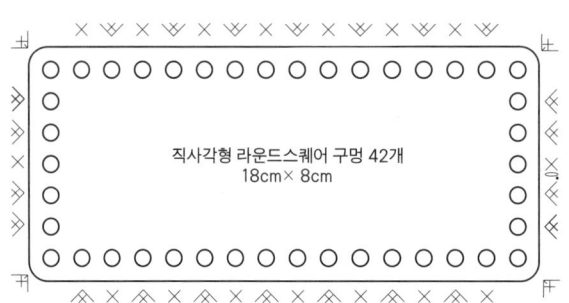

직사각형 라운드스퀘어 구멍 42개
18cm× 8cm

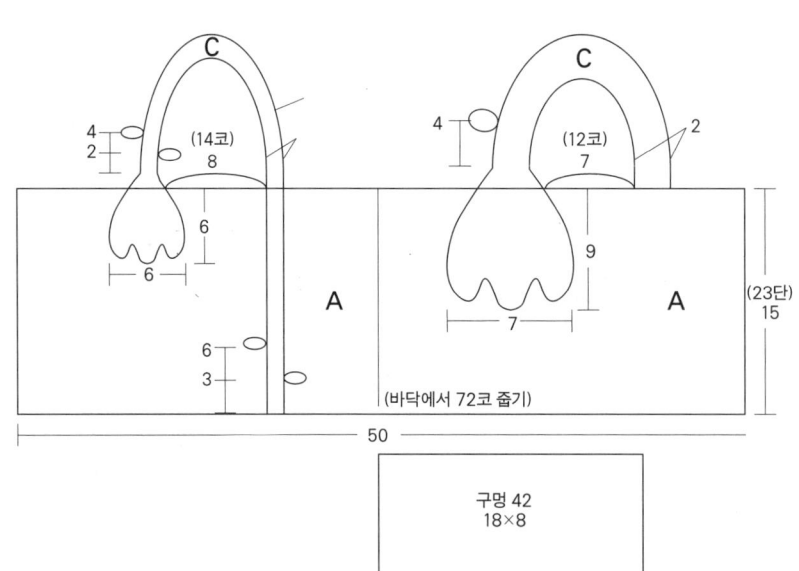

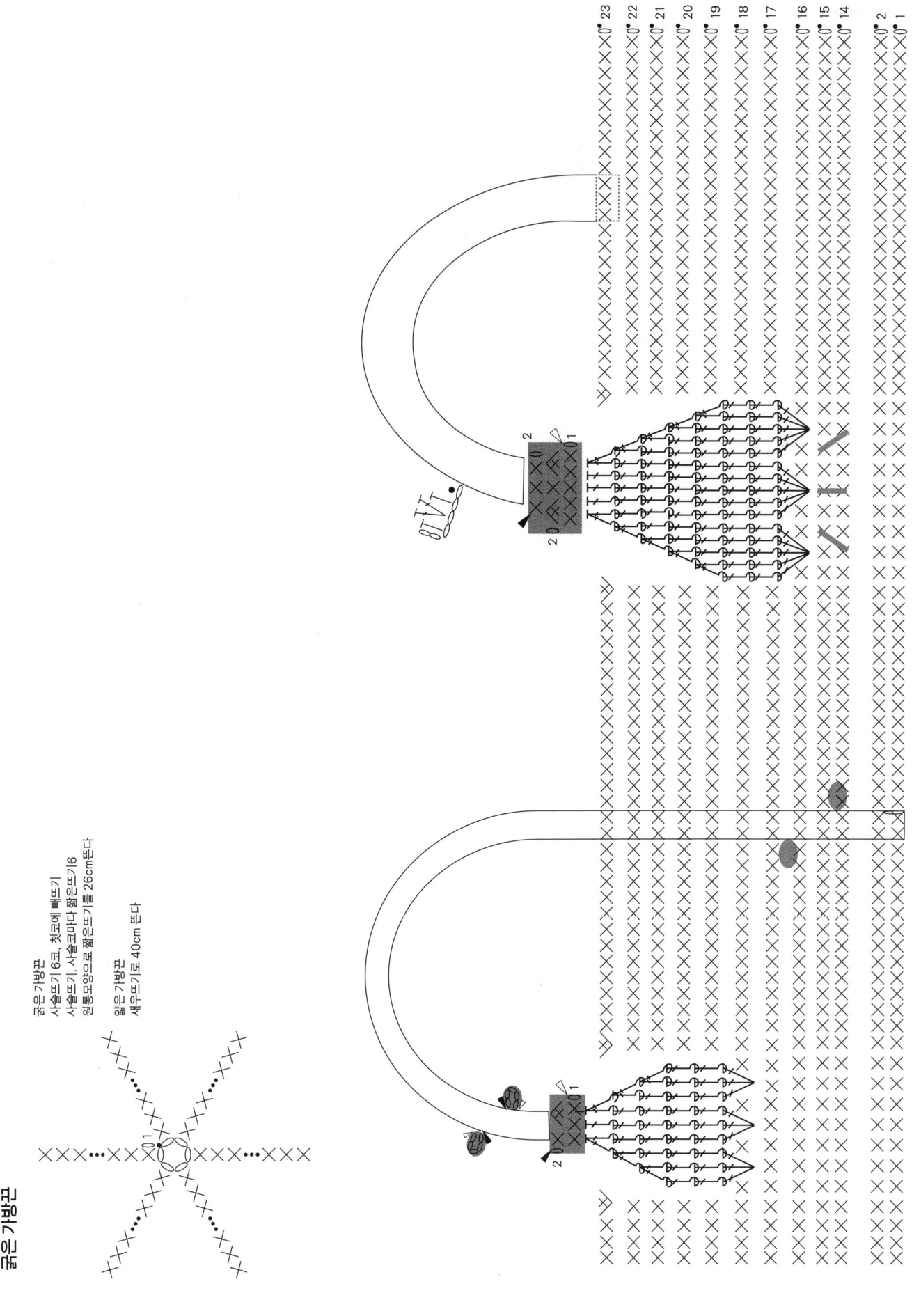

굵은 가방끈

굵은 가방끈
사슬뜨기 6코, 첫코에 빼뜨기
사슬뜨기, 사슬코마다 짧은뜨기
원통모양으로 짧은뜨기를 26cm뜬다

얇은 가방끈
세우뜨기로 40cm 뜬다

재료

주황…클리아 텐저린(4156), 라이트피치(3301)
클리아 바질, 타조실 30수 연노랑
노랑…클리아 바나나크림(1074), 비비드엘로
(1289), 클리아 바질, 타조실 30수 진노랑
공통… 꽃철사 23호(35cm) 2개, 꽃철사 27호
(6cm) 42개
피치색 리본(80cm) 2개, 꽃테이프 연두색, 노끈
(20cm) 1개

도구

바늘…코바늘 1.5mm(레이스용 2호)
글루건, 가위, 니퍼, 집게, 물풀, 물, 붓

POINT

● 꽃: 작은 꽃과 큰 꽃 두 가지 크기로 뜹니다. 매
직링으로 시작하고 꽃잎을 5장 떠서 완성합니다.
꽃씨를 만들어 꽃에 연결합니다. 잎은 한 장짜리와
두 장짜리 두 가지로 만들어 큰꽃에 붙이고 꽃받
침은 작은 꽃에 붙입니다.
● 연결하기: 큰 꽃과 작은 꽃을 순서대로 꽃철사
에 연결하고 철사 끝부분을 만나게 해 원형으로
만듭니다. 두 번째 철사에 남은 꽃을 연결하고 만
들어둔 원형 철사에 감아서 완성합니다.

작은 꽃(아이보리색, 바나나크림색)

1 꽃잎 실로 매직링을 만든다.
2 매직링에 [사슬 2코, 한길 긴뜨기 2코, 사슬 2코, 매직링에 빼뜨기]를 5번 반복해서
 꽃잎 5장을 뜬다.
3 실을 자르고 꼬리실을 당겨 꽃잎을 조인다.
4 자른 실을 꼬리실 쪽으로 보내 매듭짓고 실을 깔끔하게 자른다.
5 꽃씨 실(진노랑색)을 10cm 정도로 자른다.
6 매듭 묶듯이 실을 감는다.
7 실을 4~5번 더 감는다.
8 실 양쪽으로 당겨서 매듭을 만든다.
9 실 한쪽을 자른다. 꽃씨 완성.
10 완성된 꽃잎에 꽃씨를 넣어 매듭짓고 실을 자른다.
11 1~10을 반복해 꽃잎 색별로 7개씩 총 14개를 떠서 준비한다.

큰 꽃(바나나크림색, 비비드 옐로우색)

1 꽃잎 실로 매직링을 만든다.
2 매직링에 [사슬 3코, 두길 긴뜨기 3코, 사슬 3코, 매직링에 빼뜨기]를 5번 반복해서
 꽃잎 5장을 뜬다.
3 작은 꽃 3~10과 동일하게 뜬다.
4 1~3을 반복해 꽃잎 색별로 14개씩 총 28개를 떠서 준비한다.

잎 1(바질색)

1 사슬 8코를 뜬다
2 사슬을 따라 짧은뜨기 1코 – 긴뜨기 1코 – 한길 긴뜨기 1코 – 두길 긴뜨기 1코 – 한
 길 긴뜨기 1코 – 긴뜨기 1코 – 빼뜨기 1코를 뜬다.
3 실을 자르고 매듭짓는다. 매듭을 숨기고 실을 자른다.
4 같은 방법으로 잎 14개를 떠서 준비한다.

잎 2(바질색)

1 사슬 8코를 뜬다.
2 사슬을 따라 짧은뜨기 1코 – 긴뜨기 1코 – 한길 긴뜨기 1코 – 두길 긴뜨기 1코 – 한
 길 긴뜨기 1코 – 긴뜨기 1코 – 빼뜨기 1코를 뜬다.
3 연결해서 2를 1번 더 반복한다. 두 장짜리 잎 완성.
4 실을 자르고 매듭짓는다. 매듭 숨기고 실을 자른다.
5 1~4를 반복해 잎 14개를 떠서 준비한다.

꽃받침(바질색)

1 매직링을 만들어 사슬 3코를 뜬다.
2 매직링에 한길 긴뜨기 8코를 뜬다.
3 꼬리실을 당겨 편물을 조인다.
4 첫 한길 긴뜨기 코에 빼뜨기를 한다.

---

5 실을 자르고 안쪽으로 가져와 꼬리실과 함께 매듭짓는다.
6 남은 실은 깔끔하게 자른다.
7 1~6을 반복해서 꽃받침 14개를 떠서 준비한다.

* 물풀에 물을 1:10으로 섞어 꽃과 잎에만 풀을 먹여 말린다.

붙이기

작은 꽃 붙이기

1 꽃받침에 꽃철사(27호, 6cm)를 꽂고 철사 끝부분을 집게로 말아서 빠지지 않도록
 한다.
2 글루건으로 꽃받침 안쪽에 접착제를 바르고 작은 꽃의 매듭 부분에 꽃받침을 붙인다.
3 작은 꽃을 색별로 7개씩 총 14개를 붙인다.

큰 꽃 붙이기

1 잎 1 끝에 꽃철사(27호, 6cm)를 꽂고 접어서 빠지지 않도록 걸어준다.
2 글루건으로 철사 부분에 접착제를 바르고 큰 꽃의 매듭이 보이지 않도록 붙인다.
3 큰 꽃을 색별로 7개씩 총 14개 붙인다.
4 잎 2도 같은 방법으로 14개를 붙인다.

연결하기

바나나크림색 꽃

1 꽃철사(23호)에 꽃테이프를 고정하고 사선 방향으로 2cm 정도 감는다.
2 큰 꽃(잎 2장짜리) – 큰 꽃(잎 1장짜리) – 작은 꽃 순서로 꽃을 넣어 꽃테이프를 감는
 다. 이때 꽃 사이 간격은 1cm 정도로 하고 꽃이 달린 철사가 1cm 정도 보이게 한다.
3 2를 반복해 바나나크림색 꽃 21개를 연결한다.
4 꽃철사 끝부분을 1과 겹쳐서 원 모양이 되게 감는다. 풀리지 않도록 글루건으로 접착
 제를 소량 발라 고정한다.

비비드 옐로우색 꽃

1 꽃철사(23호)에 꽃테이프를 고정하고 사선 방향으로 1cm 정도 감는다.
2 '바나나크림색 꽃' 2와 같이 비비드 옐로우색 꽃 21개를 연결한다.
3 원으로 연결하지 않고 테이프를 끝까지 감고 자른다.

리스 완성하기

1 바나나크림색 꽃 연결 부분(4)에 비비드 옐로우색 꽃 철사 끝부분을 걸어 풀리지 않도
 록 고정한다.
2 비비드 옐로우색 꽃 철사를 바나나크림색 원형 철사에 3번 정도 감아서 시작 부분에
 오도록 한다.
3 2의 연결 부위에 꽃테이프를 감아 깔끔하게 정리한다.
4 꽃잎 색이 겹치지 않도록 꽃이 달린 철사를 펴서 전체적인 모양을 잡는다.
5 중앙에 노끈을 연결해서 고리를 만든다.
6 5시 방향에 리본을 묶어 리본매듭을 만든다.
8 봄봄 플라워 리스 완성.

한스미디어의
수예 베스트셀러

쉽게 배우는
새로운 코바늘 손뜨개의 기초

일본보그사 저 | 김현영 역 | 16,000원

쉽게 배우는
새로운 코바늘 손뜨개의 기초
[실전편 : 귀여운 니트 소품 77]

일본보그사 저 | 이은정 역 | 15,000원

쉽게 배우는
새로운 대바늘 손뜨개의 기초

일본보그사 저 | 김현영 역 | 16,000원

쉽게 배우는
모티브 뜨기의 기초

일본보그사 저 | 강수현 역 | 13,800원

쉽게 배우는
코바늘 손뜨개 무늬 123

일본보그사 저 | 배혜영 역 | 15,000원

그린도토리의
숲속 동물 손뜨개

명주현 저 | 18,000원

니팅테이블의
대바늘 손뜨개 레슨

이윤지 저 | 18,000원

매일매일 뜨개 가방

최미희 저 | 20,000원

52주의 뜨개 양말

레인 저 | 서효령 역 | 29,800원

마마랜스의
일상 니트

이하니 저 | 22,000원

손뜨개꽃길의
사계절 코바늘 플라워

박경조 저 | 22,000원

광고 문의 070-4678-7118

털실타래 Vol.3 2023년 봄호

1판 1쇄 인쇄 2023년 3월 15일
1판 1쇄 발행 2023년 3월 23일

지은이 (주)일본보그사
옮긴이 강수현, 김보미, 남가영, 배혜영
펴낸이 김기옥

실용본부장 박재성
편집 실용2팀 이나리, 장윤선
마케터 이지수
판매 전략 김선주
지원 고광현, 김형식, 임민진

한국어판 기사 취재 정인경(inn스튜디오)
한국어판 사진 촬영 김태훈(TH studio), 한정수(studio etc)
도안 협력 박경조(손뜨개꽃길), 신은영(니팅쌤), 이양순(바이브리)

본문 디자인 푸른나무디자인
표지 디자인 형태와내용사이
인쇄·제본 민언프린텍

펴낸곳 한스미디어(한즈미디어(주))
주소 121-839 서울시 마포구 양화로 11길 13(서교동, 강원빌딩 5층)
전화 02-707-0337 | **팩스** 02-707-0198 | **홈페이지** www.hansmedia.com
출판신고번호 제 313-2003-227호 | **신고일자** 2003년 6월 25일

ISBN 979-11-6007-898-5 13590

책값은 뒤표지에 있습니다.
잘못 만들어진 책은 구입하신 서점에서 교환해드립니다.